Σ BEST
シグマベスト

最高水準
問題集

高校
入試

社会

文英堂

本書のねらい

この問題集は，「最高水準問題集」シリーズの総仕上げ用として編集したものです。特に，国立大附属や有名私立などの難関高校を受験しようとするみなさんのために，最高の実力がつけられるよう，次のように構成し，特色をもたせました。

1 全国の難関高校の入試問題から良問で高水準のものを精選し，実際の入試に即して編集した。

▶入試によく出る問題には **頻出**，特に難しい問題には **難** のマークをつけた。また，近年出題が増加しているものや，これから出題が増えそうな問題には **新傾向** のマークをつけた。

2 単元別・テーマ別に問題を分類し，学習しやすいように配列して，着実に力をつけられるようにした。

▶各自の学習計画に合わせて，どこからでも学習できる。
▶すべての問題に「内容を示すタイトル」をつけたので，頻出テーマの研究や弱点分野の補強，入試直前の重点演習などに役立てることができる。

3 国立・私立難関高校受験の総仕上げのために，模擬テストを2回設けた。

▶時間と配点を示したので，各自の実力が判定できる。

4 解答は別冊にし，どんな難問でも必ず解けるように，くわしい解説をつけた。

▶類題にも応用できる，くわしくてわかりやすい **解説** をつけるとともに，**入試メモ** では，出題傾向の分析などの入試情報を載せた。 **⑦ パワーアップ** では，中学の範囲外であるが，知っていると入試で役立つ内容を取り上げ，実力アップに役立つようにした。

もくじ

1 »地理的分野 世界のすがた

▶解答→別冊 p.1

001 〈緯線・経線〉

(熊本マリスト学園高)

メルカトル図法で描かれた次の図について，あとの問いに答えなさい。（経線は等間隔に引かれている。）

(1) 図中の太線A～Dのうち，実際の距離が最も短いものを1つ選び，記号で答えよ。〔 〕

(2) 図中の太線A～Dのうち，同じ距離を示す線の組み合わせを，次のア～オから1つ選び，記号で答えよ。〔 〕

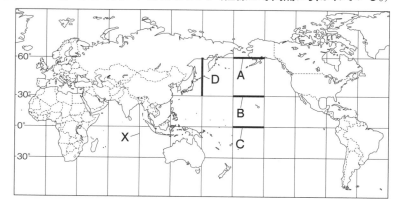

ア A と C 　　イ A と D 　　ウ B と C 　　エ B と D 　　オ C と D

(3) 図中のXの経線は何度を表すか。次のア～エから1つ選び，記号で答えよ。〔 〕

ア 東経30° 　　イ 東経60° 　　ウ 東経90° 　　エ 東経120°

002 〈陸地と海洋〉

(長崎・青雲高改)

次の文章を読んで，あとの問いに答えなさい。

　地球の表面積に占める陸地の割合はおよそ □1□ 割であり，その陸地はユーラシア大陸，アフリカ大陸，北アメリカ大陸，南アメリカ大陸，オーストラリア大陸，□2□ 大陸の六大陸および多くの島々からなっている。

(1) 文中の □1□ に入る整数を答えよ。〔 〕

(2) 文中の □2□ に入る地名を答えよ。〔 〕

003 〈世界の州〉

(京都・大谷高)

世界の国々は6つの州に区分される。次の地図中のA～Dが示す国は，それぞれどの州に属するか，答えなさい。（地図中の○は各国の首都を示す。縮尺は同じではない。）

A〔　　　　　　〕 B〔　　　　　　〕
C〔　　　　　　〕 D〔　　　　　　〕

頻出 004 〈国境①〉

(奈良・天理高)

アフリカには直線で示された国境線が多くあるが，その歴史的背景を説明しなさい。

〔 　　　　　　　　　　　　　　　　　　　　　　　　　　　　　　　　　〕

005 〈地球のすがた〉

(石川・星稜高)

次の問いに答えなさい。

(1) 右の図A～図Cは，地球儀をみかんの皮をむくようにはがしてできた形と大きさの12枚の図のうちの3枚である。これらの図を見て，次の問いに答えよ。

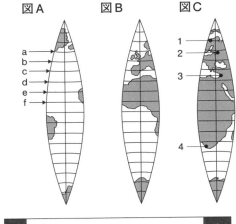

① 図A～図Cのうち南アメリカ大陸が描き出されている図を，次のア～ウから1つ選び，記号で答えよ。

　　ア 図A　　　イ 図B　　　ウ 図C〔　　　　〕

② 図Aのa～fは緯線を示している。このうち石川県は，a～fのどの間にあるか。次のア～オから1つ選び，記号で答えよ。　　　　　　　　〔　　　　〕

　　ア aとbの間　　　　イ bとcの間

　　ウ cとdの間　　　　エ dとeの間

　　オ eとfの間

難 ③ 右のグラフは，6月と12月の日照時間(昼)を表したものである。このグラフに最も近い都市を，図C中の1～4から1つ選び，番号で答えよ。　　　　　　　　〔　　　　〕

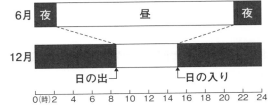

④ 世界三大洋のうち，図A・図Bに共通して描かれている海洋を答えよ。〔　　　　　　　　〕

(2) 「面積」の正しい地図についての記述として正しいものを，次のア～オから1つ選び，記号で答えよ。　　　　　　　　　　　　〔　　　　〕

　　ア 航海図としてよく使われる。　　　イ 分布図を作成する際によく使われる。

　　ウ 航空図としてよく使われる。　　　エ 航空路線図を作成する際によく使われる。

　　オ 緯線と経線が直角に交わっている世界全図が代表的である。

頻出 006 〈正距方位図法〉

(富山第一高)

右の地図を見て，次の問いに答えなさい。

(1) 地図中A～Dの線から赤道を1つ選び，記号で答えよ。

　　　　　　　　　　　　　　　　〔　　　　〕

(2) 地図中にある4つの都市のうち，東京から見て真東に位置する都市名を答えよ。　〔　　　　　　〕

(3) 東京とロンドンとの距離はおよそ何万kmか。最も適切なものを，次のア～エから1つ選び，記号で答えよ。

　　ア 0.5　　　イ 1　　　ウ 1.5　　　エ 2〔　　　〕

007 〈地球儀〉   （東京学芸大附高）

次の図は地球儀を見て作成した略地図である。これを見て，あとの問いに答えなさい。ただし，図の経線は15度ずつ引かれている。

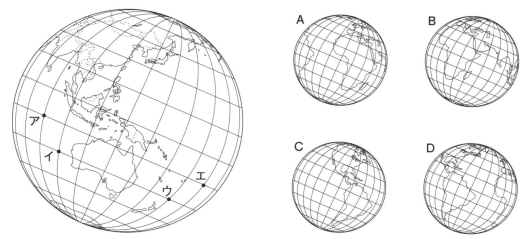

(1) 図を反対側から見た略地図として最も適切なものを，上のA〜Dから1つ選び，記号で答えよ。

〔   〕

(2) 「南緯30度，経度180度」の位置を，図中のア〜エから1つ選び，記号で答えよ。〔   〕

008 〈世界の国々〉   （愛知・東海高）

世界には，日本と同じような島国がある。次のA〜Dは，同様な国のおもな島と，島を通る経緯線を示したものである（縮尺・方位は同一ではない）。次の問いに答えなさい。

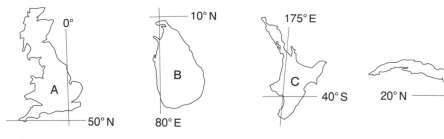

難(1) AおよびBの島の名称を答えよ。   A〔   〕 B〔   〕

(2) CおよびDの島が属する国の名称を答えよ。 C〔   〕 D〔   〕

(3) 次のア〜エは，A〜Dの島が属する国の首都である。Bの島が属する国の首都を，次のア〜エから1つ選び，記号で答えよ。

〔   〕

ア　ウェリントン　　　　イ　スリジャヤワルダナプラコッテ　　　　ウ　ハバナ　　　エ　ロンドン

009 〈国境②〉   （栃木・作新学院高）

右の地図中の太線は，カナダとアメリカの国境線を示したものである。両国の国境線として該当しないものを，次のア〜エから1つ選び，記号で答えなさい。〔   〕

ア　経緯線　　　イ　大山脈　　　ウ　湖　　　エ　河川

▶解答→別冊 p.2

010 〈日本の国土①〉 （大阪・清風高 改）

次の問いに答えなさい。

(1) 右の地図中のX・Y線は緯線と経線を表している。X・Yの緯度と経度の組み合わせとして最も適当なものを，次のア～エから1つ選び，記号で答えよ。　〔　　　〕

　ア　X：北緯40度　　　Y：東経140度
　イ　X：北緯45度　　　Y：東経145度
　ウ　X：北緯40度　　　Y：東経145度
　エ　X：北緯45度　　　Y：東経140度

(2) 右の地図中のAの島名を答えよ。
　　　　　　　　　　　〔　　　　　　　〕

(3) 右の図中のア～エは，アメリカ合衆国，インドネシア，中国，日本のいずれかの国の領土面積と排他的経済水域面積を表したものである。中国にあてはまるものを，ア～エから1つ選び，記号で答えよ。　〔　　〕

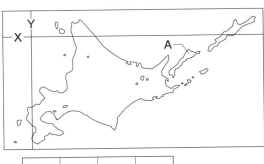

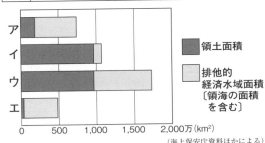

領土面積

排他的
経済水域面積
〔領海の面積
を含む〕

（海上保安庁資料ほかによる）

頻出 011 〈日本の国土②〉 （京都教育大附高）

右の地図を見て，次の問いに答えなさい。

(1) 地図中の島Aは日本の最西端，島Bは日本の最南端の島である。それぞれの島の名称を答えよ。
　　　A〔　　　　　　　〕　B〔　　　　　　　〕

(2) 日本の最南端の島では，波の侵食による水没を防ぐため，護岸工事が行われた。このような工事が行われた理由を，「海里」という語句を用いて簡単に答えよ。
　〔　　　　　　　　　　　　　　　　　　　　　　　　　　　〕

012 〈日本の国土③〉 （長崎・純心女子高）

次の問いに答えなさい。

(1) 日本標準時子午線が通るのは，右の図の1～6のどこか。1つ選び，番号で答えよ。　〔　　　〕

(2) 日本の最南端の島はどの都道府県に属するか。次のア～エから1つ選び，記号で答えよ。　〔　　　〕

　ア　東京都　　　イ　沖縄県　　　ウ　鹿児島県　　　エ　静岡県

180°の経線

赤道

本初子午線

★は北極点

頻出 **013** 〈時差〉 （鹿児島純心女子高改）

日本の成田国際空港を2月1日午前9時30分に出発した航空機が，12時間50分かけて，ナポリ（東経15度を標準時子午線とする）に到着した。ナポリに到着するのはいつになるか。現地時間で答えなさい。ただし，午前，午後がわかるように書くこと。　〔　　　　　　　〕

014 〈都道府県①〉 （福岡大附大濠高）

次の問いに答えなさい。

(1) 長野県は海に面していない内陸県で，8つの県と陸続きである。長野県と接していない県を，次のア～エから1つ選び，記号で答えよ。　〔　　　〕

　ア　群馬県　　　イ　岐阜県　　　ウ　福井県　　　エ　埼玉県

(2) 次の表は，県名と県庁所在地名が異なる沖縄県，香川県，山梨県，神奈川県の面積と人口を比較したものである。山梨県にあてはまるものを，表のア～エから1つ選び，記号で答えよ。

〔　　　〕

	ア	イ	ウ	エ
面積（2019年）	4,465km²	2,416km²	1,877km²	2,281km²
人口（2019年）	81万人	920万人	96万人	145万人
人口増加率（2018～2019年）	−0.80%	0.24%	−0.59%	0.39%

（「日本国勢図会 2020/21」による）

015 〈都道府県②〉 （群馬・前橋育英高）

次の図を見て，あとの問いに答えなさい。

図Ⅰ　ある都道府県を切り抜いたもの（縮尺・方位は同じではない）

A　　　　　B　　　　　C　　　　　D　　　　　E　　　　　F

(1) 図ⅠのA～Fのうち，県名と県庁所在地名が一致するものの組み合わせとして正しいものを，次のア～エから1つ選び，記号で答えよ。　〔　　　〕

　ア　A・C・F　　　イ　B・C・D　　　ウ　C・D・E　　　エ　D・E・F

(2) 図Ⅱについて，Gは都道府県の形と同時に「ある山」を表現しており，Hの中央の点は「ある地形」を表現している。「ある山」と「ある地形」の組み合わせとして正しいものを，次のア～エから1つ選び，記号で答えよ。　〔　　　〕

図Ⅱ　都道府県の形をもとにした旗

G　　　　　　H

　ア　富士山・桜島　　　イ　富士山・佐渡島　　　ウ　阿蘇山・種子島　　　エ　阿蘇山・淡路島

016 〈都道府県③〉 （東京・お茶の水女子大附高改）

都道府県の名称には，「川」または「島」の文字を含むものがいくつかある。それらについて述べた文として適切なものを，次のア～ケから2つ選び，記号で答えなさい。　〔　　　〕〔　　　〕

ア 全部で7都道府県ある。

イ すべて北緯36度より南にある。

ウ すべて東経140度より西にある。

エ すべて海に面している。

オ すべて新幹線が通っている。

カ すべて工業製品出荷額が47都道府県中5位以下である。

キ すべて米の生産量が47都道府県中10位以下である。

ク 世界遺産のある都道府県が3つある。

ケ 都道府県名と県庁所在地名が異なる都道府県が3つある。

---

017 〈国の領域①〉　　　　　　　　　　　　　　　　　　　　　　（大阪・開明高改）

次の問いに答えなさい。

(1) 排他的経済水域の外側のどこの国にも属さない海洋を何というか。答えよ。〔　　　　　〕

(2) 日本と中国，台湾が領有権を主張しているところとして正しいものを，次のア〜エから1つ選び，記号で答えよ。〔　　　〕

　ア 尖閣諸島　　　イ 南沙諸島　　　ウ 択捉島　　　エ 南鳥島

---

018 〈国の領域②〉　　　　　　　　　　　　　　　　　　　　　（鹿児島・ラ・サール高）

次の問いに答えなさい。

(1) 国家領域や資源の支配権に関連する記述として，明らかに誤っているものを，次のア〜エから1つ選び，記号で答えよ。〔　　　〕

　ア 国家の主権が及ぶ範囲を領域といい，領域は，領土・領海・領空からなっている。

　イ 領空とは，領土と領海の上空で，一般的には大気圏内とされている。

　ウ 国際連合海洋法条約は，いずれの国も海岸線から20海里を超えない範囲で自国の領海の幅を定める権利を有すると規定している。

　エ 国際連合海洋法条約は，沿岸国は排他的経済水域において天然資源を独占的に利用できると規定している。

(2) 日本とロシア(旧ソ連)の外交関係に関連する記述として，明らかに誤っているものを，次のア〜エから1つ選び，記号で答えよ。〔　　　〕

　ア 日本政府は，歯舞群島・色丹島・国後島・択捉島は江戸時代の終わり頃から日本の領土として国際的に認められてきたが，第二次世界大戦後，ソ連そしてロシアに占領されている，と主張している。

　イ ロシアとの間で未解決となっている北方領土問題のほかにも，日本は，竹島の領有をめぐって韓国と対立している。

　ウ 日本とソ連(現ロシア)との間に日ソ共同宣言が結ばれたことによって，ソ連が拒否権を行使しなくなり，日本は国際連合に加盟できた。

　エ 日ソ共同宣言には，日ソ間の平和条約締結後，ソ連(現ロシア)が国後島と択捉島を日本へ引き渡すと明記してある。

世界各地の人々の生活と環境 ▶解答→別冊 *p.3*

019 〈世界の衣服〉 （東福岡高）

次の写真はさまざまな地域の民族衣装である。また，下の地図中のA〜Gは，これらの民族衣装が着用されている地域を示したものである。写真と地図の正しい組み合わせを，あとのア〜キから2つ選び，記号で答えなさい。

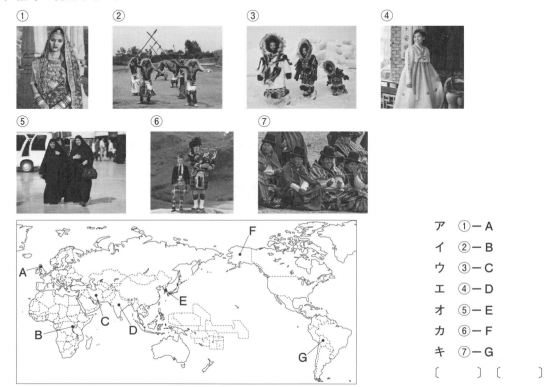

ア ①—A
イ ②—B
ウ ③—C
エ ④—D
オ ⑤—E
カ ⑥—F
キ ⑦—G

〔　　　〕〔　　　〕

020 〈世界の食事〉 （愛媛・愛光高）

ある国の気候や風土のもとで生産される農作物の種類は，その国の特徴ある料理と深いつながりをもっている。次の文ア〜エは，スペイン，ロシア，トンガ，メキシコのいずれかの国で見られる特徴的な料理について説明したものである。このうち，メキシコの料理について説明したものを，ア〜エから1つ選び，記号で答えなさい。 〔　　　〕

ア タロいも，ヤムいもなどのいも類を，鶏肉，豚肉，魚などと一緒にバナナの葉でくるみ，焼いた石の上に置いて蒸し焼きにする料理。

イ とうもろこしの粉をねって焼いた皮で，肉やトマト，玉ねぎ，レタスのみじん切りにソースをかけたものをはさんで食べる料理。

ウ オリーブ油で炒めた玉ねぎ，ピーマンなどの野菜，エビなどの魚介類や鶏肉などに，米，サフラン，水などを加えて平らな鍋でたきこんだ米料理。

エ ビート（てんさい）やじゃがいも，トマト，牛肉，キャベツ，玉ねぎ，にんじんなどを煮こんでつくるスープ料理。

021 〈世界の住居①〉

（大阪・清風高）

東南アジアで見られる伝統的な家の様式として適当なものを，次のア～エから1つ選び，記号で答えなさい。〔　　　〕

ア

イ

ウ

エ

022 〈世界の住居②〉

（石川・星稜高）

右の写真は，取り壊しが簡単で，家畜と共に草を求めて移動するのに便利な移動式住居である。このような住居が見られる地域の気候帯を，次のア～オから1つ選び，記号で答えなさい。〔　　　〕

ア　熱帯　　　　　イ　乾燥帯　　　ウ　温帯

エ　亜寒帯（冷帯）　　オ　寒帯

023 〈各地の生活①〉

（京都・立命館高）

次の問いに答えなさい。

(1)　次の文章X・Yは，それぞれ下の地図中のア～エのいずれかの山脈およびその周辺の人々の生活について記している。これについて，あとの問いに答えよ。

X　現在世界の食卓に広がった　A　やとうもろこしは，この地が原産であり，人々にとって重要な主食となっている。また，リャマやアルパカなどを利用した交通は，今も人々にとって欠かせない移動・輸送手段である。

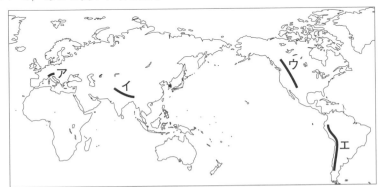

Y　この地では乳牛を飼育し，生乳やバター，チーズなどを生産する　B　がさかんであり，人々は山の山腹斜面を利用して，季節ごとに垂直的に移動する牧畜を営んでいる。冬は谷底の本村で放し飼いをし，雪解けとともに登り始め，夏は自然草地で放牧するのである。

①　X，Yの記述はどの山脈およびその周辺の人々の生活について記したものか。地図中のア～エから1つずつ選び，記号で答えよ。X〔　　　〕Y〔　　　〕

②　　A　にあてはまる作物の名称と，　B　にあてはまる農業形態の名称をそれぞれ答えよ。

A〔　　　　　　　　〕　B〔　　　　　　　　〕

③　下線部について，リャマの姿として適切な写真を，次のア〜エから1つ選び，記号で答えよ。

〔　　　　〕

ア　　　　　　　　　イ　　　　　　　　　ウ　　　　　　　　　エ

(2)　右の写真を見て，次の問いに答えよ。

①　この写真はぶどう栽培の風景である。ぶどう栽培に代表される，ヨーロッパでさかんな農業の名称を答えよ。　〔　　　　　　　　〕

②　①の農業で，ぶどうの他に栽培される作物として適当でないものを，次のア〜エから1つ選び，記号で答えよ。　〔　　　　〕

ア　オレンジ　　　　イ　バナナ

ウ　コルクがし　　　エ　オリーブ

③　①の農業が行われる地域は，夏の間どのような気候の特徴があるか。簡潔に説明せよ。

〔　　　　　　　　　　　　　　　　　　　　　　　　　　　　　　　　　〕

④　①の農業がほとんど行われていない国を，次のア〜エから1つ選び，記号で答えよ。

ア　ドイツ　　　　　イ　イタリア　　　　　　　　　　　　　　　　〔　　　　〕

ウ　スペイン　　　　エ　ギリシャ

024　〈宗教と生活①〉

(愛知・滝高)

次の文章を読んで，あとの問いに答えなさい。

　世界にはさまざまな宗教があり，人間の生活と密接にかかわっている。世界規模で広がっている仏教，キリスト教，イスラム教は，三大宗教と呼ばれる。そのほかにも，ヒンドゥー教やユダヤ教など特定の民族や地域と強く結びついて信仰されているさまざまな宗教がある。三大宗教の教えは教典にかかれており，仏教では経典，キリスト教では聖書，イスラム教では（　①　）が教典である。

　それぞれの宗教には，さまざまな決まりごとがある。イスラム教では，豚肉や豚からとったスープやエキスなど，豚に関連したものはいっさい食べない。また，多くの地域では酒を飲まない。一方ヒンドゥー教では神の使いである（　②　）を食べない。

　いのりの日や時刻にも決まりごとがある。キリスト教では日曜日は仕事を休む日で，教会へ行く人も数多くいる。イスラム教の人々は，金曜日にイスラム教の礼拝所である（　③　）に集まっていのりをささげる。また，アラビア半島にあるイスラム教の聖地メッカの方向にむかって，1日5回礼拝を行う。さらにイスラム暦の9月〔ラマダン〕になると約1か月の間，日の出から日没まで（　④　）を行う。

(1) （ ① ）〜（ ④ ）にあてはまる語をそれぞれ答えよ。

①〔　　　　　　　〕 ②〔　　　　　　　〕

③〔　　　　　　　〕 ④〔　　　　　　　〕

(2) 次の表は世界のおもな宗教の信者が，各地域にどれぐらいの割合でいるのかを示したものである。A・Cにあてはまる地域名を，あとのア〜エから1つずつ選び，記号で答えよ。

地域＼宗教	キリスト教 ローマ・カトリック	キリスト教 プロテスタント	キリスト教 正教会※	イスラム教	ヒンドゥー教	仏教
A	17.1	40.3	17.9	28.9	0.3	0.1
B	12.1	17.6	6.5	68.0	99.2	98.3
C	7.1	11.0	2.8	0.3	0.2	0.9
D	22.0	16.8	71.9	2.6	0.1	0.4
中南アメリカ	40.9	11.9	0.5	0.1	0.1	0.2
オセアニア	0.8	2.4	0.4	0.1	0.1	0.1
計	100.0	100.0	100.0	100.0	100.0	100.0

※ギリシア正教・ロシア正教など

(2016年)

A〔　　　〕 C〔　　　〕

ア ヨーロッパ　　イ アフリカ　　ウ アジア　　エ 北アメリカ

---

025 〈宗教と生活②〉　　　　　　　　　　　　　　　　　　　　（京都教育大附高）

右の地図を見て，次の問いに答えなさい。

(1) 次のア〜エの文は，地図中のA〜Dのグループ（それぞれ3か国ずつを1グループとしたもの）について，各グループに属する国に共通する文化的特徴を述べたものである。ア〜エの文から，誤っているものを1つ選び，記号で答えよ。

〔　　　〕

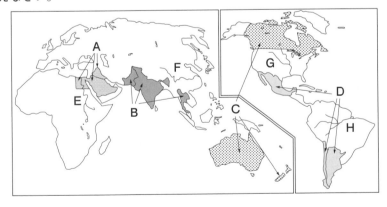

ア　Aのグループに属する国は，いずれの国でも，多くの人々はアラビア語を使用し，イスラム教を信仰している。

イ　Bのグループに属する国は，第二次世界大戦前にイギリスに支配されていた地域で，いずれの国でも，ヒンドゥー教の信者が多い。

ウ　Cのグループに属する国は，ヨーロッパから来た移民によってつくられ，いずれの国でも，多くの人々は英語を使用し，キリスト教を信仰している。

エ　Dのグループに属する国は，いずれの国でも，多くの人々はスペイン語を使用し，キリスト教を信仰している。

(2)　次の文①・②は，地図中のE～Hの4つの河川のうち，2つの河川について述べたものである。
①・②にあてはまる河川を，地図中のE～Hからそれぞれ選び，記号で答えよ。また，その河川の
名称をそれぞれ答えよ。

> ①　この河川の流域は，セルバと呼ばれる熱帯雨林がほとんどを占める。
> ②　この河川の中・下流域は，砂漠の中を川が流れ，この地域の貴重なオアシスとなっている。

①〔　　　〕〔　　　　　　　〕　②〔　　　〕〔　　　　　　　　〕

026　〈各地の生活②〉　　　　　　　　　　　　　　　　　　　　　　　　　（奈良・西大和学園高）

次の問いに答えなさい。

(1)　水資源の供給量は，乾燥地域で少なくなっている。次のア～エの地図中の斜線部は，それぞれの
大陸における乾燥気候の分布を示している。乾燥気候の分布として**誤っている**ものを，次のア～エ
から1つ選び，記号で答えよ。　　　　　　　　　　　　　　　　　　　　　　　　〔　　　〕

ア　　　　　　　　　　　イ　　　　　　　　　ウ　　　　　　　エ

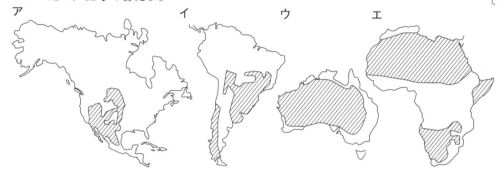

(2)　中国からイランにかけての乾燥地域では，水の蒸発を防ぐ工夫を行い，山岳地帯から灌漑_{かんがい}用水を
得ている。この工夫を簡潔に説明せよ。

〔　　　　　　　　　　　　　　　　　　　　　　　　　　　　　　　　　　　　　　　〕

027　〈各地の生活③〉　　　　　　　　　　　　　　　　　　　　　　　　　（福岡大附大濠高）

次のア～エの写真のうち，西アジア・北アフリカの国で撮影されたものとして適当でないものを，1
つ選び，記号で答えなさい。　　　　　　　　　　　　　　　　　　　　　　　　　〔　　　〕

ア

イ

ウ

エ

頻出 028 〈中国①〉

(大阪・関西大倉高)

次の文章を読んで，あとの問いに答えなさい。

　　a中国は，約（　1　）億人という世界最大の人口を有し，広大な国土において農牧業や豊富な地下資源を利用した鉱工業が盛んである。農業では，b長江と黄河の間に位置する（　2　）川以南で，米や茶などが盛んに栽培されている。産業は製造業が盛んであり，「世界の工場」と呼ばれている。中国の工業は，沿岸部を中心に発達し，外国の資本や技術を導入するために開放された地域であるc（　3　）の発展が特に著しい。また，国土が広いために，自然環境や歴史的背景，多くの民族の生活様式の違いなどからd各地でさまざまな料理が発達してきた。

(1)　（　1　）～（　3　）の空欄に最も適する語句もしくは数値を答えよ。

　　　　　　　　　　　　　　　1〔　　　　　　　　〕2〔　　　　　　　　〕3〔　　　　　　　　〕

(2)　下線部aについて，中国では主に南部に住む人々が世界各地へ移住したという事例が見られる。このうち，移住した国の国籍を取得した中国人を特に何と呼んでいるか。答えよ。

　　　　　　　　　　　　　　　　　　　　　　　　　　　　　　　　　　　〔　　　　　　　　　〕

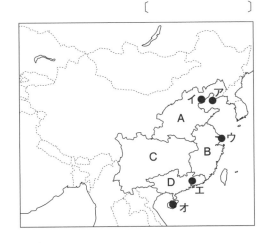

(3)　下線部bについて，この河川の中流域に完成した世界最大の発電出力を誇るダムの名称を答えよ。

　　　　　　　　　　　　　　　　〔　　　　　　　　〕

(4)　下線部cについて，シェンチェン(深圳)に該当するものを，右の地図中のア～オから1つ選び，記号で答えよ。　　　　　　　　　　〔　　　　　〕

(5)　下線部dについて，右の地図中のA～Dは，中国を代表する上海料理，四川料理，広東料理，北京料理のいずれかの分布地域を表している。次の短文に最も関係する地域を，A～Dから1つ選び，記号で答えよ。　　　　　　　　　　〔　　　　　〕

　「日本でもよく知られている麻婆豆腐のように，唐辛子などを使った料理が多く，辛いのが特色の1つである。これは，この地域の高い湿度と夏と冬の寒暖の差の大きな気候に関係するといわれている。」

029 〈中国②〉

(愛媛・愛光高)

次の文章を読んで，あとの問いに答えなさい。

　　中国は，人口の90％以上は漢民族が占めているが，その他，50を超える少数民族が居住している。人口の多くは，シャンハイなどの東部の沿岸部に集中しており，この地域には，（　　　　）から返還されたホンコンなどの特別行政区があるほか，5つの経済特区などが設けられ，外国企業が数多く進出し，中国経済の発展に大きな影響を与えている。

(1)　下線部について，少数民族のウイグル族について説明した文として正しいものを，次のア～エから1つ選び，記号で答えよ。　　　　　　　　　　　　　　　　　　　　　　　　　〔　　　　　〕

　　ア　主に西部の乾燥地域に居住して，イスラム教を信仰しているため，豚肉は食べず羊肉や鶏肉を
　　　　食べている。

　　イ　主に3,000mをこす高地に居住し，ラマ教を信仰し，ヤクや羊などを放牧して暮らしている。

　　ウ　主に東北部に居住し，ハングルを使い，儒教の教えや習慣を持ち，キムチなどの食文化が見ら
　　　　れる。

　　エ　主に北部に居住しており，仏教を信仰し，パオなどのテントを使った暮らしをしている人もい
　　　　る。

(2)　文中の空欄（　　　）に最も適する語句を答えよ。　　　　　　　　　　　　〔　　　　　　　〕

030　〈中国③〉　　　　　　　　　　　　　　　　　　　　　　　　　　　　　　（大阪・開明高）

中国の農業に関して，次の問いに答えなさい。

(1)　人民公社が解体された後，農村や個人が経営主体となって，農業・工業・商業・建設業・交通運
　　輸・飲食業など多岐にわたる業種を担っている中小企業のことを何というか。答えよ。
　　　　　　　　　　　　　　　　　　　　　　　　　　　　　　　　　　〔　　　　　　　　　　　〕

(2)　各地の農作物の特徴を述べた文として**誤っているもの**を，次のア～エから１つ選び，記号で答え
　　よ。　　　　　　　　　　　　　　　　　　　　　　　　　　　　　　　〔　　　　〕

　　ア　東北は，だいず・こうりゃんなどの栽培を中心とする畑作がさかんである。

　　イ　華北は，小麦やとうもろこしの栽培を中心とした畑作がさかんである。

　　ウ　華中は，オアシス農業や放牧がさかんである。

　　エ　華南は，茶の栽培のほか，米の二期作や三期作がさかんである。

031　〈アジア〉　　　　　　　　　　　　　　　　　　　　　　　　　　　　　（京都・東山高）

アジアの地誌について，次の問いに答えなさい。

(1)　次の地図中A～Cの地形名の組み合わせと
　　して正しいものを，次のア～エから１つ選び，
　　記号で答えよ。　　　　　　〔　　　　〕

　　ア　A－イラン高原　　　B－アルプス山脈
　　　　C－南シナ海

　　イ　A－デカン高原　　　B－ヒマラヤ山脈
　　　　C－東シナ海

　　ウ　A－デカン高原　　　B－アルプス山脈
　　　　C－南シナ海

　　エ　A－イラン高原　　　B－ヒマラヤ山脈
　　　　C－東シナ海

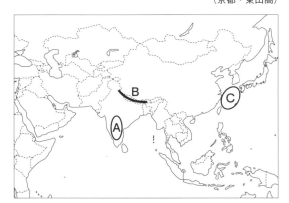

(2)　西アジアには石油資源が豊富にあり，日本は石油輸入の
　　約89％を西アジアの国々に依存している。次の写真は，石
　　油や天然ガスなどの資源をポンプの圧力で流し送る輸送管
　　である。この輸送管の名称をカタカナ６字で答えよ。
　　　　　　　　　　　　　　　　〔　　　　　　　　　〕

(3)　次の表は，インド・シンガポール・中国・日本の産業別就業人口の割合を示したものである。中国の産業別就業人口の割合として正しいものを，次のア〜エから1つ選び，記号で答えよ。

〔　　　〕

	第1次産業	第2次産業	第3次産業
ア	3.5	24.4	72.1
イ	43.3	24.9	31.7
ウ	0.7	15.8	83.5
エ	26.1	28.2	45.7

（「地理統計要覧 2021年版」による）

032 〈インド〉

（千葉・成田高改）

次のA〜Dの説明にあてはまる場所を，右の
地図中の①〜⑩から1つずつ選び，番号で
答えなさい。

A　ヴァラナシはヒンドゥー教の聖地で，ガンジス川の水で身を清める沐浴（もくよく）が行われる。

B　アッサム地方は，インドを代表する茶の産地である。

C　インドはICT産業の発達が著しく，世界の企業が各地に進出している。ベンガルールはその1つである。

D　小麦や綿花の栽培が盛んなパンジャブ地方に含まれる。

A〔　　　〕　B〔　　　〕
C〔　　　〕　D〔　　　〕

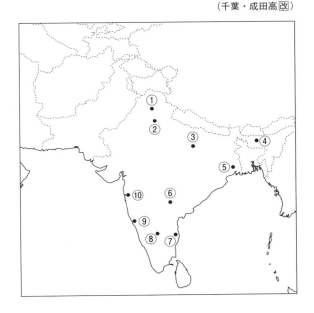

033 〈東南アジア①〉

（滋賀県）

ASEANは，東南アジア地域の国が加盟している機構である。この機構が設立された目的を適切に表しているものはどれか。次のア〜エから1つ選び，記号で答えなさい。　　〔　　　〕

ア　地域の経済面での発展を求めて，政治や経済の協力を進める。

イ　地域経済の安定をめざし，お金や労働者の移動を自由に行うブロック経済を進める。

ウ　地域の平和と安定をめざし，安全保障分野での統合を進める。

エ　地域が一つの国になることを求めて，政治や経済だけでなく外交面での統合を進める。

034 〈東南アジア②〉   (愛知高)

東南アジアを植民地としてかつて支配していた国と支配されていた国の組み合わせで正しいものを,
次のア〜エから1つ選び,記号で答えなさい。   〔   〕

(注 英…イギリス,仏…フランス,蘭…オランダ,米…アメリカ)

ア 英・フィリピン   仏・インドネシア   蘭・ミャンマー   米・ベトナム

イ 英・インドネシア   仏・フィリピン   蘭・ベトナム   米・ミャンマー

ウ 英・ベトナム   仏・ミャンマー   蘭・フィリピン   米・インドネシア

エ 英・ミャンマー   仏・ベトナム   蘭・インドネシア   米・フィリピン

035 〈ヨーロッパ①〉   (青森県)

ヨーロッパでは,ヨーロッパ共同体(EC)が発展し,1993年にヨーロッパ連合(EU)が発足した。次の
問いに答えなさい。

(1) EUで使われている共通通貨を何というか,答えよ。   〔   〕

(2) 下の表は,EU加盟国一人あたりの国民総所得(GNI)をまとめたものである。この表から読み取
     ることができる,EUのかかえる課題を答えよ。

〔   〕

(2018年)						(ドル)
3万ドル以上の国		2万ドル以上〜 3万ドル未満の国		1万ドル以上〜 2万ドル未満の国		1万ドル未満の国
ルクセンブルク	74,768	キプロス	27,940	スロバキア	19,120	ブルガリア 9,475
デンマーク	62,659	スロベニア	25,595	リトアニア	18,470	
アイルランド	62,295	ポルトガル	22,961	ラトビア	17,544	
スウェーデン	56,632	エストニア	22,806	ハンガリー	15,612	
オランダ	54,115	チェコ	21,711	ポーランド	14,791	
オーストリア	51,090	ギリシャ	20,604	クロアチア	14,023	
フィンランド	50,301			ルーマニア	12,026	
ドイツ	48,843					
ベルギー	47,597					
フランス	42,289					
イタリア	34,762					
スペイン	30,474					
マルタ	30,300					

(「世界国勢図会 2020/21」ほかによる)

036 〈ヨーロッパ②〉   (群馬・前橋育英高)

次の問いに答えなさい。

(1) EU加盟国間における出入国と
     関税の取り決めについて,組み合
     わせとして正しいものを,右の表
     中のア〜エから1つ選び,記号で
     答えよ。   〔   〕

	出入国	関税
ア	審査あり	な し
イ	審査あり	各国で設定し課税
ウ	自　由	な し
エ	自　由	相互に協定を結び課税

(2) ヨーロッパ各地では車の排気ガスや工場の排煙が風にのって運ばれ,雨にとけて降り注ぐことに
     より深刻な森林破壊が生じている。この雨を何というか。答えよ。   〔   〕

037〈ヨーロッパ③〉

次の問いに答えなさい。

(1)　ヨーロッパでは，伝統的に地域の自然にあった農業が行われてきた。ヨーロッパの各地域の農業形態を説明した文として正しいものを，次のア～エから１つ選び，記号で答えよ。　　〔　　　〕

　ア　アルプス山脈より南の地域では，夏の雨季にオレンジやぶどう，オリーブなどを，冬の乾季には小麦などを栽培している。

　イ　ドイツより北のデンマークやオランダでは乳牛を飼い，バターやチーズなどを生産する形態が盛んである。

　ウ　アルプス山脈より北の地域では，豚や牛などの家畜の飼育がおもに行われ，農作物の栽培はほとんど行われていない。

　エ　イギリス及びアイルランドでは，豊富な森林面積を利用した焼畑農業が盛んである。

(2)　次の文章は，ヨーロッパの工業について述べたものである。文章中の下線部ア～エから，誤っているものを１つ選び，記号で答えよ。　　〔　　　〕

> 　ヨーロッパでは，イギリスやドイツを中心に，ア世界で最初に工業が発達した。イ昔ながらの手作業で職人がていねいにつくる伝統が，今も続いている一方で，ウ情報通信機器などの先端技術産業が成長している。
> 　近年は，EU加盟国間で，工業化の進展に違いがでている。ヨーロッパの他の地域に比べて，エ西ヨーロッパの労働者は，他国に働きに出る人々が少なくない。

038〈ヨーロッパ④〉

次の文章を読み，あとの問いに答えなさい。

　aヨーロッパには40以上もの国々があり，その中に約7.5億人が生活しているが，ヨーロッパの地形は決して平坦ではない。山脈や高原などがありb海岸線も複雑である。ユーラシア大陸を地図で見ると，ヨーロッパは日本と比べて高緯度にあることがわかる。日本の秋田県や岩手県を通る北緯40度の緯線がヨーロッパではcスペインやギリシャを通っているが，暖流と偏西風の影響で高緯度の割に冬でも気温が温暖である。

(1)　下線部aについて，二度の世界大戦により没落したヨーロッパの国々は，アメリカ合衆国などの大国に対抗するため国同士の結びつきを強め，1993年にはEU（ヨーロッパ連合）が発足した。現在のEU加盟国の様子について述べた文として正しいものを，次のア～エから１つ選び，記号で答えよ。　　〔　　　〕

　ア　2002年には，単一通貨ユーロの流通が始まり，現在は全ての加盟国の間でユーロを使用することができる。

　イ　EUでは農家の生活を守るため，EU外から輸入される農産物には高い税金をかけ，農業を保護する政策がとられた。

　ウ　所得水準の低かった東ヨーロッパには，西ヨーロッパの先進国などから企業が進出しており，現在は西ヨーロッパの国々との間の所得格差は完全に解消された。

　エ　EUの恩恵を受け，ヨーロッパ最大の工業国となったイギリスは，2016年の国民投票によりEU離脱を選択した。

(2) 下線部 b について，右の地図中の X の地域には氷河により形成された入江が広がっている。その地形に該当する写真を，次のア〜ウから 1 つ選び，記号で答えよ。〔　　　〕

ア 　イ 　ウ

(3) 下線部 c の国では夏の気候を活かした農業が行われている。右の資料は，ある農産物 A の世界における上位 3 カ国の生産量の割合である。農産物 A として正しいものを，次のア〜エから 1 つ選び，記号で答えよ。〔　　　〕

ア　ぶどう　　イ　小麦　　ウ　オリーブ　　エ　カカオ

農産物：A	
国名	割合
スペイン	46.6%
イタリア	8.9%
モロッコ	7.4%

（「地理統計要覧 2021年版」による）

新傾向　039　〈アフリカ①〉　　　　　　　　　　　　　　　　　　　　　　（福岡県）

略地図 A，B の　　　で示されたア〜エの国について，資料 I，II は，それぞれの国の輸出品目割合と国内総生産を示している。資料 I，II から読み取れる，ウ，エと比べた，ア，イに共通する特色を，「資源」の語句を用いて答えなさい。

〔　　　　　　　　　　　　　　　　　　　　　　　　　　　　　　　　　　　　　　　〕

略地図

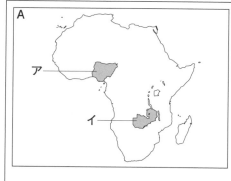

AとBの縮尺は同じではない。　〜 は州境を示す。

資料 I　輸出品目割合（2018年）

資料 II　国内総生産（2018年）

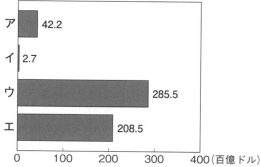

（「世界国勢図会 2020/21」による）

040 〈アフリカ②〉

（愛媛・愛光高）

次の問いに答えなさい。

(1) 南アフリカ共和国について述べた文として正しいものを，次のア〜エから１つ選び，記号で答えよ。　　〔　　　〕

ア　20世紀初頭から1970年代まで白豪（はくごう）主義という政策がとられ，黒人やアジア系などの有色人種の移民が制限されてきた。

イ　20世紀はじめに移民として渡った日系人が数多く居住し，コーヒーや綿花の栽培で成功した人も多い。

ウ　20世紀後半まで，黒人は選挙に参加する権利がないなど，白人が有色人種を差別し，支配する体制が長い間続いた。

エ　19世紀末から，白人と先住民の混血が急速に進み，メスチソと呼ばれる人々の割合が増加した。

(2) 長い民族対立の末，2011年にある国の南部10州が住民投票によって分離独立を果たし，国連への加盟も承認された。この分離独立を果たした新しい国の名称を答えよ。　　〔　　　　　　　〕

041 〈アフリカ③〉

（熊本・真和高）

地図を見て，次の問いに答えなさい。

(1) 赤道と南回帰線を示しているものを，地図中の直線①〜⑥から１つずつ選び，番号で答えよ。

赤道〔　　　〕　南回帰線〔　　　〕

難 (2) 次の１〜４の文に該当する国名を答え，また，その国の位置を地図中のＡ〜Ｓから１つずつ選び，記号で答えよ。

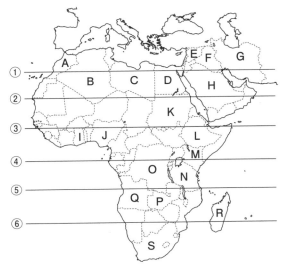

１　旧イギリス領で1964年独立。内陸国でザンベジ川が国境になっている。この国の北部には，隣国にまたがる世界的な銅の大鉱脈があり，経済が銅の生産と輸出に依存している。

２　旧イギリス領で1960年独立。アフリカで最も人口が多く，輸出のほとんどを石油に依存し，カカオ・落花生・タロいも・ヤムいも・キャッサバが主要農産物である。

３　旧フランス領で1962年独立。輸出のほとんどが石油と天然ガスである。農業が可能な土地は，アトラス山脈北側と砂漠中のオアシスだけであるが，小麦・ブドウ・オリーブ・なつめやしなどを生産している。

４　旧イギリス領で1963年独立。高原の国でコーヒー・茶・サイザル麻が主要農産物である。また，まばらな樹木と草原が広がり，野生動物が観光の目玉となっている。

１〔　　　　　〕・〔　　　〕　２〔　　　　　　〕・〔　　　〕

３〔　　　　　〕・〔　　　〕　４〔　　　　　　〕・〔　　　〕

042 〈アメリカ合衆国①〉 （鹿児島・樟南高）

次の問いに答えなさい。

(1) アメリカ合衆国の国土面積に最も近い数値を，次のア〜エから1つ選び，記号で答えよ。

　　ア　1,700万km²　　イ　960万km²　　ウ　550万km²　　エ　38万km²　　　〔　　　〕

(2) アメリカ合衆国の農業について述べた文として誤っているものを，次のア〜エから1つ選び，記号で答えよ。　　　　　　　　　　　　　　　　　　　　　　　　〔　　　〕

　　ア　グレートプレーンズで生まれ育った子牛は，栄養価の高い濃厚飼料で集中的に肥らされ，出荷されている。

　　イ　乾燥地域では，360度回転するアームで地下水を散水している。

　　ウ　気候や土壌など自然条件にあわせて，その土地に最も適する農作物を栽培している。

　　エ　農業機械の大型化が進み，化学肥料や農薬を使った自給的な農業が経営の主流になっている。

043 〈アメリカ合衆国②〉 （広島大附高改）

次の図のX〜Zは，アメリカ合衆国における歴史的な人口移動の事例を表している。また，右下のA〜CはX〜Zのいずれかを説明したものである。図と説明を見て，あとの問いに答えなさい。

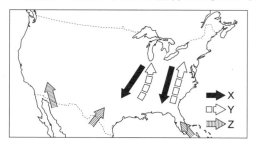

A　スペイン語を日常的に使う人々が仕事を求めての移動

B　大農園の労働力としてアフリカから連れて来られた人々の子孫が，新しく仕事を求めての移動

C　北緯37度以南の地域へ新しい産業地域の形成を求めての移動

(1) Aの下線部の人々を何というか。答えよ。　　　　　　　　　　〔　　　　　　　〕

(2) X〜Zにあてはまる説明を，A〜Cから1つずつ選び，記号で答えよ。

　　　　　　　　　　　　　　　　　X〔　　　〕　Y〔　　　〕　Z〔　　　〕

新傾向 **044** 〈アメリカ合衆国③〉 （佐賀県）

アメリカ合衆国について，次の問いに答えなさい。

(1) 説明文は，アメリカ合衆国の交通と人々の生活に関するものである。説明文の　a ，　b にあてはまる内容の組み合わせとして最も適当なものを，あとのア〜エから1つ選び，記号で答えよ。　　　　　　　　　　　　　　　　　　　　　　　　　　　〔　　　〕

説明文

アメリカ合衆国の人々にとって　a は，いつでも自由に移動できるため，快適な暮らしを送るための重要な交通手段となっている。

次の写真のような大型ショッピングセンターは，　b しやすい郊外に多くみられ，インターチェンジを利用して，　a で多くの人が訪れている。

ア	a－鉄道	b－都市の中心部に比べ地価が安く, 広大な土地を確保
イ	a－鉄道	b－都市の中心部に比べ地価が高く, 建物を高層化
ウ	a－自動車	b－都市の中心部に比べ地価が安く, 広大な土地を確保
エ	a－自動車	b－都市の中心部に比べ地価が高く, 建物を高層化

(2)　アメリカ合衆国では, スペイン語を話すメキシコなどから移民が増えており, 農業に従事したり, 建設現場などで働いたりしている人が少なくない。このようなスペイン語を話す移民を何というか。答えよ。〔　　　　　　　　　　　〕

---

045 〈アメリカ合衆国④〉　　　　　　　　　　　　　　　　　　　　　　　　　　(愛知・滝高)

次の各文は, アメリカ合衆国の主な都市について述べたものである。あとの問いに答えなさい。

A　ハドソン川河口に位置するこの国最大の商工業都市である。高層建築の並ぶ（　1　）島には大企業の本社が集中し, なかでもウォール街は世界の金融・経済の中心である。出版・印刷業や食品工業などが発達し, 国連本部もおかれている。

B　西海岸最大で, この国第2の都市である。航空機, 石油化学産業が発達している。また冬は雨が多いものの, 夏に乾燥し晴天が続く（　2　）気候で, 撮影がしやすいため映画産業がさかんで, ハリウッドが立地している。この都市の郊外に, 世界で最初のディズニーランドがつくられた。

C　（　3　）山脈南麓の滝線都市で南部の商工業, 交通, 文化の中心である。綿工業の中心として発展し, 巨大ハブ空港のハーツフィールド国際空港があり, コカコーラやCNN（テレビ局）の本社が立地している。1996年の夏季オリンピックが開催された都市である。

D　ポトマック川に面し, 放射・直交型街路をもつ計画都市である。ホワイトハウスなどの行政機関が集中し, この国の政治の中心地である。

E　ミシガン湖の南端に位置するこの国第3の都市である。大陸横断鉄道の主要都市で, かつての西部開拓の拠点であった。農畜産物の集散地でもあり, 世界のトウモロコシ・小麦の相場を決定する穀物取引所がある。農業機械・食品などの工業が発達している。

F　太平洋岸北部の中心都市で, 極東への航空路・航路の要衝である。ボーイング社を中心に航空機産業が立地し, 造船, 製紙・パルプ, アルミニウム工業が立地している。

G　太平洋に面した貿易港で, 19世紀にはゴールドラッシュで人口が急増した。現在は, 湾の対岸のオークランドと大都市圏を形成し, 西海岸の中心都市である。坂道と路面電車, 霧とゴールデンゲートブリッジで知られる。

H　伝統的に自動車工業がさかんで, 世界的な企業であるGMの本社が立地し, 近郊にはフォードの本社もある。1980年代には日本の自動車メーカーに市場を奪われ, 多くの失業者が生まれた。

I　この国で最も古い歴史をもつ都市の1つである。ヨーロッパからの移民の多くが, ここから各地に広がっていったことから, ハブ（軸）と呼ばれる。市街を囲む高速道路沿いはICなど先端産業が発達し, ハーバード大学, マサチューセッツ工科大学など世界トップレベルの研究機関と連携した, 学術・研究開発もさかんである。

難(1)　（　1　）～（　3　）にあてはまる語句を答えよ。

　　　　　　1〔　　　　　　　　〕　2〔　　　　　　　　　〕　3〔　　　　　　〕

難 (2) D・E・Fの都市の名前を，次のア〜サから1つずつ選び，記号で答えよ。

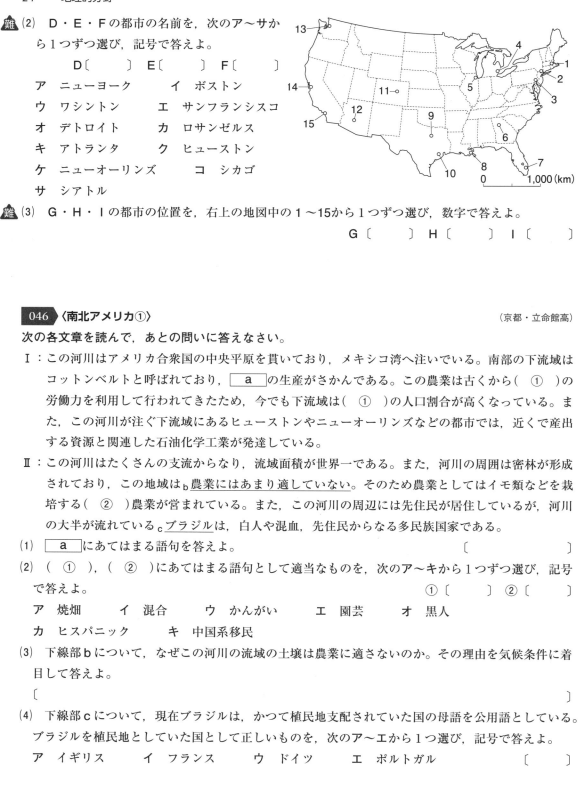

D〔　〕 E〔　〕 F〔　〕

ア　ニューヨーク　　イ　ボストン
ウ　ワシントン　　エ　サンフランシスコ
オ　デトロイト　　カ　ロサンゼルス
キ　アトランタ　　ク　ヒューストン
ケ　ニューオーリンズ　　コ　シカゴ
サ　シアトル

難 (3) G・H・Iの都市の位置を，右上の地図中の1〜15から1つずつ選び，数字で答えよ。

G〔　〕 H〔　〕 I〔　〕

---

046 〈南北アメリカ①〉

（京都・立命館高）

次の各文章を読んで，あとの問いに答えなさい。

Ⅰ：この河川はアメリカ合衆国の中央平原を貫いており，メキシコ湾へ注いでいる。南部の下流域はコットンベルトと呼ばれており，　a　の生産がさかんである。この農業は古くから（　①　）の労働力を利用して行われてきたため，今でも下流域は（　①　）の人口割合が高くなっている。また，この河川が注ぐ下流域にあるヒューストンやニューオーリンズなどの都市では，近くで産出する資源と関連した石油化学工業が発達している。

Ⅱ：この河川はたくさんの支流からなり，流域面積が世界一である。また，河川の周囲は密林が形成されており，この地域はb農業にはあまり適していない。そのため農業としてはイモ類などを栽培する（　②　）農業が営まれている。また，この河川の周辺には先住民が居住しているが，河川の大半が流れているcブラジルは，白人や混血，先住民からなる多民族国家である。

(1)　a　にあてはまる語句を答えよ。〔　　　　　　　〕

(2) （　①　），（　②　）にあてはまる語句として適当なものを，次のア〜キから1つずつ選び，記号で答えよ。　①〔　〕 ②〔　〕

　ア　焼畑　　イ　混合　　ウ　かんがい　　エ　園芸　　オ　黒人
　カ　ヒスパニック　　キ　中国系移民

(3) 下線部bについて，なぜこの河川の流域の土壌は農業に適さないのか。その理由を気候条件に着目して答えよ。
〔　　　　　　　　　　　　　　　　　　　　　　　　　　　〕

(4) 下線部cについて，現在ブラジルは，かつて植民地支配されていた国の母語を公用語としている。ブラジルを植民地としていた国として正しいものを，次のア〜エから1つ選び，記号で答えよ。
　ア　イギリス　　イ　フランス　　ウ　ドイツ　　エ　ポルトガル〔　　　〕

047 〈**南北アメリカ②**〉

(茨城・常総学院高)

右の図を見て，次の問いに答えなさい。

(1) 20世紀後半から，図中のアメリカ合衆国において人口が増えている，おもにスペイン語を話し，メキシコや西インド諸島からやってきた移民を何というか。カタカナ6字で答えよ。

〔　　　　　　〕

(2) 図中のブラジルなど南アメリカ州の国々では，近年農産物から作られるバイオエタノール(バイオ燃料)の生産量が増加している。ブラジルで多く生産され，バイオエタノール(バイオ燃料)のおもな原料となる農産物を，次のア～エから1つ選び，記号で答えよ。

〔　　　　　　〕

ア　米　　　イ　じゃがいも　　　ウ　さとうきび　　　エ　コーヒー豆

048 〈**南北アメリカ③**〉

(東京・中央大高改)

次の各文章を読んで，あとの問いに答えなさい。

Ⅰ：カナダは，①アングロアメリカ北部に位置し，太平洋北東部に面しており，東西に広がる世界第2位の広大な国土を持つ。

Ⅱ：チリ共和国は，ラテンアメリカ西部に位置し，太平洋南東部に面している。②鉱産資源に恵まれた国である。

(1) 下線部①について，この大陸の西部に位置し，南北およそ4,800kmにわたる大山脈の名称を答えよ。

〔　　　　　　〕

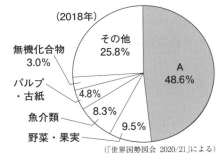

(2) 下線部②について，右のグラフはチリの輸出品を表したものである。グラフ中Aの品目として正しいものを，次のア～エから1つ選び，記号で答えよ。　〔　　　　　　〕

ア　石炭　　　イ　機械類　　　ウ　原油　　　エ　銅

049 〈**オセアニア**〉

(熊本・真和高改)

右の地図を見て，次の問いに答えなさい。

(1) 地図中のAの線は何を表しているか。答えよ。

〔　　　　　　〕

(2) 地図中のBの線は，日本の兵庫県明石市を通る経線と同じである。この経線の経度を答えよ。

〔　　　　　　〕

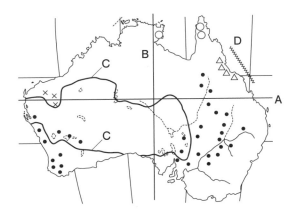

(3) 地図中のCの線は年降水量を表した線である。正しいものを，次のア～エから1つ選び，記号で答えよ。

〔　　　　　　〕

ア　250mm未満　　　イ　250～500mm

ウ　500～750mm　　　エ　750～1,000mm

(4) 次の表中の①〜③は，日本がオーストラリアから１番輸入している産物である。その産物名を，あとのア〜カから１つずつ選び，記号で答えよ。

品目	輸入相手国順位			
①	1位 オーストラリア	2位 アメリカ	3位 カナダ	4位 ニュージーランド
②	1位 オーストラリア	2位 インドネシア	3位 ロシア	4位 アメリカ
③	1位 オーストラリア	2位 ブラジル	3位 カナダ	4位 南アフリカ共和国

(2019年)   （「日本国勢図会 2020/21」ほかによる）

①〔   〕 ②〔   〕 ③〔   〕

ア 小麦   イ 鉄鉱石   ウ とうもろこし

エ 石炭   オ 羊毛   カ 牛肉

(5) 地図中の〇や×は，ある鉱産資源の分布を表している。何という資源か。次のア〜エから１つずつ選び，記号で答えよ。   〇〔   〕 ×〔   〕

ア 石炭   イ 金   ウ 鉄鉱石   エ ボーキサイト

(6) 地図中の●や△は，農牧業の分布を表している。何の分布を表しているか。次のア〜オから１つずつ選び，記号で答えよ。   ●〔   〕 △〔   〕

ア さとうきび   イ 肉牛   ウ 小麦   エ 米   オ 羊

(7) 次の文章中の（ ① ），（ ② ）にあてはまる海洋名を答えよ。また，（ ③ ）〜（ ⑥ ）にあてはまる語句を，あとのア〜シから１つずつ選び，記号で答えよ。

　　オーストラリアは，東側を（ ① ），西側を（ ② ）に囲まれている。気候帯では，最も広い面積を占める（ ③ ）帯を持つ国である。北部は雨季と乾季とがある（ ④ ）気候で，南部は温帯で西岸海洋性気候や（ ⑤ ）気候が見られる。国の南西部や南東部では大型機械を使って（ ⑥ ）が栽培され，南半球の穀倉となっている。（ ⑥ ）の収穫期が北半球の国々と違うため輸出に有利となっている。

①〔   〕 ②〔   〕

③〔   〕 ④〔   〕 ⑤〔   〕 ⑥〔   〕

ア サバナ   イ ライ麦   ウ 湿潤   エ ステップ   オ 熱   カ 小麦

キ 乾燥   ク 冷(亜寒)   ケ 地中海性   コ じゃがいも   サ 米

シ 温帯湿潤

(8) 地図中のDの海岸には大規模なさんご礁が見られる。その名称を答えよ。

〔   〕

頻出 050 〈地形図の読み取り①〉　　　　　　　　　　　　　　　　　　（石川・星稜高）

次の地形図を見て，あとの問いに答えなさい。

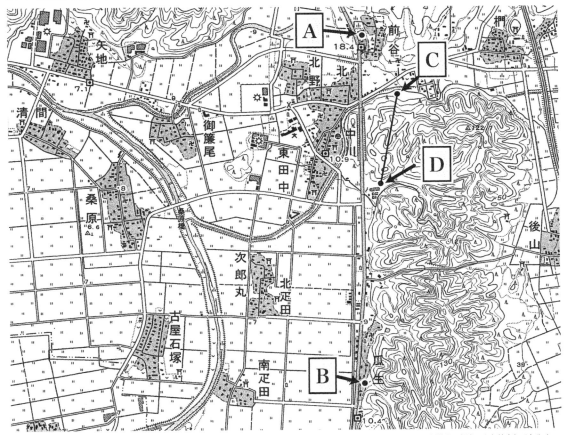

（地形図は，編集上の都合により縮小してある。）

(1)　この地形図に関して述べた次の文章を読んで，あとの問いに答えよ。

　「矢地」町の南東の道路わきに水準点が設置されている。ここから地形図と方位磁石を持って，この地域を散策してみることにした。

　まず，道路に沿って東南東に向かって歩き始めた。しばらく行くと，北東の方から流れてくる川があった。この川を渡り，まっすぐ進んで行くと左に工場があり，その横を通り過ぎると a駐在所のある三差路にたどり着いた。

　ここを右の道に進むと，すぐ右に小学校があった。さらに行くと中川町の神社の横を通る道があり，そこを少し入った所に水準点が設置されていた。さっそく，地形図でこの水準点の高さを調べると，最初に歩き始めた地点と比べ，b約5m高いことがわかった。

　もとの広い道に戻り，さらに進むと，北北東から流れてくる川があった。この川を渡るとすぐに南東に向かう小道（軽車道）があったが，今来た道を進んだ。道は南に向きを変え，しばらく行くと東西に延びる広い道との交差点にたどり着いた。

　ここを右に曲がり，川を渡ってまっすぐ進んで行くと，やがて「桑原橋」にたどり着いた。この橋の上から川を見てみると，c北西に向かって流れていることがわかった。

　この川を渡ると道は，「桑原」町を迂回するように左に曲がっていて，しばらく進むと西に伸びる道があった。ここで地形図を見ると，この道を進み，すぐに右に「桑原」町の中を南から北に抜ける道があることがわかったので，そこから桑原町に入った。

　道はすぐにかぎ型になっていて，そこを通り抜けて進んでいくと右手の奥にd寺が見えた。やがて，地形図上で8mの高さを記した所で，左に進む道があり，この道を通って「桑原」町の北西のはずれにたどり着いた。この道をさらに進んでいくと，やがて，「清間」町に入った。この町の中を通り進んで行くと，町の西のはずれでT字路にぶつかった。

　ここを右に曲がり，e北北東に進んでいくと，また川があり，これを渡ってしばらく行くと，「矢地」町の南西のT字路にたどり着き，右に曲がって出発点に戻った。

① 下線部a〜eのうち誤っているものを，次のア〜オから1つ選び，記号で答えよ。　　　　　　　　　　　　　　　　　　　　　　　　　　　　　〔　　　〕

　ア　a　　イ　b　　ウ　c

　エ　d　　オ　e

② 「矢地」町から歩き始めてこの町に戻ってくるまでに，5か所で川を渡っている。地形図を見て，この5か所について述べた文として誤っているものを，次のア〜オから1つ選び，記号で答えよ。

　　　　　　　　　　　　　　　　　　　　　　　　　　　　　　　　〔　　　〕

　ア　最初に渡った川は，「御簾尾(みすのお)」町の北側を流れている。

　イ　2番目に川を渡る手前の地点の右に寺がある。

　ウ　3番目に渡った川は，2番目に渡った川の下流にあたる。

　エ　4番目に渡った川の下流の河原には畑として利用されていることが記されている。

　オ　5番目に川を渡った地点は，1番目に渡った川と4番目に渡った川の合流点の下流にあたる。

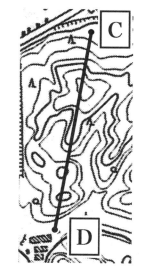

(2) 地形図中の「椚(くぬぎ)」町と「後山(うしろやま)」町の間は地図上で6cmある。実際の距離は何mになるか答えよ。　　　　　　〔　　　　　　　〕

(3) 地形図中のA点とB点の比高(標高差)として最も近いものを，次のア〜オから1つ選び，記号で答えよ。　　　　　　〔　　　〕

　ア　約4m　　　イ　約8m　　　ウ　約15m

　エ　約20m　　　オ　約25m

(4) 右の図は，地形図中のC—D間を拡大したものである。地形図及び図を見て，C—D間の断面図として適切なものを，次のア〜ウから1つ選び，記号で答えよ。　　　　〔　　　〕

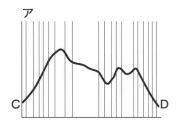

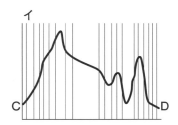

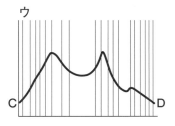

051 〈新旧地形図の比較〉

（千葉・芝浦工業大柏高）

次の地形図Ⅰ，地形図Ⅱは，それぞれ昭和59年及び平成18年発行の埼玉県のある地域を示したものである。これを見て，あとの問いに答えなさい。

Ⅰ（昭和59年発行）

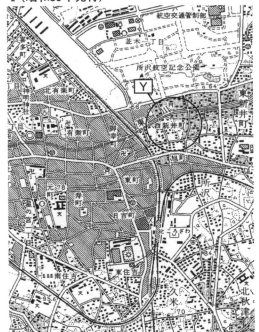

Ⅱ（平成18年発行）

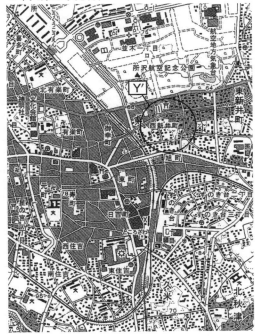

Ⅰ・Ⅱともに（「25,000分の1地形図 所沢」による）

(1)　地形図Ⅰ中のＹの地域には見られないが，地形図Ⅱ中のＹ′の地域には見られる建物・施設として最も適当なものを，次のア〜エから1つ選び，記号で答えよ。　　　〔　　　　〕

　ア　警察署　　　イ　高等学校　　　ウ　神社　　　エ　寺院

(2)　上の地形図Ⅰ，地形図Ⅱを正しく読み取ったことがらとして最も適当なものを，次のア〜エから1つ選び，記号で答えよ。　　　〔　　　　〕

　ア　地形図Ⅱでは，「ところざわ」駅の北東に，地形図Ⅰになかった「こうくうこうえん」駅ができた。

　イ　地形図Ⅰで「ところざわ」駅の東にあった広葉樹林は，地形図Ⅱでもほぼそのまま残っている。

　ウ　地形図Ⅰの市役所は，地形図Ⅱでは，ほぼ南西の方位に約1,500m移動した。

　エ　地形図Ⅱでは，「ところざわ」駅の南西の方位に，地形図Ⅰになかった郵便局ができた。

052 〈地形図の読み取り②〉 （東京・筑波大附駒場高）

次の地形図とそれに関連する文を読んで，あとの問いに答えなさい。

（地形図は，編集上の都合により縮小してある。）　　　　　（「25,000分の1地形図 海津」による）

　河川は土砂を運搬する働きをもち，上流で削り取った土砂を，傾斜がゆるくなって運ぶ力が落ちた下流で堆積させる。運ばれた土砂が多くなると川は氾濫し，別の流れをつくる。またそこで堆積・氾濫を繰り返し，扇状地や三角州といった地形をつくってきた。

　氾濫は生活に打撃を与えるため，人々は堤防を築くようになった。すると，土砂が川底に堆積し，氾濫を防ぐためにさらに堤防を高くするということを続けた結果，地面よりも高い所に川底を持つ川が生まれた。このような川を天井川と呼んでいる。つまり天井川は，人間がつくった地形ということになる。

(1)　地形図から読み取れることについて述べた文として正しいものを，次のア〜エから1つ選び，記号で答えよ。　　　　　　　　　　　　　　　　　　　　　　　　〔　　　　　〕

　ア　南東部の沿岸に防風林が見られるため，海沿いであることがわかる。

　イ　マキノ町新保・中庄・大沼などの集落は，扇状地の末端に位置している。

　ウ　首都圏への通勤圏内に位置するため，「おうみなかしょう」駅周辺の開発が進んでいる。

　エ　土地利用を見ると，百瀬川扇状地の中央部には果樹園や茶畑が広がっている。

(2)　天井川は，上の地形図の中にも見ることができる。天井川とわかる理由について，20字以内で説明せよ。

　　〔　　　　　　　　　　　　　　　　　　　　　　　　　　　　　　　〕

053 〈世界の自然環境〉 (佐賀・東明館高)

次の地図を見て，あとの問いに答えなさい。

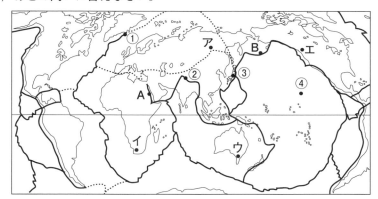

(1) 地点**A・B**と同じプレートの動きをするものを，次の①〜④から１つずつ選び，番号で答えよ。

A〔　　　〕　B〔　　　〕

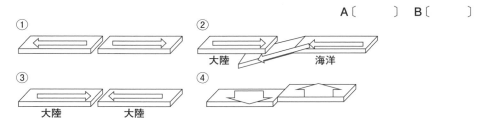

(2) 地図中の地点において，火山が分布しない地点がある。それはどこか，地図中の①〜④から１つ選び，番号で答えよ。〔　　　〕

(3) 次の図Ⅰ中a〜dは，地図中の地点ア〜エのいずれかの月別降水量を示したものであり，図Ⅱ中W〜Zは地図中の地点ア〜エのいずれかの最高気温と最低気温の年較差を示したものである。ウの月別降水量と，年較差の組み合わせとして，最も適当なものを次の①〜④から１つ選び，番号で答えよ。〔　　　〕

図Ⅰ

	①	②	③	④
図Ⅰ	a	b	c	d
図Ⅱ	W	X	Y	Z

図Ⅱ

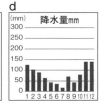

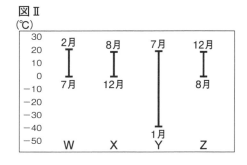

054 〈日本の地形〉 （福岡・西南学院高）

次の図ア〜エは，地図中の●（富士山山頂）と４つの○を結んだ直線の
いずれかの地形断面図である。地図中の線Ａの地形断面図として最も
適当なものを次のア〜エから１つ選び，記号で答えなさい。

〔　　　　〕

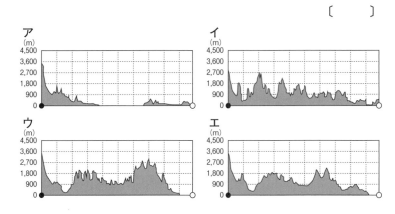

055 〈日本の気候〉 （京都・立命館高）

右の地図中の各地域の気候を説明した①〜④の文につい
て，内容が正しければ○を，誤っていれば誤りのある一
箇所を指摘したうえで，正しい語句を記入しなさい。た
だし，誤りの場合は，解答欄には「誤りの語句→正しい
語句」の形式で記入すること。

① 釧路（くしろ）は，沿岸を流れる黒潮の影響で，夏でも低温の
　日が続く。　　　　　　　　　　　　〔　　　　　　　　　〕

② 横浜の夏は南東の季節風が太平洋から吹き込むこと
　で降水量が多くなることが特徴である。
　　　　　　　　　　　　　　　　　　〔　　　　　　　　　〕

③ 長野は内陸に位置しており，他地域に比べて夏と冬の較差が小さい。　〔　　　　　　　　〕

④ 金沢は冬の北西季節風の影響を強く受ける豪雪地帯となっている。　〔　　　　　　　　〕

頻出 056 〈世界の人口〉 （東京・開成高改）

右の資料は，世界人口の地域別割合の推移を示
したものである。資料中のＡ〜Ｃはそれぞれ，
次のア〜ウのいずれかを表している。Ａ〜Ｃに
あてはまる地域を，あとのア〜ウから１つず
つ選び，記号で答えなさい。

　　　Ａ〔　　　〕　Ｂ〔　　　〕　Ｃ〔　　　〕

ア　アフリカ　　　イ　南北アメリカ
ウ　ヨーロッパ

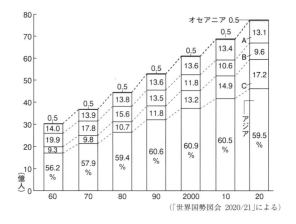

（「世界国勢図会 2020/21」による）

057 〈日本の人口〉

次の問いに答えなさい。

(1) 右の図ア〜ウは，日本の都道府県別に人口，人口密度，高齢者の割合が高い方から，1位〜5位のグループと6位〜10位のグループを表したものである。①人口密度と②高齢者の割合を示す図を，ア〜ウから1つずつ選び，記号で答えよ。

① 〔　　　　〕 ② 〔　　　　〕

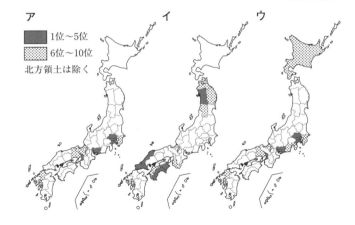

ア　　　　　　イ　　　　　　ウ

1位〜5位
6位〜10位
北方領土は除く

(統計は2019年。「日本国勢図会 2020/21」による)

(2) 我が国における最近の人口の動向について述べた次の文のうち，下線部が誤っているものを，次のア〜エから1つ選び，記号で答えよ。

〔　　　　〕

ア　ドーナツ化現象は今日，<u>弱まる傾向が生じている</u>。

イ　人口を吸収してきた郊外のニュータウンでは，<u>高齢化が進みつつある</u>。

ウ　三大都市圏の人口は，石油危機の1970年代以降，<u>減少傾向が続いている</u>。

エ　日本の人口ピラミッドは，<u>富士山型からつりがね型，さらにつぼ型に変わってきた</u>。

頻出 058 〈資源・エネルギー①〉

右の地図を見て，次の問いに答えなさい。

(1) 地図中の●，▲，■は，石炭，石油，鉄鉱石のいずれかの主な産出地を表している。それぞれにあてはまる資源を答えよ。

● 〔　　　　　　　　〕
▲ 〔　　　　　　　　〕
■ 〔　　　　　　　　〕

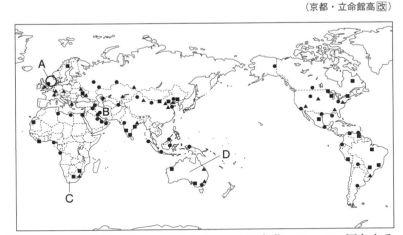

(2) 石炭，石油，鉄鉱石のいずれかの主な産出地である，地図中のAの海の名称，B〜Dの国名をそれぞれ答えよ。

A 〔　　　　　　　　〕
B 〔　　　　　　　〕 C 〔　　　　　　　〕 D 〔　　　　　　　〕

059 〈資源・エネルギー②〉

次の問いに答えなさい。

(1) 原子力発電で用いられる燃料を，次のア〜カから1つ選び，記号で答えよ。　〔　　　　〕

ア　マンガン　　イ　石炭　　ウ　天然ガス　　エ　石油　　オ　ボーキサイト　　カ　ウラン

(2) 鉱産資源を輸入に頼る日本は自然エネルギーを利用する試みを行っている。地熱発電所が設立されている県を，次のア〜エから1つ選び，記号で答えよ。　　　　　　　　　　　　　　　〔　　　〕

ア　福井県　　　イ　宮城県　　　ウ　静岡県　　　エ　大分県

---

060 ▶〈環境問題①〉 (愛知・中京大附中京高 改)

右の地図を見て，次の問いに答えなさい。

(1) 水鳥の生育地として重要な湿地を保存するためのラムサール条約に登録されているところについて，地図中の@〜@と地名の組み合わせとして最も適当なものを，次のア〜エから1つ選び，記号で答えよ。　　　　〔　　　〕

ア　@・尾瀬^{おぜ}　　　　イ　ⓑ・谷津干潟^{やつ}
ウ　ⓒ・釧路湿原^{くしろ}　　　エ　ⓓ・藤前干潟^{ふじまえ}

(2) 地図中の（あ）〜（え）の地点について述べた文として適切でないものを，次のア〜エから1つ選び，記号で答えよ。　　　　〔　　　〕

ア　あ）では貴重な珊瑚礁^{さんごしょう}が発達しているが，珊瑚礁の減少が進んでいる。

イ　い）では干拓で干潟が失われるなど，有明海^{ありあけ}の環境に大きな影響が出ている。

ウ　う）では産業廃棄物の不法投棄が行われ，環境破壊が問題となった。

エ　え）では雪や流氷などの自然を観光資源として積極的に利用している。

(3) 世界自然遺産に登録されている白神山地について，次の問いに答えよ。

①　白神山地の位置を，地図中のA〜Dから1つ選び，記号で答えよ。　　　　〔　　　〕

②　白神山地の特徴として最も適当なものを，次のア〜エから1つ選び，記号で答えよ。

ア　豊富な火山や温泉が観光地となっている。　　　　〔　　　〕

イ　原生的なブナの天然林が大きな規模で残っている。

ウ　樹齢1,000年を超える杉の古木が数多く生育している。

エ　ヒグマ，シマフクロウなどの希少な生物が生育している。

---

061 ▶〈環境問題②〉 (奈良・帝塚山高)

次の問いに答えなさい。

(1) 太平洋周辺の地域にも異常気象をもたらす，ペルー沖にあたる太平洋南東部において，平年よりも海水温が上昇する現象を何というか。カタカナで答えよ。　　　　〔　　　　　　〕

(2) 地球温暖化が進むと，両極地方や高山地域の氷河が融けることにより海水面の上昇が生じるとされている。海水面の上昇によって国土の一部が水没したり高潮の被害を受けやすい国として**不適当**なものを，次のア〜エから1つ選び，記号で答えよ。　　　　〔　　　〕

ア　オランダ　　　イ　ネパール　　　ウ　バングラデシュ　　　エ　モルディブ

（福岡・西南学院高）

062 〈日本の農林水産業・貿易・通信〉

次の問いに答えなさい。

(1) 日本各地の農林水産業について述べた文として下線部が正しいものを，次のア～オから１つ選び，記号で答えよ。　　　　　　　　　　　　　　　　　　　　　　　　　　　　　　〔　　　　〕

ア　日本はたくさんの木材を外国から輸入しているが，<u>林業人口は増えている</u>ため，京都府の北山すぎや三重県の尾鷲ひのきのように特色ある木材が各地で生産されている。

イ　根釧台地は，厚い火山灰でおおわれているうえ，夏の低温や霧のために，農業の開発が遅れたが，現在では<u>品種改良によって稲作がとても盛んに行われている</u>。

ウ　筑紫平野では，以前は畳表となるい草や，ビールの原料となる大麦が多く作られていたが，今では，より高い収入を得るため，<u>米を１年のうち２回生産すること</u>が盛んである。

エ　多くの国が排他的経済水域での他国の漁業活動を規制するようになったため，日本の漁業の重点は<u>育てる漁業からとる漁業へと移りつつある</u>。

オ　山形県は，ここ20年間で高速道路や新幹線などの交通網が発達した結果，日帰りで行き来できる範囲が広がり，県外から<u>さくらんぼやぶどう</u>などの観光農園に来る人が増えている。

(2) 次のグラフは，日本の貿易品目の割合（%）の変化を示したものである。X・Yは，「輸出」「輸入」のいずれかである。XとA，Cにあてはまる語句の正しい組み合わせを，あとのア～カから１つ選び，記号で答えよ。　　　　　　　　　　　　　　　　　　　　　　　　　　　　　〔　　　　〕

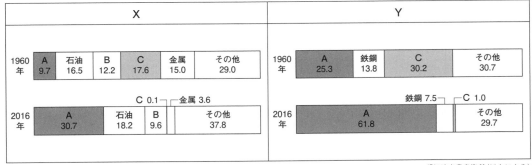

（「経済産業省資料」ほかによる）

	ア	イ	ウ	エ	オ	カ
X	輸出	輸出	輸出	輸入	輸入	輸入
A	食料品	食料品	機械類	機械類	繊維品	繊維品
C	機械類	繊維品	食料品	繊維品	機械類	食料品

(3) カーナビゲーションシステムでは，車についている専用のアンテナが，人工衛星からの電波を受信することで，地球上のどこにいても，今自分のいる緯度や経度，標高を求めることが可能である。このように，人工衛星を利用して位置をはかるしくみを何というか。アルファベット３文字で答えよ。　　　　　　　　　　　　　　　　　　　　　　　　　　　　　　　　　　　〔　　　　〕

063 〈日本の工業〉

（大阪・開明高）

次の文章を読んで，あとの問いに答えなさい。

　日本には京浜・中京・阪神工業地帯があり，三大工業地帯といわれている。これらの工業地帯は，東京・名古屋・大阪の三大都市を中心に発展し，<u>a日本の高度経済成長</u>を牽引してきたといえる。し

かし，1990年代以降は不況の影響を受けたことや_b工場の海外移転が進んだことにより，工業出荷は減少している。

(1)　下線部aについて，この時期の産業や社会について述べた文として誤っているものを，次のア～エから1つ選び，記号で答えよ。　　　　　　　　　　　　　　　　　〔　　　〕

　ア　1950年代後半から1960年代にかけて，エネルギー源が石炭から石油へと転換する「エネルギー革命」が進んだ。

　イ　自動車工業がさかんになる一方，その輸出をめぐってアメリカとの貿易摩擦が始まった。

　ウ　工業発展の一方で，工場排水や煤煙（ばいえん）などにより公害が広がり，四大公害訴訟も起こされた。

　エ　戦前からの生糸・綿糸を中心とした繊維工業の発展が高度経済成長の土台となった。

(2)　下線部bについて述べた文として誤っているものを，次のア～エから1つ選び，記号で答えよ。

　　　　　　　　　　　　　　　　　　　　　　　　　　　　　　　　　　　　〔　　　〕

　ア　工場の海外移転によって，日本国内の生産や雇用が縮小する「産業の空洞化（くうどうか）」が懸念（けねん）されている。

　イ　アメリカへの大量輸出に対する批判への対応として，自動車工場などを海外に進出させ，現地での生産をはかった。

　ウ　製品の価格を下げるために，衣料や家電製品の生産工場を安い労働力が確保できる東南アジアに移した。

　エ　工場が海外に移転したのは，日本国内の少子・高齢化により，国内の若い労働者が著しく減少したためである。

064 〈日本の農業・工業〉

（千葉・芝浦工業大柏高）

右の図を見て，次の問いに答えなさい。

(1)　資料Ⅰは，東京都中央卸売市場におけるピーマンの総入荷量と，そのうちのXの県からの入荷量を示したものであり，資料Ⅰ中のXの県は，図中のア～エのいずれかにあたる。Xの県として最も適当なものを，図中のア～エから1つ選び，記号で答えよ。　　　　　　　　　　　　〔　　　〕

資料Ⅰ　中央卸売市場におけるピーマンの総入荷量とそのうちのXの県からの入荷量（2017年）

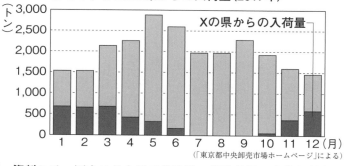

（「東京都中央卸売市場ホームページ」による）

(2)　資料Ⅱは，図中の北九州工業地域の製造品別の出荷額割合の推移を示したものであり，資料Ⅱ中のA～Eは，化学，機械，金属，食料品及びせんいのいずれかの工業にあてはまる。A，Dにあてはまる工業の組み合わせとして最も適当なものを，あとのア～カから1つ選び，記号で答えよ。

　　　　　　　　　　　　　　　　　　　　　　　　　　　　　　　　　　　〔　　　〕

資料Ⅱ 北九州工業地域の製造品別の出荷額割合の推移

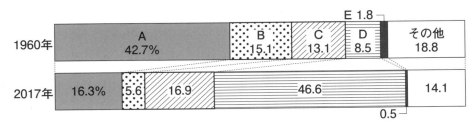

（「日本国勢図会 2020/21」ほかによる）

ア　A－せんい　D－機械　　　イ　A－せんい　D－金属　　　ウ　A－食料品　D－化学
エ　A－食料品　D－金属　　　オ　A－金属　　D－化学　　　カ　A－金属　　D－機械

(3)　図中のYの平野の名称と，その平野での農業について正しく述べた文として最も適当なものを，次のア～エから1つ選び，記号で答えよ。　　　　　　〔　　　　〕
ア　Yは十勝平野であり，じゃがいも，小豆，野菜などの畑作や酪農が農業の中心となっている。
イ　Yは十勝平野であり，土地改良や品種改良などにより北海道最大の米の生産地となっている。
ウ　Yは石狩平野であり，じゃがいも，小豆，野菜などの畑作や酪農が農業の中心となっている。
エ　Yは石狩平野であり，土地改良や品種改良などにより北海道最大の米の生産地となっている。

新傾向　065　〈日本の輸送〉　　　　　　　　　　　　　　　　　　　　　　　　　（愛媛県）

次のP，Qのグラフは，それぞれ，2018年における日本の，海上輸送，航空輸送のいずれかによる，品目別の輸出額の割合を表したものである。また，グラフ中のr，sは，それぞれ鉄鋼，半導体等電子部品のいずれかにあたる。海上輸送による品目別の輸出額の割合を表したグラフに当たる記号と，半導体等電子部品にあたる記号の組み合わせとして適当なものを，あとのア～エから1つ選び，記号で答えなさい。　　　　　　〔　　　　〕

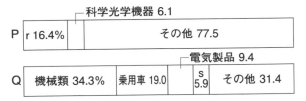

（「日本国勢図会 2020/21」ほかによる）

ア　Pとr　　　イ　Pとs
ウ　Qとr　　　エ　Qとs

新傾向　066　〈日本の空港〉　　　　　　　　　　　　　　　　　　　　　　　　（沖縄県）

図は那覇空港の模式図である。航空路が放射状にのびる拠点の空港を何というか。答えなさい。

〔　　　　　　〕

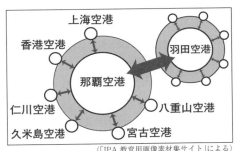

（「IPA 教育用画像素材集サイト」による）

頻出 067 〈九州地方①〉 (茨城高)

右の地図を見て，次の問いに答えなさい。

(1) 筑後川流域にあたる平野を，地図中のA～Dから1つ選び，記号で答えよ。 〔　　　〕

(2) 地図中のA～Dの平野の中で，特に野菜の促成栽培がさかんな平野を，1つ選び，記号で答えよ。 〔　　　〕

(3) 近年この地域の高速道路のインターチェンジ付近にはコンピュータ部品などの工場がさかんにつくられている。このため，九州は何と呼ばれるようになったか。次のア～エから1つ選び，記号で答えよ。

ア　シリコンバレー　　　　イ　シリコンアイランド
ウ　シリコンプレーン　　　エ　シリコンデザート 〔　　　〕

(4) 次の説明があてはまる都市を，地図中のア～エから1つ選び，記号で答えよ。 〔　　　〕

「江戸時代までは，貿易の中心となり港町として栄えた。第二次世界大戦末期に原子爆弾が投下され中国地方の中心都市と同様，大きな被害を受けた。現在は県庁所在地として発展している。」

(5) 地図中のaの地域は，長い間の火山活動によって出された火山噴出物が，厚く堆積した台地が広く分布している。この台地を一般に何というか。答えよ。 〔　　　〕

068 〈九州地方②〉 (大阪桐蔭高)

九州地方最大の都市である福岡市について述べた文として誤っているものを，次のア～エから1つ選び，記号で答えなさい。 〔　　　〕

ア　福岡市の中心駅である博多駅は，山陽新幹線の終点である。
イ　福岡市の沿岸部には，ドーム球場やホテルなど，観光に力を入れた施設が建ち並んでいる。
ウ　福岡市では毎年11月に「唐津くんち」と呼ばれる伝統行事が行われている。
エ　福岡市にある博多港からは，韓国へ向かうフェリーが就航している。

069 〈九州地方③〉 (大阪・履正社高改)

次の問いに答えなさい。

(1) 九州は水揚げ量の多い漁港がいくつか存在するが，九州の漁港ではないものを，次のア～オから1つ選び，記号で答えよ。 〔　　　〕

ア　松浦港　　イ　唐津港　　ウ　大船渡港　　エ　枕崎港　　オ　長崎港

(2) 1990年から4年間噴火を続け，甚大な被害をもたらした長崎県の火山を，次のア～オから1つ選び，記号で答えよ。 〔　　　〕

ア　雲仙普賢岳　　イ　阿蘇山　　ウ　霧島山　　エ　桜島　　オ　浅間山

070 〈九州地方④〉

(福岡・西南学院高)

次のグラフ①〜③は，地図中の県A〜Cの製造品出荷額の割合（2017年，％）を示したものである。また，次の文X〜Zは，地図中の県A〜Cに関連する事柄について述べたものである。Cにあてはまるグラフと文の正しい組み合わせを，あとのア〜ケから１つ選び，記号で答えなさい。 〔　　　〕

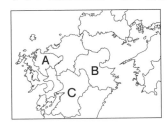

	輸送用機械	電子部品		電気機械	
① 食料品 19.0%	10.7	化学 9.5	8.8	8.5	その他 43.5

	輸送用機械		石油・石炭製品	非鉄金属	
② 15.0%	化学 14.0	鉄鋼 12.7	12.5	11.7	その他 34.1

	生産用機械	輸送用機械		金属製品	
③ 15.2%	14.6	食料品 13.0	電子部品 12.7	6.0	その他 38.5

（「日本国勢図会 2020/21」による）

X　南北およそ25kmにわたる世界有数の巨大カルデラは，ジオパークに認定されている。

Y　九州を東西南北に結ぶ自動車道が接続するジャンクションは，自動車輸送の要所となっている。

Z　国内最大の地熱発電所が位置しているが，観光業への影響が懸念されている。

	ア	イ	ウ	エ	オ	カ	キ	ク	ケ
グラフ	①	①	①	②	②	②	③	③	③
文	X	Y	Z	X	Y	Z	X	Y	Z

071 〈九州地方⑤〉

(三重・高田高)

工業化・都市化にともない，各地で公害や環境問題が生まれた。下の地図中の都市a〜dの中で，aとcについて述べた文を，次のア〜エから１つずつ選び，記号で答えなさい。

ア　ある化学工場が排水とともに海に流したメチル水銀が魚に蓄積し，それを食べた人々に健康被害が出た。現在は，地域の人々の努力によって，安全な海に生まれ変わり漁業も行われている。

イ　工場からの大気汚染や排水による海の汚染が進んだが，行政の規制や企業の努力によって大幅な改善が見られた。現在は，そこでつちかった技術を生かして，廃棄物を処理する産業が盛んになった。

ウ　湾の奥を堤防で閉め切り，内側を干拓して農地にする計画が進められた。その結果，接続する海で漁獲量の減少やのりの養殖の不振などの環境変化が見られるようになり，その因果関係を指摘する声が出ている。

エ　九州最大の都市で，都市化が進み住宅地や舗装道路が増えた結果，洪水が起こりやすくなった。また，都市の中心部で生じやすいヒートアイランド現象への対策として植樹やビルの壁面や屋上の緑化を進めている。

a〔　　　〕 c〔　　　〕

新傾向 **072** 〈中国・四国地方①〉

右の地図のＡ～Ｆは県を，◆はそれぞれの県庁所在地を示している。次の問いに答えなさい。

(福島県)

(1) 地図に⬤で示した山地を何というか。答えよ。

〔　　　　　　　〕

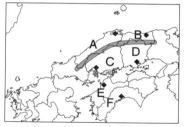

(2) 次のグラフは，Ｂ，Ｄ，Ｆ県の県庁所在地の降水量を表している。あ～うにあてはまる県の組み合わせとして適当なものを，あとのア～カから1つ選び，記号で答えよ。

〔　　　　　　　〕

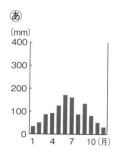

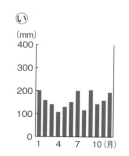

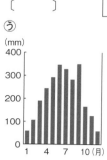

(「理科年表 2021」による)

	ア	イ	ウ	エ	オ	カ
あ	B	B	D	D	F	F
い	D	F	B	F	B	D
う	F	D	F	B	D	B

073 〈中国・四国地方②〉

(國學院大栃木高)

右の地図を見て，次の問いに答えなさい。

(1) 次の文章は，地図中のＡ～Ｄのいずれかの県を説明したものである。あてはまる県を，Ａ～Ｄから1つ選び，記号で答えよ。　〔　　　　〕

> ラムサール条約の登録地として有名な中海や中国地方最高峰の大山がある。「因幡の白うさぎ」などの多くの民話や神話が語り継がれている。松葉ガニや二十世紀梨などが特産品として有名である。

(2) 地図中の緯線Ｘよりも南に位置する都市を，次のア～エから1つ選び，記号で答えよ。

ア　オタワ　　　イ　マドリード　　　ウ　ローマ　　　エ　メキシコシティ　　　〔　　　　〕

難(3) 地図中のＡ～Ｄの県と，その県の伝統工芸品の組み合わせとして誤っているものを，次のア～エから1つ選び，記号で答えよ。

〔　　　　〕

ア　Ａ県－萩焼・大内塗　　　　イ　Ｂ県－雲州そろばん・石見焼
ウ　Ｃ県－三次人形・宮島細工　　　エ　Ｄ県－備前焼・備中和紙

(4) 次の雨温図は広島市・秋田市・鹿児島市・尾鷲市のものである。広島市のものを，次のア〜エから1つ選び，記号で答えよ。　〔　　　〕

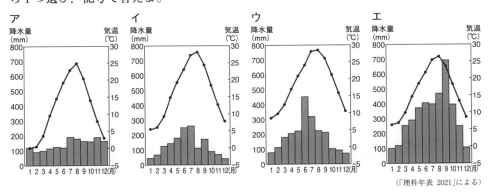

（「理科年表 2021」による）

(5) 2020年現在，政令指定都市に指定されている都市を，次のア〜エから1つ選び，記号で答えよ。　〔　　　〕

　ア　岡山市　　　イ　松江市　　　ウ　山口市　　　エ　鳥取市

---

074 〈近畿地方①〉　　　　　　　　　　　　　　　　　　　　　　　　　　（群馬県）

近畿地方について調べ，まとめた。図と資料は，その一部である。次の問いに答えなさい。

(1) 図中の X − Y の断面の模式図として適切なものを，次のア〜エから1つ選び，記号で答えよ。　〔　　　〕

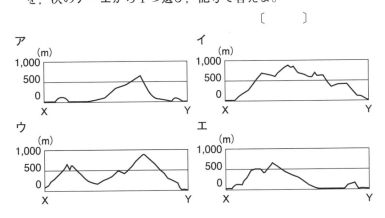

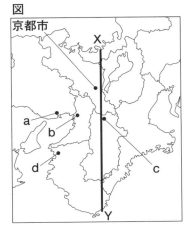

(2) 下の資料は，近畿地方の都市の特徴をまとめたものである。資料中の①，②で説明している都市を，図中のa〜dから1つずつ選び，記号で答えよ。　①〔　　　〕　②〔　　　〕

都市	特徴
京都市	「古都」と呼ばれ，歴史的な寺院・神社をはじめとする多くの文化財が残っている。そのため，国内外から多くの観光客が訪れる。
①	江戸時代には全国の物産が集まる商業の中心地として発展した。現在も近畿地方の経済・文化の中心地として多くの人やものが集まっている。
②	外国との貿易の玄関口として発展してきた。平地が少ないため丘陵を削ってニュータウンを建設し，削られた土を使って沿岸の埋め立てを行った。

⑶ 下の2枚の写真は2007年，2015年のいずれかの時期に撮影されたものである。2015年に撮影されたものを，ア，イから1つ選び，記号で答えよ。また，そのように判断した理由を，京都市の政策に着目して，簡潔に答えよ。

〔　　　〕〔　　　　　　　　　　　　　　　　　　　　　　　　　　　　　　　　　　　　　　　〕

ア   イ

ア・イの写真は京都市内の同じ場所を撮影したものである。（「京のサイン増補版」による）

---

075 〈近畿地方②〉　　　　　　　　　　　　　　　　（大阪・清風高）

右の図は，近畿地方の地図の一部を拡大したものである。図中の⌒‥‥‥⌒の地域について述べた文として最も適当なものを，次のア～エから1つ選び，記号で答えなさい。　　　〔　　　〕

ア　学術施設，大学，企業の研究所，住宅地などがつくられ，
　さまざまな分野の交流がはかられている。

イ　ショッピングセンターや，アメリカ資本のテーマパークが
　建設され，再開発が進んでいる。

ウ　大企業の本社が集中する経済の中心的な地域で，夜間人口
　よりも昼間人口が多い。

エ　航空機の離発着が24時間可能な空港がつくられ，国内線と
　国際線の乗り継ぎが可能になっている。

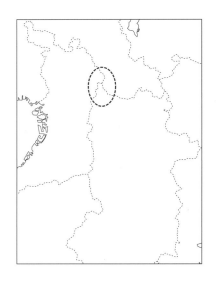

頻出 **076** 〈中部地方①〉　　　　　　　　　　　　　（群馬・前橋育英高改）

次の問いに答えなさい。

表Ⅰ

(1981年～2010年の平年値)

1月	2月	3月	4月	5月	6月	7月	8月	9月	10月	11月	12月	全年
3.0	3.4	6.8	12.8	17.7	21.6	25.6	27.2	22.7	16.6	11.0	5.9	14.5
284.8	169.7	156.8	127.3	146.2	166.5	233.4	127.6	202.3	144.9	205.3	272.9	2,237.6

上段：月平均気温(℃)　下段：月降水量(mm)　　　　　（「データブックオブザワールド 2012」による）

(1)　表Ⅰの気候表は，地図中のB・C・F・Hの県庁所在地のいずれかを表したものである。この気候表にあてはまる県を，B・C・F・Hから1つ選び，記号で答えよ。　〔　　　〕

(2)　地図中に@〜@で示した地域と，その地域に見られる自然環境の組み合わせとして正しいものを，次のア〜エから1つ選び，記号で答えよ。　〔　　　〕

　　ア　@地域−富士山　　　イ　@地域−赤石山脈
　　ウ　@地域−濃尾平野　　エ　@地域−牧ノ原台地

(3)　地図中のA・B両県にまたがって流れる日本最長の河川の名称を答えよ。　〔　　　　　　〕

(4)　地図中の各県の人口密度を比較したものとして正しいものを，次のア〜エから1つ選び，記号で答えよ。　〔　　　〕

　　ア　A＜C＜E　　　イ　H＜F＜G　　　ウ　D＜C＜H　　　エ　C＜E＜B

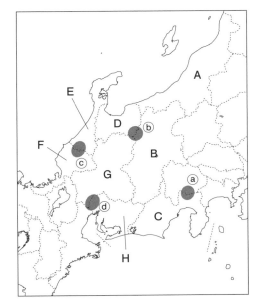

(5)　表Ⅱは，地図中のC・E・G・H各県の転入超過数・昼夜間人口比率・持ち家住宅率を示したものである。H県にあてはまるものを，表Ⅱ中のア〜エから1つ選び，記号で答えよ。　〔　　　〕

(6)　表Ⅲは，ある農産物の生産上位5県と収穫量を示したものであり，表Ⅲ中と地図中の記号は同じ都道府県を表している。次の問いに答えよ。

　①　表Ⅲが示す農産物を，次のア〜エから1つ選び，記号で答えよ。　〔　　　〕

　　ア　さつまいも　　　イ　レタス　　　ウ　きゅうり　　　エ　なす

　②　次の文中の（　　　）にあてはまる語句を答えよ。　〔　　　　　　〕

　　　「B県の高原地域では夏の涼しい気候を利用して，野菜の（　　　）栽培が盛んに行われている。」

表Ⅱ

	転入超過数 （2009年） （−は転出超過）	昼夜間人口比率 （2005年） （％）	持ち家住宅率 （2008年） （％）
ア	4,075	101.7	57.8
イ	−3,138	99.9	64.8
ウ	−5,188	95.9	73.9
エ	−870	100.3	69.1

※昼夜間人口比率＝昼間人口÷常住人口（夜間人口）×100
（『データブックオブザワールド 2012』による）

表Ⅲ

都道府県	生産量（千トン）
B	209
茨　城	90
群　馬	46
長　崎	34
兵　庫	29
全国計	586

（2018年）　（『日本国勢図会 2020/21』による）

077　〈中部地方②〉　　　　　　　　　　　　　　　　　　　　（三重・高田高図）

中部地方には，中京工業地帯や東海工業地域に位置する工業都市のほか，さまざまな特徴をもつ工業都市が見られる。次ページの地図中の都市の位置と，その都市の工業に関する説明文との正しい組み合わせを，あとのア〜ケから3つ選び，記号で答えなさい。　〔　　　〕〔　　　〕〔　　　〕

① 全国で工業製品出荷額が最も多く，そのほとんどが自動車
　組み立て工場とその関連企業の出荷額である。
② 焼き物に適した土がとれることから，陶磁器やファインセ
　ラミックスの生産が盛んな都市である。
③ 冬に家の中でできる副業として始まった眼鏡のフレーム作
　りが盛んで，国内生産量の約9割，世界生産量の約2割を占
　める産業に発展した。

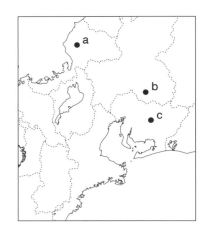

ア　①とa	イ　①とb	ウ　①とc
エ　②とa	オ　②とb	カ　②とc
キ　③とa	ク　③とb	ケ　③とc

078 〈関東地方〉　　　　　　　　　　　　　　　　　　（広島・崇徳高）

次の地図，文章，表，グラフを見て，あとの問いに答えなさい。

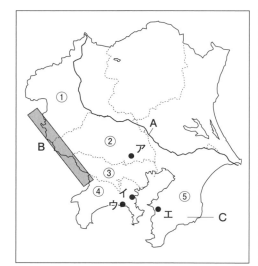

　　東京は第二次世界大戦後から高度経済成長期に
かけて，多くのものや人，機能が集中する<u>過密地
域</u>となった。公共施設の整備が追いつかず，大気
汚染や交通渋滞，住宅不足が問題となり，一時
は都心部での人口が減少した。一方，周辺地域
では（　a　）の建設が進み人口が増加したため，
（　b　）現象が起こった。しかし，1990年代に入
ると，都市の再開発が進み，都心に近い地域の人
口が増える都心回帰現象が起きている。一方，郊
外の（　a　）では，人口の高齢化や住宅の老朽化
が進み，新たな問題となっている。

	人口 （2019年・万人）	人口増加率 （2018～19年・%）	昼夜間人口比率 （%）	第1次産業 就業者割合（%）
ア	1,392	0.71	117.8	0.4
イ	920	0.24	91.2	0.9
ウ	735	0.27	88.9	1.7
エ	194	−0.50	99.8	5.1

（「日本国勢図会 2020/21」による）

(1) 地図中のA～Cの自然地形の名称を答えよ。

　　　　　　　　　A〔　　　　　　　〕B〔　　　　　　　〕C〔　　　　　　　〕

(2) 表は，地図中の①～④のいずれかの都県の統計である。このうち，②に該当するものを，表中の
　ア～エから1つ選び，記号で答えよ。　　　　　　　　　　　　　　　　　　　〔　　　　〕

(3) 文章は，東京とその周辺の人口や都市の様子について述べたものである。これについて，次の問
　いに答えよ。

① 文章中の（ a ），（ b ）にあてはまる語句を答えよ。

a 〔　　　　　　　　　〕 b 〔　　　　　　　　　〕

② 文章中の下線部について，東京に集中するものとして正しくないものを，次のア～エから1つ
選び，記号で答えよ。　　　　　　　　　　　　　　　　　　　　　　　　　　　〔　　　〕

ア 中央官庁　　　イ 外国企業　　　ウ マスコミ・メディア産業　　　エ 図書館

(4) グラフは，地図中の②～⑤のいずれかの都県の製造品出荷額割合（2017年）である。このうち，エ
に該当する都県名を答えよ。　　　　　　　　　　　　　　　　　　　　　　〔　　　　　　〕

				金属製品		
ア	輸送用機械 18.4%	食料品 13.8	化学 12.4	5.6	印刷 5.4	その他 44.4
					金属製品	
イ	石油・石炭製品 20.8%	化学 19.1	鉄鋼 13.8	食料品 12.7	5.3	その他 28.3
				情報通信機械		
ウ	輸送用機械 20.1%	印刷 10.3	電気機械 9.6	食料品 9.2	7.3	その他 43.5
	石油・石炭製品			生産用機械		
エ	輸送用機械 22.7%	12.5	化学 10.7	食料品 8.9	6.6	その他 38.6

（「日本国勢図会 2020/21」による）

(5) 次の文は，地図中のア～エのいずれかの都市について説明したものである。該当する都市を，地
図中のア～エから1つ選び，記号で答えよ。　　　　　　　　　　　　　　　　〔　　　〕

> かつて幕府が置かれたこともあり，さらに法律により守られたこともあって古社寺や史跡な
> どの文化財が多く残る観光都市であるが，最近は住宅都市としても人気が高い。

079 〈東北地方①〉　　　　　　　　　　　　　　　　　　　　　　　　　　　（大阪桐蔭高）

次の問いに答えなさい。

(1) 東北各県の特色について説明した文として下線部が誤っているものを，次のア～エから1つ選び，
記号で答えよ。　　　　　　　　　　　　　　　　　　　　　　　　　　　　　〔　　　〕

ア この県は東北地方で最も南に位置し，東部沿岸部には原子力発電所がある。

イ この県は東北地方で最も面積が小さいが，県庁所在地はこの地方最大の人口を有する政令指定
都市である。

ウ この県は東北地方で最も北に位置し，日本海沿岸には全国有数の水産都市がある。

エ この県は東北地方で最も面積が大きく，東北新幹線は県庁所在地の位置する内陸部を通ってい
る。

(2) 右のグラフⅠ・Ⅱは，ある果実の
全国に占める生産量の割合を都道府
県別に示したものである。Ⅰ・Ⅱの
グラフが示す果実の名称をそれぞれ
答えよ。

Ⅰ
山形 5.5%
岩手 6.3%
長野 18.8%
青森 58.9%
その他 10.5%

Ⅱ
山梨 6.0%
その他 15.5%
山形 78.5%

Ⅰ 〔　　　　　　　　〕

Ⅱ 〔　　　　　　　　〕

（「日本国勢図会 2020/21」による）

(3) 右のグラフは各県の面積のうち，**A**で示された人口集中地区が占める割合と，**B**で示された過疎地域が占める割合を表している。ア～エのグラフは，秋田県，埼玉県，愛知県，大阪府のいずれかのもので，最後に全国平均を示している。秋田県に該当するものを，ア～エから１つ選び，記号で答えよ。〔　　　　〕

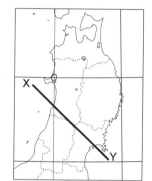

凡例：
□（斜線） **A** 人口集中地区が占める割合
■（灰色） **B** 過疎地域が占める割合

（「データでみる県勢 2021」による）

---

080 〈東北地方②〉   （京都・立命館宇治高）

次の問いに答えなさい。

(1) 右の略地図中の実線**ＸＹ**について，太平洋側から日本海側に移動した場合の説明文として適切なものを，次のア～オから１つ選び，記号で答えよ。〔　　　　〕

ア　リアス海岸の三陸海岸から北上高地に入ると，奥羽山脈の中に田沢湖が見える。さらに行くと，白神山地をすぎて，東北新幹線の終着駅に着いた。

イ　男鹿(おが)半島を右手に見て仙台平野に入ると，銘柄米の栽培が見られる。さらに奥羽山脈を越えて，阿賀野(あがの)川の上流から庄内平野に入る。

ウ　米どころの庄内平野をすぎると中尊寺が見える。さらに進むと，北上高地にぬけて，天然の良港が点在するリアス海岸に到達する。

エ　仙台平野から出羽(でわ)山地をへて，しばらくすると東北で一番人口の多い都市に入る。この都市からさらに進むと，北上高地からリアス海岸に到達する。

オ　北上川の下流などの仙台平野は，北陸をしのぐ穀倉地帯の１つに数えられる。さらに進むと，奥羽山脈から出羽山地をへて秋田平野が見える。

(2) 東北地方には1980年以降に多くの工場が進出してきた。1980年以降の工業生産額も急増しているが，その理由を地域の交通や輸送の面から説明せよ。

〔　　　　　　　　　　　　　　　　　　　　　　　　　　　　　　　　　　　　　　〕

---

081 〈東北地方③〉   （広島県）

東北地方で最もりんごの栽培が盛んな青森県のりんご農家について調べるうちに，次のグラフを見つけ，「青森県のりんご農家は，所得の減少に対してどのような取り組みを行っているのだろう。」という課題を設定し，調べたことをメモにまとめた。メモに示された取り組みア・イが，所得を増やすことにつながるのはなぜだと考えられるか。取り組みア・イのうちどちらか１つを選び，その理由を簡潔に答えなさい。なお，選んだ取り組みの記号も書きなさい。

〔　　　〕〔　　　　　　　　　　　　　　　　　　　　　　　　　　　　　　　　〕

りんご栽培面積10a当たりの
農家の所得（青森県）

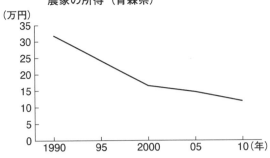

メモ

2011年に始まった青森県のりんご農家の取り組み
ア　栽培したりんごを，直売所やインターネットを利用して販売している。
イ　栽培したりんごのうち，規格外の大きさのものなどをジュースにしたり，すぐ食べられるようにカットしたりして販売している。

---

082 〈北海道地方①〉

（近畿大附広島高東広島校改）

右の地図を見て，北海道地方に関する次の問いに答えなさい。

図Ⅰ

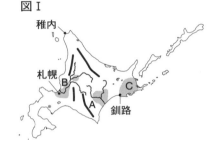

(1) 図Ⅰ中のA〜Cの地形の名称をそれぞれ答えよ。

　　　　A〔　　　　　　　〕　B〔　　　　　　　　〕
　　　　C〔　　　　　　　〕

(2) 次の図Ⅱは，図Ⅰ中の釧路，札幌，稚内の雨温図を示したものである。北海道の気候について説明しているあとの文章中の①【　　】〜⑤【　　】にあてはまる語句を，【　　】内の条件に従って，それぞれ答えよ。

　　①〔　　　　　　　〕　②〔　　　　　　　〕
　　③〔　　　　　　　〕　④〔　　　　　　　〕　⑤〔　　　　　〕

図Ⅱ
ア　　イ　　ウ

（「理科年表」による）

　　図Ⅰから北海道の地形は中央にAなどの山脈が南北に走り，ここを境として気候に違いが見られます。日本海側では冬になると，①【方角を8方位で】の季節風が日本海を流れる②【暖流の名称】の影響で多くの水蒸気を含み，山地に当たって雪を降らせます。一方，太平洋側では，夏の湿った③【方角を8方位で】の季節風が④【寒流の名称】の影響を受けて冷やされ，沿岸地域で濃霧が発生します。そのため，夏でも晴天の日が少なく，気温が低くなります。

　　高緯度になるほど，気温は低くなることを考慮すると，⑤【図Ⅱ中のア〜ウから選択】が札幌の雨温図になります。

(3) 気温が低く，農業に適していない泥炭地が広がる北海道は，もともと稲作に不向きな地域であったが，現在では，図Ⅰ中のBの平野を中心に米の生産地となっている。北海道で取り組まれた稲作の工夫としてあてはまらないものを，次のア〜エから1つ選び，記号で答えよ。　　　　　　〔　　　　〕

　ア　品種改良により，寒さに強い稲を生み出した。

　イ　客土により，水田に適した土地に改良した。

　ウ　排水施設の建設により，稲刈り時の作業効率が上昇した。

　エ　稲の促成栽培により，短い夏でも米の収穫を可能にした。

(4)　図Ⅰ中のＣの台地では，大規模な酪農が広く行われている。この地域で酪農が盛んになった理由を述べた文①と②の正誤の組み合わせとして正しいものを，あとのア～エから１つ選び，記号で答えよ。〔　　　〕

　①　火山灰の堆積した台地のため，水持ちが悪く，水田になりにくかったから。

　②　大都市向けの港が多く，牛乳や乳製品の出荷の利便性が高かったから。

　ア　①－正　②－正　　　　イ　①－正　②－誤　　　ウ　①－誤　②－正　　　エ　①－誤　②－誤

(5)　北海道の歴史に関する説明として正しいものを，次のア～エから１つ選び，記号で答えよ。

〔　　　〕

　ア　もともと先住民族であるアイヌの人々が住んでいた土地で，古くから農業や交易が盛んな地域であった。

　イ　ラクスマンが根室に来航したため，開拓使と呼ばれる役所を置き，ロシアとの外交の窓口とした。

　ウ　明治時代，かつて士族だった人々を屯田兵として受け入れ，北海道の開拓とロシアに対する警備を担当させた。

　エ　樺太千島交換条約によって，樺太は日本領に，千島列島はロシア領となった。

083 〈北海道地方②〉　　　　　　　　　　　　　　　　　　　　　（東京学芸大附高）

次のア～エの図は，2015年の北海道における稲作，畑作，果樹栽培，乳用牛飼育の家族経営の農家数を地域ごとに示したものである。このうち，乳用牛飼育の家族経営の農家数を示したものを，ア～エから１つ選び，記号で答えなさい。〔　　　〕

ア　イ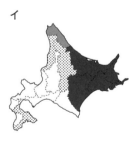　ウ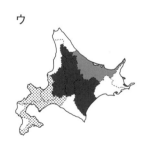　エ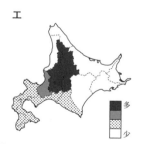

（「農林水産省 農林業センサス」による）

地理の総合問題

▶解答→別冊 p.13

084 〈世界地理総合〉

(鹿児島・ラ・サール高)

次の【A】～【E】の文章を読み，あとの問いに答えなさい。

【A】　この国は大陸の南東部を占め，大西洋に面している。日本から見て地球の反対側にある国である。ラプラタ川やその上流の河川の流域付近には［　1　］と呼ばれる広大な草原が広がり，①西部には山脈が南北に走り隣国である［　2　］との国境になっている。気候としては，多くの地域は温帯気候に属し，ラプラタ川の下流域は日本と同じ気候区である。(イ)しかし内陸および南部に進むにつれ乾燥が激しくなり，砂漠気候も見られる。平原地域では(ロ)小麦の栽培や牛の放牧が行われている。

【B】　この国は世界最小の大陸と周辺の島などからなる。全体的に低平で，国土の約3分の2は安定した陸塊である。②東部が山脈，間に低地をはさんで，西部に台地がある。北部は熱帯気候，低地から台地にかけては乾燥気候で，東部の海岸部や南西部の温帯気候地域に人口は集中している。南東部に位置する盆地は穀倉地帯を形成し，その北に位置する盆地では［　3　］の飼育が盛んである。また，(ハ)地下資源も豊富で，日本へも多くの資源が輸出されている。内陸の砂漠地域には先住民の聖地である［　4　］があり，世界遺産に登録されている。

【C】　この国は大陸の北部を占め，世界第2位の広大な国土を有する。中央部は大平原，それを囲むように台地・高原が広がっており，③西部には大きな山脈が走っている。国土の大部分は亜寒帯気候および寒帯気候で，人口の大半は南部に集中しており，南の隣国との経済的結びつきが非常に強い。この国はイギリスの植民地であったため英語を使用する人々が多いが，南東部には［　5　］語を母語とする人々が見られる。また，北部には先住民である［　6　］が見られる。政府はそれぞれの住民を平等に扱う努力をし，そのためさまざまな文化を尊重する多文化主義をとっている。

【D】　この国は大小17,000以上の島々からなり，面積は日本の約5.5倍である。④これらの島々には多くの山脈があり，活発な火山も多く，地震が多発している。主要な島々が赤道直下に位置するため，高地を除きほぼ全土が熱帯気候である。赤道地域ではいも類などを原始的に栽培する［　7　］農業を行う一方，棚田を利用して稲作を行っている地域もある。植民地支配時代に始まった天然ゴムやコーヒーの栽培も見られ，最近では油ヤシの栽培も増えてきている。また，政府が主導して工業団地の整備を進め，(ニ)日本やアメリカ合衆国の企業を誘致した結果，工業の発達も見られる。

【E】　この国は2つの大陸にはさまれた海に向かって，北側にある大陸から伸びる半島と周囲の約70の島から成り立っている。⑤半島の中央部には山脈が走り，火山も見られる。国土全体が温帯気候に属するが，北部と南部では降雨のパターンに違いが見られる。北部は年中湿潤だが，(ホ)南部は夏季乾燥であり，これが農作物の栽培にも影響を与えている。(ヘ)この国の首都はかつての大帝国の首都でもあったため遺跡が多く，またカトリックの総本山である世界最小国家がこの都市にあるため，世界中から多くの観光客を集めている。

(1)　文中の［　1　］～［　7　］を埋めるのに最も適当な語を答えよ。

1〔　　　　　　　　〕2〔　　　　　　　　〕3〔　　　　　　　　〕4〔　　　　　　　　〕
5〔　　　　　　　　〕6〔　　　　　　　　〕7〔　　　　　　　　〕

(2)　文中の点線部①～⑤の山脈のうち，造山運動が行われた時代がほかのものと大きくずれるものが

1つある。それに該当するものを，①～⑤から1つ選び，番号で答えよ。　　　　　　〔　　　〕

(3) 下線部(イ)について，以下の文章はこの地域が乾燥する理由について述べたものである。文中の
《　　》を埋めるのに最も適当な風の名称を答えよ。　　　　　　　　　　　　　〔　　　〕

> 1年中吹いてくる《　　　》は，地域の西側にある山脈にぶつかり降雨をもたらすが，この地
> 域は風下側に位置するため，乾燥した風になって吹いてくるから。

(4) 下線部(ロ)について，下の表は小麦カレンダーといい各国の小麦の収穫時期を示している。表中の
ア～オは【A】国・日本・インド・イギリス・アメリカ合衆国のいずれかの国のものである。【A】国
に該当するものを，ア～オから1つ選び，記号で答えよ。　　　　　　　　　　〔　　　〕

	1月	2月	3月	4月	5月	6月	7月	8月	9月	10月	11月	12月
ア								←→	←→	←→	←→	
イ					←→	←→	←→					
ウ			←→	←→								
エ	→→	→→									←←	←←
オ					←→	←→						

(5) 下線部(ハ)について，この国から日本に多く輸出される地下資源のうち，東部の山脈付近で産出さ
れる地下資源を，次のア～エから1つ選び，記号で答えよ。　　　　　　　　〔　　　〕
　ア　鉄鉱石　　　イ　石炭　　　ウ　ボーキサイト　　　エ　石油

(6) 下線部(ニ)について，日本やアメリカ合衆国などの企業が進出した主な理由を，政府が優遇したこ
と以外で簡潔に答えよ。
〔　　〕

(7) 下線部(ホ)について，この気候下で栽培される主要な作物を，次のア～オから1つ選び，記号で答
えよ。　　　　　　　　　　　　　　　　　　　　　　　　　　　　　　　　〔　　　〕
　ア　なつめやし　　　イ　てんさい　　　ウ　茶　　　エ　カカオ豆　　　オ　オリーブ

(8) 下線部(ヘ)について，この国の首都とほぼ同緯度の日本の都市を，次のア～エから1つ選び，記号
で答えよ。　　　　　　　　　　　　　　　　　　　　　　　　　　　　　　〔　　　〕
　ア　鹿児島　　　イ　大阪　　　ウ　仙台　　　エ　函館

(9) 【A】～【E】の国のうち，2021年2月1日を一番最初にむかえた国と，一番最後にむかえた国を，
【A】～【E】から1つずつ選び，記号で答えよ。ただし，それぞれの国の時間はそれぞれの首都の標
準時で考えること。　　　　　　　　　　　　　　　最初〔　　　〕　最後〔　　　〕

---

085 〈日本地理総合〉　　　　　　　　　　　　　　　　　　　　　（大阪・東海大付仰星高）

次のⅠ～Ⅵの都道府県に関する各文章を読んで，あとの問いに答えなさい。

Ⅰ．この県には日本最長の河川である（　ⅰ　）川の河口がある。農業では全国有数の水田単作地帯・
穀倉地帯となっている。この県の沖合にある島の金山は，かつて国内一の金生産量をほこってい
たが，江戸時代より衰退し，現在採掘は行われていない。またこの島は沖合に流れている①海流
のため，冬でも本土に比べ気温が高く，積雪は少ない。

Ⅱ．この県の県庁所在地は日本で10番目の政令指定都市であり，この都市にはこの地方の高等裁判所が設置されている。この県の気候は複雑で，南部は年間を通して雨が少なく，北部は大陸からの季節風の影響で，緯度の割に低温で積雪も見られる。工業は南部の沿岸都市で盛んに行われている。水産業は（　ⅱ　）の養殖が日本第1位で全国での生産量の約59％（2018年）を占めている。

Ⅲ．この県の南部には2つの大きな半島があり，西は　A　半島，東は　B　半島がある。この県の7割が火山灰土でおおわれているため，稲作には不向きである。また，この県は②日本有数の畜産県でもある。この県には多くの島々が属しており，中には③世界自然遺産に一部が登録されている島もある。

Ⅳ．この県の北部には2つの大きな半島があり，西は　C　半島，東は　D　半島がある。また，この県の南西部で隣県と接する地域には，世界自然遺産に指定されたブナの原生林もある。この県の東部は地方風の影響により，夏でも比較的低温である。この県では農業も盛んであり，中でも④果実の生産は全国的に有名である。

Ⅴ．この県は内陸県であり，北西部には　E　山脈，南東部には　F　山脈があり「日本の屋根」といわれている。また，この県には南北にフォッサマグナが走っており，多数の盆地や湖が点在している。農業では果物や高原野菜の生産が多く，工業では精密機械工業や電子工業が発達している。1998年には冬季オリンピックが開催されたことでも有名である。

Ⅵ．この県の北部県境には日本最大の流域面積をほこる（　ⅲ　）川が流れている。また，この県は起伏が少なく，平地の割合が高い。西側の海岸部には⑤埋立地が多く，住宅地や⑥工場が密集している。この県は首都圏の一角をなしており，古くから住宅開発が進むとともに近郊農業も発達した。また，漁業も盛んで北東部には全国有数の漁獲量をほこる漁港も存在する。

(1) 本文中の（　ⅰ　）・（　ⅱ　）・（　ⅲ　）にあてはまる語句を答えよ。ただし，（　ⅰ　）・（　ⅲ　）は漢字で答えよ。

　　ⅰ〔　　　　　　　〕　ⅱ〔　　　　　　　　〕　ⅲ〔　　　　　　　　〕

(2) 本文中の　A　，　C　，　E　にあてはまる語句の組み合わせとして正しいものを，次のア〜カから1つ選び，記号で答えよ。　　　　　　　　　　　　　　　〔　　　　〕

　　ア　A：薩摩　C：津軽　E：赤石　　　イ　A：薩摩　C：下北　E：飛驒
　　ウ　A：薩摩　C：津軽　E：飛驒　　　エ　A：大隅　C：下北　E：飛驒
　　オ　A：大隅　C：津軽　E：赤石　　　カ　A：大隅　C：下北　E：赤石

(3) 下線部①について，この海流として正しいものを，次のア〜エから1つ選び，記号で答えよ。
　　ア　リマン海流　　　イ　千島海流　　　ウ　対馬海流　　　エ　日本海流　　〔　　　　〕

(4) 下線部②について，次のグラフは肉用牛・ブロイラー・豚の飼育数の割合を示している。Ⅲの都道府県にあてはまるものを，グラフ中のア〜エから1つ選び，記号で答えよ。　　〔　　　　〕

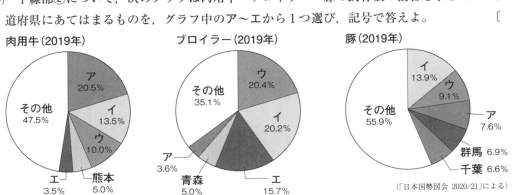

（「日本国勢図会 2020/21」による）

(5)　下線部③の島の名称を漢字で答えよ。　〔　　　　　　　　　〕

(6)　下線部④について，右の表A・BはⅣの都道府県特産の果物の生産量上位5県を示したものである。A・Bにあてはまる果物の組み合わせとして正しいものを，次のア〜カから1つ選び，記号で答えよ。ただし，表中のⅠ・Ⅳ・Ⅴは本文中のⅠ・Ⅳ・Ⅴの都道府県を示している。　〔　　　〕

A（2018年）		B（2018年）	
山形	65.8%	Ⅳ	58.9%
Ⅳ	6.9%	Ⅴ	18.8%
Ⅰ	6.2%	岩手	6.3%
Ⅴ	5.8%	山形	5.5%
福島	2.4%	福島	3.4%
その他	12.9%	その他	7.1%

（「日本国勢図会 2020/21」による）

ア　A：もも　B：りんご　　　　イ　A：もも　B：ぶどう　　　ウ　A：りんご　B：みかん
エ　A：りんご　B：洋なし　　　オ　A：洋なし　B：りんご　　　カ　A：洋なし　B：ぶどう

(7)　下線部⑤について，このような場所で地震が起こると，マンホールや地割れした個所から泥水がわきだし，地面がゆがんだり建造物が傾いたりする現象が起こる。このような現象を何というか。漢字で答えよ。　〔　　　　　　　　　〕

(8)　下線部⑥について，右のグラフは瀬戸内工業地域・阪神工業地帯・京葉工業地域・中京工業地帯の製造品出荷額等の構成を示している。Ⅵの都道府県が含まれる工業地帯・地域のグラフとして正しいものを，右のア〜エから1つ選び，記号で答えよ。　〔　　　〕

工業地帯・地域の製造品出荷額の構成（2017年）

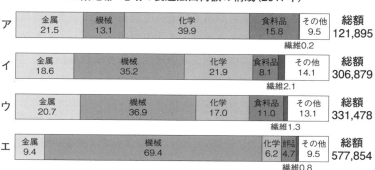

（総額の単位：億円。「日本国勢図会 2020/21」による）

(9)　右の雨温図はⅡ〜Ⅴのいずれかの県の県庁所在地のものである。A・Bの雨温図にあてはまるものの組み合わせとして正しいものを，次のア〜カから1つ選び，記号で答えよ。　〔　　　〕

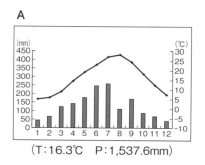

（T：16.3℃　P：1,537.6mm）

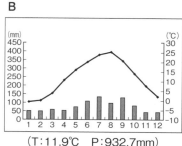

（T：11.9℃　P：932.7mm）

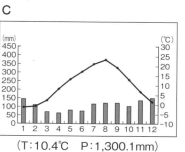

（T：10.4℃　P：1,300.1mm）

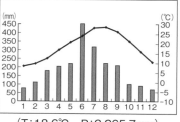

（T：18.6℃　P：2,265.7mm）

（T：年平均気温，P：年間降水量。「理科年表2021」による）

ア　A：Ⅱ　　B：Ⅳ
イ　A：Ⅱ　　B：Ⅴ
ウ　A：Ⅲ　　B：Ⅴ
エ　A：Ⅲ　　B：Ⅳ
オ　A：Ⅴ　　B：Ⅱ
カ　A：Ⅴ　　B：Ⅳ

086 〈地理総合①〉

(福岡・久留米大附設高)

日本や世界の地理的事象について，次の問いに答えなさい。

(1) 先進国で見られる種々の事象について，次の問いに答えよ。

① 先進国では，特に大都市の中心部に位置する旧市街などで再開発が盛んである。かつて水運に用いられていた，古いドックや倉庫群などがその対象となることが多い。このような地域を一般に何というか。カタカナで答えよ。　　　　　　　　　　　　　　〔　　　　　　　〕

② 日本では都市化の進展に伴い，各地方の農村部では過疎化が進行している。過疎化について述べた次の文のうち，**誤っているもの**を次のア〜エから１つ選び，記号で答えよ。　　〔　　　　〕

ア 棚田のオーナー制度や，山村留学などの「村おこし」によって過疎の解消を図っている。

イ 過疎地域においては，公共交通機関が廃止されたために，日常生活が困難になっている集落がしばしば見られる。

ウ 日本の過疎地域の面積は約60％であるが，中国地方や四国地方などでその割合が特に高い。

エ 過疎地域では水田や畑を利用できなくなった高齢者が増えたため，集団農法を導入した。その結果，耕作放棄地が減少してきている。

③ 右の写真は，「シャッター通り」と呼ばれる地方都市の商店街を示している。このような商店街が，郊外型のショッピングセンターに対抗するための戦略を，モータリゼーション(車社会化)に対応して簡潔に答えよ。

〔　　　　　　　　　　　　　　　　　　　　　　　　　　　〕

(2) 次の文章中の空欄(①)〜(③)に該当する語や数字をそれぞれ答えよ。ただし，(②)・(③)には国名が入る。

『地球はほぼ球体であり，およそ24時間で１回自転していることにより，太陽が南中する時刻は経度(①)度ごとに約１時間ずれることになる。これによって時差が生まれるが，一般に時差とは，各国の標準時のずれを指す。また，国土が東西に長い国においては複数の標準時を持つ場合もある。しかし，(②)は国土の東側に人口が集中しているため，例外的に標準時は１つである。また，この時差を有効に活用して産業が発達する場合もあり，アメリカ合衆国と，ほぼ12時間の時差をもつ(③)におけるソフトウェア産業の発達が代表的な例である。』

①〔　　　　　　　〕②〔　　　　　　　〕③〔　　　　　　　〕

(3) 日本や世界における発電について，次の問いに答えよ。

① 総発電量における火力発電の割合が最も低い国を，次のア〜オから１つ選び，記号で答えよ。

〔　　　　〕

ア 中国　　　イ 日本　　　ウ カナダ
エ 韓国　　　オ オーストラリア

② 近年，従来のものと比べて環境負荷の小さい発電方式に注目が集まっている。そのような発電方式のうち，右の**写真Ⅰ・Ⅱ**で示したものをそれぞれ答えよ。

Ⅰ〔　　　　　　　〕Ⅱ〔　　　　　　　〕

写真Ⅰ

写真Ⅱ

087 〈地理総合②〉 　　　　　　　　　　　　　　　　　　　　　　　　　　　　　　　　　（京都・洛南高）

ミカさんは，雑誌やテレビで見かけるご当地グルメに興味をもち，調べることにした。ミカさんがまとめた次の文章を読んで，あとの問いに答えなさい。

〈佐賀県　佐賀市　シシリアンライス〉

　南北に長い市域を有する佐賀市は，北は脊振山地を境に（　a　）県に面し，南は（　b　）海に面している。シシリアンライスとは，白ご飯の上に，レタスやトマト，キュウリなどの生野菜や炒めた牛肉などを盛り付け，マヨネーズをかけた料理である。赤・白・緑の色合いが①イタリア国旗をイメージさせ，イタリアのシチリア島にちなんで名付けられたといわれる。

〈高知県　須崎市　鍋焼きラーメン〉

　土佐市の西に位置する須崎市は，四国②カルストの南部に位置する。戦後，地元の食堂が考案した，土鍋で食べる鶏がらスープの鍋焼きラーメンが評判となり，今では多くの店で提供されている。

〈静岡県　浜松市　ぎょうざ〉

　③浜松市は，岐阜県高山市に次いで全国2番目に面積の広い市で，北には赤石山系，東には天竜川，南には遠州灘，西には浜名湖がある。浜松市は，ぎょうざの消費量が多いことで知られ，1世帯あたりのぎょうざ購入額では宇都宮市と，全国1位を競っている。

〈青森県　八戸市　せんべい汁〉

　八戸市には，全国有数の水揚げ量で知られる八戸漁港がある。古くは馬の生産など④畜産が盛んで，地名の「戸」は牧場があったことを示すといわれる。八戸市を含む南部地域では，江戸時代より南部せんべいをいれた鍋料理が食べられてきた。小麦を原料にしたかた焼きの南部せんべいは，⑤農閑期の保存食としてこの地域でつくられてきた。

〈北海道　滝川市　ジンギスカン〉

　石狩平野の北部に位置する滝川市は，中空知地域の中心都市である。地元のリンゴやタマネギを主原料としたタレに，⑥羊肉を漬け込む製法のジンギスカンが評判となり，北海道内外で広く知られるようになった。

(1)　（　a　）・（　b　）にあてはまる語句をそれぞれ答えよ。

　　　a〔　　　　　　〕
　　　b〔　　　　　　〕

(2)　下線部①について，右の表Ⅰ・図Ⅰ中のA・B・Cは，イタリア・ドイツ・フランスのいずれかである。イタリアにあたるものを，A〜Cから1つ選び，記号で答えよ。なお，表Ⅰ・図Ⅰ中のA〜Cは同じ国を示している。〔　　　　〕

(3)　下線部②について，カルスト地形について述べた文として誤っているものを，次のア〜エから1つ選び，記号で答えよ。

表Ⅰ　農畜産物生産量上位5か国（2018年）

豚肉	千t		ぶどう	千t		オリーブ	千t
中国	54,037		中国	13,397		スペイン	9,820
アメリカ合衆国	11,943		B	8,514		B	1,877
A	5,370		アメリカ合衆国	6,891		モロッコ	1,561
スペイン	4,530		スペイン	6,673		トルコ	1,500
ベトナム	3,816		C	6,198		ギリシャ	1,079

（「世界国勢図会 2020/21」による）

図Ⅰ　発電量の内訳（2017年）

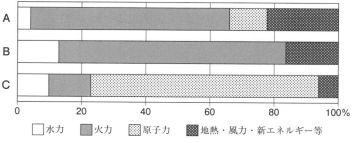

□水力　　▨火力　　▨原子力　　▨地熱・風力・新エネルギー等

（「世界国勢図会 2020/21」による）

ア　石灰石の堆積した土地に発達する地形である。　〔　　　〕

イ　地下には鍾乳洞が発達し，鍾乳石などが見られる。

ウ　熊本県の阿蘇には，カルスト特有の大きな盆地が見られる。

エ　山口県にある秋吉台は，日本最大のカルスト台地である。

(4)　下線部③について，浜松市は，アメリカ合衆国のロチェスター市，ブラジルのマナウス市，中国の杭州市と姉妹都市などの友好関係を結んでいる。右の図Ⅱ中のア〜エは，日本・アメリカ合衆国・ブラジル・中国のいずれかの，人口密度と1人あたりGNI（国民総所得）を示したものである。ブラジルにあたるものを，ア〜エから1つ選び，記号で答えよ。　〔　　　〕

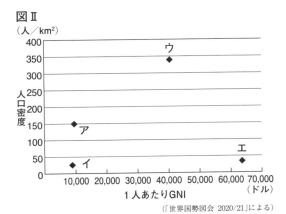

図Ⅱ

（「世界国勢図会 2020/21」による）

(5)　下線部④について，次のA〜Dの文は，東北・関東・近畿・九州の各地方で，それぞれ最も面積が広い都道府県のいずれかの，畜産業（統計は2020年）について述べたものである。B・Dにあてはまる都道府県の名をそれぞれ答えよ。

B〔　　　　　　　　〕　D〔　　　　　　　　〕

A　生乳の生産量が全国2位で，飲用牛乳の生産量は隣接する都道府県とともに全国有数である。

B　牛肉生産が全国4位で，この都道府県の銘柄和牛は国内や海外でも知名度が高い高級牛である。

C　豚肉は1位，牛肉・鶏肉は2位の生産量であり，特に黒豚の飼育が多いことで知られる。

D　鶏肉の生産量が全国で3位であるほか，乳牛の飼育も多く，飲用牛乳や乳製品を多く生産している。

(6)　下線部⑤について，冬の農閑期の副業として家内工業が発達し，現在伝統工芸品となっているものも多くある。伝統工芸品と生産地である都道府県の組み合わせとして正しいものを，次のア〜オから1つ選び，記号で答えよ。　〔　　　〕

ア　天童将棋駒 – 新潟県　　　イ　津軽塗 – 秋田県　　　ウ　加賀友禅 – 京都府

エ　飛騨春慶塗 – 岐阜県　　　オ　越前和紙 – 岩手県

(7)　下線部⑥について，羊肉以外にも牛肉・豚肉・鶏肉などが多くの国で食べられている。次の表Ⅱ中のア〜エは，中国・インド・イラン・オーストラリアのいずれかの，羊・牛・豚の家畜飼育頭数，牛乳生産量，1人1日あたり肉類供給量について示したものである。インドにあたるものを，ア〜エから1つ選び，記号で答えよ。　〔　　　〕

表Ⅱ

	家畜飼育頭数（千頭，2018年）			牛乳生産量（千t，2018年）	1人1日あたり肉類供給量（g，2017年）
	羊	牛	豚		
ア	70,067	26,396	2,534	9,289	354
イ	61,666	184,464	8,485	89,834	11
ウ	39,671	5,244	–	6,929	104
エ	164,079	63,271	441,589	30,746	177

（「世界国勢図会 2020/21」による）

---

088 〈古代文明〉
（福岡・西南学院高）

次の a 〜 f は，地図中の X 〜 Z のいずれかの地域でおこった文明に関連があるものである。Z に関連
があるものの組み合わせとして正しいものを，あとのア〜ケから 1 つ選び，記号で答えなさい。

〔　　　　　〕

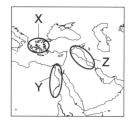

a　男性市民全員が参加する民会を中心に，民主的な政治が行われた。

b　月の満ち欠けによる太陰暦や，六十進法などが考え出された。

c　1 年を365日として12ヶ月に分ける太陽暦が作られた。

d　e　f

ア	イ	ウ	エ	オ	カ	キ	ク	ケ
a	a	a	b	b	b	c	c	c
d	e	f	d	e	f	d	e	f

---

089 〈宗教のおこり・古代の世界〉
（大阪・明星高）

次の文章を読んで，あとの問いに答えなさい。

　紀元前 6 世紀頃，インドで，シャカが _aバラモンの教えを批判して _b仏教を開いた。シャカは，今
のインドとネパールの国境近くにあった国の王子として生まれ，さまざまな修行を行った後，菩提樹（ほ だいじゅ）
の下でさとりを開いた。そして人間の価値は生まれによって決まらないとし，心の迷いを取り去れば
だれでも苦しみから救われると説いた。仏教はその後，_cインドから東南アジアやチベット・_d中国
へと伝えられたが，インドではバラモンの教えをとり入れたヒンドゥー教が栄えるようになった。

(1) 下線部 a について，バラモンとは僧侶など宗教関係者を指すが，この階級を頂点とする身分制度
　　を何というか。答えよ。　　　　　　　　　　　　　　　　　　　　　　〔　　　　　　　　　〕

(2) 下線部 b について，2 世紀頃，それまでつくられなかった仏像彫刻が出現したが，その文化はど
　　こで展開したか。次のア〜エから 1 つ選び，記号で答えよ。　　　　　　〔　　　　　　　〕
　　ア　チベット地方　　　　イ　ガンジス川下流域
　　ウ　ガンダーラ地方　　　エ　セイロン島

(3) 下線部 c について，インドにおいて，仏教を広めたのはだれか。次のア〜エから 1 つ選び，記号
　　で答えよ。　　　　　　　　　　　　　　　　　　　　　　　　　　　　〔　　　　　　　〕
　　ア　ハンムラビ王　　　　イ　ムハンマド
　　ウ　マルコ＝ポーロ　　　エ　アショーカ王

(4) 下線部 d について，中国に伝来した仏教を公式に日本に伝えた朝鮮半島の国はどこか。答えよ。

〔　　　　　　　　　〕

（熊本マリスト学園高）

090 〈旧石器〜古墳時代〉

次のA〜Cの文章を読んで，あとの問いに答えなさい。

A 約1万年前に氷河時代が終わると，日本列島の地形や気候は今とほぼ同じになり，石器や土器を用いた文化が生まれ，①人々の生活はしだいに変化してきた。この時代を②縄文時代と呼んでいる。

B 大陸から伝わった③稲作と金属器は人々の生活を大きく変え，社会に貧富による身分の差が生まれた。ムラの有力者は稲作の共同作業やムラの祭りを行ううちにムラの人々を支配するようになり，戦いを通して，まわりのムラを従え，各地に小さなクニ(国)をつくるようになった。その後，国々も激しい戦乱をくり返し，やがて大きな国にまとまっていった。この時期のことは④中国の古い歴史書にも記されている。

C 大和地方には特に大きな古墳があることから，早くから有力な豪族たちがいたことがわかる。大和を中心とする近畿地方の勢力は，やがて大王を中心に連合して大和政権をつくり，勢力をしだいに広げていった。大王たちは5世紀後半には⑤九州中部から関東まで支配領域を広げる一方で，⑥中国の南朝に何度も使いを送り，朝鮮半島南部の国々との関係を保とうとした。

(1) 下線部①について，当時の「人々の生活」について述べた文として正しいものを，次のア〜エから1つ選び，記号で答えよ。 〔 　 〕

　ア 打製石器や弓矢を使って，ナウマン象などの大型動物の狩りをしていた。

　イ 自然のめぐみに感謝し，願いをかなえようと埴輪をつくって祭りやまじないをしていた。

　ウ 食料を保存するため，高床倉庫や穴蔵がつくられ，横穴住居に住んでいた。

　エ 海や川では丸木舟に乗って，骨でつくったつり針などで魚をとり，海岸では貝を拾う生活をしていた。

(2) 下線部②の縄文時代の遺跡を，次のア〜エから1つ選び，記号で答えよ。 〔 　 〕

　ア 吉野ヶ里　　イ 登呂　　ウ 三内丸山　　エ 岩宿

(3) 下線部③の「稲作」について述べた文として正しいものを，次のア〜エから1つ選び，記号で答えよ。 〔 　 〕

　ア 石包丁を使って稲を根本（ねもと）から刈り取っていた。

　イ 稲作は北海道や沖縄まで急速に広まっていった。

　ウ 木製のすきやくわにかわって鉄製農具が普及した。

　エ 湿田での農作業には田げたが使われていた。

(4) 下線部④の「中国の歴史書」に見える当時の日本の状況を説明した文として**誤っているもの**を，次のア〜エから1つ選び，記号で答えよ。 〔 　 〕

　ア 紀元前後には倭には100余りの国々があった。

　イ 1世紀中頃，九州北部の奴国王が後漢の王に使いを送った。

　ウ 邪馬台国の女王卑弥呼が授かった「親魏倭王」の印は福岡県志賀島で発見された。

　エ 邪馬台国の女王卑弥呼は，人々の心をひきつける不思議な力を持ち，弟が卑弥呼を助けて国を治めていた。

(5) 下線部⑤について，支配領域の広がりを示す「九州中部」の古墳名を，次のア〜エから1つ選び，記号で答えよ。 〔 　 〕

　ア 江田船山古墳　　イ 稲荷山古墳　　ウ 大山古墳　　エ 王塚古墳

(6) 下線部⑥について，次の史料に見える「私」は中国に使いを送った大王の1人である。「私」とはだれのことか。あとのア〜エから1つ選び，記号で答えよ。 〔 　 〕

> 　私の祖先は，みずからよろいやかぶとを身につけ，山や川をかけめぐり，東は55国，西は66国，さらに海を渡って95国を平定しました。……（中略）……私に高い官を与えて激励してください。

ア　讃（さん）　　イ　武（ぶ）　　ウ　珍（ちん）　　エ　興（こう）

頻出　091　〈飛鳥～平安時代〉　　　　　　　　　　　　　　　　　　　　　　（大阪桐蔭高）

次の文章を読んで，あとの問いに答えなさい。

　日本へ仏教が伝来したのは『日本書紀』などの文献によると，6世紀半ばのことであった。当初，仏教受容について崇仏派の蘇我氏と排仏派の物部氏の間で2代に渡る政争が続き，最終的には武力によって物部氏が打倒された。これによって権力を掌握した　1　が初の女帝となる推古天皇を擁立すると，その下で厩戸王が摂政となり，①三者は協力して隣国の隋に対抗するために中央集権化を図り，官僚制度を整え，仏教にもとづく政治を行った。

　日本は②遣唐使を派遣し，③律令制度と最新の仏教の導入を図るために留学生や留学僧を数多く送り出した。この際，奈良時代には日本からの招請を受けて，唐僧の鑑真が戒律を伝えるため，数度の渡航失敗を乗り越え来日を果たし，　A　を開いた。また政争や反乱の頻発する中で，聖武天皇は各国に　B　，都には　C　をつくらせ，仏教による鎮護国家をめざした。聖武天皇の遺品は，光明皇后によって　2　におさめられ，現在に至っている。

　しかしながら，平安京遷都に際しては，④奈良仏教勢力の政治への影響を嫌った桓武天皇によって，京内に寺院を築くことは厳しく制限され，唐からもたらされた天台宗と真言宗の二宗派が優遇された。また平安時代の半ばになると，　3　にもとづく浄土信仰が強まり，⑤都にとどまらず全国各地に阿弥陀堂が建立された。その後，平安末期になり院政が行われるようになると，上皇たちの多くは出家して法皇となり，各方面に隠然たる影響力をふるった。

(1)　空欄　1　に適切な人物を答えよ。　　　　　　　　　　　　〔　　　　　〕

(2)　下線部①について，この時，604年に制定されたものに十七条の憲法がある。その内容として，空欄に適切な漢字1字を答えよ。　　　　　　　　　　　　　　〔　　　　　〕

　「一に曰く，（　　　　）を以て貴しとなし，忤（さか）ふること無きを宗とせよ。」

(3)　下線部②について，留学生として派遣され唐の玄宗皇帝に仕えたが,日本へ帰ることのできなかった人物を，次のア～エから1つ選び，記号で答えよ。　　　　　　　〔　　　　　〕

　ア　阿倍仲麻呂　　　イ　小野妹子　　　ウ　山上憶良　　　エ　吉備真備

(4)　下線部③について，律令に規定された制度として誤っているものを，次のア～エから1つ選び，記号で答えよ。　　　　　　　　　　　　　　　　　　　〔　　　　　〕

　ア　地方には国府が置かれ，それぞれ国司が中央から派遣された。

　イ　国政の最高機関は太政官で，太政大臣は常置の職ではなかった。

　ウ　稲で納める税である調は，地方の財源として納められた。

　エ　九州沿岸の守りのために，防人と呼ばれる兵士が送られた。

(5)　空欄　A　～　C　にあてはまる組み合わせとして正しいものを，次のア～エから1つ選び，記号で答えよ。　　　　　　　　　　　　　　　　　　〔　　　　　〕

　ア　A 唐招提寺　B 東大寺　C 国分寺　　　イ　A 薬師寺　B 唐招提寺　C 東大寺

　ウ　A 国分寺　B 唐招提寺　C 薬師寺　　　エ　A 唐招提寺　B 国分寺　C 東大寺

(6) 空欄 2 に適切な語句を答えよ。　　　　　　　　　　　　　〔　　　　　　　〕

(7) 下線部④について，女帝である称徳天皇に寵愛され，太政大臣禅師や法王に任命された僧侶を答えよ。　　　　　　　　　　　　　　　　　　　　　　　　　　　　　〔　　　　　　　〕

(8) 空欄 3 に入る釈迦の死後2,000年で仏教が廃れるという考え方を，解答欄に合わせて答えよ。　　　　　　　　　　　　　　　　　　　　　　　　　　〔　　　　　　　〕思想

(9) 下線部⑤について，建立者と寺院の組み合わせとして正しいものを，次のア〜エから1つ選び，記号で答えよ。　　　　　　　　　　　　　　　　　　　　　　　　　　　〔　　　〕

　　ア　藤原道長 - 中尊寺金色堂　　　イ　藤原純友 - 中尊寺金色堂
　　ウ　藤原頼通 - 平等院鳳凰堂　　　エ　藤原清衡 - 平等院鳳凰堂

092 〈弥生〜平安時代〉　　　　　　　　　　　　　　　（千葉・芝浦工業大柏高図）

次のA，Bのカードは，社会科の授業で，とみおさんが，「戦乱の様子」について調べてまとめたものの一部である。これらを読み，あとの問いに答えなさい。

A
　　　a弥生時代には，日本列島に稲作が本格的に伝わり，稲作に適した土地や水などをめぐって大規模な戦乱が起こるようになった。

B
　　　奈良時代から平安時代初めにかけて，朝廷は，b蝦夷の人々を従わせるため，たびたび軍隊を送って，蝦夷の人々との間で戦乱が起こった。

(1) Aの文中の下線部aに関連して，次のⅠ〜Ⅳのうち，弥生時代の社会や外交について述べた文はいくつあるか。最も適当なものを，あとのア〜エから1つ選び，記号で答えよ。　〔　　　〕

　Ⅰ　この時代の人々は，たて穴住居に住んでいた。
　Ⅱ　この時代の人々により，土偶がつくられるようになった。
　Ⅲ　この時代にヤマト政権の大王が，中国の南朝の皇帝に使いを送った。
　Ⅳ　この時代には，後漢（漢）の皇帝から奴国の王へ金印が与えられた。

　　ア　1つ　　　イ　2つ　　　ウ　3つ　　　エ　4つ

(2) Bの文中の下線部bに関連して，平安時代初め，征夷大将軍に任命された坂上田村麻呂は，蝦夷の指導者のアテルイとの戦いにおいて，蝦夷の人々と戦うために□□□□に城を築いて降伏させた。□□□□にあてはまる場所として最も適当なものを，右の図中のア〜エから1つ選び，記号で答えよ。

　　　　　　　　　　　　　　　　〔　　　〕

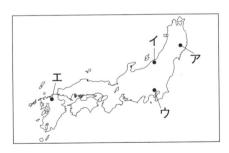

中世の日本と世界

▶解答→別冊 p.16

新傾向 **093** 〈鎌倉幕府①〉 (岐阜県)

源頼朝について，時代区分とともにまとめを書いた。次の問いに答えなさい。

> 源頼朝は，国ごとに守護を，荘園や公領ごとに＿＿＿＿を置くことを朝廷に認めさせ，鎌倉に幕府を開いて武家政権を立てた。承久の乱の後，幕府は，後鳥羽上皇に味方した貴族や西日本の武士の領地を取り上げ，その領地の＿＿＿＿には東日本の武士を任命するなどして，支配力を全国的に広げた。しかし，13世紀後半のモンゴルの襲来は幕府の支配に影響をあたえた。その後，幕府は滅亡し，南北朝の動乱が起こった。

(1) ＿＿＿＿に共通してあてはまる語句を答えよ。　　　　　　　　　　〔　　　　　　　〕

(2) 下線部について，次のア～ウのことがらを，年代の古い順に並べ，記号で答えよ。

　ア　足利尊氏は，征夷大将軍に任命され，全国の武士をまとめようとした。

　イ　幕府は，生活が苦しくなっていた御家人を救おうとして，永仁の徳政令を出した。

　ウ　後醍醐天皇は，天皇中心の新しい政治(建武の新政)を始めた。

　　　　　　　　　　　　　　　　　　　　　　〔　　　〕→〔　　　〕→〔　　　〕

頻出 **094** 〈鎌倉幕府②〉 (大阪桐蔭高)

次の文章を読んで，あとの問いに答えなさい。

「私の夫が開いた幕府も将軍の血筋が三代で途絶えたあと，①私の弟が執権となって運営されるようになりました。幕府を倒す好機と考えた②上皇の軍勢が京都で挙兵した際，私は武士たちを集めて，将軍から受けた恩に報いるために，今こそ奉公するよう求めました。上皇の軍勢を破ったあとには（　③　）を設置し京都の監視を強め，上皇側についた武士や公家の土地を取り上げて地頭を任命し，西国に勢力を広げました。その後，執権を引き継いだ私の甥は④御成敗式目を制定しました。」

(1) 下線部①について，この人物を答えよ。　　　　　　　　　　　　〔　　　　　　　〕

(2) 下線部②について，このできごとの名称を答えよ。　　　　　　　〔　　　　　　　〕

(3) （　③　）にあてはまる語句を，次のア～エから１つ選び，記号で答えよ。　〔　　　〕

　ア　評定衆　　　　　イ　京都守護

　ウ　京都所司代　　　エ　六波羅探題

(4) 下線部④について，内容として適切なものを次のア～エから１つ選び，記号で答えよ。

　ア　幕府の許可なく城を修理したり，婚姻によって同盟関係を築くことを禁止した。　〔　　　〕

　イ　仏教や儒教の考え方を取り入れて，天皇を中心とした国家での役人の心構えを示した。

　ウ　武士たちの慣習を根拠に，土地の境界紛争などを裁定する際の基準をまとめた。

　エ　天皇の行動を直接規制する目的で，天皇に学問専念を求めて政治関与を禁止した。

095 〈鎌倉時代の文化〉

次の文章を読み，あとの問いに答えなさい。

a 保元の乱以降，相次ぐ戦乱やききんで苦しんできた武士や民衆は仏教に救いを求めるようになった。12世紀に広がった①新仏教の特色は，広く武士や庶民に門戸を開いたところにあった。

b ②鎌倉時代の文化の担い手は公家に加えて，力をのばしていた武士や民衆にもひろがっていった。鎌倉幕府の3代将軍（　1　）は『金槐和歌集』を著し，同じく武士出身の（　2　）は『山家集』を著した。

(1) 下線部①について述べた文として正しいものを，次のア〜エから1つ選び，記号で答えよ。

〔　　　〕

ア 奈良時代の仏教を批判し，山中で難行や苦行を積むことで悟りをひらけるとした時宗が誕生した。

イ 日蓮は法華経を釈迦の第一の正しい教えとし，ただひたすら念仏をとなえれば救われるとした。

ウ 法然は阿弥陀仏にただすがることで救われるとし，朝廷や奈良の寺院で支持された。

エ 宋から禅宗の高僧が招かれ，幕府の後援のもと鎌倉に建長寺や円覚寺などの大寺院が建てられた。

(2) 下線部②の時代の社会の様子について述べた文として正しいものを，次のア〜エから1つ選び，記号で答えよ。

〔　　　〕

ア 日宋貿易などで栄えた堺や博多では町衆の代表者による自治的な活動が見られた。

イ 京都や鎌倉などの大都市で大きな利益を得ていた酒屋は，高利貸し業である土倉を兼ねることもあった。

ウ 農業技術がすすみ，西日本では米を収穫したあとに麦をつくる二毛作が広まっていた。

エ 武士は城下町に集住し，戦乱に備え，ふだんから弓馬の訓練に励んでいた。

(3) （　1　）（　2　）にあてはまる人名を漢字で答えよ。

1〔　　　　　　　〕　2〔　　　　　　　　〕

096 〈元寇〉

次の文章を読んで，あとの問いに答えなさい。

1274年，（　a　）の役が起こり，元軍と高麗軍が大挙して押し寄せた。その後幕府は博多湾岸に（　①　）を設置することとし，西日本の御家人を中心に築かせた。（　①　）は高さが3メートル程もあり，海岸線から侵入してくる敵の上陸を防ぐものであった。元寇における御家人たちの負担は大変重かったが，②鎌倉幕府はこの働きに十分に報いることができず，御家人たちは幕府に不満を持つようになった。こうした中で幕府は1297年に（　b　）を発布したが，かえって経済を混乱させてしまい，不満を高めることとなった。

(1) （　a　），（　b　）にあてはまる語句を答えよ。

a〔　　　　　　　〕　b〔　　　　　　　　〕

(2) （　①　）にあてはまる防衛のための施設の名称を答えよ。

〔　　　　　　　〕

(3) 下線部②について，なぜ幕府は御家人の働きに報いることができなかったのか。その理由をこの戦争の特徴に触れながら40字以内で説明せよ。

〔　　　　　　　　　　　　　　　　　　　〕

097〈鎌倉幕府の滅亡〉　　　　　　　　　　　　　　　　　　　（愛知・中京大附中京高）

室町幕府は，鎌倉幕府ができてしばらく空白があった後に成立した。その空白の時期について，次の問いに答えなさい。

(1)　鎌倉幕府を滅ぼした勢力を率いていた天皇の名前を答えよ。　　　　　〔　　　　　　〕

(2)　次の史料はその天皇が政治を行っていた頃のものである。この史料から当時の政治状況がどのようなものであると民衆は感じていたか。最も適当なものを，あとのア～エから1つ選び，記号で答えよ。　　　　　　　　　　　　　　　　　　　　　　　　　　　　　〔　　　〕

> 　このごろ都にはやるもの。夜討ち，強盗，にせ綸旨（りんじ）。召人（めしうど），早馬，虚騒動。生頸（なまくび），還俗（げんぞく），自由（ま）出家。にわか大名，迷い者。安堵（あんど），恩賞，虚軍（そらいくさ）。本領はなるる訴訟人。文書入れたる細つづら。追従（ついしょう），ざん人，禅律僧（ぜんりつそう）。下剋上（げこくじょう）する成出者（なりでもの）。……（略）

ア　鎌倉時代が終わって人々が安堵の表情を浮かべているようすがうかがえる。

イ　鎌倉幕府が終わったものの，むしろ世の中は悪くなっていると感じている。

ウ　鎌倉時代も今の時代も，結局悪い状況は何も変わらないと思っている。

エ　新しい時代は，どんな身分の者でも出世するチャンスがあるので期待している。

098〈室町時代〉　　　　（大阪・早稲田摂陵高[改]）

右の年表を見て，次の問いに答えなさい。

年代	できごと
1333	鎌倉幕府が滅びる 【A】
1378	足利義満が幕府を室町に移す…【B】
1392	南朝と北朝が一つになる…【C】
1428	X　が起こる
1429	琉球王国が成立する…【D】
1467	応仁の乱が起こる…【E】
1485	Y　が起こる
1488	Z　が起こる

(1)　【A】の時期に起こった次のⅠ～Ⅳのできごとを，古い順に正しく配列したものを，あとのア～エから1つ選び，記号で答えよ。　〔　　　〕

Ⅰ　足利尊氏が征夷大将軍となる。

Ⅱ　後醍醐天皇が建武の新政を行う。

Ⅲ　後醍醐天皇が吉野に移る。

Ⅳ　足利尊氏が京都に新しい天皇をたてる。

ア　Ⅱ→Ⅰ→Ⅲ→Ⅳ　　　　イ　Ⅱ→Ⅳ→Ⅰ→Ⅲ

ウ　Ⅱ→Ⅳ→Ⅲ→Ⅰ　　　　エ　Ⅱ→Ⅰ→Ⅳ→Ⅲ

(2)　【B】について，右下の図は室町幕府のしくみを表している。図中の①，②にあてはまる役職名を答えよ。　　　　　　　①〔　　　　　　〕　②〔　　　　　　〕

(3)　【C】と同じ年に，高麗をたおして朝鮮国を建てた人物はだれか。答えよ。

〔　　　　　　〕

(4)　【D】について，沖縄本島を統一して琉球王国を建てたのは何氏か。答えよ。

〔　　　　　　〕

```
　　　　　　　　　　　　　（中央）　┌─ 侍　所（軍事・警察）
　　　　　　　　　　　┌─┤ ① ├─── 政　所（幕府の財政）
　　　　　　　　　　　│　　　　　　└─ 問注所（記録の保管）
将　軍 ───┤
　　　　　　　　　　　│　　　┌─ ② （関東と甲斐・伊豆）
　　　　　　　　　　　└─┤
　　　　　　　　　　　（地方）└─ 守護・地頭
```

(5)　【E】について，この時期の文化に関する説明文として誤っているものを，次のア～エから1つ選び，記号で答えよ。

〔　　　〕

ア　床の間をもつ書院造の建築様式が発達し，茶の湯や生け花が広まった。

イ　禅僧の雪舟は，明に渡って水墨画を学び，帰国後は日本の自然を描いた。

ウ　禅宗の影響を受けて，静かなおもむきのある枯山水などの庭園がつくられた。

エ　観阿弥・世阿弥父子が芸術性豊かな芸能として能（能楽）を大成した。

(6)　　X　～　Z　にあてはまるできごとを，次のア～ウから1つずつ選び，記号で答えよ。

X〔　　　　〕　Y〔　　　　〕　Z〔　　　　〕

ア　正長の土一揆　　　イ　加賀の一向一揆　　　ウ　山城の国一揆

新傾向　099　〈南北朝の動乱〉　　　　　　　　　　　　　　　　　　　　　　　　　　（埼玉県）

次の文章は，南北朝の動乱についてまとめたものである。まとめの中の　　P　にあてはまる語と　P
の地図中の位置の組み合わせとして正しいものを，あとのア～カから1つ選び，記号で答えなさい。

〔　　　　〕

まとめ

> 　後醍醐天皇を中心とする，建武の新政が始まると，武
> 士たちの間に不満が高まり，足利尊氏が兵をあげると，
> 新政は2年ほどでくずれた。
>
> 　尊氏は京都に新たに天皇を立て，後醍醐天皇が
> 　P　にのがれたので，二つの朝廷が生まれた。京都方
> を北朝，　P　方を南朝と呼び，この南北朝は全国の武
> 士に呼びかけて戦った。南北朝の動乱が続いた約60年を
> 南北朝時代という。

地図

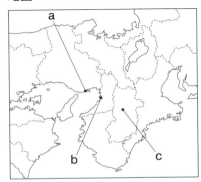

ア　P－堺　　位置－a　　　イ　P－堺　　位置－b　　　ウ　P－堺　　位置－c

エ　P－吉野　位置－a　　　オ　P－吉野　位置－b　　　カ　P－吉野　位置－c

100　〈中世の日本と東アジア〉　　　　　　　　　　　　　　　　　　　　（佐賀・弘学館高）

次の文章を読んで，あとの問いに答えなさい。

A　唐の滅亡後，国々の興亡が続き，やがて宋が中国を統一した。日本は正式な国交を結ばなかった
　が，多数の商人や僧が宋に渡り，①銅銭や陶磁器，朱子学や禅宗などをもたらした。13世紀の後半，
　宋は〔　I　〕によって滅ぼされた。

B　日本と〔　II　〕との間で，②勘合貿易が開始された。貿易ははじめ幕府の統制で行われていたが，
　後には守護大名の③細川氏や大内氏と結んだ商人があたった。〔　II　〕から輸入された品々は国内
　で珍重され，特に　④　は高値で取り引きされた。

(1)　〔　I　〕と〔　II　〕に入る中国の国号の組み合わせとして正しいものを，次のア～エから1つ選
　び，記号で答えよ。　　　　　　　　　　　　　　　　　　　　　　　　　　　　　　〔　　　　〕

ア　I－隋　II－明　　　イ　I－隋　II－清　　　ウ　I－元　II－明　　　エ　I－元　II－清

(2)　下線部①に関連して述べた次のa～dについて，正しいものの組み合わせを，あとのア～エから
　1つ選び，記号で答えよ。　　　　　　　　　　　　　　　　　　　　　　　　　　　〔　　　　〕

　　a　鎌倉・室町時代を通じて，日本国内では政府による貨幣鋳造が行われず，中国から輸入された
　　　　銅銭が盛んに用いられて，商業が発達した。

　　b　中国から陶磁器をつくる技術が伝えられ，日本でも鎌倉時代には有田焼や薩摩焼などの陶磁器
　　　　生産が開始された。

　　c　朱子学は儒学の一派であり，のちの江戸時代には，社会の秩序や政治のあり方を教えるものと
　　　　して，幕府や諸藩で広く学ばれた。

　　d　栄西と道元は中国で禅宗を学び帰国した。栄西が開いた臨済宗は農村を中心に広がり，信者た
　　　　ちの団結は一向一揆と呼ばれた。

　　ア　aとc　　　イ　aとd　　　ウ　bとc　　　エ　bとd

(3)　下線部②について，「勘合」とは，正式な貿易船であることを証明する割り札のことである。な
　　ぜこのような証明が必要であったのか。10字前後で答えよ。(句読点不要)
　　〔　　〕

(4)　下線部③について，この両氏に関して述べた次のa〜dについて，正しいものの組み合わせを，
　　あとのア〜エから1つ選び，記号で答えよ。　　　　　　　　　　　　　　〔　　　　〕

　　a　細川氏は，将軍の補佐をつとめた有力守護大名の一つである。この地位を室町幕府では老中と
　　　　呼んだ。

　　b　細川氏は，有力守護大名の山名氏と対立した。この対立に将軍のあとつぎ争いなどがからみ，
　　　　応仁の乱に発展した。

　　c　大内氏は，北陸地方を支配する戦国大名に成長した。武田氏と争い，川中島を舞台にたびたび
　　　　戦った。

　　d　大内氏は，中国地方を支配する戦国大名に成長した。大内氏の滅亡後，この地方は毛利氏の領
　　　　国となった。

　　ア　aとc　　　イ　aとd　　　ウ　bとc　　　エ　bとd

(5)　空欄　④　について，これは江戸時代前期までは日本の主要な輸入品であり，明治時代以降には
　　主要な輸出品となった貿易品目である。品目名を答えよ。　　　　　　　〔　　　　〕

101 〈琉球王国〉

次の文章を読んで，あとの問いに答えなさい。

　　15世紀はじめの沖縄では，琉球王国が成立した。この琉球王国は明へ盛んに朝貢し，中国と日本，
朝鮮，東南アジア各地とを結ぶ通商ルートを結ぶこととなった。しかし，この①琉球貿易の占めた役
割は，再び活発化した倭寇の活動や，(　②　)のアジア進出などによって，16世紀にはしだいに小さ
くなっていった。

(1)　下線部①に関連して，15世紀の琉球貿易を示すものとして最も適当なものを，次のア〜エから1
　　つ選び，記号で答えよ。　　　　　　　　　　　　　　　　　　　　　　　〔　　　　〕

　　ア　出会貿易　　　イ　中継貿易　　　ウ　朱印船貿易　　　エ　南蛮貿易

(2)　(　②　)に入る国名として正しいものを，次のア〜カから2つ選び，記号で答えよ。

　　ア　イギリス　　　イ　オランダ　　　ウ　ポルトガル　　　エ　スペイン　〔　　〕〔　　〕
　　オ　アメリカ　　　カ　ロシア

頻出 102 〈中世の文化と社会①〉

次の問いに答えなさい。

(1) 資料Aの建物におさめられている運慶らの彫刻作品を何というか。答えよ。

〔　　　　　　　　　〕

A

(2) 資料Bの建物について，次の問いに答えよ。

① この建物が建てられた頃の文化の特色を，次のア～エから1つ選び，記号で答えよ。

ア　仏教と唐の影響を強く受けた文化

イ　武士の気風を反映した素朴で力強い文化

ウ　日本の風土や生活感情に合った文化

エ　公家文化と武家文化が融合した文化　〔　　　　　〕

② この建物がつくられた頃，実力で上の者にうちかつ風潮が広がり，各地に戦国大名が現れた。この風潮を何というか。答えよ。　〔　　　　　　　　　〕

B

103 〈中世の文化と社会②〉

次の問いに答えなさい。

史料A

> 祇園精舎（ぎおんしょうじゃ）の鐘の声，諸行無常（しょぎょうむじょう）の響きあり。沙羅双樹（しゃらそうじゅ）の花の色，盛者必衰（じょうしゃひっすい）のことわりをあらわす。おごれる人も久しからず，只（ただ）春の夜の夢の如し。たけき者も遂（つい）にはほろびぬ。偏に風の前の塵（ちり）に同じ。

(1) 史料Aは中世の代表的な軍記物の一部で，琵琶法師によって語られ多くの人に広まった。この作品を漢字で答えよ。　〔　　　　　　　　　〕

(2) 史料Aが成立した時代は京都の朝廷と武家政権がそれぞれ政治を行った。この武家政権をつくった人物にあてはまるものを，次のア～エから1つ選び，記号で答えよ。　〔　　　　〕

ア　武家の政権を滅ぼした公家政権に反対して挙兵し，武家政権を復活させた。

イ　南蛮渡来の新兵器を使用して対立する大名を滅ぼし，敵対する仏教勢力を弾圧した。

ウ　将軍として配下の武士に先祖伝来の領地を保護する御恩を与え，彼らを御家人とした。

エ　天下分目の戦いで対立する武家勢力を破り，その後大坂(阪)の陣でこれを滅ぼした。

(3) 図Bは応仁の乱をえがいたものである。この絵に描かれた乱暴・略奪を行っている軽装の武士を何というか。漢字で答えよ。

〔　　　　　　　　　〕

図B

（「真如堂縁起絵巻」による）

(4) 次のできごとのうち，応仁の乱の頃の民衆文化にあてはまるものを，次のア～エから1つ選び，記号で答えよ。　〔　　　　〕

ア　多色刷の浮世絵版画が民衆の間に流行した。

イ　「唐獅子図屏風」など雄大な構図を持つ障壁画が流行した。

ウ　三味線の伴奏と操り人形を使った人形浄瑠璃が流行した。

エ　連歌が庶民にも流行し，村の寄合でも連歌の会が開かれた。

---

104 〈大航海時代〉

(鹿児島・ラ・サール高)

次の文章を読んで，あとの問いに答えなさい。

　スペインは大西洋を経由してアジアへ向かう航路を開拓しようとしたが，その過程で①スペインはアメリカ大陸を「発見」した。以後②スペインはアメリカ大陸に盛んに進出し，ついには植民地を置いた。

(1)　下線部①について，スペイン人はアメリカ大陸の先住民をインディオと呼んだが，これはコロンブスの船団がカリブ海の島に到達したことと大きな関係がある。それを説明する次の文の空欄を20字以内で補い，この文を完成させよ。

　コロンブスが，□□□□□□と誤認したことがきっかけとなり，スペイン人は先住民をインディオと呼んだ。　〔　　　　　　　　　　　　　　　　　　　　　　　　　　　　　　〕

(2)　下線部②について，明らかな誤りを含む文を，次のア〜カから2つ選び，記号で答えよ。
〔　　〕〔　　〕

　ア　スペインがアメリカ大陸で滅ぼした帝国として，インカやアステカがある。

　イ　アメリカ大陸からジャガイモやトウモロコシが，ヨーロッパに伝えられた。

　ウ　スペインはアメリカ大陸で鉱山開発を行い，ヨーロッパには大量の銅がもたらされた。

　エ　アメリカ大陸にはキリスト教が伝えられ，イエズス会も宣教師を送りこんだ。

　オ　アメリカ大陸では大農園が開かれ，そこでは主に茶が栽培された。

　カ　アメリカ大陸の先住民の人口が過酷な労働や病気の流行で減ると，アフリカから黒人が奴隷として連れてこられた。

---

105 〈16世紀の世界と日本〉

(千葉・成田高)

次の文章を読んで，あとの問いに答えなさい。

　①イエズス会の宣教師アレッサンドロ＝ヴァリニャーニは1539年にイタリアで生まれ，1579年に初めて来日し，1582年に4人の②遣欧少年使節らと長崎を出航した。自身は③ゴアにとどまり，使節の帰国とともに1590年に再び来日した。その際には帰国した使節が西洋の楽器を演奏し，④時の権力者は大いに喜んだと伝えられている。

(1)　下線部①について，この組織と関係の深い人物を，次のア〜エから1つ選び，記号で答えよ。
〔　　〕

　ア　ルター　　　イ　カルヴァン　　　ウ　マルコ＝ポーロ　　　エ　フランシスコ＝ザビエル

(2)　下線部②について，この使節を派遣したキリシタン大名を，次のア〜エから1つ選び，記号で答えよ。
〔　　〕

　ア　織田信長　　　イ　大友宗麟　　　ウ　伊達政宗　　　エ　明智光秀

(3)　下線部③について，これは現在どこの国にあるか。次のア〜エから1つ選び，記号で答えよ。

　ア　南アフリカ　　　イ　アメリカ　　　ウ　インド　　　エ　オーストラリア　　　〔　　〕

(4)　下線部④について，この人物を，次のア〜エから1つ選び，記号で答えよ。　〔　　〕

　ア　織田信長　　　イ　豊臣秀吉　　　ウ　徳川家康　　　エ　徳川家光

106 〈安土桃山時代①〉

次の文章を読んで，あとの問いに答えなさい。

　　応仁の乱以降，室町幕府はその支配力を急速に低下させ，全国各地では実力のある者が自分より上の身分の者に打ち勝つことで，その地位を奪う風潮が広がっていった。こうした中で各地の支配者になった者を①戦国大名という。彼らは常に戦に備え，　**1**　を定めて領国の武士たちを家臣として統率した。②大航海時代の結果，アジアと結びつくことができたヨーロッパからポルトガルが1543年に③鉄砲を伝え，これが日本の戦国大名たちに広がる中で，その後の天下統一に向けた動きが急速に進むことになる。

　　1560年に　**A**　で今川義元を破って勢いにのった④織田信長は，　**2**　を奉じて京都に入り実権を握り，1570年には　**B**　で浅井・⑤朝倉の連合軍を破ってさらに勢力を拡大した。その後も延暦寺や　**3**　門徒の一揆と戦い，　**2**　と対立するとこれを追放し，室町幕府を滅亡させるなど武力による支配を進めた。1575年の　**C**　では鉄砲隊を有効に活用して武田氏を破り，その支配を西へ進めようとした矢先の1582年，本能寺の変で明智光秀に討たれ天下統一の事業は豊臣秀吉へと引き継がれる。秀吉は四国・九州を平定し，1590年に関東の北条氏を滅ぼすことで天下を統一した。

(1)　下線部①について，尼子氏・陶氏を破り中国地方に勢力を持った戦国大名で，自ら子供たちに「三本の矢」の教訓を述べたと伝えられる人物を答えよ。　　　　　　　〔　　　　　〕

(2)　空欄　**1**　の例として適切なものを，次のア～エから1つ選び，記号で答えよ。　〔　　　〕

　　ア　御成敗式目　　　イ　塵芥集　　　ウ　武家諸法度　　　エ　大宝律令

(3)　下線部②について，大航海時代の到来はルネサンス期の三大発明によるところが大きい。空欄に適切な語句を答えよ。　　　　　　　　　　　　　　　　　　　　　　〔　　　　　〕

　　「三大発明とは　羅針盤・（　　　　）・活版印刷術である。」

(4)　下線部③について，日本における鉄砲の生産地であり，自治都市として知られた都市を答えよ。

　　　　　　　　　　　　　　　　　　　　　　　　　　　　　　　　　〔　　　　　〕

(5)　下線部④について，織田信長の政策として誤っているものを，次のア～エから1つ選び，記号で答えよ。　　　　　　　　　　　　　　　　　　　　　　　　　　　〔　　　〕

　　ア　琵琶湖の水運をおさえ，京都や北陸への対処ができるように安土に拠点を置いた。

　　イ　仏教勢力に対して厳しい態度で臨む反面，キリスト教の宣教師の活動に対して保護を行った。

　　ウ　交通の障害となる関所を廃し，城下町に楽市・楽座を認めて商工業の発展につとめた。

　　エ　太政大臣となり，各地の大名たちを統制するため無断で城の修理をすることなどを禁じた。

(6)　空欄　**2**　に適切な人物を答えよ。　　　　　　　　　　　　〔　　　　　〕

(7)　下線部⑤について，朝倉氏の城下町として正しいものを，次のア～エから1つ選び，記号で答えよ。　　　　　　　　　　　　　　　　　　　　　　　　　　　　　　〔　　　〕

　　ア　小田原　　　イ　一乗谷　　　ウ　山口　　　エ　府内

(8)　空欄　**3**　の宗派を鎌倉時代におこした人物を，次のア～エから1つ選び，記号で答えよ。

　　ア　道元　　　イ　栄西　　　ウ　親鸞　　　エ　法然　　　　　　　　〔　　　〕

(9)　空欄　**A**　～　**C**　にあてはまるできごとを，次のア～ウから1つずつ選び，記号で答えよ。

　　　　　　　　　　　　　　　　　　　　A〔　　　〕B〔　　　〕C〔　　　〕

　　ア　姉川の戦い　　　イ　桶狭間の戦い　　　ウ　長篠の戦い

頻出 107 〈安土桃山時代②〉　　　　　　　　　　　　　　　　　　　　（熊本マリスト学園高）

次の文章を読んで，あとの問いに答えなさい。

　全国統一を成し遂げた豊臣秀吉は検地と①刀狩を行った。検地によって全国の土地を統一的な基準で表すことができるようになった。これまでの古い社会のしくみをこわしながら，下剋上で成り上がった大名や大商人たちは，その権力や富を背景に②豪華な文化を生み出していった。また，外交面では明の征服をめざして朝鮮に大軍を派遣したが③朝鮮民衆の抵抗が強く，日本軍は苦戦を強いられ，秀吉が病死すると日本軍には引き揚げが命じられた。

(1)　下線部①について，「刀狩」のねらいを2つ答えよ。〔　　　　　　　〕〔　　　　　　　〕

(2)　下線部②について，「豪華な文化」の頃のできごととして**誤っている**ものを，次のア〜エから1つ選び，記号で答えよ。〔　　　　〕

　ア　大阪は「天下の台所」と呼ばれ，商業活動の中心となった。

　イ　木綿が麻にかわる庶民の衣料として普及し始めた。

　ウ　茶の湯が大名や商人の間で流行し，千利休が，わび茶の作法を完成させた。

　エ　出雲の阿国という女性が始めたかぶき踊りが人気を集めた。

(3)　下線部③について，「朝鮮民衆の抵抗」の中心となって活躍した人を，次のア〜エから1つ選び，記号で答えよ。〔　　　　〕

　ア　李成桂　　　イ　李舜臣　　　ウ　李鴻章　　　エ　李経芳

頻出 108 〈江戸幕府〉　　　　　　　　　　　　　　　　　　　　　　　（愛媛・愛光高）

次の文章を読んで，あとの問いに答えなさい。

　徳川家康は①1600年の関ヶ原の戦いで西軍の諸大名を倒し，その3年後には江戸に幕府を開いた。幕府の直轄領は（　②　）と呼ばれ，旗本の領地を合わせると全国のおよそ4分の1を占めていたが，それ以外の領地は300近くの藩が統治しており，幕府の直接の支配は及ばなかった。しかし，③幕府は大名配置に工夫をしたり，法令を出して大名を規制したりして，強力に統制・監視を行うようにしていった。さらに，幕府はさまざまな役職を設置して，それによって都市や農村における民政や，全国の商業や流通を調整する経済政策などの細かな施策を行っていった。

(1)　下線部①に関連して，この戦いの前に起こったできごとを，次のア〜ウから1つ選び，記号で答えよ。〔　　　　〕

　ア　長崎の町がイエズス会に寄進されていることが発覚したため，バテレン追放令が出された。

　イ　2度にわたり，大阪の陣と呼ばれる戦争が行われ，豊臣氏が滅亡した。

　ウ　天草四郎時貞を中心にして，天草・島原地方で大規模な一揆が起こった。

(2)　（　②　）にあてはまる語句を答えよ。〔　　　　　　　〕

(3)　下線部③に関連して述べた文として正しいものを，次のア〜エから1つ選び，記号で答えよ。〔　　　　〕

　ア　将軍家康は，信頼できない外様大名を関西や関東の周辺に配置して厳しく監視した。

　イ　将軍家康は，各大名が幕府から与えられた領地をしっかり守るために，新しく城を建設するよう命じた。

　ウ　将軍家光は，禁中並公家諸法度を出して，大名の生活を厳しく規制した。

　エ　将軍家光は，大名に対して，1年おきに領地と江戸を往復する参勤交代を制度として定めた。

頻出　109　〈江戸時代の政治・社会・文化〉

右の年表を見て，次の問いに答えなさい。

年代	できごと
1603	徳川家康が征夷大将軍となる…【A】
1635	参勤交代の制度が定まる…【B】
1680	徳川綱吉が5代将軍となる…【C】
1716	徳川吉宗が8代将軍となる…【D】
1772	田沼意次が老中となる…【E】
1787	松平定信が老中となる…【F】
	【G】
1834	水野忠邦が老中となる

(1) 【A】に関連して，右下の図は江戸幕府のしくみを表している。図中のⅠ，Ⅱにあてはまる役職名を答えよ。

Ⅰ〔　　　　　　　〕Ⅱ〔　　　　　　　〕

(2) 【B】と同じ年に起きたできごとを，次のア～エから1つ選び，記号で答えよ。　〔　　　　〕

ア　ポルトガル人の来航を禁止した。

イ　平戸のオランダ商館を長崎の出島に移した。

ウ　島原・天草一揆が起こった。

エ　日本人の海外渡航と帰国を全面禁止した。

(3) 【C】に関連して，綱吉が将軍であった頃，上方を中心に豊かな町人文化が花開いた。この文化について述べた文として正しいものを，次のア～エから1つ選び，記号で答えよ。

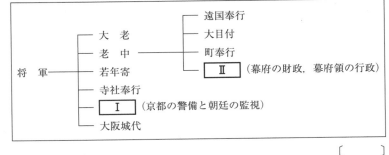

〔　　　　〕

ア　与謝蕪村や小林一茶は，俳諧を民衆の間に広めた。

イ　菱川師宣は町人の風俗を描いて，浮世絵を始めた。

ウ　滝沢馬琴の書いた『南総里見八犬伝』は，多くの人々に愛読された。

エ　喜多川歌麿の美人画や，葛飾北斎・歌川広重の風景画が人気を集めた。

(4) 【D】に関連して，吉宗がキリスト教に関係がない漢訳の洋書の輸入を許してから，蘭学が発達した。蘭学について述べた文の組み合わせとして正しいものを，あとのア～エから1つ選び，記号で答えよ。　〔　　　　〕

a　伊能忠敬は，全国の海岸線を測量し，精密な日本全図をつくった。

b　本居宣長は『古事記』を研究して，『古事記伝』を著した。

c　前野良沢と杉田玄白らは，西洋医学の解剖書を翻訳して，『解体新書』を出版した。

d　安藤昌益は，すべての人々が農耕にはげむ社会が理想であると説き，封建制を批判した。

ア　a・c　　イ　a・d　　ウ　b・c　　エ　b・d

(5) 【E】・【F】について述べた文として誤っているものを，次のア～エから1つ選び，記号で答えよ。

〔　　　　〕

ア　Eは，株仲間を認めて営業を独占させ，その代わりに一定の税を納めさせた。

イ　Eは，蝦夷地の開拓を計画し長崎貿易を制限して，金・銀の流出を防ごうとした。

ウ　Fは，百姓の都市への出かせぎを制限し，江戸にいる者を農村に帰そうとした。

エ　Fは，人材を育成するために昌平坂学問所をつくり，旗本らに朱子学を学ばせた。

(6) 【G】の時期に起こった次のできごとを，古いものから年代順に並べかえ，記号で答えよ。

〔　　　　〕→〔　　　　〕→〔　　　　〕

ア　もと大阪町奉行所の役人であった大塩平八郎が，貧しい人々を救うために乱を起こした。

イ　蘭学者の渡辺崋山や高野長英らが，対外政策を批判したため，幕府によって処罰された。

ウ　幕府は，外国船(異国船)打払令を出して，鎖国政策を守ろうとした。

頻出 110 〈江戸時代の外交・貿易〉　　　　　　　　　　　　　　　　　　　　　　　　　　(広島・崇徳高)

次の文章を読んで，あとの問いに答えなさい。

　　江戸時代の初めに始まった(1)政策によって，日本人は海外に行くことができなくなったが，この政策は，東アジアの国々や民族との交流を禁じたものではなかったので，国交のない中国とも長崎で貿易が行われた。また，(2)船も長崎の(3)に来航し，中国産の生糸や絹織物のほか，東南アジアの物品をもたらした。日本からは，金・銀などを輸出した。

　　徳川家康の時代に朝鮮と講和が結ばれ，将軍の代がわりごとに400〜500人の使節が来る慣例となった。 A 藩は，国交の実務を担当するとともに貿易を許され，朝鮮の釜山に設けられた倭館で，銀や銅などを輸出し，木綿や朝鮮にんじん，絹などを輸入した。

　　 B 藩に服属した琉球は，明・清にも従い，貿易を許されていた。琉球は，将軍や琉球国王の代がわりごとに幕府に使節を送った。

　　蝦夷地(北海道)の大部分には，(4)民族が住んでいた。彼らは，漁業などに従事するとともに，日本人とだけでなく，千島列島や樺太，中国大陸の黒竜江地方の人々とも交易していた。蝦夷地の南部に領地をもつ C 藩は，(4)の人々との取り引きを独占し，わずかな米などを，大量のサケや昆布などと交換して大きな利益を得た。そのため，(4)の人々は，17世紀後半，(5)を指導者として蜂起したが，鎮圧された。

(1)　(1)にあてはまる語句を答えよ。　　　　　　　　　　　　　　　　〔　　　　　　　〕

(2)　(2)にあてはまるヨーロッパの国名と，(3)にあてはまる語句を答えよ。
　　　　　　　　　　　　　　　　　　　　2〔　　　　　　　〕 3〔　　　　　　　〕

(3)　下線部について，この使節を何というか。答えよ。　　　　　　　　〔　　　　　　　〕

(4)　(4)にあてはまる民族名と，(5)にあてはまる人名を答えよ。
　　　　　　　　　　　　　　　　　　　　4〔　　　　　　　〕 5〔　　　　　　　〕

(5)　 A 〜 C に入る藩名を，次のア〜オから1つずつ選び，記号で答えよ。
　　　　　　　　　　　　　　　　　　A〔　　　〕 B〔　　　〕 C〔　　　〕

　ア　薩摩　　　イ　長州　　　ウ　対馬　　　エ　土佐　　　オ　松前

新傾向 111 〈江戸時代の文化〉　　　　　　　　　　　　　　　　　　　　　　　　　　　(茨城県)

次の文は，17世紀末から18世紀初めにかけて，京都や大阪などの上方の町人がにない手になった文化について述べたものである。文中の　　　　　にあてはまる語を答えなさい。また，文中の a ， b にあてはまる語の組み合わせを，あとのア〜エから1つ選び，記号で答えなさい。

　　　　　　　　　　　　　　　　　　　　　　　〔　　　　　　　〕〔　　　〕

　　　　　文化では， a が浮世草子に町人の生活を生き生きとえがき， b は人形浄瑠璃の脚本家として主に現実に起こった事件をもとに，義理と人情の板ばさみのなかで懸命に生きる男女をえがいた。

ア　a－井原西鶴　　b－近松門左衛門　　　イ　a－井原西鶴　　b－十返舎一九

ウ　a－松尾芭蕉　　b－近松門左衛門　　　エ　a－松尾芭蕉　　b－十返舎一九

新傾向 112 〈江戸時代の政治・社会①〉　　　　　　　　　　　　　　　　　　　　　　　　（福岡県）

江戸時代の貨幣経済の広がりによって農村の生活がどのように変化したかをまとめた。その内容を，資料Ⅰ，Ⅱから読み取れることを関連づけて，「生活水準」の語句を使って答えなさい。

〔　　　〕

資料Ⅰ

昔は農村では特に銭貨が不足し，いっさいの物を銭では買わず，皆米や麦で買っていたことを，私（著者）は田舎で見て覚えている。ところが，最近の様子を聞いてみると，元禄の頃より田舎へも銭が普及し，銭で物を買うようになった。

資料Ⅱ

113 〈江戸時代の政治・社会②〉　　　　　　　　　　　　　　　　　　　　　　　　　　（京都教育大附高）

次の史料を読んで，あとの問いに答えなさい。

松平定信が老中に任命され，□□□□の悪習を是正しようとした。志は良かったのだが，最初の期待とは異なり，器が小さく，学問では有名であるが，まだ理屈だけで実践に欠けている。世の中を安泰にすべき深い思慮が足らず，かたっぱしから改革しようとして，細かく実行していくので，大小の罪が非常に多く発生する。（中略）税はますます重く，武士や庶民は希望を失い，□□□□を恨んでいた者が，「つらいと思っていた昔が今は恋しい，今の世よりは，あきあきしていた□□□□の時代のほうが，今の世よりはずっとましであった。」と話し合っている。（『賤策雑収（せんさくざっしゅう）』より）

(1)　□□□□に入る人物の姓名を答えよ。　　　　　　　　　　　　　　　　　　　　〔　　　　　　　　〕

(2)　下線部について，この改革の内容として正しいものを，次のア〜エから１つ選び，記号で答えよ。

〔　　　　　　　　〕

ア　江戸・大阪周辺の大名領・旗本領を幕府に献上するようにしなさい。

イ　異国船が寄港してきたら，一途に打ち払うようにしなさい。

ウ　大名は，１万石につき100石の米を献上するようにしなさい。

エ　大名は，１万石につき50石の割合で，５年間米を蓄えるようにしなさい。

難 (3)　史料の時代に，欧米諸国が日本に接近する。主な外国船の接近や関連する事件について古い順に並べたものとして正しいものを，次のア〜エから１つ選び，記号で答えよ。　　　〔　　　　　　　　〕

ア　モリソン号事件→ラクスマン来航→レザノフ来航→フェートン号事件

イ　ラクスマン来航→モリソン号事件→レザノフ来航→フェートン号事件

ウ　ラクスマン来航→レザノフ来航→フェートン号事件→モリソン号事件

エ　フェートン号事件→レザノフ来航→モリソン号事件→ラクスマン来航

12 近代の日本と世界

▶解答→別冊 p.22

114 〈近代市民革命〉

（福岡・久留米大附設高國）

17世紀以降に起こった市民革命に関するA～Cの文を読んで，あとの問いに答えなさい。

A ①本国による重税や弾圧に抗議した植民地が独立戦争を開始した。その結果，独立宣言が発表され，植民地の本国からの独立が達成された。

B 議会の意思に反した政治を行った国王に対する②二度の革命が起こった。その結果，立憲君主制が成立し，議会政治の基礎が確立された。

C 絶対王政に対する不満を高めていた人々による③革命が起こった。その結果，人権宣言が発表され，王政から共和政への移行が行われた。

(1) A～Cのそれぞれの動きが見られた国を，次のア～ウから1つずつ選び，記号で答えよ。

　　ア　イギリス　　　　イ　アメリカ　　　ウ　フランス　　A〔　　　〕B〔　　　〕C〔　　　〕

(2) A～Cのそれぞれの動きが始まった年を，次のア～ウから1つずつ選び，記号で答えよ。

　　ア　1642年　　　　イ　1775年　　　ウ　1789年　　　　A〔　　　〕B〔　　　〕C〔　　　〕

難(3) 下線部①に関連して，植民地の人々が本国の船の積み荷を海に投げ捨てた事件が，独立戦争の一つのきっかけとなった。この事件を何というか。答えよ。

　　　　　　　　　　　　　　〔　　　　　　　　　　〕

(4) 下線部②の二度の革命について述べた次の文aとbが，ともに正しい場合はアを，aのみが正しい場合はイを，bのみが正しい場合はウを，ともに誤りを含む場合はエを，解答欄に記入せよ。〔　　　　　〕

　a　一つ目の革命では，クロムウェルを指導者とした議会側が，国王軍を撃破し，国王を処刑した。

　b　二つ目の革命では，国外に追放された国王にかわって，ドイツから新たな国王が招かれた。

(5) 下線部③の革命の背景には，右上の風刺画に表されるような，アやイの身分に対する平民の不満もあった。アやイはどのような身分であるか。答えよ。

　　　　　　　　　　　　　ア〔　　　　　　　〕イ〔　　　　　　　〕

115 〈欧米諸国の発展とアジア進出〉

（愛媛・愛光高）

次の文章を読んで，あとの問いに答えなさい。

　①産業革命に成功した欧米諸国は原料の供給地と商品の市場を求めて，アジア・アフリカの国々を植民地にしていくようになり，その中で清にも進出した。清は貿易を広州一港に制限する政策をとってきたが，1840年にイギリスとの間で起きたアヘン戦争に敗れると，1842年には②南京条約を結ばされ，政策の変更や，多額の賠償金の支払いを強いられた。その後，賠償金の支払いのための重税を負わされた農民たちが，洪秀全に率いられ　　③　　の乱を起こすなどの混乱が続いた。

(1) 下線部①に関連して，18世紀のイギリスでは機械による大量生産が始まった。このような工業化を産業革命と呼ぶが，それについて述べた文として誤っているものを，次のア～ウから1つ選び，記号で答えよ。〔　　　　　〕

ア　電力と石油を動力とする機械が使われるようになり，生糸などの繊維工業を中心に機械化が進んだ。

イ　工場では，熟練した技術を持たない女子や子供も安い賃金で雇われた。

ウ　工場で働く労働者が都市に集中したため，都市の生活環境は急激に悪化した。

(2)　下線部②について，南京条約の内容として正しいものを，次のア〜ウから1つ選び，記号で答えよ。　　　　　　　　　　　　　　　　　　　　　　　　　　　〔　　　　　〕

ア　イギリスにマカオを譲った。　　　イ　貿易のために5港を開港させられた。

ウ　北京に外国軍隊の駐留を認めた。

(3)　　③　にあてはまる語句を答えよ。　　　　　　　　　　　　　〔　　　　　〕

116 〈幕末〉　　　　　　　　　　　　　　　　　　　　　（茨城・江戸川学園取手高）

次の史料は，ペリーによる報告書の一部である。この報告書には江戸時代の日本について書いてあるが，その記述には，現代の我々の知見からすると，誤りと考えられる部分も含まれている。史料と文章①〜③を参考にして，どの部分が誤りか指摘しつつ正しく直しなさい。

〔　　　　　　　　　　　　　　　　　　　　　　　　　　　　　　　　　　　　〕

史料

> われわれはここまで，世に名だたる，注目すべき日本の政治上の特殊性について考察してきた。すなわちそれは，かくも長きにわたって行われてきた鎖国制度であり，これに基づいて，オランダと中国以外の異国とのつながりを持つことが，固く禁じられてきたのである。
>
> （『ペリー提督日本遠征記』）

①　薩摩藩は，財政再建のため，黒砂糖の専売制や琉球との密貿易を実施した。

②　松前藩は，アイヌとの交易で蝦夷錦と呼ばれる中国産の絹織物を手に入れていた。

③　対馬藩は，朝鮮の釜山に役人を派遣して，連絡を行っていた。

117 〈幕末〜明治維新〉　　　　（大阪・履正社高）

右の年表を見て，次の問いに答えなさい。

年代	できごと
1853	（　a　）が浦賀に来航する
1871	b 廃藩置県が行われる
1873	c 徴兵令が出される
1876	d 日朝修好条規が結ばれる

(1)　（　a　）にあてはまる人物を答えよ。また，この翌年に結ばれた条約によって，日本の2つの港が開港したが，それは函館とあと1港はどこか。漢字で答えよ。

人物〔　　　　　〕　港〔　　　　　〕

(2)　下線部bについて，これに先立って明治政府は1869年に版籍奉還を行ったが，版籍奉還とは何か。簡単に説明せよ。

〔　　　　　　　　　　　　　　　　　　　　　　　　　　　　　　　　　　　　〕

(3)　下線部cについて，この法令によって，何歳以上の男子が兵役の義務を課されたか。算用数字で答えよ。　　　　　　　　　　　　　　　　　　　　　　　〔　　　　　〕歳以上

(4)　下線部dについて，この条約は前年に起こった事件の結果結ばれたが，その事件を何というか。漢字で答えよ。　　　　　　　　　　　　　　　　　　〔　　　　　〕

(5) 次の文章は明治初期の沖縄と北海道について述べた文章である。空欄にあてはまる語句を漢字で答えよ。ただし，同じ番号には同じ語句が入る。また，空欄（　②　）は算用数字で答えよ。

　　明治時代になると，政府は琉球を日本の領土にしようと，まず琉球藩を置き，琉球島民が（　①　）で殺された事件を理由に，1874年，（　①　）に出兵した。そして（　②　）年に軍隊を派遣して琉球藩を廃止し，沖縄県を設けた。また，北海道でも，政府は1869年に（　③　）という役所を置き，（　④　）を北海道と改め，北海道外からの移住政策を進めた。また，土地を耕しながら兵士の役割も果たす（　⑤　）を配置した。

①〔　　　　　　　　〕②〔　　　　　　　　〕③〔　　　　　　　　〕
④〔　　　　　　　　〕⑤〔　　　　　　　　〕

(6) 次の①②のAとB二つの文の内容について，AとBがともに正しい場合にはアを，Aが正しくBが誤りの場合にはイを，Aが誤りでBが正しい場合にはウを，AとBがともに誤りの場合にはエを，それぞれ答えよ。
①〔　　　　　〕②〔　　　　　〕

①A　明治政府は，近代産業を育てることをめざした殖産興業を進め，群馬県には富岡製糸場などの官営模範工場をつくった。

　B　明治政府は，1872年に学制を公布し，6歳以上の男子すべてが小学校教育を受けることを定めた。

②A　明治政府は，1871年にえた，ひにんなどの呼び名を廃止し，身分・職業とも平民と同じとする解放令を出した。これによって，職業，結婚，住居など多くの面での差別は完全に消滅した。

　B　明治になると，キリスト教の禁止も解かれ，信仰の自由が認められた。欧米の近代思想も次々に紹介され，例えば人間の平等と民主主義をわかりやすい表現で説いた，福沢諭吉の『学問のすゝめ』などが出された。

---

118 〈幕末～明治時代〉　　　　　　　　　　　　　　　　　　　　　　　　　　　（佐賀・弘学館高）

次の文章を読み，あとの問いに答えなさい。

> 　1846年に天皇に即位した孝明天皇は攘夷派の人物であった。1858年に結んだ①日米修好通商条約に対して孝明天皇は勅許を出さず，幕府は無勅許状態で調印せざるを得なかった。その後，1865年に勅許が出されたが，その翌年，孝明天皇は死去し，明治天皇が即位した。
> 　明治時代になると，②王政復古が宣言され，③さまざまな改革が行われた。さらに1889年，天皇が国民に与えるという形で④大日本帝国憲法が発布され，同日には皇室典範が制定された。

(1) 下線部①の日米修好通商条約について述べた文として適当なものを，次のア～エから1つ選び，記号で答えよ。　　　　　　　　　　　　　　　　　　　　　　　　　　　　　　　　　　　〔　　　〕

ア　下田と函館の2港を開港することとなった。
イ　外国人は日本国内で自由に居住や活動ができるようになった。
ウ　日本で日本人に対して法を犯したアメリカ人は，アメリカの法で罰することが定められた。
エ　オランダ・ドイツ・イギリス・ロシアとも同様の内容の条約を結んだ。

(2) 下線部②の王政復古が宣言された翌年，明治新政府は新たな政治方針として次の史料の内容を定めた。この内容を説明したものとして適当でないものを，あとのア～エから1つ選び，記号で答えよ。　　　　　　　　　　　　　　　　　　　　　　　　　　　　　　　　　　　　　　　〔　　　〕

> 一　広ク会議ヲ興シ万機公論ニ決スヘシ
>
> 一　上下心ヲ一ニシテ盛ニ経綸ヲ行フヘシ
>
> 一　官武一途庶民ニ至ル迄各其志ヲ遂ケ人心ヲシテ倦マサラシメン事ヲ要ス
>
> 一　旧来ノ陋習ヲ破リ天地ノ公道ニ基クヘシ
>
> 一　智識ヲ世界ニ求メ大ニ皇基ヲ振起スヘシ
>
> 我国未曾有ノ変革ヲ為ントシ、朕躬ヲ以テ衆ニ先ンシ、天地神明ニ誓ヒ、大ニ斯国是ヲ定メ、万民保全ノ道ヲ立ントス。衆亦此旨趣ニ基キ、協心努力セヨ。

ア　会議を開き，人々の意見をまとめて政治を行うべきだとされている。

イ　幕末の攘夷運動を否定し，国際法を守っていくことを示している。

ウ　日本の発展のために知識を世界に求めるとし，キリスト教の信仰も認めている。

エ　この史料は五箇条の御誓文とよばれ，天皇が神々に誓う形式で出されている。

(3)　下線部③について，改革の一部である次のア〜エの４つのできごとを，年代の古いものから順に並べよ。　　　　　　　　　　　　　　　　〔　　　〕→〔　　　〕→〔　　　〕→〔　　　〕

ア　琉球藩を廃止して沖縄県を設置した。

イ　全国の藩を廃止し，かわりに府・県を設置する廃藩置県を行った。

ウ　土地と人民を天皇に返す版籍奉還を行った。

エ　満20歳以上の男子から徴兵を行うという徴兵令を発布した。

(4)　下線部④について，大日本帝国憲法の中では，天皇と国民の関係や，国民の権利について述べられている。それらに関して説明した次の文の空欄〔　a　〕・〔　b　〕に適当な語句を入れよ。

　　　　　　　　　　　　　　　　a〔　　　　　　　〕　b〔　　　　　　　〕

> 　国民は天皇の「〔　a　〕」とされ，言論・出版・集会・結社・信教は「〔　b　〕の範囲内」において自由とされた。

頻出　119　〈自由民権運動と立憲政治の成立〉　　　　　　　　　　　　　　　　（愛知・中京大附中京高）

次の文章を読んで，あとの問いに答えなさい。

　憲法制定を行うため，政府は伊藤博文らを①ヨーロッパに派遣して憲法調査にあたらせた。その中で憲法理論を学び，帰国すると②憲法制定・国会開設に向けての準備を進めた。まず政府は1885年に内閣制度を制定し，1889年２月11日に大日本帝国憲法を，天皇が臣民に与えるという形をとって発布した。その後帝国議会と呼ばれる国会を衆議院と貴族院の二院制として開設した。③こうして日本は当時アジアでただ一つの，憲法と議会を持つ立憲国家となった。

(1)　下線部①について，憲法を制定するにあたって主に参考としたヨーロッパの国はどこか。最も適当なものを，次のア〜エから１つ選び，記号で答えよ。　　　　　　　　　　　　　　〔　　　〕

　　ア　フランス　　　イ　イギリス　　　ウ　オランダ　　　エ　ドイツ

(2)　下線部②について，伊藤博文が中心となって作成した憲法草案を審議した，天皇の相談に応じるための機関を何というか。漢字３字で答えよ。　　　　　　　　　　　　　　　〔　　　　　〕

(3)　下線部③に関連して，明治時代の政治について述べた文として誤っているものを，次のア〜エから１つ選び，記号で答えよ。　　　　　　　　　　　　　　　　　　　　　　　　〔　　　〕

ア　政府が少数の有力政治家によって政治を行うことに対して，板垣退助などが民撰議院設立建白書を提出した。

イ　1881年には前年の国会期成同盟の勢いを受けて，政府は大隈重信を辞めさせたのち，国会を開設することを約束した。

ウ　西郷隆盛による西南戦争が1877年に起こり，政府は近代化した軍隊で鎮圧し，これ以降士族の反乱はなくなった。

エ　国会の開設に伴い総選挙が行われたが，農民のほとんどが投票することが出来たために，自由民権派の多くが当選した。

頻出 120　〈日清・日露戦争〉　　　　　　　　　　　　（福岡・西南女学院高）

次の問いに答えなさい。

(1)　日清戦争について，次の問いに答えよ。

① 右のグラフは日清戦争で日本が得た賠償金の使い道を示したものである。グラフ中Aの示すものは何か。次のア～エから1つ選び，記号で答えよ。　　　　　　　　　　〔　　　〕

ア　災害準備基金　　　イ　教育基金

ウ　軍備拡張費　　　　エ　皇室財産

円グラフ：総額 約3億6,000万円、A（62.6）、21.9、5.5、2.8、2.8、4.4

（「近代日本経済史要覧」による）

② この戦争のあとにロシア・フランス・ドイツが日本に返還を求めた半島はどこか。答えよ。
〔　　　　　　　　　〕

(2)　日露戦争について，次の問いに答えよ。

① 日露戦争の講和条約を何というか。答えよ。　　　　　　〔　　　　　　　〕

② ①の内容としてあてはまらないものを，次のア～エから1つ選び，記号で答えよ。〔　　　〕

ア　日本は，北緯50度以南の樺太の領有を認められた。

イ　日本は，長春・旅順間の鉄道と旅順・大連の租借権を認められた。

ウ　日本は，台湾の領有を認められた。

エ　日本は，韓国における優越権が認められた。

121　〈第一次世界大戦とアジア〉　　　　　　　　　　　（大阪桐蔭高図）

次の文章を読んで，あとの問いに答えなさい。

1914年，ヨーロッパで（　　　）事件をきっかけに第一次世界大戦が勃発すると，日本は日英同盟を理由に参戦してドイツの租借地を攻略するとともに，a中華民国に対しては二十一か条の要求を行った。その後，パリ講和会議でヨーロッパの民族自決が実現されると，b中国と朝鮮でもこれに呼応した事件が起こった。

(1)　（　　　）にあてはまる地名を答えよ。　　　　　　〔　　　　　　　　〕

(2)　下線部aについて，次の問いに答えよ。

① 二十一か条の要求を行ったときの日本の内閣総理大臣を，次のア～エから1つ選び，記号で答えよ。　　　　　　　　　　　　　　　　　〔　　　〕

ア　寺内正毅　　　イ　大隈重信　　　ウ　原敬　　　エ　加藤高明

② 中華民国の孫文がとなえた三民主義にあてはまらないものを，次のア～エから1つ選び，記号
で答えよ。　　　　　　　　　　　　　　　　　　　　　　　　　　　　　　〔　　　　　〕

　　ア　民権主義　　　　イ　民生主義　　　　ウ　民本主義　　　　エ　民族主義

(3) 下線部bについて，パリ講和会議を受けて，1919年に二十一か条の要求の無効を訴える北京の学
生たちが起こした運動を答えよ。　　　　　　　　　　　　　　　　　　　　〔　　　　　〕

頻出 122 〈第一次世界大戦後の世界〉　　　　　　　　　　　　　　　　　　　　　（大阪・早稲田摂陵高）

次の文章を読んで，あとの問いに答えなさい。

　1918年，ドイツが降伏し，4年半にわたる第一次世界大戦は終結した。翌年，アメリカの（　①　）
大統領が提案した14か条の平和原則をもとに，パリで講和会議が開かれ，（　②　）条約が結ばれた。

(1) （　①　），（　②　）にあてはまる語句を答えよ。

　　　　　　　　　　　　　　　　　　　①〔　　　　　　　　〕②〔　　　　　　　　〕

(2) 国際連盟の設立当時の説明文として誤っているものを，次のア～エから1つ選び，記号で答えよ。
　　　　　　　　　　　　　　　　　　　　　　　　　　　　　　　　　　　〔　　　　　〕

　　ア　スイスのジュネーブに本部を置いた。　　　イ　アメリカは議会の反対で加盟しなかった。

　　ウ　ソ連は加盟したが，ドイツは除外された。　エ　イタリアは，常任理事国となった。

123 〈大正デモクラシー〉　　　　　　　　　　　　　　　　　　　　　　　　（大阪・関西大第一高）

次の文章を読んで，あとの問いに答えなさい。

　1912(大正元)年，藩閥・官僚・陸軍が政党中心の内閣を倒したため，政党人やジャーナリストは，
a憲法に基づく政治を行いなさい，という運動を展開した。翌年2月には，数万の民衆が議事堂を包
囲するという反対運動の高まりにより（　①　）内閣は退陣に追い込まれた。

　1918年，富山県の漁民の妻たちから起こったb米騒動はたちまち全国に広がった。米騒動をきっか
けに，cそれまでおさえつけられてきた人々が，団結して立ち上がり始めた。部落差別を受けていた
人々は，1922年に（　②　）をつくり，自らの力で差別からの解放を推し進めた。

(1) （　①　），（　②　）にあてはまる語句を答えよ。

　　　　　　　　　　　　　　　　　　　①〔　　　　　　　　〕②〔　　　　　　　　〕

(2) 下線部aについて，この運動を何というか。漢字で答えよ。　　　　　　　〔　　　　　〕

(3) 下線部bにより内閣が倒れると，本格的な政党内閣が成立した。その時の首相の名を漢字で答え
よ。　　　　　　　　　　　　　　　　　　　　　　　　　　　　　　　　　〔　　　　　〕

(4) 下線部cについて，農民たちも借りている地代を減額することを求めて立ち上がった。この動き
を何というか。答えよ。　　　　　　　　　　　　　　　　　　　　　　　　〔　　　　　〕

124 〈近代の文化と社会〉　　　　　　　　　　　　　　　　　　　　　　　　（福岡大附大濠高）

次の問いに答えなさい。

(1) 『みだれ髪』で情熱的な短歌を残した人物を，次のア～エから1つ選び，記号で答えよ。

　　ア　与謝野晶子　　　　イ　島崎藤村　　　　ウ　石川啄木　　　　エ　樋口一葉　　〔　　　　　〕

(2)　第一次世界大戦中の日本の状況について述べた文として正しいものを，次のア〜エから1つ選び，記号で答えよ。　　　　　　　　　　　　　　　　　　　　　〔　　　〕

ア　戦時体制を強化するため，国家総動員法が制定された。

イ　生糸がアメリカに大量に輸出され，また官営の八幡製鉄所が設立された。

ウ　軍需産業の発展を背景に新しい財閥が形成され，朝鮮や満州に進出した。

エ　好況によって物価が急上昇する一方で，成金と呼ばれる人々が生まれた。

(3)　大正から昭和初期について述べた文としてあてはまらないものを，次のア〜エから1つ選び，記号で答えよ。　　　　　　　　　　　　　　　　　　　　　　　　〔　　　〕

ア　柳田国男が民俗学の確立に貢献した。

イ　黒田清輝がフランスに留学し，印象主義の絵画を学んだ。

ウ　大都市のターミナル駅を中心に劇場やデパートができた。

エ　和風住宅に洋風を取り入れた文化住宅が現れた。

125　〈明治時代の政策と戦争〉　　　　　　　　　　　　　　　　　　（福岡大附大濠高）

次の文章を読み，あとの問いに答えなさい。

　高橋是清は1854(嘉永7)年に江戸に生まれ，生後すぐに仙台藩の足軽の家に養子に出された。5歳のとき，仙台藩の命で英語を学ぶために横浜の外国人居留地に派遣された。12歳のとき，仙台藩によってアメリカに行く留学生に選ばれ，サンフランシスコでは強制労働を課せられるなど苦難があったが，大政奉還後の国内の混乱を聞いて1868(慶応4)年に帰国した。その後は，巧みな英語力を生かして，英語学校の教師，①お雇い外国人の通訳，政府の官吏として働いた。1884(明治17)年に日本最初の特許法令を制定し，②伊藤博文，山県有朋や井上馨らの政治指導者に認められ，翌年には初代の専売特許局長となった。

　1904(明治37)年には，高橋は③日露戦争の資金を調達するために財務官としてアメリカ，イギリスに派遣された。日露戦争の資金調達に成功したことによって高橋の評価は一段と高まり，その後，高橋は日本銀行総裁，大蔵大臣に就任し政財界で活躍した。

(1)　文中の下線部①に関して，北海道開拓使によって招かれた札幌農学校教頭クラークの影響でキリスト教に入信し，日露戦争で非戦論を唱えた人物を，次のア〜エから1つ選び，記号で答えよ。

　　　　　　　　　　　　　　　　　　　　　　　　　　　　　　　　　　　〔　　　〕

ア　新渡戸稲造　　　イ　吉野作造　　　ウ　内村鑑三　　　エ　柳宗悦

(2)　文中の下線部②に関して述べた文として誤っているものを，次のア〜エから1つ選び，記号で答えよ。　　　　　　　　　　　　　　　　　　　　　　　　　　　〔　　　〕

ア　岩倉使節団に参加した。

イ　初代の内閣総理大臣となった。

ウ　立憲政友会を結成した。

エ　初代の朝鮮総督となった。

(3)　文中の下線部③に関して，ロシアが写真の原因となった出来事を利用して，日露戦争の要因となることを行った。写真の原因となったできごとの名称をあげながら，日露戦争の要因となったことについて簡潔に答えよ。

8か国共同出兵［1900（明治33）年，中国］

〔　　　　　　　　　　　　　　　　　　　　　　　　　　　　〕

126〉〈第二次世界大戦と日本〉　　　　　　　　　　　　　　　　　　　（大阪・履正社高）

次の問いに答えなさい。

(1)　五・一五事件を簡単に説明せよ。ただし，政党内閣（政党政治）という言葉を必ず使うこと。
〔　　〕

(2)　次の①〜③のAとB２つの文の内容について，AとBがともに正しい場合にはアを，Aが正しくBが誤りの場合にはイを，Aが誤りでBが正しい場合にはウを，AとBがともに誤りの場合にはエを，それぞれ答えよ。　　　　　　　　①〔　　〕　②〔　　〕　③〔　　〕

①A　1937年，北京郊外の盧溝橋で日中両軍が衝突する事件が起こり，これをきっかけに全面的な日中戦争が始まった。

　B　1939年，ドイツはソ連と不可侵条約を結び，9月にはポルトガルに侵攻した。これにより，ポルトガルと同盟を結んでいたイギリスとフランスはドイツに宣戦し，第二次世界大戦が始まった。

②A　戦争が長引くにつれて，日本政府は国民を戦争に動員する戦時体制を強め，1938年，国家総動員法を公布し，資源と国民のすべてを戦争に動員できるようにした。

　B　1940年には，ほとんどの政党や政治団体が解散して大政翼賛会という組織にまとめられた。また教育では，1941年に小学校が国民学校に改められ，教科書も軍国主義の内容が多くなった。

③A　1941年12月8日，日本軍は，イギリス領マレー半島に上陸し，ハワイの真珠湾にあるイギリス基地を奇襲攻撃して，太平洋戦争が始まった。

　B　1945年2月，連合国側はソ連のヤルタで会談してドイツの戦後処理を決め，さらに同年7月にはドイツのポツダムで会談し，日本軍の無条件降伏を求めるポツダム宣言を，アメリカ・イギリス・ソ連の名で発表した。

現代の日本と世界

▶解答→別冊 p.25

127 〈日本の民主化〉 （東京・お茶の水女子大附高）

次の文章を読んで，あとの問いに答えなさい。

　ポツダム宣言の受諾により，1945年8月，15年にわたった戦争の時代が終わった。日本は，アメリカを主力とする連合国軍に占領され，（　①　）を最高司令官とするGHQの指令のもとで，さまざまな政策が実施された。憲法が改正され，②農地改革などの経済体制の改革も進められた。

(1)　（　①　）にあてはまる適切な人名を答えよ。　　　　　　　　　〔　　　　　　　　〕

(2)　下線部②の農地改革により，地主と小作の関係が改められた。そのような改革が必要であったのはなぜか。説明せよ。

　　〔　　　　　　　　　　　　　　　　　　　　　　　　　　　　　　　　　　　　　〕

128 〈第二次世界大戦後の世界と日本〉 （京都・洛南高）

次の問いに答えなさい。

(1)　GHQの指令によって行われたこととしてあてはまらないものを，次のア～オから1つ選び，記号で答えよ。　　　　　　　　　　　　　　　　　　　　　　　　　　　　　〔　　　〕

　　ア　独占禁止法の制定と公正取引委員会の設置　　イ　治安維持法と特別高等警察の廃止

　　ウ　教育改革による教育の自由主義化　　エ　公職追放令による戦争協力者の処分

　　オ　国際連合加盟による国際社会への復帰

(2)　1950年，朝鮮戦争が起こった。この戦争について述べた文として正しいものを，次のア～オから1つ選び，記号で答えよ。　　　　　　　　　　　　　　　　　　　　　〔　　　〕

　　ア　この戦争の勃発にともない，自衛隊が発足し朝鮮半島へ派遣された。

　　イ　この戦争の影響で日本は不景気になり，戦後の経済復興が大幅に遅れた。

　　ウ　この戦争の直前に成立した中華人民共和国は，多くの義勇軍を派遣した。

　　エ　この戦争の休戦協定により，北緯17度線が軍事境界線となった。

　　オ　この戦争の終結後，大韓民国と朝鮮民主主義人民共和国が成立した。

(3)　1970年代に結ばれた条約を，次のア～オから1つ選び，記号で答えよ。　〔　　　〕

　　ア　日韓基本条約　　イ　日ソ中立条約　　ウ　日米安全保障条約

　　エ　日中平和友好条約　　オ　日朝修好条規（江華条約）

129 〈日本の民主化・高度経済成長〉 （宮城・東北学院榴ケ岡高）

次の文章を読んで，あとの問いに答えなさい。

　第二次世界大戦で降伏した日本は，①連合軍の占領下に置かれて，軍国主義から民主主義への道を歩み始めた。②サンフランシスコ平和条約によって独立を回復してからは，③高度経済成長と呼ばれる経済発展が進み，世界の中の先進国として位置づけられるようになっていった。

(1)　下線部①について，連合軍の占領政策の説明として正しいものを，次のア～エから1つ選び，記号で答えよ。　　　　　　　　　　　　　　　　　　　　　　　　　　　　〔　　　〕

ア 日本の産業や経済を独占してきた三井・三菱・住友・安田などの財閥が解体させられた。

イ 政党の自由な政治活動と，20歳以上の男子のみに普通選挙が認められた。

ウ 民主化を進めるために，治安維持法を制定して言論の自由を認めた。

エ 日本の学者らによってつくられた憲法草案が，そのまま日本国憲法として公布された。

(2) 下線部②について，サンフランシスコ平和条約の説明として誤っているものを，次のア～エから1つ選び，記号で答えよ。 〔　　　〕

ア 日本は朝鮮の独立を認め，台湾・千島列島などの権利を放棄した。

イ アメリカを中心とする48か国と日本との間で結ばれた。

ウ 中国とソ連は講和会議には出席したが，平和条約への調印を拒否した。

エ すべての国と講和が必要であるという全面講和を求める声もあった。

(3) 下線部③について，この頃「三種の神器」と呼ばれた電化製品の組み合わせとして正しいものを，次のア～エから1つ選び，記号で答えよ。 〔　　　〕

ア 電気掃除機，クーラー，テレビ 　　　イ 電気洗濯機，電気冷蔵庫，テレビ

ウ コンピュータ，携帯電話，デジタルカメラ 　　　エ 電話，テレビ，炊飯器

---

130 〈第二次世界大戦後の日本〉 （群馬・前橋育英高改）

次のA～Cは，20世紀の日本における重要な史料を一部抜粋し要約したものである。これを読んで，あとの問いに答えなさい。

A ・日本国と連合国との戦争状態は，この条約が効力を生ずる日に終了する。

・連合国は，日本国民の完全な主権を承認する。

・南西諸島や南方諸島などについては，アメリカが信託統治する。

B ・日本国民をだまし，世界征服に乗り出させた者の権力と勢力は，永久に取り除かれる。

・日本国の主権は，本州・北海道・九州・四国と，その他の諸小島に限られる。

・いっさいの戦争犯罪人には，厳重な処罰を加える。

C ・日本国と（　Y　）との戦争状態は，この宣言が効力を生ずる日に終了する。

・日本国と（　Y　）との間に外交関係が回復される。

・（　Y　）は，歯舞群島と色丹島を平和条約の締結後に，日本国に引き渡すことに同意する。

(1) Aは，7年ぶりに日本が独立を回復した条約である。次の問いに答えよ。

① この条約に調印したときの日本の首相はだれか。答えよ。 〔　　　　　　〕

② この条約でアメリカが管理することが決められて，1972年に返還された場所を都道府県名で答えよ。 〔　　　　　　〕

(2) Bは，日本に無条件降伏を求めた宣言である。文中にある「戦争犯罪人」が裁かれた裁判を何というか。答えよ。 〔　　　　　　〕

(3) Cは，Aの条約調印を拒否した（　Y　）と日本との国交を回復した宣言である。次の問いに答えよ。

① （　Y　）にあてはまる国名を答えよ。 〔　　　　　　〕

② この宣言の後，1956年12月に日本が加盟を認められた組織は何か。漢字4字で答えよ。 〔　　　　　　〕

(4) A～Cの史料を時代順に並べ替え，記号で答えよ。 〔　　　〕→〔　　　〕→〔　　　〕

131 〈公害問題〉　　　　　　　　　　　　　　　　　　　　　　　　　　　　（福岡・西南女学院高）

次の文章を読んで，あとの問いに答えなさい。

　第二次世界大戦後，日本は短期間に経済大国に成長したが，一方で河川や大気が汚染され，①四大公害病などの公害問題が起こった。政府は1967年に（　②　）法を制定して公害防止に努め，1993年には環境基本法がつくられるなど，環境問題解決への道を模索している。

(1)　下線部①について，次の文は四大公害病のうちどれにあてはまるか。正しいものを，あとのア～エから１つ選び，記号で答えよ。　　　　　　　　　　　　　　　　　　〔　　　　　〕

> 　神通川流域で発生したカドミウムによる水質汚濁を原因とし，コメなどを通じて人々の骨に対して被害を与えた。

　ア　水俣病　　　　イ　第二水俣病　　　　ウ　四日市ぜんそく　　　　エ　イタイイタイ病

(2)　（　②　）にあてはまる語句を答えよ。　　　　　　　　　　　　　　　　〔　　　　　〕

132 〈石油危機〉　　　　　　　　　　　　　　　　　　　　　　　　　　　　（栃木・佐野日本大高）

次の文章を読んで，あとの問いに答えなさい。

　□□□年に最初の石油危機が起こると，日本経済は低成長の時代に入り，エネルギーを大量に消費する産業から，省資源，省エネルギー型の産業へと転換し，世界でもいち早く不況から脱することができた。

(1)　□□□にあてはまる年を，次のア～オから１つ選び，記号で答えよ。　　　　〔　　　　　〕

　ア　1964　　　イ　1967　　　ウ　1970　　　エ　1973　　　オ　1976

(2)　下線部について，誤っているものを，次のア～オから１つ選び，記号で答えよ。　〔　　　　　〕

　ア　中東産油国の原油価格が約４倍に引き上げられた。

　イ　イラン革命にともなう混乱が原因で起こった。

　ウ　アメリカ合衆国やヨーロッパ諸国も深刻な経済的打撃をこうむった。

　エ　企業はエネルギー源の転換やエネルギー消費量の節約に努力した。

　オ　トイレットペーパーなどの買い占めさわぎが起こった。

133 〈第二次世界大戦後の世界①〉　　　　　　　　　　　　　　　　　　　　（山梨学院大附高）

第二次世界大戦後の世界に関して述べた次のⅠ～Ⅲの文章を読んで，あとの問いに答えなさい。

Ⅰ　戦後，アメリカを中心とする西側陣営と，ソ連を中心とする東側陣営とが厳しく対立し，1949年に西側陣営は軍事同盟の□①□を結成した。また，この年東アジアでは内戦の末に②中華人民共和国が成立し，翌年ソ連と同盟が結ばれた。

Ⅱ　アフリカの独立運動は□③□年に急展開をとげ，17もの独立国が誕生した。この年を「アフリカの年」と呼んでいる。

Ⅲ　南北に分断され別々の国家が成立していた□④□で，北部側は南北の統一をめざした。アメリカはこれを侵略とみなして軍事介入を強め，1965年には北部への猛爆撃（＝「北爆」）を開始した。しかしアメリカの国内外で激しい反対運動が起こり，また重い経済的負担と□④□国民の頑強（がんきょう）な抵抗から，1973年に軍隊を引きあげた。

(1)　□①□にあてはまる組織名をアルファベット４字で答えよ。　　　　　　　〔　　　　　〕

(2)　下線部②の主席になった人物の名を答えよ。　　　　　　　　　　　　　　〔　　　　　〕

(3)　[　③　]にあてはまる年を答えよ。　　　　　　　　　　　　〔　　　　　　　　　　　〕

(4)　[　④　]にあてはまる国名を答えよ。　　　　　　　　　　　〔　　　　　　　　　　　〕

134 〈第二次世界大戦後の世界②〉　　　　　　　　　　　　　　　　　　　　　（奈良・帝塚山高）

次の文章を読み，あとの問いに答えなさい。

> 1945年に第二次世界大戦が終わり，その後の世界の平和を実現していくために，国際連合が組織された。最初は（　①　）か国であった加盟国数は，2020年現在，193か国となっており，アメリカの（　②　）に本部が置かれている。国連は，世界の安全と秩序を維持するために，侵略など平和をおびやかす行動をとった国に対して，安全保障理事会の決定により経済的・軍事的な制裁を加えることができる。また，紛争後にはその地域の平和と安定の維持のために，<u>PKO</u>を行っている。しかし，地域紛争やテロリズムなどが各地で発生している。

(1)　（　①　），（　②　）にあてはまる数字・都市名を答えよ。

　　　　　　　　　　　　　　　　　　①〔　　　　　　　　　　〕　②〔　　　　　　　　　　〕

(2)　下線部について述べた文として正しいものを，次のア～ウから1つ選び，記号で答えよ。

　　　　　　　　　　　　　　　　　　　　　　　　　　　　　　　　　　　〔　　　　　〕

　ア　紛争後の発展途上国に向けて，先進国が技術の協力や資金の援助を行う活動である。

　イ　民間組織が，国境や国籍の違いをこえて，紛争地域の医療支援や農業指導などを行う活動である。

　ウ　日本では1992年に国際平和協力法（PKO協力法）が制定され，カンボジアに自衛隊員と文民警察官が初めて派遣された。

新傾向 **135** 〈現代の世界と日本〉　　　　　　　　　　　　　　　　　　　　　　　　（大分県）

次のメモは，1956年から1976年までの間の日本の様子を記したものである。メモを参考にして，この間の日本の経済成長率を示したグラフとして最も適当なものを，あとのア～エから1つ選び，記号で答えなさい。　　　　　　　　　　　　　　　　　　　　　　　　　　　　　　〔　　　　　〕

メモ

> ○高度経済成長によって，国民の所得が増えた。
> ○東京で，アジア初のオリンピック・パラリンピックが開催された。
> ○第四次中東戦争の影響により，石油価格が大幅に上昇した。

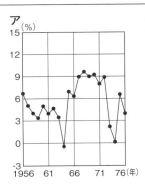
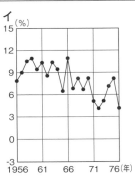
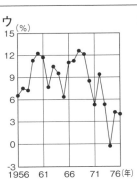
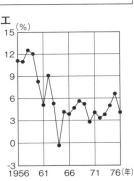

136 〈現代の日本〉 （佐賀・東明館高）

次の文章を読んで，あとの問いに答えなさい。

　第二次世界大戦後，GHQの占領のもと，民主化が進められる中，多くの政党が誕生した。その後，1951年のサンフランシスコ平和条約の締結の賛否をめぐって左右両派に分裂していた社会党は日本国憲法改憲を阻止するために，1955年に再統一を果たした。これに対し，保守政党の日本民主党と自由党が保守合同し，自由民主党が結成された。これにより改憲か護憲か，①資本主義陣営か社会主義陣営かというイデオロギーの対立軸が存在する体制が生まれた。以後約40年にわたるこのような体制を　②　という。この間，国交が断絶していた国々との交渉が行われていった。例えば，鳩山一郎内閣は，1956年に，日ソ共同宣言を調印し，ソ連との国交を回復した。また，1965年の③日韓基本条約の締結により，佐藤栄作内閣は韓国との国交を正常化した。さらに，1972年の　④　内閣では日中共同声明を調印し，1978年の福田赳夫内閣では，中国と　⑤　条約を締結した。

　このような状況が続く中，自民党は一貫して政権与党の立場であったが，多くの利権と結びつくことにもなった。例えば，⑥リクルート事件，佐川急便事件やゼネコン汚職事件と多くの政治疑惑が発生し，国民の政治不信が増大した。その後政治改革の高まりを受け，1994年に　⑦　内閣は政治改革関連四法を成立させた。だが，非自民連立内閣は次の羽田孜内閣と合わせて約11か月で崩壊し，自民党は社会党の村山富市を首相にし，新党さきがけとも連立することで政権復帰した。

(1)　下線部①について，冷戦時代の東西関係について誤っているものを，次のア～エから１つ選び，記号で答えよ。　　　　　　　　　　　　　　　　　　　　　　　　〔　　　〕

　ア　キューバ危機により核戦争一歩手前の状況を経験した米ソ両国は，関係改善につとめた。

　イ　1950年に朝鮮戦争が始まると，日本国内の治安維持のためGHQの指令で警察予備隊が設置された。

　ウ　アメリカのニクソン大統領は1972年に中華人民共和国を訪問し，毛沢東と会談し米中関係が改善された。

　エ　1989年に地中海のマルタ島でソ連のゴルバチョフ書記長とアメリカのレーガン大統領が会談し，冷戦が終結した。

(2)　　②　にあてはまる語句を答えよ。　　　　　　　　　　　　　　　〔　　　　　　　　〕

(3)　下線部③について，条約締結後も解決できず，日韓両国が領有権を主張している島名を答えよ。

　　　　　　　　　　　　　　　　　　　　　　　　　　　　　　　　　〔　　　　　　　　〕

(4)　　④　にあてはまる人名を答えよ。　　　　　　　　　　　　　　　〔　　　　　　　　〕

(5)　　⑤　にあてはまる語句を答えよ。　　　　　　　　　　　　　　　〔　　　　　　　　〕

(6)　下線部⑥について，この事件をきっかけに総辞職した竹下登内閣の政策を，次のア～エから１つ選び，記号で答えよ。　　　　　　　　　　　　　　　　　　　　　　〔　　　〕

　ア　国鉄民営化　　　イ　消費税の導入

　ウ　郵政民営化　　　エ　PKO協力法の成立

(7)　　⑦　にあてはまる人名を，次のア～エから１つ選び，記号で答えよ。　〔　　　〕

　ア　海部俊樹　　　イ　細川護熙

　ウ　宮澤喜一　　　エ　橋本龍太郎

14 政治・外交，社会・経済，文化の問題 ▶解答→別冊 p.27

頻出 137 〈政治史〉

（奈良・帝塚山高）

次の文章を読んで，あとの問いに答えなさい。

日本の歴史の中では，その時代に応じてさまざまな支配制度や政治の仕組みが整えられてきた。

5世紀頃，①大和政権は氏姓制度と呼ばれる支配の仕組みを整え，各地の豪族を県主（あがたぬし）や国造（くにのみやつこ）という地位に任じ，その地域の支配をまかせた。

②6世紀末に推古天皇の（　1　）となった聖徳太子は中国に学んで天皇中心の国家をつくろうとした。

701年の大宝律令によって中央には2官8省を置くなどの律令国家の体制を整えた。しかし，8世紀中頃には早くも律令政治にほころびが見られるようになった。そこで平安時代に入ると桓武天皇は，国司に対する監督を厳しくしたり，班田収授を12年ごとに改めたり律令政治の立て直しをはかった。

鎌倉幕府を開いた源頼朝は，自分の家来となった武士である御家人を統率するための侍所や一般の政治を行う政所，訴訟をあつかう（　2　）を置いて武士による支配の仕組みを打ち立てた。室町時代になると，将軍の補佐役として（　3　）が置かれ，細川・斯波・畠山の3氏が交替でついた。戦国大名は家臣団を組織して軍事力を強化したり，産業や交通の発達につとめた。また，家臣の取り締まりや農民支配のため，（　4　）と呼ばれる法律をつくるなどして領国支配を強めた。

全国統一をすすめた織田信長は安土の城下町で市場の税を免除し，座の特権を廃止するなどして商工業を発展させた。全国統一をなしとげた豊臣秀吉は③武士と農民の身分の区別をはっきりさせ，身分ごとに職業や住む場所を固定する政策を行った。

④江戸時代になると将軍の下に複数の老中が置かれ，彼らが中心となって幕府の政治を進めた。また全国の大名を監視するために老中の下に（　5　）が置かれた。その他に大名を取り締まるために（　6　）という法律をつくり，法律にそむいた大名に対しては厳しい罰を与えた。また，3代将軍徳川家光の時には参勤交代の制度を整え，全国の大名を1年交代で領国と江戸に住まわせた。

⑤明治政府ははじめ太政官制をとっていたが，1885年にこの制度を廃止して内閣制度にかえた。そして初代内閣総理大臣には（　7　）がついた。ついで1889年には⑥大日本帝国憲法を発布し，天皇を中心とする国家のあり方を整えた。

⑦大正時代になると衆議院で多数を占めた政党の総裁が首相になるという政党内閣制が定着した。しかし，五・一五事件で（　8　）首相が暗殺されると，政党政治は終わりをつげ，⑧軍部が政治に大きな力を持つようになった。

1945年8月に日本が無条件降伏すると，連合国軍による間接統治が行われ，憲法の改正などさまざまな⑨民主化がはかられた。

(1)　（　1　）～（　8　）にあてはまる人名や語句を，漢字で答えよ。

　1〔　　　　　〕2〔　　　　　　　〕3〔　　　　　　　　〕4〔　　　　　　　〕

　5〔　　　　　〕6〔　　　　　　　〕7〔　　　　　　　　〕8〔　　　　　　　〕

(2)　下線部①の政権について述べた文として誤っているものを，次のア～エから1つ選び，記号で答えよ。〔　　　　　〕

　ア　中国の南朝の魏に使いを送り，朝鮮半島での立場を有利にしようとした。

　イ　朝鮮半島などから渡ってきた渡来人に，彼らの知識や技術を用いて仕事をさせた。

　　ウ　九州で起こった磐井の反乱を物部氏に鎮圧させた。

　　エ　大王と呼ばれた王の中には巨大な前方後円墳をきずくものもいた。

(3)　下線部②について，6世紀のできごとを，次のア～エから1つ選び，記号で答えよ。　〔　　　〕

　　ア　隋にかわって唐が中国を統一し，律令制度を整えた。

　　イ　百済の王から経典や仏像がおくられ，仏教が日本に伝わった。

　　ウ　中大兄皇子は中臣鎌足らとともに蘇我氏を倒し，新しい政治の仕組みをつくる改革を始めた。

　　エ　天智天皇の死後，壬申の乱に勝って即位した天武天皇は，天皇の地位を高めた。

(4)　下線部③のような政策を何というか。漢字4字で答えよ。　　　　　　　　　〔　　　　　　　〕

(5)　下線部④の時代の政治について述べた文として正しいものを，次のア～エから1つ選び，記号で
　答えよ。　　　　　　　　　　　　　　　　　　　　　　　　　　　　　　　　〔　　　〕

　　ア　新井白石は上米の制を定め，大名に石高に応じて米を幕府に献上させた。

　　イ　徳川吉宗は目安箱を設けて，諸大名の意見を聞いて政治を行った。

　　ウ　松平定信は陽明学だけを幕府の正学とする寛政異学の禁を行った。

　　エ　水野忠邦は物価の高騰をおさえるために株仲間の解散を行ったが，効果はあがらなかった。

(6)　下線部⑤の政府の政策について述べた文として誤っているものを，次のア～エから1つ選び，記
　号で答えよ。　　　　　　　　　　　　　　　　　　　　　　　　　　　　　　〔　　　〕

　　ア　官営模範工場の1つとして栃木県に富岡製糸場を建設し，イギリスの新しい技術を取り入れた。

　　イ　前島密の努力によって，それまでの飛脚にかわって，近代的な郵便制度を取り入れた。

　　ウ　地租改正を行い，土地所有者に地券を渡し，地価の3％を現金で納めさせた。

　　エ　徴兵令を出して，満20歳に達した男子に兵役の義務を課した。

(7)　下線部⑥の憲法について述べた文として誤っているものを，次のア～エから1つ選び，記号で答
　えよ。　　　　　　　　　　　　　　　　　　　　　　　　　　　　　　　　　〔　　　〕

　　ア　天皇が定めた欽定憲法の形式をとっていた。

　　イ　君主権の強いフランスの憲法を手本としていた。

　　ウ　天皇は統帥権を持ち，陸海軍を最終的に指揮することになっていた。

　　エ　臣民と呼ばれた国民の権利と自由は，法律の範囲内で認められることとなっていた。

(8)　下線部⑦の時代，米騒動で寺内内閣が総辞職した後「日本最初の本格的な政党内閣」を組織した人
　物を，漢字で答えよ。　　　　　　　　　　　　　　　　　　　　　　　　　　〔　　　　　　　〕

(9)　下線部⑧について，このころの軍部の動きについて述べた文として正しいものを，次のア～エか
　ら1つ選び，記号で答えよ。　　　　　　　　　　　　　　　　　　　　　　　〔　　　〕

　　ア　満州に置かれた関東軍は北京郊外で柳条湖事件を起こし，満州全域を占領した。

　　イ　日中戦争中に南京で一般民衆を多数殺害し，後に国際的な非難を受けた。

　　ウ　海軍の軍人たちが二・二六事件を起こし，軍事独裁の政権を打ち立てようとした。

　　エ　奉天郊外で中国軍と衝突した盧溝橋事件をきっかけに日中戦争に突入した。

(10)　下線部⑨の民主化について述べた文として誤っているものを，次のア～エから1つ選び，記号で
　答えよ。　　　　　　　　　　　　　　　　　　　　　　　　　　　　　　　　〔　　　〕

　　ア　五大改革指令が出され，選挙法が改正されて女性参政権が実現した。

　　イ　軍国主義を解体するために，治安維持法や特別高等警察を廃止した。

　　ウ　日本国憲法が公布され，第10条に戦争放棄が明記された。

　　エ　財閥を解体したり，大企業が大きな利益を独占しないように独占禁止法を出した。

頻出 138 〈日中関係史〉

（京都・立命館高）

日本と中国の関係を整理した右の年表を見て，次の問いに答えなさい。

(1)　A～Dのそれぞれの時期における中国の王朝の名称を答えよ。

A〔　　　　　　　〕　B〔　　　　　　　〕
C〔　　　　　　　〕　D〔　　　　　　　〕

(2)　下線部aについて，30ほどの小国の連合体で，卑弥呼が女王の地位にあった国の名称を答えよ。

〔　　　　　　　〕

(3)　下線部bについて，空海によって始められ，その後，高野山金剛峯寺などを中心にして広まった仏教の宗派を何というか。答えよ。

〔　　　　　　　〕

難 (4)　下線部cについて，攻撃してきた軍勢が敗退した理由を，その軍勢がどのような人々によって構成されていたのかという観点から，簡潔に説明せよ。

〔　　　　　　　　　　　　　　　　　　　　　　　　　　　　　　　　　　　〕

ア
a卑弥呼が使者を送る　　　　　　　…A
イ
聖徳太子(厩戸王)が使者を送る
ウ
最澄やb空海が留学僧として中国に渡る…B
エ
九州北部がc二度にわたって攻撃される
オ
足利義満が使者を送り，d貿易を行う …C
カ
長崎の唐人屋敷で貿易が行われる　　…D
キ
e日本との戦争に敗れ，多額の賠償金を負う

(5)　下線部dについて，この貿易における室町幕府の将軍と中国の関係はどのようなものであったか。また，室町幕府の将軍がそのような関係を受け入れた理由は何か。それぞれ簡潔に説明せよ。

関係〔　　　　　　　　　　　　　　　　　　　　　　　　　　　　　　　　　　〕

理由〔　　　　　　　　　　　　　　　　　　　　　　　　　　　　　　　　　　〕

(6)　次の①～⑤の文で説明したできごとが起きた時期として正しいものを，年表のア～キから1つずつ選び，記号で答えよ。

①　豊臣秀吉が朝鮮に出兵し，朝鮮を助けようとした中国の軍勢と戦った。〔　　〕

②　鑑真が，日本からの求めに応じて，苦難を乗り越えて来日した。〔　　〕

③　アヘン戦争において，中国がイギリスに大敗し，日本にも衝撃を与えた。〔　　〕

④　奴国の王が中国の皇帝から金印を授けられた。〔　　〕

⑤　平清盛が，大輪田泊を港として整備し，中国との貿易を行った。〔　　〕

139 〈外交史〉

（大阪教育大附高池田）

右の図を見て，次の問いに答えなさい。

A　図Ⅰの①～③は1870年代に結ばれた条約である。

(1)　①は1875年に結ばれた条約である。この条約の名称を答えよ。

〔　　　　　　　〕

(2)　次の内容にあてはまる条約を，①～③から1つ選び，番号と条約名を答えよ。

〔条約の内容：開港や治外法権を含む不平等条約〕

〔　　　〕〔　　　　　　　〕

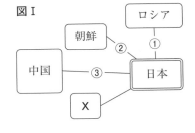
図Ⅰ

(3) このころ日本政府は，**X**を藩にして，中国との関係を持つことを禁止した。**X**の名称を答えよ。

〔　　　　　　　　　〕

B 図Ⅱの④〜⑥は20世紀の初め（1900〜1920年頃）の，日本と外国との間の大きなできごとである。

図Ⅱ

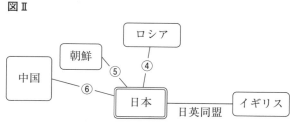

(4) ア〜ウの文にあてはまるものを，④〜⑥から1つずつ選び，番号とそれぞれのできごとの名称を答えよ。

ア 第一次世界大戦に参戦した日本が，支配地域を広げながらある国の政府に土地の利用や鉄道についての権利などを強く要求した。

〔　　　〕〔　　　　　　　〕

イ 日本政府はある国の外交権や内政権をとりあげてきたが，ついに軍隊の力を背景にして植民地にした。

〔　　　〕〔　　　　　　　〕

ウ 日本とある国との支配地域をめぐる争いである。日本は資金や物資が乏しくなったため，相手国は革命運動が起きたために，両国ともこの争いを続けるのが苦しくなった。

〔　　　〕〔　　　　　　　〕

---

140 〈社会・経済史〉

（北海道・函館ラ・サール高）

次の文章を読んで，あとの問いに答えなさい。

8世紀になり，律令が制定され，国家としての体制が整備されてくると，日本でも本格的な貨幣の鋳造が行われた。①8世紀から10世紀にかけての約200年間に，日本では12種類の貨幣が鋳造されたが，あまり流通せず，人々が②税として納めた米や布が貨幣の代わりに流通した。

11世紀になると，中国商人が日本に来航し，中国で使用されていた貨幣が日本にもたらされた。この貨幣が広く使用され，経済活動が活発になると，③各地に定期市が出現し，税を貨幣で納める地域も増えてきた。さらに，人々に資金を融資する金融業者も出現し，国内に貨幣経済が浸透していった。

15世紀になると，貨幣経済にまきこまれた民衆が各地で団結し，借金の帳消しを求めて立ち上がるようになった。そののち各地に成長してきた戦国大名は，こうした民衆の運動を抑える一方で，④自由な経済活動を奨励して富国強兵策を進めた。

17世紀になると，徳川幕府のもとで貨幣制度が整備され，貨幣経済の発展を支えた。江戸では主に金貨が，大阪では主に銀貨が流通し，⑤貨幣を交換する両替商があらわれた。こうした中から，現在まで大企業として続く家もあらわれた。

19世紀の半ば，ペリー来航により日本社会は大きな転換点を迎えた。外国との貿易により大量の金貨が海外に流出し，経済が大混乱した。この混乱の中で滅亡した江戸幕府にかわって，新しく明治政府が成立し，それまでの金貨も銀貨も流通する貨幣制度を一元化しようとした。実際に日本が金貨を中心とする制度に移行したのは，⑥戦争に勝利して賠償金を獲得してからであった。

しかし，金貨を中心とした制度も長くは続かなかった。⑦世界恐慌の影響や国内経済の混乱もあって，最終的に管理通貨制度に移行した。この制度は現在まで続いており，実施にあたっては日本銀行が重要な役割を果たしている。

(1) 下線部①について，これらの貨幣が鋳造される以前，天武天皇の時代にすでに貨幣が鋳造されていた。その貨幣を答えよ。

〔　　　　　　　　〕

(2) 下線部②について, 布で納める税を, 次のア～エから1つ選び, 記号で答えよ。

　　ア　租　　イ　庸　　ウ　防人　　エ　年貢　　　　　　　　　〔　　　〕

(3) 下線部③について, 鎌倉時代には定期市と生産地を結ぶ輸送業者も出現した。各地の港や交通の
　　要地に出現した商品の保管や輸送を行った商人を, 次のア～エから1つ選び, 記号で答えよ。

　　ア　問(問丸)　　イ　飛脚　　ウ　問注所　　エ　酒屋　　　　　〔　　　〕

(4) 下線部④について, 各地の戦国大名は商工業者に自由な営業活動を認める政策を行った。この政
　　策を何というか。答えよ。　　　　　　　　　　　　　　　　　〔　　　　　　　〕

(5) 下線部⑤について, 江戸時代からの両替商で, 右
　　の絵にあらわされた呉服店も経営していた商家を,
　　次のア～エから1つ選び, 記号で答えよ。〔　　　〕

　　ア　三菱　　イ　住友　　ウ　鴻池　　エ　三井

(6) 下線部⑥について, この戦争を, 次のア～エから
　　1つ選び, 記号で答えよ。　　　　　　　〔　　　〕

　　ア　西南戦争　　　　イ　日清戦争
　　ウ　日露戦争　　　　エ　第一次世界大戦

(7) 下線部⑦について, このきっかけとなった1929年10月24日のできごとは何か。20字程度で答えよ。
　〔　　　　　　　　　　　　　　　　　　　　　　　　　　　　　　　　　〕

頻出 141 〈文化史〉　　　　　　　　　　　　　　　　　　　　　　　（京都・大谷高）

次の各文を読んで, あとの問いに答えなさい。

A　6世紀後半から7世紀中頃にかけて栄えた（　1　）文化は, 日本初の仏教文化で, 推古天皇と
　聖徳太子の時代に大きく花開いた。渡来人により朝鮮半島経由で導入される以外でも, 太子が派遣
　した（　2　）によって直接さまざまな文化が輸入され, 日本の地に根づいていった。

B　国家体制が整い, 貴族の権力が増大するにつれて, 非常に高度な文化がおこった。これを聖武天
　皇時代の年号から（　3　）文化と呼ぶ。この高度な文化は, 国をあげて大陸の文化を輸入したこ
　とに特徴がある。その影響は建築や彫刻, 絵画などあらゆる分野におよび, 大陸的で仏教色が濃く
　なっている。

C　10世紀から11世紀, 藤原氏の摂関政治全盛期を中心におこったa国風文化は, 以前のいずれの文
　化とも異なった面をもっている。文学の世界では, かな文字ができ, これを用いて人々の感情を書
　きあらわせるようになった。紫式部の『源氏物語』, 清少納言の『（　4　）』といった女流文学が
　あらわれて, はなやかな宮廷文化を彩った。一方, 宗教の世界では, 浄土信仰が大流行し, 阿弥陀
　仏の像や阿弥陀堂が盛んにつくられた。藤原頼通が建立した宇治の（　5　）と, その本尊である
　阿弥陀如来像は, その代表作である。

D　鎌倉文化はそれまで常に文化の担い手であった公家の手から, 初めて武士や民衆へと広がった画
　期的な文化であった。この時期の代表的な文学である『（　6　）』が琵琶法師によって語り伝えられ,
　文字の読めない民衆にも親しまれたのはその象徴ともいえる。鎌倉文化を語るうえで, 仏教の発展
　を忘れることはできない。b新仏教がおこり庶民生活の中にも仏教が入り込んできた。

E　北山文化は公家と武家の文化が融合して生まれた文化で, 南北朝時代の直後だけに, 新たな文化
　を求める思いがみなぎっていた。能が観阿弥・世阿弥親子によって完成されたのがこの時期である。

　東山文化では，以後の日本の住居建築に大きな影響を与えた（　7　）の完成や，絵画の世界では雪舟による日本的な水墨画が誕生し，後世の日本文化に大きな影響を与えた芸術が形成された。また，能の合間に演じられた（　8　）は，民衆に支持された芸術の１つとして，この時期に誕生し発展したものである。

F　豊臣秀吉らが活躍した時期の文化を桃山文化という。この文化は，ヨーロッパの影響も強く受けている。（　9　）貿易が盛んに行われ，パン・カステラ・カルタ・時計なども日本にもたらされた。また，宣教師の布教活動のためもあって，天文学や医学など新しい学問も伝えられた。

G　徳川綱吉の時代は，上方に京都・大阪，関東に江戸という三都が出現したことで経済が発展し，武士階級はもとより町人や庶民が文化の担い手となった。江戸では浮世絵の開祖（　10　）が登場し，題材のユニークさと手軽さによって絶大な人気を得た。19世紀になると，文化の中心は上方から江戸に移った。町人たちは町々につくられた寄席で落語を楽しみ，演劇も鑑賞した。浮世絵の世界では技術も進み，（　11　）が錦絵と呼ばれる多色刷りの美しい版画を始めた。

H　近代化を急ぐ明治政府は，_c鉄道や電信網を整備し，太陽暦や郵便制度の導入など，次々に西洋文明を日本に取り入れた。欧米の近代思想も紹介され，人間の平等をわかりやすく説明した福沢諭吉の『学問のすゝめ』や，中江兆民が紹介したフランス人（　12　）の思想は，青年たちに大きな影響を与え，やがて自由民権運動へつながっていった。

⑴　（　1　）～（　12　）にあてはまる人名・語句を，次のア～ノから１つずつ選び，記号で答えよ。

1〔　　〕　2〔　　〕　3〔　　〕　4〔　　〕　5〔　　〕　6〔　　〕
7〔　　〕　8〔　　〕　9〔　　〕　10〔　　〕　11〔　　〕　12〔　　〕

ア　南蛮　　　イ　勘合　　　ウ　狂言　　　エ　歌舞伎　　　オ　遣唐使　　　カ　遣隋使
キ　朱印船　　ク　書院造　　ケ　寝殿造　　コ　飛鳥　　　　サ　天平　　　　シ　化政
ス　方丈記　　セ　枕草子　　ソ　平家物語　タ　古今和歌集　　　チ　中尊寺金色堂
ツ　平等院鳳凰堂　　　テ　杉田玄白　　ト　鈴木春信　　ナ　俵屋宗達　　　ニ　菱川師宣
ヌ　アダム＝スミス　　ネ　モンテスキュー　　ノ　ルソー

⑵　下線部ａについて，この文化の内容として正しいものを，次のア～エから１つ選び，記号で答えよ。　　　　　　　　　　　　　　　　　　　　　　　　　　　　　　　　　　　　　〔　　〕

ア　南北朝時代の中国や，さらに遠くインドや西アジアなどの影響を受けた文化である。
イ　漢語や口語まじりの文章で書かれた軍記物が人々に親しまれ，素朴で力強い感じを与える文化である。
ウ　唐風の文化をふまえながらも，日本の風土や生活，日本人の感情にあった文化である。
エ　下剋上で成り上がった人たちの，権力や富を背景に成立した豪華な文化である。

⑶　下線部ｂについて，次の問いに答えよ。
①　法華経（ほけきょう）の題目を唱えれば，人も国家も救われると説いた人物を答えよ。〔　　　　　〕
②　宋に渡った栄西や道元によって伝えられた新しい仏教を，漢字２文字で答えよ。
　　〔　　　　　〕

⑷　下線部ｃについて，次の問いに答えよ。
①　1872年に新橋からどこまで鉄道が敷かれたか。答えよ。　　　　　　　　〔　　　　　〕
②　近代化をめざし，西洋文明が盛んに取り入れられ，伝統的な生活が変化し始めた。このような変化を何と呼んでいるか。漢字４文字で答えよ。　　　　　　　　　　　　　〔　　　　　〕

資料(年表・地図・図・史料)の問題 ▶解答→別冊 *p.29*

142 〈年表を用いた問題〉
(佐賀・東明館高)

次の年表を見て，あとの問いに答えなさい。

年代	できごと	中国王朝名	世界のできごと
	A		
864年	富士山の噴火	唐	843年　フランク王国が分裂
	B		
1108年	浅間山の噴火	a宋	1096年　第1回十字軍派遣
	C		
1471年	桜島の噴火	①	1492年　コロンブスがアメリカ大陸に到達する
	D		
1707年	富士山の噴火	清	
	E		1776年　bアメリカ独立宣言
1783年	浅間山の噴火		
	F		
1914年	桜島の噴火	中華民国	1914年　ヨーロッパで ② が始まる
	G		
1991年	雲仙普賢岳の噴火	中華人民共和国	1991年　 ③ 戦争が始まる
	H		

(1) A以前のできごとではないものを，次のア～エから1つ選び，記号で答えよ。　〔　　〕

　ア　平安京遷都　　　　イ　藤原京遷都　　　ウ　平城京遷都　　　エ　福原京遷都

(2) B期間中のできごとを，次のア～エから1つ選び，記号で答えよ。　　　　〔　　〕

　ア　遣唐使の廃止　　　　　　　イ　墾田永年私財法の成立

　ウ　保元・平治の乱が起こる　　エ　壇ノ浦で平氏が滅ぶ

(3) C期間中のできごとではないものを，次のア～エから1つ選び，記号で答えよ。　〔　　〕

　ア　承久の乱　　　イ　元寇　　　ウ　院政の開始　　　エ　南北朝の合一

(4) 下線部aについて，この国と関係が深いものを，次のア～エから1つ選び，記号で答えよ。

　ア　平清盛がこの国と貿易を行う　　　　　　　　　　　　　　　　　　〔　　〕

　イ　足利義満が勘合貿易を始める

　ウ　聖徳太子(厩戸皇子)が使者を送る

　エ　この国で阿倍仲麻呂が仕える

(5) 下線部bについて，アメリカ独立宣言が宣言された場所を，次のア～エから1つ選び，記号で答えよ。　　　　　　　　　　　　　　　　　　　　　　　　　　　　　〔　　〕

　ア　ワシントン　　　イ　ニューヨーク　　　ウ　フィラデルフィア　　　エ　ロサンゼルス

(6) 年表中の ① ～ ③ にあてはまる語を答えよ。

　　　　　　　　　　①〔　　　　　　〕②〔　　　　　　〕③〔　　　　　　〕

(7) 「大塩平八郎の乱」はどの期間中に起こったものか。年表中のA～Hから1つ選び，記号で答えよ。

〔　　　　〕

---

143 〈地図を用いた問題①〉

（福岡・西南学院高）

次のa・bに共通してゆかりのある場所を地図中のX～Zより選び，さらに，その場所で起こったできごとを説明したものを下のあ～うから選びなさい。そして，その正しい組み合わせを，あとのア～ケから1つ選び，記号で答えなさい。

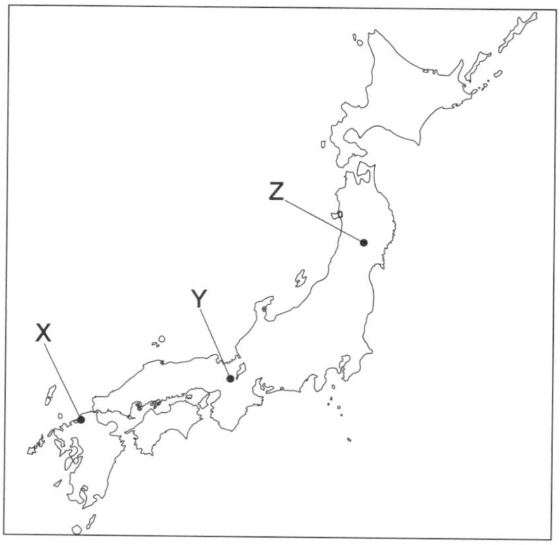

〔　　　　〕

  a 「初春の令月にして気淑く風和ぎ，梅は鏡前の粉を抜き，蘭は珮後の香を薫らす」

  b 「東風吹かば　匂ひおこせよ　梅の花　あるじなしとて　春を忘るな」

  あ 瀬戸内の海賊を率いて反乱を起こした藤原純友は，この地を襲撃した。

  い 朝廷の監視を強化するため，鎌倉幕府はこの地に六波羅探題を設置した。

  う 奥州藤原氏は，この地を拠点に100年にわたって繁栄した。

ア	イ	ウ	エ	オ	カ	キ	ク	ケ
X	X	X	Y	Y	Y	Z	Z	Z
あ	い	う	あ	い	う	あ	い	う

---

144 〈地図を用いた問題②〉

（京都・東山高）

右の図は江戸時代の街道を示したものである。これを見て，次の問いに答えなさい。

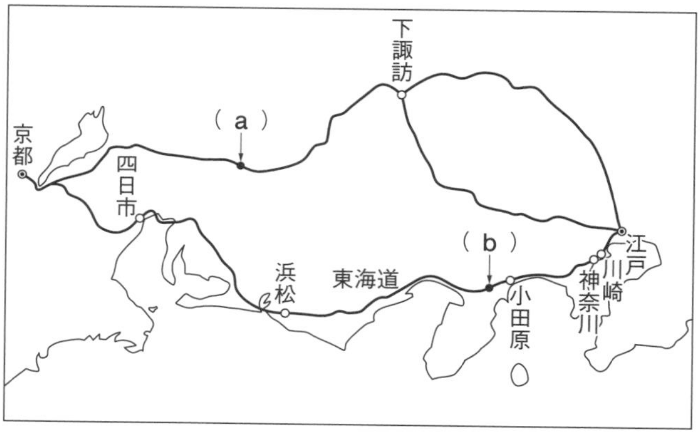

(1) 図中の（ a ）の街道名として正しいものを，次のア～エから1つ選び，記号で答えよ。〔　　　　〕

ア 奥州街道　　イ 日光街道
ウ 甲州街道　　エ 中山道

(2) 図中の（ b ）の関所名として正しいものを，次のア～エから1つ選び，記号で答えよ。〔　　　　〕

ア 福島　　　イ 新居（あらい）
ウ 碓氷（うすい）　エ 箱根

(3) 図中の（ b ）のような関所を設置した目的を簡単に説明せよ。

〔　　　　　　　　　　　　　　　　　　　　　　　　　　　　　〕

(4) 図中の東海道を江戸に向かった長崎（出島）の商館長とは，ヨーロッパの何という国の使節か。答えよ。

〔　　　　〕

頻出 **145** 〈図を用いた問題〉

次の図A～Iは歴史の授業で取り上げられる絵や写真である。それらの絵や写真を見て，あとの問いに答えなさい。

図A

図B

図C

図D

図E

図F

図G

図H

図I

(1) 図Aについて，この絵に描かれている武士が活躍した時代のできごととして正しいものを，次のア～エから1つ選び，記号で答えよ。　　〔　　　〕

　ア　この頃，大阪は蔵屋敷が建ち並ぶ商業の中心地となり，「天下の台所」と呼ばれた。

　イ　この頃，武士は将軍に従う御家人として，先祖から伝わる土地に住んでいた。

　ウ　この頃，都では，紫式部によって『源氏物語』が書かれた。

　エ　この頃，耕地が不足したこともあり，人々に開墾をすすめ，墾田永年私財法を制定した。

(2) 図Bの絵の説明として正しいものを，次のア～エから1つ選び，記号で答えよ。　　〔　　　〕

　ア　この絵は木版画の絵を何枚も重ねる技法を工夫した浮世絵で，菱川師宣が描いたものである。

　イ　この絵は墨一色で自然を描く水墨画で，雪舟が描いたものである。

　ウ　この絵は大胆なデザインの装飾画で，尾形光琳が描いたものである。

　エ　この絵は鮮やかで色彩が力強い屏風絵で，狩野永徳が描いたものである。

(3) 図Cの建物が建っている県で起こったできごととして正しいものを，次のア～エから1つ選び，記号で答えよ。　　〔　　　〕

　ア　唐の長安にならって都がつくられ，国際色豊かな文化である天平文化が花開いた。

　イ　源頼朝の命を受けた弟の義経は，平氏を滅ぼした。

　ウ　仁徳天皇の墓ともいわれる大仙古墳がつくられた。

　エ　桓武天皇によって都がつくられ，律令政治の立て直しがはかられた。

(4) 図Dについて，**誤りを含むもの**を，次のア～エから1つ選び，記号で答えよ。〔　　〕

　　ア　この建物は，京都の北山にあり，各層がそれぞれ別々の作り方となっている。

　　イ　この建物が建ったころ，南朝が衰えて南北朝が統一された。

　　ウ　この建物が建ったことを機に，年号が建武と改められた。

　　エ　この建物を建てた人物は，室町幕府3代将軍である。

(5) 図Eの城壁について述べた次の文を読み，文中の空欄（　①　）～（　③　）にあてはまる語句の組み合わせとして正しいものを，あとのア～カから1つ選び，記号で答えよ。〔　　〕

> 紀元前3世紀，（　①　）は初めて中国を統一した。（　①　）は北方の遊牧民族の侵入を防ぐため，この城壁を築いた。続いて中国を支配した（　②　）は，南は今のベトナム北部から，東は（　③　）郡を設置して朝鮮半島北部にまで領土を広げた。

　　ア　①漢　②秦　③楽浪　　　イ　①漢　②清　③楽浪　　　ウ　①秦　②漢　③楽浪

　　エ　①秦　②殷　③洛陽　　　オ　①秦　②漢　③洛陽　　　カ　①漢　②殷　③洛陽

(6) 図Fについて，この建物が建てられた頃に起こったできごととして**誤りを含むもの**を，次のア～エから1つ選び，記号で答えよ。〔　　〕

　　ア　摂関政治が，藤原道長，その子頼通のとき全盛期をむかえた。

　　イ　このころの貴族の住まいは寝殿造といって，すべて板の間で，間仕切りがほとんどなく，屏風などで仕切っていた。

　　ウ　死後は極楽浄土に生まれ変わることができる，という阿弥陀仏への信仰が貴族の間に広がった。

　　エ　朝廷は，仏教の力で国を守ろうとして，国ごとに国分寺を建てた。

(7) 図Gの建物について，関係のあることがらや人物について述べられているもので正しいものを，次のア～エから1つ選び，記号で答えよ。〔　　〕

　　ア　この建物には，禅宗の寺の建築様式が用いられている。禅宗のうち幕府が保護したものは曹洞宗である。

　　イ　この建物は，将軍足利尊氏が京都の東山につくった山荘である。

　　ウ　この建物の一層は，たたみをしき，床の間を設けた書院造という様式をとっている。

　　エ　この建物ができた頃，堺の千利休は小さな茶室で向き合うわび茶を完成させた。

(8) 図Hの建物について，関係のあることがらや人物について述べられているもので正しいものを，次のア～エから1つ選び，記号で答えよ。〔　　〕

　　ア　この建物は，源頼朝が鎌倉に建てた鶴岡八幡宮の一部である。

　　イ　この建物は，平清盛が日宋貿易の航路にあたる瀬戸内海の要所に建てたものである。

　　ウ　この建物は，奥州藤原氏が建てた中尊寺金色堂の一部である。

　　エ　この建物は，北条時宗が禅宗の僧侶を招いて建てたものである。

(9) 図Iの絵に描かれているできごとよりもあとに起こったできごとを，次のア～エから1つ選び，記号で答えよ。〔　　〕

　　ア　浄土信仰（一向宗）が盛んだったが，加賀国では信者たちが一向一揆を起こした。

　　イ　京都で院政を行っていた後鳥羽上皇は，北条氏と対立し，承久の乱を起こした。

　　ウ　執権北条泰時は，裁判を公平に行う基準を制定した。

　　エ　関東では平将門の乱が，また，瀬戸内では藤原純友の乱が起きた。

頻出 **146** 〈史料を用いた問題〉

（大阪・プール学院高）

次の史料Ａ，Ｂを読んで，あとの問いに答えなさい。

Ａ

その一として，aむかし天皇が設置した皇室の私有民や朝廷の直轄地および，臣（おみ）・連（むらじ）・伴造（とものみやつこ）・国造（くにのみやつこ）ら豪族のもっていた私有民や私有地を廃止する。

その三として，初めて戸籍・計帳を作り，【　ｘ　】を定める。

その四として，b今までの税制を廃止して，田に課税する調を徴収する。

(注)計帳＝調・庸を徴収するための台帳　　　　　『日本書紀』より抜粋（ばっすい）

Ｂ

第3条　c将軍頼朝のときに定められたことは，大番催促（おおばんさいそく）・謀反人（むほん）・殺害人を取り締まること。

第5条　d諸国の地頭が年貢などの税を自分のものにしてしまうとの荘園領主の訴えがあったら，すぐに調べよ。その結果本当ならば，すぐに弁償させよ。

第6条　国司・荘園の領主の処分に，幕府は口を出さないこと。

(1)　史料Ａ中の【　ｘ　】は，戸籍に基づいて人民に土地を支給する制度である。この制度の名称を答えよ。　　　　　〔　　　　　　　〕

(2)　史料Ａの文書が発せられる前年，蘇我蝦夷（そがのえみし）・入鹿（いるか）父子が中大兄皇子らによって滅ぼされ，一連の改革が始まったが，これらの改革を何と呼ぶか。答えよ。　　〔　　　　　　　〕

(3)　史料Ａ中の下線部ａについて，私有民や私有地を廃止したこの制度を何というか。漢字4文字で答えよ。　　　　　〔　　　　　　　〕

(4)　史料Ａ中の下線部ｂについて，この考え方に基づき，実際に新しい税制が実施されたのは大宝律令が制定されて以後のことである。この税制について述べた文として最も適当なものを，次のア～エから1つ選び，記号で答えよ。　　　　　〔　　　　　　　〕

　ア　農民たちは支給された口分田に応じて，一定の量の稲を租として納めた。

　イ　調は地方の産物を納めるもので，すべての男女に課せられた。

　ウ　調や庸は国司の役所に納める税であり，それらを運ぶのは農民の仕事であった。

　エ　農民は租調庸のほか兵役の義務を負い，防人として都を守った。

(5)　史料Ｂは日本最初の武家の法律とされたものからの抜粋である。その法律名を答えよ。

　　　　　　　　　　〔　　　　　　　〕

(6)　史料Ｂ中の下線部ｃについて，次の問いに答えよ。

　①　頼朝と主従関係を結んで従った武士たちを何というか。答えよ。　〔　　　　　　　〕

　②　①の武士たちは領地の支配権を認めてもらう代わりに，いざという時には将軍の命令で戦ったり，命じられた役を勤めた。このように土地を仲立ちとして主従関係を結ぶしくみを何というか。答えよ。　　　　　〔　　　　　　　〕

(7)　史料Ｂ中の下線部ｄについて，地頭が西国の公領や荘園にも配置されるきっかけとなった事件は何か。答えよ。　　　　　〔　　　　　　　〕

147 〈風刺画を用いた問題〉
（京都・立命館宇治高）

以下の生徒Ａ，Ｂの会話を読んで，あとの問いに答えなさい。

Ａ：ビゴーは，ₐ1860年，パリに生まれた画家で，1882年，21歳のときに来日した人なんだ。

Ｂ：「Ⅰ」の風刺画は舞踏会で西洋の真似をする日本人のようすを描いたものだよね。舞踏会が鹿鳴
　　館などで盛んに開かれたように，欧化政策が行われたのはなぜだったのかな。

Ａ：ᵦ不平等条約改正のためだよ。このころ日本人の乗客だけが全員水死した（　①　）事件があり，
　　イギリス人船長が軽い罪で済んだこともあって，不平等条約の改正を求める世論が高まったんだ。
　　「Ⅱ」はこの事件を風刺したものなんだ。

Ｂ：꜀不平等条約の改正は，日清戦争前に一部成功したよね。

Ａ：ビゴーはこの戦争で通信員として従軍し，多数の絵を残しているよ。勝利後には，「Ⅲ」の風刺
　　画を発表している。「赤ん坊（朝鮮）の養育はどちらがやるか！」というキャプションがついていて，
　　ロシアと日本が互いに赤ん坊を奪いとろうと引っ張り合っている絵だね。ₔ日清戦争における日
　　本の勝利によって，朝鮮をめぐる争いは日本とₑロシアに絞られたことを端的に表しているね。

Ⅰ 　Ⅱ 　Ⅲ

(1)　空欄（　①　）に入る語句を答えよ。　〔　　　　　〕

(2)　下線部ａに関連して，1860〜1869年の間の日本で起こったできごとを説明した文を，次のア〜エ
　　から１つ選び，記号で答えよ。　〔　　　〕
　　ア　ラクスマンが根室に来航した。　　　　イ　ペリーが浦賀に来航した。
　　ウ　大塩平八郎が大坂で乱を起こした。　　エ　徳川慶喜が朝廷に政権を返上した。

(3)　下線部ｂに関連して，不平等条約とは，江戸時代に諸外国と結んだ「修好通商条約」を指してい
　　る。その「修好通商条約」を結んだ国として誤っているものを，次のア〜エから１つ選び，記号で
　　答えよ。　〔　　　〕
　　ア　アメリカ　　　イ　フランス　　　ウ　ロシア　　　エ　中国

(4)　下線部ｃを達成した当時の外相の名前を，次のア〜エから１つ選び，記号で答えよ。　〔　　　〕
　　ア　岩倉具視　　　イ　陸奥宗光　　　ウ　重光葵　　　エ　幣原喜重郎

(5)　下線部ｄに関連して，日清戦争後に，日本と清の間で締結された講和条約の名称を答えよ。
　　　　　　　　　　　　　　　　　　　　　　　　　　　　　　　　　　　〔　　　　　〕

(6)　下線部ｅに関連して，19世紀から20世紀のロシアを説明した文として正しいものを，次のア〜エ
　　から１つ選び，記号で答えよ。　〔　　　〕
　　ア　日清戦争後，ロシアはイギリスとドイツとともに遼東半島の中国への返還を日本に要求した。
　　イ　19世紀末ごろになると，ロシアはシベリア鉄道の建設を進め，東アジアへの進出をはかった。
　　ウ　1870年代に，ロシアは樺太を日本に譲り，千島列島を領有した。
　　エ　日露戦争中に血の日曜日事件が発生し，ロシアは社会主義政権になった。

148 〈綿織物をテーマとする歴史総合〉

（京都・東山高）

次の「綿織物の歴史」に関する文章を読んで，あとの問いに答えなさい。

　綿織物は「衣類の王様」といわれ，価格が安く，耐久性・保温性・吸汗性に優れ，特に肌着・下着に最も適した織物です。綿花から糸を紡いだものが綿糸，この工程を紡績，綿糸を織って布にしたのが綿織物といいます。このような技術は紀元前2500年頃のインダス文明がその起源といわれ，　A　遺跡から綿布片が発見されています。紀元前にはエジプトへ，紀元後まもなくローマに伝播しました。8世紀以降のイスラム帝国の拡大によって綿織物は急速に普及し，原料である綿花の栽培はイベリア半島を経由して，12世紀にはフランス，14世紀にはドイツ，15世紀にはイギリスにもたらされました。

　イギリスの綿織物産業は16世紀から17世紀にかけてマンチェスターを中心に発展し，インド・北アメリカからの安い綿花の輸入と，ワットの蒸気機関を中心とする機械化によって大量生産が可能になりました。その後，イギリスは製鉄・機械・造船・武器などの産業も発達し，19世紀には「世界の工場」と呼ばれ，このような技術の向上によってイギリスの産業と社会のしくみも大きく変わりました。これを産業革命といい，そこから誕生した社会を①資本主義社会といいます。

　インド原産の綿花の栽培と，綿糸・綿織物の技術がベトナムを経由して中国に伝えられたのは宋代で，明代にはほぼ中国全土に普及しました。

　日本では，室町時代に近畿地方を中心に木綿の栽培と綿紡績・綿織物が始まり，江戸時代では，②三河木綿や河内木綿が有名でした。しかし，③幕末の日米修好通商条約以降の貿易では外国の安くて丈夫な綿織物にたちうちできませんでした。

　明治時代になり，産業革命は紡績業から始まり，1882年わが国最大の機械制紡績工場である④大阪紡績会社が開業し，その成功に刺激されて大規模な紡績会社が出現しました。日清戦争後は朝鮮・中国市場を獲得し，1897年には，現在のトヨタ自動車につながる豊田佐吉が自動織機を発明して織物業を飛躍的に発展させました。しかし，この紡績業を支えていたのは労働者たちの低賃金・長時間労働で，労働者たちは労働組合を結成し，労働条件の改善をめざして各地で労働争議を起こしました。それにともない，⑤社会主義運動も活発化し，政府は⑥1911年に，12歳未満の就業禁止，労働時間の制限などを定めた　B　を制定しました。

　大正時代に入ると，第一次世界大戦(1914～18年)の大戦景気によって資本を増やした紡績業は，中国に対する海外投資を活発に行い，⑦中国各地に紡績工場を建設しました。しかし，日本の中国への経済的進出は，中国人の反日感情を高め，1919年の（　ア　）運動に発展しました。1920年代になると，大戦景気の反動で戦後恐慌におそわれ，1923年の⑧関東大震災がそれに追い打ちをかけました。

　昭和時代に入ると，1927年に取り付けさわぎが起こり，多くの銀行が休業・倒産する金融恐慌に見舞われました。さらに，生糸の最大の輸出先であるアメリカで1929年に始まる⑨世界恐慌によって，日本経済も多くの打撃を受け，深刻な不況におそわれました。日本は生糸輸出の打撃を綿製品の輸出で補うべく，インドや東南アジアなどの欧米植民地に，輸出増をはかりますが，インドを植民地にしていたイギリスは，日本の綿製品に高い関税をかけて，日本の輸出に対して（　イ　）経済化で対抗しました。インド市場から締め出された日本は，再び満州・中国市場に乗り出した結果，満州に権益を新たに確保しようとしていたアメリカと経済対立を起こすことになり，1931年の（　ウ　）事件から始

まる満州事変の一つの要因になります。このように，大正時代以降は特に経済的背景が歴史を動かす大きな力になっています。

(1) 空欄　 A 　にあてはまる語句として正しいものを，次のア～エから1つ選び，記号で答えよ。

〔　　　〕

　　ア　メンフィス　　　イ　バビロン　　　ウ　モヘンジョ・ダロ　　　エ　エルサレム

(2) 空欄　 B 　にあてはまる語句として正しいものを，次のア～エから1つ選び，記号で答えよ。

〔　　　〕

　　ア　保安条例　　　イ　工場法　　　ウ　国民徴用令　　　エ　労働基準法

(3) 空欄（　ア　）～（　ウ　）にあてはまる語句を答えよ。

　　　　　　　　　　　　　　ア〔　　　　　　　〕イ〔　　　　　　　〕ウ〔　　　　　　　〕

(4) 下線部①について，各問いに答えよ。

　① 資本主義社会の特徴として誤っているものを，次のア～エから1つ選び，記号で答えよ。

〔　　　〕

　　　ア　私有財産制　　　イ　利潤追求　　　ウ　自由競争　　　エ　計画経済

　② 資本主義社会の労働問題や社会問題を批判して芽生えたのが社会主義である。1867年『資本論』を著して科学的社会主義の祖といわれる人物は誰か，答えよ。〔　　　　　〕

(5) 下線部②について，19世紀に木綿を作るためにあらわれた近代資本主義生産の先がけとなった工業形態として正しいものを，次のア～エから1つ選び，記号で答えよ。〔　　　〕

　　ア　工場制手工業　　　イ　工場制機械工業　　　ウ　問屋制家内工業　　　エ　農村家内工業

(6) 下線部③について，右のグラフは幕末（1865年資料）から明治（1885年と1889年資料）にかけての貿易品目別の輸出入の割合を示したものである。グラフ中のA～Cにあてはまる品目として正しいものを，あとのア～エから1つずつ選び，記号で答えよ。

　　　　　　　　　　　A〔　　　〕　B〔　　　〕　C〔　　　〕

ア　生糸　　イ　米　　ウ　綿織物　　エ　綿花

(7) 下線部④について，この会社の設立者で，「日本資本主義の父」といわれた人物として正しいものを，次のア～エから1つ選び，記号で答えよ。〔　　　〕

　　ア　渋沢栄一　　　イ　大隈重信
　　ウ　松方正義　　　エ　五代友厚

(8) 下線部⑤について，各問いに答えよ。

　① 1901年に結成されたが，即日解散させられた日本最初の社会主義政党として正しいものを，次のア～エから1つ選び，記号で答えよ。

　　　ア　日本社会党　　　イ　日本共産党　　　ウ　社会民主党　　　エ　労農党

　② 1910年，無政府主義者の幸徳秋水ら12名が処刑された事件名として正しいものを，次のア～エから1つ選び，記号で答えよ。〔　　　〕

　　　ア　虎ノ門事件　　　イ　大津事件　　　ウ　大逆事件　　　エ　三・一五事件

(9) 下線部⑥について，同年，日本は輸入品に関する大きな権利を獲得した。その権利とは何か，答えよ。〔　　　　　〕

(10) 下線部⑦について，中国に進出した15社の紡績会社は「在華紡」といわれた。その「在華紡」の中心であった，現在も人口において中国最大の都市として正しいものを，次のア～エから1つ選び，記号で答えよ。〔　　　〕

ア　北京　　　イ　上海　　　ウ　西安　　　エ　広州

(11) 下線部⑧について，関東大震災の説明として**誤っているもの**を，次のア～エから1つ選び，記号で答えよ。〔　　　〕

ア　東京・横浜（神奈川県）を中心とする地域が壊滅状態になった。

イ　死者・行方不明者は約11万人に達し，特に津波での死者が最も多かった。

ウ　関東大震災の被害総額は国家予算の数年分にあたり，以後の不況の原因となった。

エ　復興の中で政府は新しい都市計画をすすめ，被災した都市は生まれ変わった。

(12) 下線部⑨について，世界恐慌の原因として正しいものを，次のア～エから1つ選び，記号で答えよ。〔　　　〕

ア　アメリカの生産過剰　　　　　　　イ　イギリスの金本位制停止

ウ　ドイツのヒトラーの軍需産業の拡大　エ　イタリアのエチオピア侵攻

149 〈食をテーマとする歴史総合〉　　　　　　　　　　（大阪星光学院高）

次の問いに答えなさい。

(1) ある時代の人々の生活ぶりを知るには，その時代の文学作品を読むというのが簡単な方法の一つである。ところが，食べ物について調べようとして文学作品をひもといても，江戸時代より前の日本の場合は，食べ物が文学の中にほとんど登場しないことに気づくだろう。この原因の一つとしては，仏教の影響により，食欲などの欲望をあからさまに表現することが恥ずかしいと考えられていた，ということがあげられる。日本の各時代における仏教について述べた文として**誤っているもの**を，次のア～エから1つ選び，記号で答えよ。〔　　　〕

ア　奈良時代には，聖武天皇が東大寺を建てるなど仏教保護の政策をとり，死後に極楽浄土に生まれ変わることを願う浄土信仰が流行した。

イ　平安時代の初めにもたらされた密教には，病気やわざわいを取り除く祈祷やまじないが取り入れられており，天皇や貴族たちの間で信仰された。

ウ　戦乱やききんなどの災害が続いた鎌倉時代には，人々のなやみにこたえるために新たな仏教の教えが生まれ，武士や農民のほか，貴族の間にも広まった。

エ　室町時代になると，幕府に保護された禅宗が政治や文化に大きな影響を与え，喫茶の習慣は茶の湯の流行を生んだほか，禅宗の寺ではとうふやまんじゅうなども食べられていた。

(2) 日本人が食事の際に最もよく使う道具は箸である。箸の源流は中国にあり，紀元前1600年頃にあった殷の都のあとからは，世界最古の青銅製の箸が発掘されているが，これは日常の食生活に使用したものではなく，先祖の霊にお供え物をするための祭器だと推定されている。

① 古代中国の歴史について述べた文として**誤っているもの**を，次のア～エから1つ選び，記号で答えよ。〔　　　〕

ア　紀元前4000年頃，黄河流域ではアワやキビの栽培やブタなどの動物の飼育によって，人々は食料を確保していた。

イ 紀元前8世紀頃に周がおとろえると，いくつもの国がたがいに争うようになり，各地の王が集めた有能な人材の中には，孔子などのすぐれた思想家もいた。

ウ 秦をほろぼした隋は，周辺諸国の王に印を与えるなどして統治を認め，周辺諸国は中国皇帝の臣下の立場で国交を結んだ。

エ 唐は，北方の遊牧民族をおさえ，南はベトナムを従えるなど，広大な地域を支配し，その結果，都の長安は国際交流の中心都市の一つとして栄えた。

② 紀元前3世紀に中国を統一した始皇帝は，生前より自らの墓をつくらせていたことでも有名である。この墓のそばに，東に向けて整然と埋められていた，兵士や馬をかたどった等身大の焼き物の人形を何と呼ぶか。答えよ。　　　　　　　　　　　　　〔　　　　　　　〕

(3) 江戸時代は，米を中心とする食事が基本であり，肉料理を口にする「洋食」は長崎で接することができる程度であった。しかし明治時代後半には，本格的な西洋料理とは違う和洋折衷料理としての「洋食」が広まり，大正・昭和期になると家庭料理にも「洋食」が浸透し始めた。

① 江戸時代には，陸上や海上の交通路が全国的に整備され，人だけではなく，年貢米を始めとする各地で生産された物資もまた全国を移動した。さて，陸上の交通路として整備されたものとしては，五街道が有名である。次のア〜エのうち，五街道に**含まれない**ものを1つ選び，記号で答えよ。　　　　　　　　　　　　　　　　　　　　　　　　　　　　　　　　　〔　　　　〕

ア 東海道　　　イ 山陽道　　　ウ 中山道　　　エ 奥州道中

② 江戸時代から昭和時代にかけての食べ物に関して述べた文として正しいものを，次のア〜エから1つ選び，記号で答えよ。　　　　　　　　　　　　　　　　　　　　〔　　　　〕

ア 江戸時代には，紀伊(和歌山県)や土佐(高知県)では捕鯨やにしん漁が，蝦夷地(北海道)ではさけ漁やこんぶ漁が盛んになった。

イ 享保の改革を行った徳川吉宗は，ききんに備えて甘藷(かんしょ)(さつまいも)の栽培を奨励したり，蝦夷地の開発をこころみたりした。

ウ 明治時代に入ると，洋服やコート，帽子が流行し，牛なべをはじめとした西洋料理が都市だけでなく，農村にも普及した。

エ 太平洋戦争末期になると，国内では日用品の生産がゆきづまり，農村でも人手や肥料の不足で食料生産が減少したため，国民にはじゅうぶんな量の配給が行われなくなった。

③ 明治時代後半，日清戦争と日露戦争で勝利した日本は，国際的な地位を高め，工業化も進んだ。一方で，軍事費をまかなうために税金が高くなるなど，人々の生活は向上せず，貧富の差が拡大するなどの問題も出てきた。明治時代の農村について述べた文として**誤っている**ものを，次のア〜エから1つ選び，記号で答えよ。　　　　　　　　　　　　　　　　　〔　　　　〕

ア 工業化にともない，地主の中には近くの農民に織機や前金を貸して布を織らせ，出来高に応じて賃金を支払う者も多く現れた。

イ 生活が苦しくなった農民たちの多くは，借金のために土地を失って小作人となり，全国の耕作地の半分近くが小作地となった。

ウ 都会へ働きに出た農家の次男や三男たちの多くは，過酷な条件のもとでの労働を強いられたので，中には労働組合をつくり，待遇の改善を求めて争議を起こす者もいた。

エ 豪農の中には，株式などに投資する者や，企業を起こすなどして資本家となる者も現れた。

(4) 現在では朝食などでパンを食べることがずいぶん一般化したとはいえ，日本人にとっての主食はやはり米と言ってよいであろう。日本の歴史においては，稲作の伝来が社会に貧富の差・身分の差

をもたらし，米の生産力が社会の力を測るうえでの基準となってきた。日本の米作りについて述べた文として誤っているものを，次のア〜エから1つ選び，記号で答えよ。　　　　　　　　〔　　　〕

ア　律令制のもとでは，人々は6年ごとにつくられる計帳に登録され，班田収授法によって，6歳以上の男女には口分田が与えられ，死亡時には返させられた。

イ　鎌倉時代には，近畿地方を中心に稲と麦の二毛作が行われ，牛馬や鉄製農具を使った農耕や，草木を焼いた灰の肥料なども広まったことで，農業生産力が高まった。

ウ　豊臣秀吉の行った太閤検地により，百姓は耕作の権利を保障されるかわりに，年貢を納める責任を負い，荘園領主であった貴族や寺社などは，持っていた土地の権利を失うこととなった。

エ　第二次世界大戦後の農地改革により，地主が持つ小作地を政府が強制的に買い上げて，小作人に安く売り渡し，多くの自作農が生まれた。

---

150 〈天皇をテーマとする歴史総合〉

（鹿児島・ラ・サール高）

日本の歴代の天皇に関する次の問いに答えなさい。

難(1)　日本の歴史上，天皇になった女性は8人いる。次のア〜エは彼女たちについて述べたものだが，内容に明らかな誤りを含むものがこの中に1つある。それを除き，残ったものを時代の古い順に並べ替え，記号で答えよ。　　　　〔　　　〕→〔　　　〕→〔　　　〕

ア　この女性は甥にあたる厩戸王（聖徳太子）とともに政治を行い，冠位十二階などを整え，遣隋使を派遣した。

イ　この女性は聖武天皇の娘であり，東大寺の大仏造りを父とともに見守る立場にあった。

ウ　この女性はもともと天武天皇のきさきであり，天武天皇が亡くなった後，平城京の造営を命じた。

エ　この女性は中大兄皇子の母にあたり，大化の改新の時に退位したが，その後もう一度天皇の位に就いた。

(2)　もともと年号には天皇による時間支配の象徴という意味があった。次のア〜エは，江戸時代の年号が冠せられた改革や文化について述べたものである。正しいものを，次のア〜エから1つ選び，記号で答えよ。　　　　　　　　〔　　　〕

ア　元禄文化では，井原西鶴が『日本永代蔵』などの浮世草子を著し，菱川師宣が『見返り美人図』などの浮世絵を描く一方，尾形光琳が装飾画を大成した。松尾芭蕉は俳諧を芸術の域に高め，近松門左衛門は人形浄瑠璃などの脚本を書いた。

イ　享保の改革では，将軍が政治の中心になり，新田の開発に力が注がれ，年貢収入の増加が図られる一方，『公事方御定書』が作られて，裁判の基準がはっきりした。さらに，この将軍は株仲間を認めて彼らから多くの税をとったり，長崎での貿易を盛んにしたりして，商工業を通じて利益を得ようと考えた。

ウ　寛政の改革では，松平定信が質素倹約を奨励し，農民の出稼ぎを制限した。また幕府の学校では，朱子学以外の学問を禁じた。その後の天保の改革では，水野忠邦が株仲間を奨励し，さらに江戸や大阪周辺の土地を幕府の直轄地にしようとしたが，反対にあって失敗した。

エ　化政文化では，浮世絵が錦絵として広く売り出され，喜多川歌麿の美人画や葛飾北斎の風景画が人気を集めた。俳諧では与謝蕪村や小林一茶があらわれ，狂歌や川柳が流行した。文芸では十返舎一九の『南総里見八犬伝』や滝沢馬琴の『東海道中膝栗毛』が人気を集めた。

(3)　天皇やその一族の生活に必要な費用は，主として，奈良時代には庸や調などの税の中から，江戸時代には幕府に認められた領地で徴収される税から，明治時代には国の予算や皇室独自の財産によってまかなわれた。それでは平安時代の終わり頃から室町時代ごろまで天皇やその一族の主な財源となったのはどのようなものか。「朝廷からの支援」以外で答えよ。

〔　　　〕

(4)　古墳時代に造られた巨大古墳の多くは，『古事記』や『日本書紀』にいう天皇の墓とされている。次の図から，このような古墳が造られた時代に使われていたものを2つ選び，それぞれの名称を正しい漢字で答えよ。　　　　　　　　　　　　　　　　〔　　　　　　　〕〔　　　　　　　〕

(5)　だれが天皇の位を受け継ぐかをめぐっては，しばしば争いが起こり，それが戦争に発展することもあった。平安時代以前で皇位継承をめぐる最大の戦いは西暦何年に起こっているか。答えよ。

〔　　　　　　　　　　〕

(6)　朝廷（もしくは上皇・天皇や皇族・貴族）と，幕府（もしくは武士）との関わりについて述べた次のア〜エを古い順に並べ，3番目にあたる文章の（　　　）にあてはまる語句もしくは人名を漢字で答えよ。記号を答える必要はない。　　　　　　　　　　　　〔　　　　　　　　　　〕

ア　武士の中には，皇族や貴族の家に仕える侍となるものもいた。（　　　）は朝廷に対して反乱を起こし，関東を平定して「新皇」を名乗ったが，まもなく鎮圧された。この人物も，朝廷の命令でそれを鎮圧した人物も，侍としての経験をもっていた。

イ　初代将軍を務めた人物は，大名を取り締まるため（　　　）を定めて，これに違反した大名を容赦なく取りつぶした。一方，禁中並公家諸法度を定めて，天皇や公家を幕府の支配下に置いた。

ウ　時の将軍は，有力な守護大名を制圧し，南北朝を一つにまとめた。彼は太政大臣となり，朝廷とのつながりを強めた。そして彼は明の皇帝から（　　　）という称号を認められ，その立場で貿易を開始した。

エ　時の上皇は幕府を倒そうと立ち上がったが，逆に敗れて隠岐に流された。その結果西国の土地の地頭に東国の武士が任命され，幕府の力は西国に及び，京都には（　　　）が置かれて朝廷を監視するようになった。

(7)　明治時代には，天皇がこの国の政治において果たすべき役割は大きなものになった。それでは，大日本帝国憲法において天皇はどのように位置づけられているか。15字以上20字以内で答えよ。

〔　　　〕

(8)　明治時代から昭和20年まで，日本軍は天皇に直属していた。次のア〜エは日本の軍隊に関するもので，どの文章にも明らかな誤りが含まれるが，いずれも語句や人名等の誤りを1カ所訂正すれば正しい内容になる。そこでこれらを時代の古い方から並べ替えて2番目となるものを選び，その文章の誤りを訂正した語句を答えよ。記号や誤りの語句を答える必要はない。〔　　　　　　　　〕

ア　戦争の拡大とともに，多くの男性が戦場に送られた。そのためこれまで徴兵を延期されていた中学生も軍隊に召集され，また朝鮮や台湾でも徴兵制が敷かれた。沖縄では県民も巻き込んだ激しい戦闘が行われ，多くの犠牲者が出た。

イ　政府は徴兵令を定め，国民に兵役を義務づけた。男子は25歳になると徴兵検査を受け，3年間兵役につくことが原則となった。西南戦争や秩父事件など，政府に反対する動きは，軍隊によって鎮圧された。

ウ　陸軍の青年将校グループが反乱を起こし，東京の中心部を占拠して複数の要人を殺害し，天皇中心の政治を行おうとしたが鎮圧された。軍部はこの五・一五事件を利用して，政治への発言権を一層強めていくようになった。

エ　日清戦争後，台湾では独立運動が起こったが，日本は軍隊を派遣してこれを抑え，以後植民地として支配した。日露戦争後，日本に併合され植民地となった朝鮮には統監府が置かれ，各地には軍隊が置かれて支配が行われた。

(9)　現在の上皇の結婚は1958年，現在の天皇の結婚は1993年だった。この35年間に起こったできごとについて述べており，なおかつ内容の正しいものを，次のア～エから1つ選び，記号で答えよ。

〔　　　　〕

ア　高度経済成長が続き，日本の国民総生産が初めて資本主義国で第2位となった。一方で公害問題，都市の過密問題や農村の過疎問題が大きくなった。やがてオイルショックが起こり，それによって高度経済成長は終わった。

イ　朝鮮戦争が続く中，日本はサンフランシスコ平和条約を結んで独立を回復することになったが，ソ連との国交は開かれなかった。また，日本は平和条約と同時に日米安全保障条約を結び，アメリカ軍は引き続き日本にとどまった。

ウ　日本は大韓民国と国交を開き，ついで中華民国と国交を開いた。ベトナム戦争が続く中，沖縄がアメリカから日本に返還されたが，アメリカ軍の広大な基地は残されることになった。

エ　岸信介内閣がアメリカと新安保条約を結んだが，国内でこれに反対する運動が盛り上がったので，岸内閣は「所得倍増」を掲げて経済政策を優先することにした。

151 〈情報化〉 (千葉・芝浦工業大柏高)

情報化に関連して，次の資料は，日本の世代ごとのインターネット利用率の推移を示したものである。資料から読み取れることとして最も適当なものを，あとのア〜エから１つ選び，記号で答えなさい。

〔　　　〕

世代	2006年	2010年	2014年	2018年
６〜12歳	67.9	65.5	71.6	67.1
13〜19歳	93.0	95.6	97.8	96.6
20〜29歳	94.4	97.4	99.2	98.7
30〜39歳	92.5	95.1	97.8	97.9
40〜49歳	89.3	94.2	96.6	96.7
50〜59歳	75.2	86.6	91.3	93.0
60〜69歳	54.4	64.4	75.2	76.6
70〜79歳	32.3	39.2	50.2	51.0
80歳以上	16.0	20.3	21.2	21.5
全体	75.7	78.2	82.8	79.8

ア　４つの年で，インターネット利用率が増加し続けている世代は，９つの世代のうち５つである。

イ　2010年で，全体のインターネット利用率を上回っている世代は，９つの世代のうち４つである。

ウ　2018年で，インターネット利用率が９つの世代のうち３番目に高い世代の利用率と，３番目に低い世代の利用率の差は，30％未満である。

エ　2006年と2018年を比べたとき，インターネット利用率が９つの世代のうち最も上昇した世代は，「70〜79歳」である。

152 〈現代社会〉 (三重・高田高)

次の文章を読んで，あとの問いに答えなさい。

　①マスメディアの発達した現代に生きる私たちは，日々さまざまな情報を得ることができる。かつては②身近な社会集団のことしか知ることはできなかったが，インターネットを使えば遠くはなれた地域や世界のことを知ることも可能である。世界が身近な存在になり，より多くの文化や思想と出会うようになると，外国や他民族との関係を無視することができなくなった。

(1)　下線部①について，マスメディアに関する文として誤っているものを，次のア〜エから１つ選び，記号で答えよ。　　　　　　　　　　　　　　　　　　　　　　　　　〔　　　〕

ア　マスメディアとは，少数の送り手が大量の情報を特定の受け手に向けて伝える手段である。

イ　マスメディアは，政治や社会に対する多くの国民の意見である世論のあり方に大きな影響を与える。

ウ　マスメディアは，政治の動きや世界の動向を国民に伝えるとともに，世論を政治に反映させたりもする。

エ　マスメディアの伝える情報は，常に正しいとは限らないので，自分たちで真実が何かを判断する力が必要である。

(2)　下線部②について，身近な社会集団に関する文として誤っているものを，次のア〜エから１つ選び，記号で答えよ。〔　　〕

ア　私たちは，さまざまな社会集団に同時に所属している。

イ　社会集団の中で，最も小さい基礎的な集団は，家族である。

ウ　今日では，親・子・孫からなる大家族が増えている。

エ　高齢社会が進むと，地域社会の助け合いが重要になる。

153 〈家族〉
（大阪・明星高國）

次の文章を読んで，あとの問いに答えなさい。

　家族とは，私たちが最初に出会う最も身近な社会集団で，夫婦，親子，きょうだいなどから構成されている。その中で私たちは安らぎを得，支え合い，成長し，社会生活に必要な基本的ルールを身につけていく。しかし，人々が家族に求めるものは時代によって変化してきており，今日，家族の多様化が進んでいる。

　例えば，家族の形態について見ると，かつて日本では，大家族が多く見られたが，今日では a 核家族世帯が b 多くを占めている。

　家族についての基本的な原則は，憲法第24条に定められた，「　あ　の尊厳と　い　の本質的平等」である。家族はたがいに助け合っていかなければならないが，その場合でも，家族一人ひとりの人格と自主性を尊重することが大切である。民法では家族について，夫婦はたがいに協力し，子どもに親権を行使するということが明文化されている。

　戦前の日本は，「家」を重んじる制度をとっていた。戦後，日本国憲法と c 改正された民法などによって，法律上では男女平等が実現した。しかし，今日においても，「男は外で仕事，女は家で家事，育児」といった伝統的な性別役割分担の意識が，多くの人々に残っていることも事実である。そのような中で，1999年に d □□□□□□□□法が改正され，同年，さらに e □□□□□□□基本法が施行され，男女の別なく，個人として能力を生かすことができる社会づくりが進んできている。そして e □□□□□□□の実現には，保育サービスの多様化や f 休暇制度の充実などが必要になっている。

(1)　文中の空欄　あ，　い　にあてはまる語句を答えよ。
あ〔　　　　〕い〔　　　　〕

(2)　下線部 a の核家族とは何か。説明せよ。
〔　　　　　　　　　〕

(3)　下線部 b について，それは全体の何割であるか。次のア〜エから１つ選び，記号で答えよ。
ア　約２割　　イ　約４割　　ウ　約６割　　エ　約８割　〔　　〕

(4)　下線部 c について，民法の親族・相続編は，家制度を否定して平等な家族制度を実現するため，全面改定された。この民法が定める親族の範囲を示す，次の文の空欄に適する数字・語句を答えよ。
「親族とは，　う　親等内の血族と，　え　親等内の姻族および，　お　とする。」
う〔　　〕え〔　　　〕お〔　　　〕

(5)　下線部 d・e について，あてはまる語句を答えよ。ただし，□の数は文字数を示している。
d〔　　　　〕e〔　　　　〕

(6)　下線部 f について，高齢者や病人の世話のために認められる休暇制度を何というか。答えよ。
〔　　　　〕制度

新傾向 **154** 〈少子高齢化①〉 (栃木県)

少子化対策の一環として行われている子育て支援について調べたところ，大きく三つの取り組みに分類でき，次の図にまとめた。図中の①を参考に，　A　，　B　にあてはまる文を答えなさい。

A〔　　　〕

B〔　　　〕

取り組み	具体的な内容
①　親が働きやすい条件を整えること	・両親ともに取得可能な育児休暇制度 ・小さな子どもを持つ親の勤務時間の短縮
②　A	・24時間緊急保育の実施 ・小学校を利用した放課後学童保育
③　B	・出産育児一時金の支給 ・児童手当の支給

155 〈少子高齢化②〉 (福岡大附大濠高)

次の文中の空欄（a），（b）に適する数字の正しい組み合わせを，あとのア〜エから1つ選び，記号で答えなさい。　〔　　　〕

「国際連合では，総人口に占める（　a　）歳以上人口の割合が（　b　）％以上の社会を高齢社会と定義している。」

ア　a：65　　b：7　　　イ　a：65　　b：14

ウ　a：70　　b：7　　　エ　a：70　　b：14

156 〈情報社会・伝統文化〉 (千葉・成田高囝)

次の問いに答えなさい。

(1) メディアによる情報を主体的に読み解き，メディアにアクセスして活用し，メディアを通じコミュニケーションする能力のことを何というか。答えよ。　〔　　　　　　　〕

(2) コンピューターやインターネットを使いこなせる者と使いこなせない者の間に発生する，労働条件や収入の格差を表す言葉を，次のア〜ウから1つ選び，記号で答えよ。　〔　　　〕

　ア　ソーシャル・ネットワーク　　　イ　インフォームド・コンセント　　　ウ　デジタル・デバイド

(3) 次の文章を読んで，あとの問いに答えよ。

　　日本人は，古来，祖先への信仰心やa天体・気象現象・地形・動植物・岩石など自然物や自然現象またはそれらに宿る精霊に対する尊敬やおそれの心をもって生活してきた。それらの心はやがて神道や外来の宗教と結びつき，暮らしと深い関わりをもつようになった。現代でも，日本人は宗教の多様性を認め，多くのb年中行事にそれが表れている。

① 下線部aについて，その具体例として正しいものを，次のア〜エから1つ選び，記号で答えよ。

　　ア　太陽を「お天道様」と呼び，手を合わせる。　〔　　　〕

　　イ　日光東照宮に「権現様」がまつられている。

　　ウ　太宰府天満宮に「お不動様」がまつられている。

　　エ　湯島聖堂に「天神様」がまつられている。

② 下線部bについて，次のア〜ウを1年のうちで行われる時期の早い順に並べ，記号で答えよ。

　　ア　七五三　　　イ　お盆　　　ウ　端午の節句　　　〔　　　〕→〔　　　〕→〔　　　〕

157 〈効率と公正〉

(國學院大栃木高)

よりよい合意をつくるための考え方に「効率」や「公正」がある。次の文のうち，「公正」の観点から判断されたと考えられる具体例を次のア〜エから１つ選び，記号で答えなさい。　　〔　　　〕

ア　あるレストランの駐車場が満車で駐車できなかったので，近くのコンビニエンスストアの駐車場に車をとめた。

イ　工場の経営者は，工場に発注される商品の注文数が減ったため，従業員の数を減らそうと考えている。

ウ　複数あるスポーツ施設や保育園を統合することは，市の予算の節約につながる，と市長は主張している。

エ　合唱コンクールで歌う曲の希望がすべてのクラスで同じなため，生徒間で話し合いをおこない，昨年希望の通らなかったクラスを優先することに決めた。

158 〈対立と合意〉

(広島大附高)

「対立と合意」に関する次の太郎と花子の会話を読んで，あとの問いに答えなさい。

太郎「ああ疲れたなあ，クラス対抗スポーツ大会の練習場所の割り当ては，毎年大変みたいだね。」

花子「それはそうよ。どのクラスも自分たちのクラスの希望を主張してくるから，対立がおこるのは仕方ないわ。」

太郎「そうだね，明日の会議でうまく合意できるといいんだけど。」

花子「①みんなが納得できる決め方を考えないと，いけないわね。」

太郎「頭がいっぱいで，テストの準備もできていないよ。」

花子「大丈夫？　②ノート貸してあげようか？」

太郎「助かるよ。ありがとう。」

(1)　下線部①について，クラス対抗スポーツ大会に向けて，練習のためにクラスごとのグラウンド使用時間を割り当てることになった。このような場面では，効率とともに様々な公正の考え方にも配慮して，決め方を考えていく必要がある。様々な公正の考え方のうち，「誰もが一人として同等に扱われるべき」という考え方にもとづいた決め方を，次のア〜エから１つ選び，記号で答えよ。　　〔　　　〕

ア　先生に決めてもらう。

イ　前回の大会で不正があったクラスを少なくする。

ウ　前回の大会で割り当てが少なかったクラスを優先する。

エ　多数決で決める。

(2)　下線部②について，結局，太郎は花子から１日だけノートを借りる約束をした。この時，２人の間で契約が結ばれたと考えることができる。契約によって２人の間に生じた権利と義務として誤っているものを，次のア〜エから１つ選び，記号で答えよ。　　〔　　　〕

ア　ノートを翌日返却する義務が太郎に生じる。

イ　ノートを太郎に貸す義務が花子に生じる。

ウ　契約書を交わす義務が太郎と花子に生じる。

エ　ノートを翌日返してもらう権利が花子に生じる。

159 〈人権思想の発達①〉

次の文章を読んで，あとの問いに答えなさい。

　ヨーロッパの封建社会の終わり頃には，国王が思いどおりに法をつくったり，人々に重い税を課したりする　X　と呼ばれる政治体制が登場した。例えば，フランスでは強力な官僚制と常備軍をもとに，国王が強い力を持って政治を行った。こうした政治に対し，次第に人々の間で批判も起こり，国王による専制ではない a新しい政治の考え方も生まれた。こうした思想に影響を受けた人々は，b国王の強大な権力を制限するための革命を起こし，その結果，自由を勝ちとっていった。革命の中でつくられた人権宣言や憲法では，c自由権を中心とした人々の権利が認められるようになった。

　このような変化の中で経済活動の自由も保障され，資本主義経済は目覚ましい発展をとげることとなった。しかし，経済活動の自由が無制限に認められると，大きな弊害も生じることになった。人々の間に貧富の差が広がり，労働者は過酷な労働を強いられ，そして貧困や失業などのさまざまな社会問題が引き起こされた。そうした問題の是正を求めて，人々は労働運動や参政権の獲得運動を起こすようになった。

　その後20世紀になると，dすべての人に人間らしい生活を保障することも国家の役割であると考えられるようになり，各国の憲法では生存権などの社会権が規定されるようになった。第二次世界大戦後には，e人権思想は先進国ばかりでなく，さまざまな国に影響を及ぼすようになり，人権は各国の憲法で保障されるようになった。こうして人権は，人類の普遍的な理念となりつつあり，今日に至っている。

(1)　本文中の空欄　X　にあてはまる最もふさわしい語を漢字で答えよ。　　〔　　　　　　〕

(2)　下線部 a に関連して，次の文Ⅰ～Ⅲは，この時代に活躍した思想家の思想を述べたものである。あてはまる思想家を，あとのア～ウから1つずつ選び，記号で答えよ。

　Ⅰ　権力の乱用を防ぐためには，権力を1人の人間に集中させず，立法・行政・司法に分離し，それらに互いを監視させるべきである。

　Ⅱ　人々の自由・平等・幸福を実現させるためには，人々が主権を持った，公共の利益をめざす共同体としての国家をつくるべきである。

　Ⅲ　人々は生命・自由・財産など基本的な権利を持っており，それらを侵害する政治が行われている場合，人々にはその政府を変更する権利がある。　　Ⅰ〔　　　〕　Ⅱ〔　　　〕　Ⅲ〔　　　〕

　ア　ロック　　　イ　ルソー　　　ウ　モンテスキュー

(3)　下線部 b に関連して，18世紀にはアメリカ独立革命やフランス革命などが起こった。このような革命を何というか。漢字4字で答えよ。　　　　　　　　　　　　　〔　　　　　　〕

(4)　下線部 c に関連して，第二次世界大戦後の日本における自由権について述べた文として正しいものを，次のア～ウから1つ選び，記号で答えよ。　　　　　　　　　　　〔　　　〕

　ア　いかなる場合であっても，裁判所の令状なしに逮捕されることはない。

　イ　経済活動の自由は，公共の福祉の観点から，制限されることがある。

　ウ　表現の自由は，民主主義を維持するために重要不可欠であるため，いかなる制約も受けない。

(5)　下線部 d に関連して，このような考え方に基づく国家を何というか。漢字4字で答えよ。

　　　　　　　　　　　　　　　　　　　　　　　　　　　　　　　　　　〔　　　　　　〕

(6)　下線部 e に関連して，国際的な人権保障について述べた文として誤っているものを，次のア～ウから1つ選び，記号で答えよ。　　〔　　　〕

ア　世界人権宣言は，賛同する国家への拘束力を持ち，のちのさまざまな人権条約の基礎となっている。

イ　国際人権規約は，社会権を規定した規約と，自由権を規定した規約などからなっている。

ウ　子どもの権利条約では，子どもの人権を守るだけでなく，子どもが意見を述べる権利を認めている。

---

160 〈人権思想の発達②〉　　　　　　　　　　　　　　　　　　　　　　（愛知・滝高）

アメリカ独立宣言の一部を要約した次の文を読んで，あとの問いに答えなさい。

　すべての人間は（　1　）につくられており，神から生命・（　2　）・幸福を追求する基本的な人権を与えられている。これらの権利を確保するために，政府は，人民の（　3　）によってつくられる。もし，政府がこれらの目的を損なうようなことがあれば，人民はその政府を廃止したり，新たな政府をつくったりする権利を持っている。

(1)　この宣言が発表された世紀と同じ世紀のできごとでないものを，次のア～エから1つ選び，記号で答えよ。　　〔　　　〕

　ア　モンテスキューが『法の精神』を著す。　　　イ　ルソーが『社会契約論』を著す。

　ウ　マルクスが『資本論』を著す。　　　エ　アダム・スミスが『諸国民の富』を著す。

(2)　（　1　）～（　3　）に適する語句を，次のア～カから1つずつ選び，記号で答えよ。

　　　　　　　　　　　　　　　　　　　　　1〔　　　〕2〔　　　〕3〔　　　〕

　ア　自由　　　イ　権力　　　ウ　政治　　　エ　同意　　　オ　平等　　　カ　改革

難 (3)　下線部に関して，この権利のことを何というか。また，この権利に基づいて，それまでの政府を廃止することに成功した，17世紀後半に他国で起こったできごとは何か。答えよ。

　　　　　　　　　　権利〔　　　　　　　　　〕　できごと〔　　　　　　　　　　〕

---

161 〈日本国憲法①〉　　　　　　　　　　　　　　　　　　　　　　（東京・中央大高）

次の文章は，日本国憲法前文の一部である。空欄に入る語句の組み合わせとして正しいものを，あとのア～エから1つ選び，記号で答えなさい。

　「われらは，全世界の国民が，ひとしく恐怖と（　a　）から免れ，（　b　）のうちに生存する権利を有することを確認する。

　われらは，いづれの国家も，自国のことのみに専念して他国を無視してはならないのであって，（　c　）の法則は，普遍的なものであり，この法則に従ふことは，自国の（　d　）を維持し，他国と対等関係に立とうとする各国の責務であると信ずる。

　日本国民は，国家の名誉にかけ，全力をあげてこの崇高な理想と目的を達成することを誓ふ。」

ア　a：欠乏　　　b：幸福　　　c：社会道徳　　　d：安全　　　〔　　　〕

イ　a：貧困　　　b：幸福　　　c：人倫道徳　　　d：平和

ウ　a：欠乏　　　b：平和　　　c：政治道徳　　　d：主権

エ　a：貧困　　　b：平和　　　c：国際道徳　　　d：安寧

頻出 162 〈日本国憲法②〉 　　　　　　　　　　　　　　　　　　　　　　　　　　　　（栃木・佐野日本大高改）

次の問いに答えなさい。

(1) 次の文は，日本国憲法第9条の条文である。空欄にあてはまる語句を答えよ。

「①日本国民は，正義と秩序を基調とする国際平和を誠実に希求し，国権の発動たる（　a　）と，武力による威嚇又は武力の行使は，国際紛争を解決する手段としては，永久にこれを放棄する。

②前項の目的を達するため，陸海空軍その他の（　b　）は，これを保持しない。国の（　c　）は，これを認めない。」

a〔　　　　　　　　〕 b〔　　　　　　　　〕 c〔　　　　　　　　〕

(2) 自衛隊について，誤っているものを，次のア〜エから1つ選び，記号で答えよ。　　〔　　　〕

ア　自衛隊の任務は，わが国の平和と独立を守り，国の安全を保つことである。

イ　防衛費は国家予算に占める割合が高く，総額でも世界有数の規模になっている。

ウ　文民統制により，内閣総理大臣に自衛隊の最高指揮権が与えられている。

エ　自衛隊は，災害復旧のため全国各地へ派遣される。

163 〈日本国憲法③〉 　　　　　　　　　　　　　　　　　　　　　　　　　　　　　　（福岡・西南学院高）

次の問いに答えなさい。

(1) 日本国憲法で定められている国民の義務として正しいものを，次のア〜エから1つ選び，記号で答えよ。　　　　　　　　　　　　　　　　　　　　　　　　　　　　　　　　　　　〔　　　〕

ア　国民には子女に教育を受けさせる義務があるが，小中学校の教科書は有償で配布されている。

イ　国民には勤労の義務があるが，公共の職業安定所は設置されていない。

ウ　国民には納税の義務があり，法律の定めるところにより税金を支払わなければならない。

エ　国民には投票の義務があり，国政選挙の投票を行わなければ，罰則が課せられる。

(2) 天皇に関する記述として正しいものを，次のア〜エから1つ選び，記号で答えよ。　　〔　　　〕

ア　天皇は日本国の主権者として，国会を召集することができる。

イ　天皇は国会の承認と助言に基づいて，国事行為を行う。

ウ　天皇は日本国と日本国民統合の象徴として，国会の議長を務める。

エ　天皇は国会の指名に基づいて，内閣総理大臣を任命する。

頻出 164 〈日本国憲法④〉 　　　　　　　　　　　　　　　　　　　　　　　　　　　　（大阪・清風南海高改）

次の問いに答えなさい。

(1) 憲法の改正には，他の法律の改正より厳しい条件がつけられている。次の憲法第96条の空欄にあてはまる語句を答えよ。

「①この憲法の改正は，各議院の総議員の（　ⅰ　）の賛成で，国会が，これを発議し，国民に提案して承認を経なければならない。この承認には，特別の国民投票又は国会の定める選挙の際行われる投票において，その（　ⅱ　）の賛成を必要とする。

②憲法改正について前項の承認を経たときは，天皇は（　ⅲ　）の名で，この憲法と一体を成すものとして，直ちにこれを公布する。」

ⅰ〔　　　　　　　　〕 ⅱ〔　　　　　　　　〕 ⅲ〔　　　　　　　　〕

(2)　憲法第98条には，「この憲法は，国の（　　　　）であって」と規定されていて，これに反する法律や命令などは無効であることが宣言されている。（　　　　）にあてはまる最も適当な語句を漢字で答えよ。　　　　　　　　　　　　　　　　　　　　　　　　　　　　　　〔　　　　　　　〕

165 〈基本的人権①〉　　　　　　　　　　　　　　　　　　　　　　　　（京都・立命館高）

次の文章を読んで，あとの問いに答えなさい。

　a日本国憲法で明文化されている基本的人権は，b平等権，自由権，社会権などである。

　平等権に関して，憲法は，法の下の平等と差別されない権利を次のように定めている。「すべて国民は，法の下に平等であって，人種，信条，c性別，…（略）…により，政治的，経済的又は社会的関係において，差別されない」（第14条第1項）。

(1)　下線部aについて，憲法に明文化されていないが，社会状況の変化によって主張されるようになってきた人権を，次のア～エから1つ選び，記号で答えよ。　　　　　　　　　〔　　　　　〕

　　ア　生存権　　　　イ　請求権　　　　ウ　勤労権　　　　エ　環境権

(2)　下線部bについて，次の問いに答えよ。

　①　この3つの人権の中で，20世紀に入ってから確立されたものはどれか。答えよ。

　　　　　　　　　　　　　　　　　　　　　　　　　　　　　　　　　　〔　　　　　　　　〕

　②　この3つの人権に含まれないものを，次のア～エから1つ選び，記号で答えよ。　　〔　　　　〕

　　ア　教育を受ける権利　　　イ　選挙権　　　ウ　団結権　　　エ　個人の尊厳

(3)　下線部cについて，わが国の場合，女性は戦前まで，政治的，経済的，社会的関係において差別されていた。このうち，女性が政治的関係において差別されていた典型的な具体例を簡潔に答えよ。

　〔　　　〕

166 〈基本的人権②〉　　　　　　　　　　　　　　　　　　　　　　　（熊本・九州学院高 改）

次の問いに答えなさい。

(1)　現代の日本における「平等権」に関する説明として最も適当なものを，次のア～エから1つ選び，記号で答えよ。　　　　　　　　　　　　　　　　　　　　　　　　〔　　　　〕

　　ア　1997年のアイヌ文化振興法により，初めてアイヌ民族に日本国籍が認められた。

　　イ　外国人でも地方公務員の採用試験を受験できる地方自治体がある。

　　ウ　衆・参両議員の選挙権は，男女ともそれぞれ25歳と30歳から認められている。

　　エ　裁判員制度において，平等の観点から裁判員には男女同数が選ばれる。

(2)　現代の日本における「自由権」に関する説明として最も適当なものを，次のア～エから1つ選び，記号で答えよ。　　　　　　　　　　　　　　　　　　　　　　　　〔　　　　〕

　　ア　日本では，無期懲役刑が残虐刑にあたるとして，刑の廃止が国会で議論されている。

　　イ　受刑者にも自由権が保障されるため，その私物を勝手に処分してはならない。

　　ウ　国家に対する批判的な意見のネットでの発表は，国家転覆罪にあたり処罰される。

　　エ　職業選択の自由を保障するため，国家資格を要する職業の廃止が進められている。

(3)　「参政権」は，基本的人権を保障するための権利の1つであるが，こうした基本的人権を保障するための権利として適当でないものを，次のア～エから1つ選び，記号で答えよ。　　〔　　　　〕

　ア　健康で文化的な最低限度の生活を営む権利

　イ　公開の法廷において裁判を受ける権利

　ウ　公務員の不法行為に対して国家に賠償を請求する権利

　エ　無罪判決を受けた場合に刑事補償を請求する権利

167 〈基本的人権③〉　　　　　　　　　　　　　　　　　　　　　　　　　（茨城・常総学院高）

次の文中の　a　にあてはまる国を，下のア～エから１つ選び，記号で答えなさい。また，　b　に
あてはまる語を，漢字で答えなさい。　　　　　　　　　　　　　a〔　　　〕b〔　　　　　　　〕

> 　日本国憲法で保障されている基本的人権には，長い歴史がある。自由権の広がりとともに，自
> 由な経済活動がさかんになり，資本主義経済が発展した。一方で，貧富の差が広がってしまった
> ことを受け，1919年，　a　のワイマール憲法によって，社会権が保障された。また，日本国憲
> 法においては，権利を保障するだけでなく，勤労の義務，　b　の義務，子女に普通教育を受け
> させる義務の三つの義務を定めている。

　ア　ドイツ　　　　イ　アメリカ合衆国　　　　ウ　イギリス　　　　エ　フランス

168 〈基本的人権④〉　　　　　　　　　　　　　　　　　　　　　　　　（大阪教育大附高池田）

次のA～Cのできごとが実際にあったと仮定する。これらのできごとには，**日本国憲法が保障してい
ることを実現していない点がある。憲法の条文に照らし合わせて，どういう点が問題になるか考え**，
あとの問いに答えなさい。

A　Kさんはある思想に共感し，その思想がすすめる生活を送っていた。特に周りの人たちに迷惑を
　かけていないにもかかわらず，その思想の信奉者であることを理由に会社を解雇された。

B　ある会社では，仕事の内容が同じであるのに男性と女性で給与がことなり，また定年の年齢も女
　性の方が低かった。

C　Tさんがモデルになって書かれた小説が出版された。そこにはTさんの生い立ちや人間関係，家
　族のことなどが詳しく書かれており，Tさんが周りの人たちに知られたくないことも含まれていた。

(1)　A～Cが含む問題点に最も関連の深い憲法の条文を，次のア～オから１つずつ選び，記号で答え
　よ。　　　　　　　　　　　　　　　　　　　　A〔　　　〕B〔　　　〕C〔　　　〕

　ア　生命，自由及び幸福追求に対する国民の権利については，公共の福祉に反しない限り，立法そ
　　の他の国政の上で，最大の尊重を必要とする。

　イ　すべて国民は，法の下に平等であって，人種，信条，性別，社会的身分又は門地により，政治
　　的，経済的又は社会的関係において，差別されない。

　ウ　思想及び良心の自由は，これを侵してはならない。

　エ　信教の自由は，何人に対してもこれを保障する。いかなる宗教団体も，国から特権を受け，又
　　は政治上の権力を行使してはならない。

　オ　すべて国民は，健康で文化的な最低限度の生活を営む権利を有する。

(2)　Cは新しい人権に関わる問題であり，その人権は自分の情報を自分がコントロールする権利とし
　て認識されてきた。この権利のことを何というか。答えよ。　　　　　〔　　　　　　　　　〕

169 〈基本的人権⑤〉 （茨城高）

次の文章A，Bの（　1　），（　2　）にあてはまる適当な語句を答えなさい。

A　個人が自分の生き方や生活の仕方について自由に決定する権利は，（　1　）と呼ばれ，最近いろいろなところで注目されている。例えば，医療に関しては，治療を受ける患者の（　1　）のために，インフォームド・コンセント（じゅうぶんな説明にもとづく同意）が重要になっている。また，尊厳死・安楽死のように，尊厳ある死の選択と決定においても（　1　）の主張がなされている。

B　ヒトゲノム研究の発達は，髪の毛1本やつめのかけらから，自分でも知らない身体の情報や出生に関する情報が，簡単に明らかになってしまうことにつながる。他方，遺伝子診断ができても，治療法が確立されていない難病について，その病気になることがはっきりしてしまうことが，必ずしも本人にとって最善の道であるとは限らない。一般的には「（　2　）」の大切さがいわれているが，遺伝子診断については「知らないでいる権利」についても考えてみる必要がある。

1〔　　　　　　　〕　2〔　　　　　　　〕

170 〈基本的人権⑥〉 （神奈川・法政大二高）

次の会話文を読んで，あとの問いに答えなさい。

先　生「第二次世界大戦が終わった後，世界各国で人権と民主主義を確立させるために，国連は1948年に世界人権宣言を採択し，その後もいくつもの条約を締結しているんだよ。」

二郎君「日本はその条約のすべてを批准しているのですか？」

先　生「いや，a全部批准しているわけではないよ。批准するまでには時間もかかるし，議論が分かれているものもあるんだ。」

二郎君「日本国憲法では法の下の平等が定められていて，差別のない平等な社会を実現しようとしていますね。」

先　生「しかし，現実には差別が残っている現状があるんだ。定住外国人への差別や，女性差別，b障がい者差別など，まだまだ解決しなければならない問題があることを忘れてはいけないね。」

(1)　下線部aに関して，日本が批准していない条約に含まれる条文を，次のア～エから1つ選び，記号で答えよ。〔　　　　〕

ア　いかなる国家，機関，集団又は個人も，人種，皮膚の色又は種族的出身を理由として人権及び基本的自由に関し，個人，集団又は団体を差別してはならない。

イ　締約国は，拷問に当たるすべての行為を自国の刑法上の犯罪とすることを確保する。拷問の未遂についても同様とし，拷問の共謀又は拷問への加担に当たる行為についても同様とする。

ウ　児童は，表現の自由についての権利を有する。この権利には，口頭，手書き若しくは印刷，芸術の形態又は自ら選択する他の方法により，国境とのかかわりなく，あらゆる種類の情報及び考えを求め，受け及び伝える自由を含む。

エ　各締約国は，その管轄下において死刑廃止のためのあらゆる必要な措置を講じなければならない。

(2)　下線部bに関して，近年では右の写真のように，障がいを持つ人への対応だけでなく，できるだけ多くの人が利用可能であるような設計が増えてきている。このような設計のことを何というか。カタカナで答えよ。　〔　　　　　　　〕

---

171 〈国会・内閣〉　　　　　　　　　　　　　　　　　　　　　　　　　（京都・東山高）

次の文章を読んで，あとの問いに答えなさい。

　　国家は領域・国民・（　A　）という３つの要素から成り立っており，その中の領域は，領土・領海・領空の３つを定めています。国家における国権の最高機関は国会であり，唯一の（　B　）機関でもあります。日本の国会は①衆議院と参議院の二院制をとり，各院の議員は国政選挙によって選出されます。国家における（　C　）権は②内閣にあり，法律や予算の執行など様々な分野での政治活動が行われています。

(1)　文中（　A　）〜（　C　）にあてはまる語句を，それぞれ漢字２字で答えよ。

　　　　　　　　　　　　　　　A〔　　　　　　　　〕B〔　　　　　　　　〕C〔　　　　　　　　〕

(2)　下線部①に関連して，予算や条約の承認などにおいて，両議院の議決が異なった場合開かれる会合として正しいものを，次のア〜エから１つ選び，記号で答えよ。　　　　　　　　　　〔　　　　　〕

　　ア　公聴会　　　　イ　政務調査会　　　　ウ　両院協議会　　　　エ　特別委員会

(3)　下線部②について，内閣の仕事として誤っているものを，次のア〜エから１つ選び，記号で答えよ。　　　　　　　　　　　　　　　　　　　　　　　　　　　　　　　　　　　〔　　　　　〕

　　ア　法律案や予算の作成と国会への提出　　　　イ　最高裁判所長官の任命

　　ウ　天皇の国事行為に対する助言と承認　　　　エ　外交関係の処理

---

172 〈選挙・政党〉　　　　　　　　　　　　　　　　　　　　　　　　（熊本・真和高改）

次の文章を読んで，あとの問いに答えなさい。

　　選挙制度には１つの選挙区で１人の代表者を選ぶ　X　制，政党に投票して，政党の得票率に応じて議席を配分するₐ比例代表制などがあり，衆議院議員はこれらを組み合わせた　Y　制で選出されている。参議院議員はほぼ　Z　を単位として選挙区ごとに数人の代表を選ぶ選挙区制と，全国を１つの単位とした比例代表制で選出されている。

　　これらの選挙で選出された国会議員のほとんどは，それぞれの理念や政策に応じたᵦ政党に所属しており，国会においても政党が中心となって政治を進める政党政治が行われている。

(1)　　X　〜　Z　にあてはまる語句を答えよ。　　　　　　X〔　　　　　　　　　　　　〕

　　　　　　　　　　　　　　　　　　　　　　　　　　　Y〔　　　　　　　　　　　　〕

　　　　　　　　　　　　　　　　　　　　　　　　　　　Z〔　　　　　　　　　　　　〕

(2)　下線部ａの特徴についてあてはまるものを，次のア〜エから１つ選び，記号で答えよ。

　　ア　候補者一人ひとりを理解しやすいが，少数政党には不利になる。　　　　　　〔　　　　　〕

　　イ　民意が選挙に反映されやすいが，少数政党には不利になる。

　　ウ　死票が少なく，多くの政党が議席を得ることができる。

　　エ　多くの政党が議席を得ることができ，政権は安定する。

(3)　下線部ｂについて，最近では複数の政党によって政権が運営されることが多いが，このような政治の形を何というか。答えよ。　　　　　　　　　　　　　　　　　〔　　　　　　　　　　　　〕

173　〈選挙〉　（東京学芸大附高）

現在の衆議院議員選挙の方法にしたがって次の条件で選挙を行った場合，その結果について，あとの問いに答えなさい。

【条件】・立候補者はあ～けまで9人おり，すべての立候補者が選挙区制と比例代表制に重複立候補をしている。
　　　　・比例代表選挙は，北，南，東の3選挙区で1つの比例代表ブロックとして構成されている。
　　　　・比例代表選挙における立候補者名簿の届出政党は，A党，B党，C党である。

【選挙区選挙】

	北選挙区	南選挙区	東選挙区
得票数1位	あ（10,000票・C党）	い（7,500票・B党）	う（5,000票・C党）
得票数2位	え（7,500票・A党）	お（6,000票・C党）	か（2,500票・A党）
得票数3位	き（3,000票・B党）	く（5,000票・A党）	け（500票・B党）

【比例代表選挙】（定数：3名）

	A党	B党	C党
得票数	25,000票	15,000票	7,000票
名簿1位	く	い	う
名簿2位	え，か	き	お
名簿3位	該当なし	け	あ

(1)　この選挙において比例代表選挙が行われた場合，A党の獲得議席数はいくつか。　〔　　　　〕

難(2)　この選挙において比例代表選挙で当選する立候補者は誰か。あ～けから3つ選び，記号で答えよ。

　　　　　　　　　　　　　　　　　　　　　　　　　　〔　　　　〕〔　　　　〕〔　　　　〕

174　〈国会〉　（鹿児島・ラ・サール高）

次の問いに答えなさい。

難(1)　国会議員に関する記述として誤っているものを，次のア～エから1つ選び，記号で答えよ。

　ア　憲法は，議員が法律の定める場合を除いて，任期中は逮捕されないと定めている。　〔　　　　〕
　イ　憲法は，議員の除名について，その議員が所属する議院において出席議員の3分の2以上の多数による議決を必要とすると定めている。
　ウ　憲法は，議員が法律の定めるところにより，国庫から相当額の歳費を受けると定めている。
　エ　憲法は，議員が議院で行った演説や表決などについて，院外で責任を問われないと定めている。

難(2)　法律の制定に関する記述として誤っているものを，次のア～エから1つ選び，記号で答えよ。

　　　　　　　　　　　　　　　　　　　　　　　　　　　　　　　　　　　　　〔　　　　〕

　ア　法律案について，衆議院が可決し，参議院が否決したときは，衆議院は両院協議会の開催を求めることができるが，開催を求めなくてもかまわない。
　イ　憲法は，法律案について，「両議院で可決したとき法律となる」としており，法律の成立には常に両議院の可決を必要とし，一方の議院の意思だけで法律が成立することはない。
　ウ　参議院が，衆議院の可決した法律案を受け取った後，国会休会中の期間を除いて60日以内に議決しないとき，衆議院は，参議院がその法律を否決したものとみなすことができる。
　エ　議員が法律案を発議する要件として，法律は「衆議院においては議員20人以上，参議院においては議員10人以上の賛成を要する。但し，予算を伴う法律案を発議するには，衆議院においては議員50人以上，参議院においては議員20人以上の賛成を要する」と定めている。

新傾向 **175** 〈内閣①〉 (福岡・西南女学院高)

次の問いに答えなさい。

(1) 内閣の**仕事ではないもの**を，次のア〜エから1つ選び，記号で答えよ。〔　　　〕

　ア　外交関係の処理

　イ　国政調査権の行使

　ウ　最高裁判所長官の指名

　エ　天皇の国事行為に対する助言と承認

(2) わが国における内閣の構成員と国会議員の関係を模式的に示したものとして正しいものを，次の
　ア〜エから1つ選び，記号で答えよ。〔　　　〕

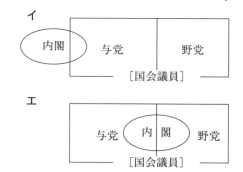

176 〈内閣②〉 (京都・立命館宇治高)

次の問いに答えなさい。

(1) 国のさまざまな行政を担っているのが，内閣を頂点とした1府12省庁である。1府とは何を指す
　か。答えよ。〔　　　　　　　　〕

(2) 次の機関の中にはどの省庁にもつながらない独立した機関がある。それを，次のア〜オから1つ
　選び，記号で答えよ。〔　　　〕

　ア　海上保安庁　　　イ　内閣法制局　　　ウ　会計検査院　　　エ　公正取引委員会

　オ　中央労働委員会

(3) 内閣総理大臣の**権限ではないもの**を，次のア〜オから1つ選び，記号で答えよ。〔　　　〕

　ア　国務大臣の任命　　　イ　省庁の指揮監督　　　ウ　国家予算の決定

　エ　国務大臣の罷免（ひめん）　　　オ　国会に対して議案を提出

177 〈公務員〉 (高知学芸高)

幅広い行政を行うために，必要な専門知識や技術をもった**公務員**が行政機関の職員として勤務してい
る。その公務員について述べた文として**誤っているもの**を，次のア〜エから1つ選び，記号で答え
なさい。〔　　　〕

ア　すべての公務員は全体の奉仕者であって，一部の奉仕者ではない。

イ　公務員を選定し，罷免することは，国民固有の権利である。

ウ　公務員には，団体交渉権や争議権（団体行動権）などの労働基本権がすべて認められている。

エ　すべての公務員には，憲法を尊重し擁護する義務がある。

178 〈裁判所①〉

次の文章を読んで，あとの問いに答えなさい。

　裁判所は，人権や秩序を守る重要な機関であり，国会や内閣の権力に左右されたり，干渉を受けたりすることがあってはならない。そのため，日本国憲法76条は，「すべて裁判官は，その良心に従い独立してその職権を行い，この憲法及び（　①　）にのみ拘束される」と規定している。上級裁判所の裁判官が下級裁判所の裁判官に指図することも許されない。裁判官は業務に専念できるように，その身分は保障されており，心身の故障のために業務に支障があると裁判所自身によって決定された場合や，国会が設ける（　②　）の裁判による以外には罷免されない。ₐ最高裁判所の裁判官については，任命後初めて行われる衆議院議員選挙のときと，その後10年ごとの総選挙のときに（　③　）を受けなければならない。

　憲法は裁判を受ける権利を保障するとともに，国民が自由に傍聴できるという裁判（　④　）の原則を定めている。司法もまた，立法・行政の活動と同様，国民の批判と監視のもとにおかれなければならず，裁判の公正さも，それによって確保することができるからである。

　裁判所は具体的な事件の裁判を行う中で，法律や行政行為が憲法に違反していないかどうかを判断する権限をもっている。この権限をᵦ違憲立法審査権という。違憲立法審査制は，憲法が国の最高法規であることを確保し，国民の人権を守るためのものであり，有効・適切・積極的に行使される必要がある。

(1)　（　①　）〜（　④　）に入る適当な語句を答えよ。

　　①〔　　　　　　　　　〕②〔　　　　　　　　　〕③〔　　　　　　　　　〕④〔　　　　　　　　　〕

(2)　下線部ａについて，最高裁判所に関する説明文として誤っているものを，次のア〜エから１つ選び，記号で答えよ。　　　　　　　　　　　　　　　　　　　　　　　　〔　　　　〕

　ア　最高裁判所長官は，内閣の指名にもとづいて，天皇が任命し，最高裁判所の他の裁判官は，内閣が任命する。

　イ　下級裁判所の裁判官は，最高裁判所が指名した名簿にもとづいて内閣が任命する。

　ウ　違憲か合憲かの判断を下したり，新たな法解釈を示したりするような重大な裁判は最高裁判所の15人全員の裁判官で審理する。

　エ　最高裁判所の判決が一度確定した場合，その後新たな証拠が示されても，裁判がやり直されたことはない。

(3)　刑事事件の被疑者や被告人に保障されている権利・制度に関する説明文として正しいものを，次のア〜エから１つ選び，記号で答えよ。　　　　　　　　　　　　　　　　〔　　　　〕

　ア　現行犯の逮捕にあたっても，裁判官の令状が必要である。

　イ　状況によっては法律の定めによらない刑罰を科すことができる。

　ウ　自己に不利益な供述を強要されないという黙秘権が保障されている。

　エ　いかなる場合であっても自白は証拠となり，自白だけで有罪となる可能性がある。

(4)　下線部ｂについて，違憲立法審査に関する説明文として正しいものを，次のア〜エから１つ選び，記号で答えよ。　　　　　　　　　　　　　　　　　　　　　　　　〔　　　　〕

　ア　「憲法の番人」と呼ばれる最高裁判所だけが違憲審査を行うことができる。

　イ　裁判で違憲とされた法律であっても国会審議を経ないと廃止されない。

　ウ　地方公共団体の制定する条例は，違憲審査の対象とならない。

　エ　法律を実施するために内閣が定めた政令は，違憲審査の対象とならない。

179 〈裁判所②〉 （東京・お茶の水女子大附高）

次の文章を読んで，あとの問いに答えなさい。

　　近年，国民が利用しやすい裁判制度にするために，①司法制度改革が進められてきた。その一環として，だれもが身近に法律相談を受けられるよう（　Ａ　）が全国に設けられ，国民への情報提供サービスが始まった。また，2009年からは②裁判員制度が導入された。裁判員は国内で（　Ｂ　）のある人の中からくじで選ばれ，1つの事件を原則として6人の裁判員と3人の裁判官が一緒に担当する。裁判員と裁判官はともに公判に出席して，③証人の話を聞いたり証拠を調べたりしたうえで話し合って，被告人が有罪か無罪か，有罪の場合はどのような刑にするかを決定する。最後に裁判長が④判決を言い渡す。

(1)　（　Ａ　），（　Ｂ　）にあてはまる適切な語句を答えよ。

Ａ〔　　　　　　　　　　　〕 Ｂ〔　　　　　　　　　　　〕

(2)　下線部①に関連して，検察制度に民意を反映させるために設けられ，検察官が不起訴処分としたことに対して不服を申し立てることができる機関を何というか。答えよ。　〔　　　　　　　　　　　〕

(3)　下線部②に関連して，裁判員制度について述べた文として適切なものを，次のア～エから1つ選び，記号で答えよ。　〔　　　　　　〕

　　ア　裁判員裁判は，上告された犯罪事件を対象とする最高裁判所の裁判で行われる。

　　イ　裁判員裁判は，控訴された犯罪事件を対象とする高等裁判所の裁判で行われる。

　　ウ　裁判員裁判は，重大な犯罪事件を対象とする特別裁判所の裁判で行われる。

　　エ　裁判員裁判は，重大な犯罪事件を対象とする地方裁判所の裁判で行われる。

(4)　下線部③にある話し合いのことを何というか。答えよ。　〔　　　　　　　　　　　〕

(5)　下線部④に関連して，判決が確定したあとで，新しい証拠が出るなど裁判の重大な誤りが疑われる場合，裁判のやり直しを求めることがある。この裁判のやり直しを求めることを何というか。答えよ。　〔　　　　　　　　　　　〕

180 〈権力分立・国会〉 （大阪・四天王寺高㊾）

次の文章を読んで，あとの問いに答えなさい。

　　日本国憲法は，国会・内閣・裁判所との間に（　ａ　）の関係が働くように規定している。日本国憲法は国政において国会の優位を保障するため，国会に重要な権限を認めている。

　　国会は毎年1回（　①　）月に召集される通常国会のほか，いずれかの議院の総議員の（　②　）以上の要求があった場合に召集される臨時国会，衆議院の解散・総選挙後に召集される特別国会，衆議院解散中に内閣の求めによって開かれる（　③　）がある。

(1)　（　ａ　）にあてはまる語句を，次のア～エから1つ選び，記号で答えよ。　〔　　　　　　〕

　　ア　批判と対立　　　イ　規制と合意　　　ウ　均衡と抑制　　　エ　抑圧と支持

(2)　（　①　）～（　③　）にあてはまる適切な数字や語句を答えよ。

①〔　　　　　　　　　〕 ②〔　　　　　　　　　〕 ③〔　　　　　　　　　〕

181 〈地方自治①〉

（大阪・東海大付仰星高）

次の問いに答えなさい。

(1) 住民の政治参加の1つにオンブズマン制度がある。オンブズマンの仕事として正しいものを，次のア〜エから1つ選び，記号で答えよ。　〔　　　〕

　ア　地域の医療や福祉，災害援助，環境保護などのボランティア活動を行う。

　イ　独自の文化を育てるなど，魅力のある地域おこしを行う。

　ウ　住民の申し出により行政を調査し，行政に改善を求めるなどの勧告を行う。

　エ　地域開発が行われるとき，自然環境に与える影響を事前に調査し評価する。

(2) 住民の意思を示すことができるものとして直接請求権がある。その具体的な例として正しいものを，次のア〜エから1つ選び，記号で答えよ。　〔　　　〕

　ア　図書館の新たな設置を，必要な署名を集めて議会に請求する。

　イ　環境を守るための条例の制定を，必要な署名を集めて議会に請求する。

　ウ　不正があった議員の解職を，必要な署名を集めて首長に請求する。

　エ　公金の支出等に対する監査を，必要な署名を集めて監査委員に請求する。

(3) 地方議会の説明として誤っているものを，次のア〜エから1つ選び，記号で答えよ。

　ア　地方財政の予算を決めたり，決算を承認したりすることができる。　〔　　　〕

　イ　二院制を採用しており，議決には両院の賛成を必要としている。

　ウ　地方税や各地方公共団体の有する公共施設の利用料，事務の手数料の徴収を決定できる。

　エ　首長の政治の進め方に反対であれば，首長の不信任案を議決できる。

182 〈地方自治②〉

（奈良・帝塚山高）

次の文章を読んで，あとの問いに答えなさい。

　　私たちが住んでいる地域社会は，いずれかの市町村や都道府県に属し，それぞれに地方議会と首長をもち，地方自治を行っている。地方議会は，住民の直接選挙によって選ばれた議員で構成され，地方公共団体独自の法である（　1　）をつくったり，予算を決めたりする議決機関としての仕事を行っている。一方，首長は予算案を作成して議会に提出したり，議会の決定に基づいて実際に地域の政治を行う。地域の問題は住民の意思に基づいて解決するという理念を実現するために，住民の署名を集めることで，（　1　）の制定や改廃を求めたり，首長や議員の解職や議会の解散を求めたりすることができる（　2　）権が認められている。

(1) （　1　）（　2　）にあてはまる語句を漢字で答えよ。

　　　　　　　　　　　　　　　　　1〔　　　　　　　〕2〔　　　　　　　〕

(2) 下線部について，地方自治体の首長や議員について述べた文として正しいものを，次のア〜エから1つ選び，記号で答えよ。　〔　　　〕

　ア　都道府県知事の任期は6年で，市町村長の任期は4年である。

　イ　都道府県議会議員も市町村議会議員も立候補できる年齢は25歳以上である。

　ウ　都道府県知事も市町村長も立候補できる年齢は25歳以上である。

　エ　都道府県議会議員と市町村議会議員の任期はともに2年である。

頻出 **183** 〈市場経済〉 （愛媛・愛光高）

次の文章を読んで，あとの問いに答えなさい。

　消費者と生産者の間でさまざまなモノやサービスが自由に取引される場を市場といい，市場で決められる価格を市場価格という。市場価格の変動によって商品の需要量と供給量は変化する。例えば，ある商品の価格が高くなると，私たち消費者は，買う量（需要量）を減らそうとする。これに対し，その$_a$商品を生産する企業は，価格が高くなれば，作る量（供給量）を増やそうとする。このように価格は，消費者が需要量を決め，生産者が供給量を決めるための目安となる。この$_b$価格の変化を通じて需要量と供給量が決められていく経済を市場経済という。

(1)　下線部 a について，次の文中の[１]，[２]にあてはまる語句を，それぞれ漢字２字で答えよ。

　「企業の活動は，主に[１]を使って，[２]を得る目的で行われている。生産のために必要な工場や設備などを所有している人が労働者を雇い，商品を生産し販売する。商品の売り上げから生産にかかった費用を差し引いたものが[２]であり，その多くは[１]を準備した人のものとなる。このしくみは[１]主義経済と呼ばれる。」

１〔　　　　　　　〕　２〔　　　　　　　〕

(2)　下線部 b について，右の図は，縦軸がある工業製品１個の価格，横軸が取引される量を表し，線Aは価格と需要量の関係を，線Bは価格と供給量の関係を表している。この図を見て，次の問いに答えよ。

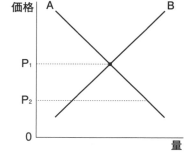

①　図中のP_1で示される需要と供給が一致する価格を何というか。答えよ。　〔　　　　　　　〕

②　ある工業製品の価格がP_2であったとする。このときの需要・供給と価格の関係についての説明として正しいものを，次のア〜ウから１つ選び，記号で答えよ。　〔　　　　〕

ア　この工業製品は過不足なく取引され，価格は変化しない。

イ　この工業製品は不足し，価格は上昇する。

ウ　この工業製品は余り，価格は下落する。

③　生産者が新しい性能のよい生産設備を取り入れ，今までよりもこの製品を大量に生産できるようになったとする。そのとき，図はどのように変化するか。正しいものを，次のア〜エから１つ選び，記号で答えよ。　〔　　　　〕

ア　線Aが右に移動する。　　イ　線Aが左に移動する。

ウ　線Bが右に移動する。　　エ　線Bが左に移動する。

184 〈消費・景気〉 （群馬・前橋育英高改）

次の各文章を読んで，あとの問いに答えなさい。

A　日本経済は，1990年代の初頭にバブル景気がはじけ不況となり，銀行は多額の①不良債権をかかえ込むことになった。その結果，企業の生産・投資はふるわなくなり，②家計の消費もふるわなくなった。

B （ ③ ）銀行は，景気の波を平坦にし，④物価変動を和らげるための金融政策を実施している。
日本の（ ③ ）銀行は日本銀行である。

(1) 下線部①について，不良債権の説明として正しいものを，次のア～エから1つ選び，記号で答えよ。　　　　　　　　　　　　　　　　　　　　　　　　　　　　　　　　　　　〔　　〕

ア　債権者が債務者からお金などを回収できなくなること。

イ　債務者が債権者からお金などを回収できなくなること。

ウ　債務者が返済できなくなった場合，代わって日本銀行が債権者に対し返済すること。

エ　債権者が返済できなくなった場合，日本銀行が債務者に対し貸し付けること。

(2) 下線部②について，家計の消費支出のうち，サービスを消費することにあたるものを，次のア～エから1つ選び，記号で答えよ。　　　　　　　　　　　　　　　　　　　　　　　　　　　〔　　〕

ア　所得税を納める　　　イ　銀行に預金する　　　ウ　バスの運賃を支払う　　　エ　衣服を購入する

(3) （ ③ ）に共通してあてはまる語句を，漢字2字で答えよ。　　　　　　　　〔　　　　　　〕

(4) 下線部④について，不景気の時に見られるデフレーションの状態を，次のア～エから1つ選び，記号で答えよ。　　　　　　　　　　　　　　　　　　　　　　　　　　　　　　　　〔　　〕

ア　貨幣の価値は上がり，雇用が増え失業率は下がる。

イ　貨幣の価値は上がり，企業の利潤は減少する。

ウ　貨幣の価値は下がり，所得が固定されている人たちの生活は悪化する。

エ　貨幣の価値は下がり，労働者の賃金は下がる。

---

185 〈消費・価格〉　　　　　　　　　（熊本・真和高）

次の問いに答えなさい。

(1) クレジットカードについて，次の問いに答えよ。

① クレジットカードによる商品の購入は，右図のようなしくみによって行われる。図のX～Zにあてはまるものを，次のア～ウから1つずつ選び，記号で答えよ。

ア　代金のたてかえ払い　　　イ　商品の販売

ウ　口座からの代金の支払い　　　　　　X〔　　〕Y〔　　〕Z〔　　〕

② クレジットカードを使って買い物をする場合，消費者にとって便利な点と，消費者として注意すべき点を，それぞれ[　　　]に指定した語句を使って説明せよ。

ア　消費者にとって便利な点[現金]　　　イ　消費者として注意すべき点[支払い]

ア〔　　　　　　　　　　　　　　　　　　　　　　　　　　　　　　　　　　　〕

イ〔　　　　　　　　　　　　　　　　　　　　　　　　　　　　　　　　　　　〕

(2) 次の①～③の料金はどのように定められているか。あてはまるものを，あとのア～ウから1つずつ選び，記号で答えよ。

① 鉄道・バスなどの運賃や電気・ガス・水道などの使用料金　　　　　　　〔　　〕

② 社会保険診療報酬，介護報酬　　　　　　　　　　　　　　　　　　　〔　　〕

③ 公営水道料金，公衆浴場入浴料，公立学校授業料　　　　　　　　　　〔　　〕

ア　国会や政府が決定している。　　　イ　政府が認可・上限認可している。

ウ　地方公共団体が決定する。

186 〈消費者問題〉 　　　　　　　　　　　　　　　　　　　　　　　　　　　　　　　（京都・大谷高）

次の文章を読んで，あとの問いに答えなさい。

　1960年代，日本では消費者問題が大きな社会問題となりました。これに対処するため，1968年には消費者保護基本法が制定され，①消費者を保護するための仕組みが整えられました。その後，製造物責任法が制定され，次いで②契約上のトラブルから消費者を保護する消費者契約法も制定されました。

　一方で，私たち消費者も，消費生活を通じて環境汚染やごみ問題を引き起こしています。資源の節約や環境に配慮した消費を行う責任が私たちにはあります。

(1)　文中の下線部①について，訪問販売や電話勧誘などで商品を購入した場合，購入後8日以内であれば消費者側から無条件で契約を解除できる制度を何というか，答えよ。

〔　　　　　　　　　　　　〕

(2)　文中の下線部②について，消費者契約法では，契約を結んでから5年以内で，違法と気づいてから1年以内であれば，契約を取り消すことができる。この消費者契約法により契約の取り消しができるケースとして誤っているものを，次のア〜エから1つ選び，記号で答えよ。　　　　　〔　　　　〕

　ア　「あなたの持病に効きますよ」と説明されて錠剤の健康食品を購入したが，指示通りに飲み続けても効果がなく，医者に聞きに行くと「それは，あなたの持病には効かないものだ」と言われた。事実と異なる内容を説明されていたことに気がついたので，この契約を取り消したい。

　イ　「日当たりがとても良いですよ」と説明されたためマンションを購入したが，その直後，隣に高層ビルが建ち，日当たりが悪くなった。販売員はこれを事前に知っていた。都合の悪い事実をかくされた状態で契約したので，この契約を取り消したい。

　ウ　A社でスマートフォンを購入・契約したが，友人に「B社なら，もっとお得な通信プランがあるよ」と紹介してもらった。B社と契約を結び直したいため，この契約を取り消したい。

　エ　健康的に眠れるふとんをすすめられ，「いらない」と言って帰ろうとすると，ドアのところに販売員が立っており，部屋から出るのを止められた。小部屋に閉じ込められた状態で恐くなったため，仕方なく契約した。意思に反した契約だったため，この契約を取り消したい。

187 〈消費〉 　　　　　　　　　　　　　　　　　　　　　　　　　　　　（鹿児島純心女子高図）

英子さんが近所のコンビニエンスストアで買い物をした時にあることに気づいた。このことについて，次の問いに答えなさい。

(1)　カップめんを購入したところ，容器にはアレルギー物質の表示や，次のようなさまざまな注意をうながすマークが記載されていた。これは製造物の欠陥や不十分な表示により何らかの被害が生じた場合，その賠償をメーカーに請求出来るという法律に対応したものである。この法律を何というか，答えよ。

マーク

〔　　　　　　　　　　　　〕

(2)　レジで受け取ったレシートをみると，2019年10月から消費税が10％となったにもかかわらず，カップめんなどの食料品（持ち帰りの場合）の税率は以前と同じ8％のままであった。このように，食料品や新聞（定期購読の場合）などの特定の商品の税率に例外が設けられているのは，どのような理由からか。答えよ。

〔　　　　　　　　　　　　　　　　　　　　　　　　　　　　　　〕

(3) 帰りぎわに店の入り口に下のような**貼り紙**があったため，調べてみると，コンビニエンスストアの店舗数・売上高は全国的に伸びていることが分かった（グラフ参照）。業績が好調なコンビニエンスストアが営業時間短縮をうち出した理由とその改善策について最も適当なものを，次のア〜エから1つ選び，記号で答えよ。〔　　　〕

貼り紙

グラフ
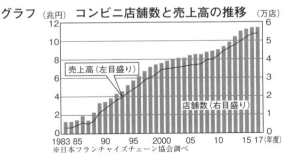

ア　同じグループ店どうしの競合を避けるのが目的であるため，営業時間をずらして対応する。

イ　高齢化により夜間の売り上げが伸び悩んでいるため，深夜の営業をやめ高齢者向けの商品やサービスを増やすなどして対応する。

ウ　競合店の増加により人材確保が難しくなってきたため，外国人を雇用したり，賃金・手当てなどの待遇を改善することで対応する。

エ　全国的な電力不足が原因であるため，自家発電の設備を導入して対応する。

(4) 右は「かごしまブランド」のマークである。かごしまブランドとは全国的に特に高い評価を受けている鹿児島の農畜産物で，2021年10月現在45品目が指定されている。このうち，**黒豚・さつまいも以外**の指定品目を1つ答えよ。〔　　　　　　〕

188 〈企業〉

（東京・お茶の水女子大附高）

次の文章を読んで，あとの問いに答えなさい。

　近年，企業の不祥事が相次いでいる。不祥事は消費者を不安にするだけではなく，その被害が①株主にも及ぶことがある。本来，②株式会社の経営者には，収益の一部を株主に配当として還元する責任があるからである。

　不祥事の背景の1つには，利益を最優先させて消費者の安全を軽視したり，法律などのルールを無視したりするなどの，企業の倫理観の欠如がある。最近は，法律やルールを守るというコンプライアンス（法令遵守）がより重視されるようになった。③これからの企業にはコンプライアンスの意識を持ち，慣行的に行われてきた法令違反を排除していく努力が求められている。

(1) 下線部①の株主は，株式の自由売買の権利を持つ。全国4か所にある，株式が売買されるところを何というか。答えよ。〔　　　　　　〕

(2) 下線部②について，次の文中の（　A　），（　B　）にあてはまる適切な語句を答えよ。

　株式会社においては，（　A　）で会社の具体的な仕事の方針を決定し，（　B　）で会社の基本的事項，取締役・監査役の選任などの決議を行う。

A〔　　　　　〕　B〔　　　　　〕

難 (3) 下線部③について，企業の社会的責任として，社会的貢献という観点から行われている芸術的・文化的支援を何というか。答えよ。〔　　　　　　　〕

189 〈日本銀行〉

次の文章を読んで，あとの問いに答えなさい。

国家の金融の中心となり，通貨の量を調整し，金融政策を実施する銀行を中央銀行という。日本の中央銀行は日本銀行である。

日本銀行の機能は３つある。第一に，日本で紙幣を発行できる唯一の銀行（発券銀行）であるという事。第二に，（　　　）の銀行として，銀行などの金融機関に対して資金を貸したり預かったりしている事。第三に，政府の銀行として，政府の財政資金の出し入れなどをおこなう事である。

(1) 空欄に入る適語を答えよ。〔　　　　　　　〕

(2) 下線部について，日本銀行は経済全体に流通する通貨の量を調節し，その価値を保つ役割を果たしているが，このような制度を何というか答えよ。〔　　　　　　　〕

190 〈生産・流通〉

次の文章を読んで，あとの問いに答えなさい。

資本主義経済の代表的な私企業は株式会社であるが，株式会社は，①株式を発行することによって多額の②資本を集めることができる。株式を買った人＝出資者は，持ち株数に応じて利益の分配＝配当を受け取る。株式会社の最高決定機関は株主総会であるが，ここでは会社の経営方針を決定し，会社の経営に責任を持つ社長や専務など取締役を選出する。このときの③決定方法は，多数決による議決であるから，株式会社で一番力があるのは（経営権を握っているのは），一番多く株式を買った出資者ということになるだろう。

株式会社などで生産された商品が，消費者の手に届くまでの過程を流通というが，これを支えている代表的な仕事が商業である。具体的には，生産者から商品を仕入れて別の商店に売る　A　業と，　A　業から商品を仕入れて消費者に売る小売業がある。したがって，商品の価格も商品流通を経て，生産者価格→　A　価格→小売価格というように，経費と利益が上積みされていき，消費者は小売価格で商品を買うことになる。

(1) 　A　にあてはまる語句を答えよ。〔　　　　　　　〕

(2) 下線部①について，株式とは何か。簡潔に説明せよ。
〔　　　　　　　　　　　　　　　　　　　　　　　　　〕

(3) 下線部②について，会社は，資本で商品の生産に必要なものをそろえる。これは，土地や工場，機械などの生産設備と労働力（労働者）と，あと１つは何か。答えよ。〔　　　　　　　〕

難 (4) 下線部③の理由は，ある原則に基づいて，多数決による議決が行われるからである。その原則を簡潔に答えよ。〔　　　　　　　〕

191 〈流通〉

スーパーマーケットが行っている流通の合理化にあてはまらないものを，次のア〜エから１つ選び，

記号で答えなさい。〔　　　〕
ア　商品を生産者から直接仕入れる。　　　イ　大規模な流通センターを設けている。
ウ　独自のブランドの商品を開発している。　エ　多品種少量の品ぞろえをめざしている。

192 〈為替①〉　　　　　　　　　　　　　　　　　　　　　　　（大阪・関西大倉高）

円高・円安とその影響について述べた文として正しいものを，次のア～エから1つ選び，記号で答えなさい。〔　　　〕

ア　1ドル＝100円の交換レートが1ドル＝90円に変化するような状態を，「円安になる」という。

イ　海外旅行でお土産を買うために10万円用意した。この場合，1ドル＝100円のときよりも，1ドル＝200円のときのほうが，よりたくさんのお土産を買うことができる。

ウ　円安になると，海外から商品を輸入するときに安く買えることになるので，主に海外の商品を輸入して日本国内で販売している企業にとっては都合が良い。

エ　200万円の車をアメリカに輸出する場合，1ドル＝100円のときよりも，1ドル＝200円のときのほうがよく売れる。

193 〈為替②〉　　　　　　　　　　　　　　　　　　　（北海道・函館ラ・サール高）

右の表は，日本とアメリカで店舗をかまえているハンバーガーショップにおける，ハンバーガーとコーヒーのセットの価格を比較したものである。

日本	400円
アメリカ	4ドル

現在の為替レートが1ドル＝85円と仮定したとき，X・Yの文の正誤の組み合わせとして正しいものを，あとのア～エから1つ選び，記号で答えなさい。ただし，この商品は同じものとする。

> X．商品の価格を日米で比較してみると，1ドル＝85円の為替レートは，実情よりも円高・ドル安である。
>
> Y．1ドル＝85円の為替レートであるならば，日本のハンバーガーショップの価格は，アメリカの価格と比べて割高である。

ア　X－正　　Y－正　　　イ　X－正　　Y－誤　　　　　　　　〔　　　〕
ウ　X－誤　　Y－正　　　エ　X－誤　　Y－誤

194 〈財政の役割〉

(熊本マリスト学園高)

次の文章を読んで，あとの問いに答えなさい。

　政府の経済活動を財政という。財政には大きく分けて3つの役割がある。1つ目は，民間の企業では十分に供給できないものを，政府が代わって供給し，地域間のかたよりがないようにすることである。具体的には，道路・ダム・港などの社会資本をはじめ，警察・消防・教育・国防といった　1　を提供することである。このような政府の役割を財政の資源配分機能という。2つ目は，所得の多い人ほど，税率を高くして高い税を負担してもらう一方，生活保護などの社会保障を行うことで，所得の格差を少なくすることである。生活保護費の支給などを通じて，所得の格差を調整するこのような役割を所得の　2　機能という。3つ目は，景気循環の大きな変動に対し，中央銀行が行う金融政策と協調しながら，財政政策という手段によって景気変動の波を小さくする役割を担っている。このことを景気の　3　機能という。

(1)　　1　～　3　にあてはまる語句を答えよ。

　　　　　　　　　　1〔　　　　　　　　〕2〔　　　　　　　　〕3〔　　　　　　　　〕

(2)　財政について，次の①～③の各文の　　　　にあてはまる語句を答えよ。

　①　政府の収入を歳入，支出を歳出といい，政府が日常的な活動にあてる部分を　　　　予算という。

　②　歳出と歳入は均衡していることが望ましいのであるが，歳出に対して歳入が不足することがある。この場合，政府が国民に借金することでその不足を補うことになる。このとき発行するものを　　　　という。

　③　政府が行う投資や融資で，「第二の予算」とも言われ，住宅・道路などの整備，中小企業の振興などを目的とするものを　　　　という。

　　　　　　　　　　①〔　　　　　　　　〕②〔　　　　　　　　〕③〔　　　　　　　　〕

新傾向 195 〈経済の循環〉

(鹿児島県)

資料は経済の循環を示したものである。X，Yに入る語句と，ⅰ，ⅱの説明の組み合わせとして最も適当なものを，あとのア～エから1つ選び，記号で答えなさい。　〔　　　　　〕

ア　X－政府　　　　　　Y－企業
　　ⅰ－税金を納める　　ⅱ－労働力を提供する

イ　X－政府　　　　　　Y－企業
　　ⅰ－労働力を提供する　　ⅱ－税金を納める

ウ　X－企業　　　　　　Y－政府
　　ⅰ－税金を納める　　ⅱ－労働力を提供する

エ　X－企業　　　　　　Y－政府
　　ⅰ－労働力を提供する　　ⅱ－税金を納める

資料

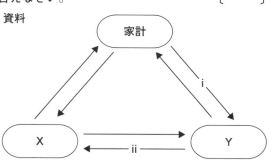

196 〈租税〉

（福岡・西南女学院高）

次の問いに答えなさい。

(1) 所得税や住民税は，所得が多くなればなるほど税率が高くなる制度がとられている。この制度を何というか。答えよ。　〔　　　　　　〕

(2) 消費税などの間接税にはどのような問題点があるか。説明せよ。

〔　　　　　　　　　　　　　　　　　　　　　　　　　　　　　　　　　　　〕

新傾向 **197** 〈歳出・税収〉

（大分県）

右の資料Ⅰは，消費税率引き上げに関する新聞記事の一部である。また，資料Ⅱは1990年と2017年の日本の歳出総額の内訳を，資料Ⅲは日本の歳出と税収の推移を示している。消費税率引き上げの要因として考えられることを，資料Ⅱ，資料Ⅲを参考にして答えなさい。

〔　　　　　　　　　　　　　　　　　　　　　　　　　　　　　　　　　　〕

資料Ⅰ

消費税、来年10月に10％　首相表明

軽減税率　準備を加速

安倍晋三首相は15日の臨時閣議で，消費税率を予定通り2019年10月に10％へ引き上げる方針を表明し，景気対策の具体化を指示した。「（中略）経済に悪影響が出ないよう「あらゆる施策を総動員する」と述べた。

（「大分合同新聞　2018年10月16日」共同通信配信による）

資料Ⅱ

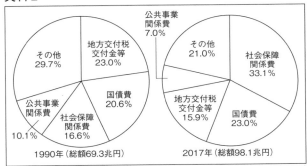

1990年（総額69.3兆円）
- その他 29.7%
- 地方交付税交付金等 23.0%
- 公共事業関係費 7.0%
- 国債費 20.6%
- 社会保障関係費 16.6%
- 公共事業関係費 10.1%

2017年（総額98.1兆円）
- その他 21.0%
- 社会保障関係費 33.1%
- 地方交付税交付金等 15.9%
- 国債費 23.0%

（「財務省ホームページ」による）

資料Ⅲ

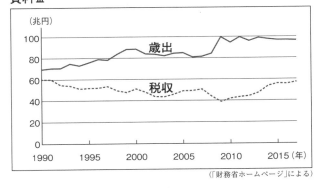

（「財務省ホームページ」による）

198 〈社会保障〉

（千葉・芝浦工業大柏高）

次のⅠ～Ⅳのうち，日本の社会保障について正しく述べた文はいくつあるか。最も適当なものを，あとのア～エから選び，記号で答えなさい。　〔　　　　〕

Ⅰ　日本の社会保障制度は，日本国憲法第25条に定められた生存権などにもとづいている。

Ⅱ　社会保険のうちの介護保険には，20歳以上の人が加入することになっている。

Ⅲ　立場の弱い人を支援する社会福祉には，生活保護などがある。

Ⅳ　感染症の予防や予防接種などは，公的扶助に含まれている。

ア　1つ　　　イ　2つ　　　ウ　3つ　　　エ　4つ

199 〈社会保険〉

社会保険の説明として最も適切なものを，次のア〜エから１つ選び，記号で答えなさい。

〔　　　〕

ア　介護保険とは，消費税の中から保険料が支払われ，介護を必要とする人たちが介護サービスを受けることができる制度である。

イ　雇用保険とは，働いている人が全額保険料を支払い，会社を解雇された時に給与の一部に相当する金額を受け取ることができる制度である。

ウ　健康保険とは，民間の保険会社に保険料を支払い，日本全国の病院で受診した際に一部の自己負担で診療を受けることができる制度である。

エ　労災保険とは，事業主が保険料を支払い，勤務に関係して発症した病気や勤務中のけがの際に支払われる制度である。

頻出 **200** 〈労働三法〉

次の問いに答えなさい。

(1)　労働基準法の内容として誤っているものを，次のア〜エから１つ選び，記号で答えよ。

ア　労働時間は，１日８時間，１週40時間までと定められている。　　〔　　　〕

イ　労働条件は，使用者と労働者が対等な立場で決定する。

ウ　使用者は労働者に対して，毎週少なくとも２回の休日を与えなければならない。

エ　使用者は，労働者が女性であることを理由として，賃金について，男性と差別的取り扱いをしてはならない。

(2)　次の文中の（　　　）に入る適切な語句を答えよ。　　〔　　　　　　〕

「労働三法とは，労働基準法，労働組合法，労働（　　　）法である。」

新傾向 **201** 〈労働をめぐる動き①〉

次の文章を読んで，あとの問いに答えなさい。

　日本では，定年まで１つの企業で働く終身雇用制や，勤務年数に応じて役職や賃金が上昇する（　　　）制度が長い間維持されてきた。しかし，景気の低迷や経済のグローバル化にともなう経営の効率化などにより，このような制度を維持することが難しくなってきた。そこで，年数を限って雇用する任期制や，能力・実績に応じて年収を決める年俸制を導入する企業が増えてきた。また，経営の効率化をはかるため，パートタイム労働者や①派遣労働者などの非正規従業員を多く採用する企業も増えてきた。その結果，家計の経済格差が指摘されるようになった。とくに②若者の雇用は不安定になり，フリーターや派遣社員，失業者の増加が社会問題となっている。

(1)　（　　　）にあてはまる語句を答えよ。　　〔　　　　　　〕

難 (2)　下線部①について，平成24年に労働者派遣法が改正され，短期の派遣（日雇派遣）が原則として禁止された。何日以下が禁止となったか。答えよ。　　〔　　　〕日以下

(3)　下線部②について，非就業者の中にはニートと呼ばれる人たちがいる。ニートの説明として正しいものを，次のア〜エから１つ選び，記号で答えよ。　　〔　　　〕

ア　正規の就労を希望し活動しているが，まだ就職先が決まらない人。

イ　就学も就労もせず，独身で，これといった収入をともなう仕事をしていない人。

ウ　アルバイトを希望し活動をしているが，まだ自分に合ったよいアルバイトが見つからない人。

エ　パートを希望し活動をしているが，まだ条件に合うパートが見つからない人。

新傾向 **202** 〈労働をめぐる動き②〉　　　　　　　　　　　　　　　　　　　　　　　（大阪・四天王寺高囲）

次の問いに答えなさい。

(1)　次の文中の（　　　　）に該当する語句をカタカナで答えよ。　　　　　　　〔　　　　　　　〕

　　「労働者1人当たりの労働時間を短縮することによって雇用を増やし，多くの人に労働と収入を
　　与えようという（　　　　）の考えが広まった。」

(2)　非正規社員は，現在，日本の就労者のうち，どれぐらいの割合を占めているか。正しいものを，
　　次のア～エから1つ選び，記号で答えよ。　　　　　　　　　　　　　　　　　　〔　　　　　　　〕

　　ア　約3割　　　　イ　約4割　　　　ウ　約5割　　　　エ　約6割

新傾向 **203** 〈労働をめぐる動き③〉　　　　　　　　　　　　　　　　　　　　　　　　　　　（群馬県）

次の資料Ⅰは，部下にとって理解ある上司が増えるよう，行われている取り組みの1つである。この取り組みが広まることによって，どのようなことが期待できると考えられるか，資料Ⅱを踏まえて，簡潔に答えなさい。

〔　　　〕

資料Ⅰ　イクボス宣言

> 1．私は，仕事を効率的に終わらせ早く帰る部
> 　下を評価します。
> 2．私は，土日，定時以降には，仕事の依頼を
> 　しません。（できるだけ）
> 3．私は無駄に残らず，率先して早く帰ります。
> 4．「え，男なのに育休？」などとは絶対に思い
> 　ません。
> 5．私は，部下のどんな相談にも応じます。

資料Ⅱ　6歳未満の子供を持つ夫・妻の1日
　　　　当たりの育児時間（2016年）

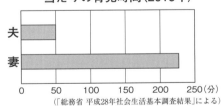

（「総務省 平成28年社会生活基本調査結果」による）

新傾向 **204** 〈ワーク・ライフ・バランス〉　　　　　　　　　　　　　　　　　　（栃木・作新学院高）

近年，「ワーク・ライフ・バランス」の重要性に注目が集まっている。この説明として正しいものを，次のア～エから1つ選び，記号で答えなさい。　　　　　　　　　　　　　　　　　〔　　　　〕

ア　すべての人が，最低限度の生活を送れるようなしくみをつくっていこうとする考え方。

イ　就労でも社会生活でも区別されることなく，普通の生活が送れる社会をめざそうという考え方。

ウ　一定の仕事をこなすことができる能力の有無を，昇進や昇給を決定する基準にする考え方。

エ　仕事と仕事以外の生活が調和できる社会の実現をめざそうとする考え方。

205 〈日本の企業形態〉　　　　　　　　　　　　　　　　　　　　　（愛知・東邦高）

次の文章を読んで，あとの問いに答えなさい。

　私企業は，農家や個人商店などの個人企業と複数の人々が資金を出し合って作る法人企業に大別できる。法人企業の代表的なものが a 株式会社であり，株式の発行によって得られた資金を基に設立される。公企業にも私企業にも b 労働者が在籍する。労働者は雇い主である使用者に労働力を提供し，その見返りとして使用者から賃金を受け取る。賃金や労働時間などの労働条件は，原則として労働者と使用者の間で，契約として自由に取り決めを行う。しかし，労働者は使用者に対して弱い立場にあるため，一人一人での交渉では不利な条件になってしまう。そのため，労働者は労働組合を結成し，労働条件の改善を使用者に要求するようになった。c また，国も労働組合の結成や労働争議を行うことを権利として認め，法律で保障している。

(1)　下線部 a について，株式を購入した出資者が利潤の一部を受け取るものを何というか。答えよ。
　　　　　　　　　　　　　　　　　　　　　　　　　　　　〔　　　　　　　　　〕

(2)　下線部 b について，アルバイトやパート，派遣労働者，契約労働者のような不安定な契約の労働者を何労働者と呼ぶか。答えよ。　　　　　　　　　　　〔　　　　　　　　　〕

(3)　下線部 c について，俗に労働三法と呼ばれるものを労働組合法以外で 2 つ答えよ。
　　　　　　　　　　　　　　　　　　　〔　　　　　　　　〕〔　　　　　　　　〕

206 〈日本経済の諸問題〉　　　　　　　　　　　　　　　　　　　（神奈川・法政大二高）

次の問いに答えなさい。

(1)　現代の日本の企業数について，中小企業の数は，全体のどれぐらいの割合を占めているか。次のア～エから 1 つ選び，記号で答えよ。　　　　　　　　　　　　　　　〔　　　　〕
　　ア　69%　　　　イ　79%
　　ウ　89%　　　　エ　99%

(2)　日本は，2007年にインドネシアと協定を結び，インドネシア人が日本で，ある職業に就くことを認め，国家資格試験に合格したインドネシア人はそのまま日本で働き続けられるようになった。日本によるインドネシアからの労働者の受け入れは，どのような分野において行われているか。次のア～エから 1 つ選び，記号で答えよ。　　　　　　　　　　　　　　　　〔　　　　〕
　　ア　営業・販売分野　　　　イ　看護・介護分野
　　ウ　農業分野　　　　　　　エ　工業分野

---

207 〈主権国家〉 (東福岡高)

国家の領域について述べた文として正しいものを，次のア〜エから１つ選び，記号で答えなさい。

〔　　　　〕

ア　国家の領域について，領土，領海，領空の３つからなるが，領空とは領土と領海の上空１万ｍまでをいう。

イ　領海については，わが国は，低潮（干潮）時の海岸線より200海里（１海里＝1,852ｍ）を主張している。

ウ　排他的経済水域内には外国の船舶が入ることは許されない。

エ　国家は，領土（領域），主権，国民の３つの要素からなっており，主権国家は自国の領土や国民の安全を外国に対して主張することが許される。

頻出 208 〈国際連合①〉 (東京・お茶の水女子大附高)

次の問いに答えなさい。

(1)　国際連合とその活動について述べた文として適切なものを，次のア〜ウから１つ選び，記号で答えよ。 〔　　　　〕

ア　総会はすべての加盟国からなり，年１回定期的に開かれるが，加盟国は総会の決議に従う義務はない。

イ　安全保障理事会のすべての理事国は拒否権をもっており，１カ国でも反対すると議案を採択することができない。

ウ　経済社会理事会は，侵略などの行動をとった国に対して，経済封鎖や軍事的措置を含む制裁を加えることができる。

(2)　国際連合の専門機関のうち，本部はジュネーブにあり，労働問題の改善を目的とする機関の略称を，アルファベットで答えよ。 〔　　　　〕

難 209 〈国際連合②〉 (鹿児島・ラ・サール高)

国際連合の安全保障理事会に関連する記述として，明らかに誤っているものを，次のア〜ウから１つ選び，記号で答えなさい。 〔　　　　〕

ア　安全保障理事会は，アメリカ・イギリス・フランス・ロシア・中国の常任理事国５か国と，総会で選出される任期２年の非常任理事国10か国で構成されている。

イ　安全保障理事会で，世界の平和と安全を維持するために経済制裁を実施する場合，５常任理事国を含む８か国の賛成が必要である。

ウ　安全保障理事会は，世界の平和と安全の維持に主要な責任を負い，国際紛争を調査し，解決方法を勧告する。さらに，国際連合憲章によれば，安全保障理事会は国際連合軍を組織し，侵略国に対して軍事行動を含む強制措置をとるよう，加盟国に求めることもできる。

210 〈国際連合③〉 （大阪教育大附高池田）

国際組織の説明として誤っているものを，次のア～エから１つ選び，記号で答えなさい。

〔　　　　〕

ア　国連難民高等弁務官事務所とは難民に国際的な保護を与え，本国への帰還や第三国への定住など
　の支援を行っている国連機関である。

イ　国連教育科学文化機関とは教育や科学，文化を通じて国際間の協力をはかり，世界の平和と安全
　を進めることを目的とする専門機関である。

ウ　国連経済社会理事会とはアメリカ・イギリスなどの５つの常任理事国と10か国からなる非常任理
　事国からなり，国際的な経済や社会文化の分野で調査報告を行う国連機関である。

エ　国連児童基金とは発展途上国の児童への食料・医薬品・医療などの援助を目的として設立された
　国連機関である。

211 〈領土問題・民族問題〉 （東福岡高）

次の１～４は，世界における領土問題や民族問題について述べた文である。これらの文が示してい
る地域を，地図中のア～エから１つずつ選び，記号で答えなさい。

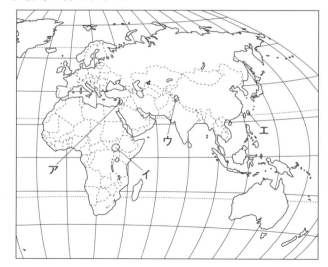

１　この地域は日本と中国の間で領有
　権を争っている地域であり，付近の海
　底には石油や天然ガスなどの地下資源
　があるといわれている。

２　インドとパキスタンが独立以来領
　有権を争っている地域である。

３　イスラエルと，パレスチナ人や周
　辺のアラブ諸国が対立してきた。

４　2011年，スーダンより分離し，「南
　スーダン共和国」として独立した。

１〔　　　　〕　２〔　　　　〕

３〔　　　　〕　４〔　　　　〕

212 〈核兵器と世界平和①〉 （愛知・中京大附中京高）

次の文章を読んで，あとの問いに答えなさい。

　アメリカ合衆国とソビエト社会主義共和国連邦（ソ連）が対立していた冷戦の時代には，核兵器を中
心とする軍備拡張競争がエスカレートし，人類は全面核戦争の瀬戸際に立たされた。このため，核
軍縮が国際連合の主要なテーマとなり，1978年から国連軍縮特別総会が開かれるようになった。以
後，アメリカ合衆国とソ連の核軍縮は徐々に進展し，1987年には両国の間で　①　全廃条約が結ばれ，
1991年には，アメリカ合衆国とソ連の間で第一次戦略兵器削減条約が結ばれた。更に，1996年の国連
総会では，　②　禁止条約が158か国の圧倒的多数で採択された。

(1)　①　にあてはまる最も適切な語句（略称）を，アルファベット３文字で答えよ。

〔　　　　　　　〕

(2)　②　にあてはまる最も適切な語句を，漢字６文字で答えよ。　〔　　　　　　　〕

213 〈核兵器と世界平和②〉

次の問いに答えなさい。

難 (1) 1957年にラッセルとアインシュタインのよびかけにもとづいて創設された，核兵器や戦争の廃絶を訴える科学者の会議を何というか。答えよ。〔　　　　　　　〕

難 (2) 「相手よりも強い核軍備を持っていれば，反撃されたときの被害を恐れて，相手が攻撃してこないはずだ」という考え方を何というか。答えよ。〔　　　　　　　〕

(3) 第二次世界大戦後において核兵器を保有していない国を，次のア〜クから1つ選び，記号で答えよ。〔　　　　　　　〕

ア　アメリカ　　イ　イギリス　　ウ　フランス　　エ　ドイツ　　オ　中国

カ　ロシア　　キ　インド　　ク　パキスタン

214 〈国際経済と地域統合〉

次の文章を読んで，あとの問いに答えなさい。

戦前の反省を踏まえて，戦後，新たな制度の下で国際経済秩序の再建がはかられることになった。戦後の国際経済秩序の柱となったのが，　①　（関税と貿易に関する一般協定）と　②　（国際通貨基金）という2つの制度である。

1948年に発足した　①　は，自由貿易を促進するために設けられた。自由貿易，無差別最恵国待遇，多角主義の三原則の上に立ち，その活動は，関税引き下げ，輸入制限の撤廃，その他の貿易障壁の排除など多岐にわたった。一方，　②　は1944年のブレトン・ウッズ協定にもとづいて設立された国連機関である。この世界経済体制の形骸化が指摘され始めたのは，保護貿易主義が1980年代に台頭し始めたころだった。1986年には　①　の場でウルグアイ・ラウンドが開始された。また，　①　を発展的に解消して，多角的貿易体制のルールを管理する国際機関として，　③　を設立することが決定された。こうした国際的な貿易体制の変化とともに，各国では自由貿易圏をつくる動きが顕著となった。地域貿易協定としては，1990年代には，アメリカ・カナダ・　④　の3か国によって構成される　⑤　，アジアでは　⑥　（ASEAN自由貿易圏）などが発足した。また，日本やアメリカを含む　⑦　（アジア太平洋経済協力会議）では，経済協力の構想が検討されている。ヨーロッパでは，1993年にマーストリヒト条約が発効し，ECから発展したEUが12か国で発足した。その後，EUは東欧へ拡大し，2013年には　⑧　が加盟し28か国となったが，2020年にイギリスが離脱した。

(1) 文章中の　①　〜　⑧　に入る語を，次のア〜テから1つずつ選び，記号で答えよ。

①〔　　　〕 ②〔　　　〕 ③〔　　　〕 ④〔　　　〕

⑤〔　　　〕 ⑥〔　　　〕 ⑦〔　　　〕 ⑧〔　　　〕

ア　AFTA　　　イ　FTA　　　ウ　INF　　　エ　NATO

オ　NAFTA　　カ　EEC　　　キ　IMF　　　ク　APEC

ケ　チェコ　　コ　エストニア　サ　クロアチア　シ　ヨーロッパ

ス　GATT　　セ　WTO　　　ソ　メキシコ　　タ　EPA

チ　OPEC　　ツ　TPP　　　テ　ブラジル

(2) 下線部について，2020年現在，EUの共通通貨であるユーロを導入していない国を，次のア〜エから1つ選び，記号で答えよ。〔　　　　　　　〕

ア　ドイツ　　イ　フランス　　ウ　イタリア　　エ　スウェーデン

(新傾向) **215** 〈世界同時不況〉 (東京・開成高)

次の問いに答えなさい。

(1) 2000年代には，世界同時不況が問題となった。これについて**誤っている文**を，次のア〜オから1つ選び，記号で答えよ。 〔　　　〕

ア　アメリカでサブプライムローンの仕組みが崩れ，金融機関が不良債権をかかえた。

イ　スペインやポルトガルなどの財政赤字が問題となり，共通通貨ユーロの価値が下がった。

ウ　G5（先進5か国財務大臣・中央銀行総裁会議）がニューヨークのプラザホテルで開催され，危機打開の合意を得た。

エ　ギリシャ政府による赤字隠しが発覚し，それをきっかけにギリシャ国債が値下がりし，対応が求められた。

オ　投資銀行リーマン・ブラザースが経営破綻したあと，不況が進行した。

(2) 世界同時不況に際し，主要国・地域の中央銀行の動向が注目されている。次のア〜ウは，アメリカ合衆国・日本・ヨーロッパ（ユーロ圏）の各中央銀行を英語の略称で示したものである。アメリカ合衆国の中央銀行にあたる働きをしているものを1つ選び，記号で答えよ。 〔　　　〕

ア　BOJ　　　イ　ECB　　　ウ　FRB

(頻出) **216** 〈地球環境問題①〉 (奈良・帝塚山高)

次の問いに答えなさい。

(1) 地球環境問題の記述として正しいものを，次のア〜エから1つ選び，記号で答えよ。

ア　酸性雨は一国単位の問題であるため，国際的な取り組みはなされていない。 〔　　　〕

イ　砂漠化を防止する取り組みが近年活発となっており，地球的規模で見るとその進行はくい止められている。

ウ　オゾン層の破壊の原因となる窒素酸化物や硫黄酸化物の排出が規制されている。

エ　地球温暖化は，人口の増加や発展途上国の成長などによる経済活動の活発化が大きな原因である。

(2) 地球環境問題に取り組む国際連合の常設機関の略称を答えよ。 〔　　　　　　　〕

217 〈地球環境問題②〉 (鹿児島・ラ・サール高)

地球環境問題に関連する記述として，明らかに**誤っているもの**を，次のア〜エから1つ選び，記号で答えなさい。 〔　　　〕

ア　1972年にスウェーデンのストックホルムで，「かけがえのない地球」をスローガンに国際連合人間環境会議が開催され，人間環境宣言が採択された。

イ　1992年にブラジルのリオデジャネイロで，国際連合環境開発会議が開催され，環境分野での国際的な取り組みに関する行動計画である「アジェンダ21」が採択された。

ウ　1997年に地球温暖化防止京都会議が開催され，二酸化炭素などの温室効果ガスの排出削減を先進国だけでなく発展途上国にも義務付ける京都議定書が採択された。

エ　2002年に南アフリカ共和国のヨハネスバーグで，持続可能な開発に関する世界首脳会議が開催され，持続可能な開発の実現へ向けての決意表明である「ヨハネスバーグ宣言」が採択された。

218 〈持続可能な開発〉

2030年に向けての持続可能な開発のための具体的目標である「SDGs(エスディージーズ)」が，2015年の国連総会において採択された。下のパネルは，SDGsに掲げられた17のグローバル目標を示したアイコンをまとめたもの(国際連合広報センターホームページより転載)である。あとの問いに答えなさい。

(1) 目標1「貧困をなくそう」に関連して，発展途上国の経済発展と生活向上を目的に行う日本のODA(政府開発援助)について述べた文として誤っているものを，次のア〜エから1つ選び，記号で答えよ。　〔　　〕

　ア　ODAによる資金提供は，1991年以降10年連続で世界第1位の実績を残した。

　イ　二国間ODAには，円借款等の有償資金援助と贈与等の無償資金援助がある。

　ウ　青年海外協力隊員の派遣や研修員の受け入れはODAの一環として行われている。

　エ　二国間ODAの地域別実績をみると，現在はアフリカの割合が最大となっている。

(2) 目標4「質の高い教育をみんなに」に関連して，教育・科学・文化の発展と推進を目的とした国連の専門機関として正しいものを，次のア〜エから1つ選び，記号で答えよ。　〔　　〕

　ア　UNESCO　　　イ　WHO　　　ウ　UNICEF　　　エ　ILO

(3) 目標5「ジェンダー平等を実現しよう」に関連して，男女が社会の対等な構成員としてあらゆる分野における諸活動に参画できるよう，日本で1999年に公布・施行された法律の名称を答えよ。

〔　　　　　　　　　〕

(4) 目標6「安全な水とトイレを世界中に」に関連して，「緑の大地計画」の下，アフガニスタンで井戸を掘り長大な農業用水路の建設に尽力している日本のNGO(非政府組織)の名称として正しいものを，次のア〜エから1つ選び，記号で答えよ。　〔　　〕

　ア　赤十字社　　　　　　イ　ペシャワール会

　ウ　国境なき医師団　　　エ　アムネスティ・インターナショナル

(5) 目標8「働きがいも経済成長も」に関連して，労働問題の用語について述べた文章の正誤の組み合わせとして正しいものを，次のア〜エから1つ選び，記号で答えよ。　〔　　〕

　①　仕事を分け合い，労働者間の業務量のバランスをとることをワーク・ライフ・バランスという。

　②　非正規労働者を中心に，低賃金で生活が苦しい状態にある働く貧困層をワーキングプアという。

　ア　①-正　②-正　　　イ　①-正　②-誤　　　ウ　①-誤　②-正　　　エ　①-誤　②-誤

219 〈発展途上国の問題〉 (熊本・真和高)

次の問いに答えなさい。

(1) 次の文章中の空欄 A , B にあてはまる語句を答えよ。

「第二次世界大戦後, 先進国の A にされていた多くの国々が独立した。それらの国では, 先進国が必要とする特定の農作物などの生産に, 経済活動が制限されていた。農作物などの価格は大きく上下するので, 独立した国の多くは経済発展が進まず, 先進国との格差はいっそう広がった。この経済格差の問題を, イギリスのオリヴァー゠フランクスは地球儀上でとらえて B と名付けた。」

A 〔   〕 B 〔   〕

(2) 発展途上国の間でも, 資源や産業をもつ国ともたない国との間で, 経済の格差が生まれてきた。この問題を特に何というか。答えよ。

〔   〕

(3) わが国のODA(政府開発援助)における発展途上国への好ましい技術支援の在り方について, 次の2つの語句を使用して答えよ。

語句(主権 環境)

〔   〕

220 〈食糧支援〉 (広島県)

国連食糧農業機関(FAO)に関して, 南スーダンに対する食料に関する支援について調べ, 次のメモを作成した。メモに示された支援ア・イは, どちらも食料不足への対応という点では同じだが, その目的には違いがある。支援ア・イの目的は, それぞれどのようなものだと考えられるか。メモをもとに簡潔に答えなさい。

ア 〔   〕

イ 〔   〕

メモ

南スーダンに対する食料に関する支援

ア 南スーダンでは, 干ばつによる被害と国内で起こった紛争により, 総人口の25%近くが飢餓状態に陥った。このため, 国際連合では, 南スーダンの各地に食料を輸送し, 人々に配布した。

イ 国際連合では, 病気や乾燥に強く比較的少ない肥料で栽培が可能な稲の普及に努めており, 非政府組織(NGO)とも連携して, この稲の栽培に必要な知識や技術を南スーダンの稲作普及員に習得させる研修プログラムを実施している。

---

221 〈政治・経済総合〉

次の文章を読んで，あとの問いに答えなさい。

　政府の行う経済活動の1つに，民間企業ではなかなか供給できないものを提供する活動がある。例えば，a道路・橋・港湾設備などや，公共サービスなどを提供することである。しかし，この活動を達成するためには資金が必要である。その資金の主たるものは，家計の収入の中から支払われる税金である。これは，日本国憲法に定められているb国民の三大義務の1つでもある。この税金の使い道を考えるのが政治の重要な働きといえる。もしも，1人の人間が政治を独裁した場合，国民生活を豊かにするという目的を持つ政府の経済活動が，c民間企業の目的と何ら変わらないこととなる。私たちが採用した政治形態は，独裁政治ではなく，d民主主義に基づく政治であり，国民主権と基本的人権の保障が根底にある形態である。このことを考えるならば，どのような考えを持つ人を国民の代表とするかというe選挙の重要性が理解できる。

(1) 下線部 a を総称して経済用語で何というか。漢字で答えよ。　　　〔　　　　　　　〕

(2) 下線部 b に関連して，日本国憲法と大日本帝国憲法に共通する国民の義務を，次のア〜エから1つ選び，記号で答えよ。　　　　　　　　　　　　　　　　　　　　　　〔　　　　　　　〕

　　ア　普通教育を受けさせる義務　　　イ　兵役の義務　　　ウ　納税の義務　　　エ　勤労の義務

(3) 下線部 c に関連して，この目的とは何か。文章の趣旨に合うように10字以内で答えよ。

　〔　　　　　　　　　　　　　　　　　　　　　　　　　　　　　　　　　　　　　　　〕

(4) 下線部 d に関連して，このような形態の考えをふり返ってみると，下の資料Ⅰ〜Ⅳの歴史的文書に思いあたる。各資料の文書名は，あとのW〜Zのいずれかである。正しい組み合わせを，あとのア〜エから1つ選び，記号で答えよ。　　　　　　　　　　　　　　　　〔　　　　　　　〕

資料Ⅰ	経済生活の秩序は，全ての人に，人たるに値する生存を保障することをめざす，正義の諸原則に適合するものでなければならない。
資料Ⅱ	主権のみなもとは，もともと国民の中にある。どのような団体や個人であっても，国民から出たものでない権力を使うことはできない。
資料Ⅲ	……人類の良心をふみにじった野蛮な行為は，人権についての無知とあなどりから起こったものである。それだからこそ，人々が言論と信仰の自由を持ち，恐怖と欠乏からまぬかれているような世界をむかえることが，人間だれしも最高の願いとして宣言されたのである。……
資料Ⅳ	われわれは，自明の真理として，全ての人は平等につくられ，造物主によって，一定の奪いがたい天賦の権利を付与され，その中に生命，自由及び幸福の追求の含まれることを信ずる。

　　W　世界人権宣言　　　X　アメリカ独立宣言　　　Y　ワイマール憲法　　　Z　フランス人権宣言

　　ア　Ⅰ−W　Ⅱ−X　Ⅲ−Y　Ⅳ−Z　　　イ　Ⅰ−X　Ⅱ−W　Ⅲ−Z　Ⅳ−Y

　　ウ　Ⅰ−Y　Ⅱ−Z　Ⅲ−W　Ⅳ−X　　　エ　Ⅰ−Z　Ⅱ−Y　Ⅲ−X　Ⅳ−W

(5)　下線部 e に関連して，次の問いに答えよ。

〔難〕　①　現行の選挙制度の説明として**誤っているもの**を，次のア〜エから１つ選び，記号で答えよ。

　　ア　現在の選挙は，普通選挙，平等選挙，議員を直接選出する直接選挙，無記名で投票する秘密選挙の４原則のもとで行われている。

　　イ　衆議院の小選挙区比例代表並立制では，小選挙区と比例代表両方に立候補できる重複立候補が認められている。

　　ウ　衆議院の小選挙区比例代表並立制では，選挙の際，有権者は小選挙区では候補者に，比例代表では政党に投票する。

　　エ　参議院の比例代表制は，有権者が政党名を書いて投票する仕組みとなっており，候補者名を書くことは認められていない。　　　　　　　　　　　　　　　　〔　　　〕

　②　1950年に制定された衆参両議員，地方議会議員などに関する選挙制度を定めている法律は，1990年代の改正で連座制の拡大や投票時間の延長が行われた。この法律名を，次のア〜エから１つ選び，記号で答えよ。　　　　　　　　　　　　　　　　　　　　　〔　　　〕

　　ア　公職選挙法　　　　イ　地方自治法　　　　ウ　政治資金規正法　　　　エ　普通選挙法

---

222 〈国際社会〉　　　　　　　　　　　　　　　　　　　　　　　　　　　（京都・大谷高）

次の文章を読んで，あとの問いに答えなさい。

　世界の政治や経済について話し合うサミットは，かつては先進国によって開催されるG8が中心でしたが，現在では①新興国が加わったG20も行われるようになりました。2019年，G20大阪サミットでの主な議題は，世界経済の現状とリスク，②データ流通のルールと課題，プラスチックごみ・温暖化対策などでした。また，夜には各国首脳らを歓迎する文化行事や夕食会も開かれました。首脳夕食会には37の国や国際機関から多数の出席がありました。そのため，ハラールなどへの対応を配慮しつつ，自然との共生のうえに成り立つ「和食」とともに日本の季節を感じてもらうべく，「世界基準の日本料理」が提供されました。

　グローバル化が進展し，各国どうしの相互依存が進むなか，政府がこうした場を通して，経済に関する交渉に積極的に関わることはとても大切です。しかし，外交を担うのは政府だけではありません。国際問題の解決に取り組むNGOや企業もたくさんあります。特に政府の援助が行き届きにくい分野では，これらNGOや企業と積極的に連携する必要があります。

　現代の世界には③地域紛争やテロリズムなどの「新しい戦争」がまん延していて，その背景には④貧困問題があると考えられています。こうした世界の問題を解決するための役割は，私たち一人ひとりが担っています。平和を実現し，持続可能な社会を築くためには，私たちが，地球に暮らすひとりの人間として，国境をこえて連携し，協力することが必要なのでしょう。

(1)　文中の下線部①について，新興国のうち，急速な経済成長を遂げているブラジル，ロシア連邦，インド，中国，南アフリカ共和国の５か国は総称して何と呼ばれているか，アルファベットで答えよ。　　　　　　　　　　　　　　　　　　　　　　　　　　　　〔　　　　　　　　〕

(2)　文中の下線部②について，現代の高度情報社会は，大量の情報にあふれている。こうした社会で求められる「情報リテラシー」の説明として正しいものを，次のア〜エから１つ選び，記号で答えよ。　　　　　　　　　　　　　　　　　　　　　　　　　　　　　　　〔　　　〕

　ア　現金のやりとりをしなくても商品を購入できるシステムのこと。

イ　個人情報の流出を防ぐためのセキュリティ・システムのこと。

ウ　いつでも，どこでも，誰とでも，すぐに双方向で情報をやり取りできること。

エ　情報を正しく選択したり，判断したりできること。

(3)　文中の下線部③について，次の文は，地域紛争などが原因で生じた人々について述べたものである。文中の空欄（　　　）にあてはまる語句を，漢字２字で答えよ。　　　〔　　　　　　　〕

> 　　（　　　　）と移民という言葉は一般的に，同じ意味で用いられることが多くなっていますが，この２つには大きな違いがあります。
> 　　（　　　　）とは，迫害のおそれ，紛争，暴力の広がりなどが原因で出身地域や出身国を逃れ，国際的な保護を必要とする人々のことを指しています。

(4)　文中の下線部④について，貧困問題の取り組みとして，途上国の人々が生産した農産物や製品を，その労働に見合う適切な価格で取り引きし，先進国の人々がそれらを購入することで，生産者の生活を支えるという取り組みがある。この取り組みを何というか。カタカナで答えよ。

〔　　　　　　　　　　　　　〕

223 〈公民総合①〉

(奈良・帝塚山高)

Ａさんのクラスの社会の授業では，自分の興味のある内容について，それぞれ調べ学習をしている。次の文章は，Ａさんとクラスメート３名の調べる内容について書かれたものである。これを読んで，あとの問いに答えなさい。

Ａさん：私の姉は，就職活動中で大変忙しそうにしています。私の兄はₐ公務員として充実した生活を送っています。その姿を見て私も将来どのような仕事に就きたいのか，どのような♭企業に就職したいのかを考えるようになりました。また，ₒ働く人たちの♩労働条件について調べたり，働くことの意味について考えてみたいです。

Ｂさん：毎日，ニュースや新聞ではₑ政治の話がよく取り上げられていて，私もとても興味があります。ただ，内容が難しく理解できないところもあるので，この機会に政治の中心である₁国会について調べ，よりニュースや新聞を楽しく理解できるようになりたいです。

Ｃさん：最近，円高だという話をよく聞きます。毎日，ニュースで表示される為替相場を見て，その変動に注目しています。円高は，私たちₒ消費者が日頃購入している商品の♩価格にも影響を与えます。円高の仕組みやその影響について詳しく知りたいです。

Ｄさん：2010年，横浜で₁APECが開かれ，多くの国々の間で経済に関する話し合いが行われました。このように様々な国と協力する方法は，今も世界中で続く₁地域紛争の解決や防止に役立つと思います。また，国同士の結び付きが特に強いEUは，2000年代から（　Ｘ　）ヨーロッパに拡大しており，その仕組みについても興味があります。

(1)　下線部ａについて述べた文として誤っているものを，次のア～エから１つ選び，記号で答えよ。

〔　　　　　　　〕

ア　近年公務員の行う仕事が単純化しており，公務員の仕事が国民になじみやすくなっている。

イ　高級公務員である官僚の政治に対する発言力が強く，官僚主義の弊害が指摘されている。

ウ　すべて公務員は全体の奉仕者であって，一部の奉仕者ではないと憲法に規定されている。

エ　一部の公務員が利害関係のある企業などに再就職する，天下りという問題が指摘されている。

(2)　下線部bについて，次の問いに答えよ。

①　日本における会社企業の半分以上を占める株式会社について述べた文として誤っているものを，次のア～エから1つ選び，記号で答えよ。〔　　〕

ア　株式会社は，必要とする資本を多数の株式に分けて発行することで資本を集める。

イ　株式会社が倒産した場合，株主は出資額以上に会社の損失を補う必要はない。

ウ　株主はお金が必要な時や株式会社の業績が良くない場合には，株式をいつでも売ることができる。

エ　株主は株主総会での議決権を持っているが，会社の利潤を配当として受け取ることはできない。

②　大企業は競争による不利益を避けようと互いの結び付きを強めることがある。その1つの形態であるカルテルの意味として適当なものを，次のア～エから1つ選び，記号で答えよ。
〔　　〕

ア　大きな銀行などの大企業が他の企業の株式を握って，その企業を子会社として支配すること。

イ　本業とはことなった産業・業種にまたがって，合併や買収を繰り返すことにより，巨大化すること。

ウ　同じ産業の各企業が，商品の生産量，価格，販売地域などについて協定すること。

エ　同じ産業の2つ以上の企業がそれぞれの独自性を排して合同し，1つの企業になること。

(3)　下線部cについて，各地にハローワーク（公共職業安定所）が設置されているが，この施設は憲法に定められている，ある権利を保障するためのものである。この権利を次のア～エから1つ選び，記号で答えよ。〔　　〕

ア　団体交渉権　　イ　団結権　　ウ　勤労権　　エ　団体行動権

(4)　下線部dについて，労働条件の基本的な原則について定めた「労働基準法」の内容として適当なものを，次のア～エから1つ選び，記号で答えよ。〔　　〕

ア　労働者を解雇することは使用者の自由であり，解雇に関する予告を労働者に対して事前にする必要はない。

イ　労働条件の最低基準を定めたものであり，使用者はこの基準より低い労働条件で労働者を働かせてはいけない。

ウ　労働者と使用者とは対等な立場で労働条件を決めることができないが，賃金は男女同一でなければならない。

エ　労働時間は1日8時間以内，1週48時間以内を原則とし，満15歳にならない児童を雇用してはならない。

(5)　下線部eについて，政治上の同じ主義・主張や政策をもって活動する団体である政党は，選挙の際に政策実現目標を定めた約束を掲げるが，この約束のことを何というか。
〔　　　　〕

(6)　下線部fの国会について述べた文として正しいものを，次のア～エから1つ選び，記号で答えよ。
〔　　〕

ア　国会における審議は，議員全員が出席する本会議と専門分野ごとの公聴会で行われる。

イ　国会には通常国会，臨時国会，特別国会があり，毎年全て開かれている。

ウ　国会は衆議院と参議院の二院から構成されており，より任期の長い衆議院が優越した権限を持つ。

エ　国会は国民の意思が反映される政治機関であるため，国権の最高機関と憲法で定められている。

(7)　下線部gに関する法律について，製品の欠陥によって消費者が被害を受けた場合，企業に過失がなくても，製造者である企業に被害の救済を義務付ける法律を何というか。漢字6字で答えよ。

〔　　　　　〕

(8)　下線部hについて述べた文として誤っているものを，次のア～エから1つ選び，記号で答えよ。

〔　　　　　〕

ア　一般に商品が余ると価格は上がり，そのことによって消費者は買い控え，需要と供給が調整される。

イ　水道や郵便などの公共料金は，国民生活の安定をはかるために，価格の決定に政府などが関わっている。

ウ　一般的に，生産者価格より卸売価格や小売価格の方が，卸売業者や小売業者の利潤や経費が加わるため高くなる。

エ　市場価格は競争市場での需要と供給の関係によって決まり，その価格によって需要と供給の量も決まってくる。

難(9)　下線部iについて，加盟国すべてがAPECに参加している組織を，次のア～エから1つ選び，記号で答えよ。

〔　　　　　〕

ア　USMCA　　　イ　OPEC　　　ウ　ASEAN　　　エ　NATO

(10)　下線部jについて，次の問いに答えよ。

①　国際連合には平和を脅かす事態や紛争を平和的に解決するため，停戦監視や選挙監視などの活動があり，日本も1992年からこの活動に参加している。この活動を何というか。アルファベットで答えよ。

〔　　　　　〕

②　地域紛争について述べた文として誤っているものを，次のア～エから1つ選び，記号で答えよ。

〔　　　　　〕

ア　アメリカとソ連という超大国の力による秩序が崩れたことは，冷戦後の地域紛争の原因の1つである。

イ　地域紛争は多くの難民を生み出し，国連難民高等弁務官事務所が，難民の保護や解決に取り組んでいる。

ウ　地域紛争は民族の違いが原因で起こることはあるが，宗教の違いが原因で起こることはあまりない。

エ　世界全体に存在する経済格差を是正することは，地域紛争を解決する1つの方法である。

(11)　文章中の空欄（　X　）には，東，西のどちらが入るか。答えよ。　　　〔　　　　　〕

224　〈公民総合②〉

(東京学芸大附高)

次の文章を読んで，あとの問いに答えなさい。

　市民革命をへて近代民主主義国家の時代になると，自由権をはじめとした①人権が重視され，主権者は国民であるとされるようになった。憲法にもとづく法の支配の考え方も浸透(しんとう)し，②三権分立が徹底されるようになった。

　資本主義の発達とともに自由権ばかりではなく，弱者の生存権を保障する社会権が重視されるようになり，ソ連や中国をはじめとした社会主義経済体制が出現したり，資本主義圏でも政府の財政支出

により社会保障政策を充実させる福祉国家づくりが進んだ。政府や企業とならぶ基本的な経済単位として，また地域社会における社会集団のもっとも基本的な生活単位として③家族があり，その中で幸福をめざした毎日のドラマが展開している。

　ソ連の崩壊と前後して東西冷戦構造は終わりを告げ，世界の市場が資本主義経済体制で統合されていく④グローバル化がいっそう進んでいる。財政破綻（はたん）から福祉国家も見直され，大きな政府から小さな政府への改革の流れの中で，自由競争を強調するあまり，強者と弱者の格差が拡大し，所得や財産の分配をめぐる問題が論議されるようにもなっている。

(1)　下線部①について，人権に関する法の説明として誤っているものを，次のア〜エから１つ選び，記号で答えよ。　　　　　　　　　　　　　　　　　　　　　　　　　　　　〔　　　〕

　ア　ワイマール憲法は，生存権を明記した世界で初めての憲法である。

　イ　日本は国際人権規約の自由権規約の中の第２選択議定書（死刑廃止条約）を批准（ひじゅん）していない。

　ウ　フランス人権宣言は，生まれながらにもっている権利として，自由，平等，プライバシーなどをあげている。

　エ　ILO条約は，国際的な労働基準を条約化したもので，批准国に対する法的拘束力（こうそく）をもつ。

(2)　下線部②について，国会や内閣に関する説明として誤っているものを，次のア〜エから１つ選び，記号で答えよ。　　　　　　　　　　　　　　　　　　　　　　　　　　　〔　　　〕

　ア　閣僚や内閣総理大臣に対する参議院の問責決議案には法的拘束力はないが，可決された場合，その後の閣僚の更迭（こうてつ）・退任や内閣総辞職などにつながることがある。

　イ　国務大臣は，必ず国民による選挙の信託を付された国会議員から選出されなければならない。

　ウ　両議院の議員は，議院で行った演説，討論又は表決について，院外で責任を問われない。

　エ　衆議院で可決し参議院で否決された法律案は，衆議院で出席議員の３分の２以上の多数で再可決すれば法律となる。

(3)　下線部③について，日本の家族に関する法の説明として最も適切なものを，次のア〜エから１つ選び，記号で答えよ。　　　　　　　　　　　　　　　　　　　　　　　　　　〔　　　〕

　ア　成年に達しない子は，父母の親権に服する。

　イ　３親等内の血族，配偶者，および６親等内の姻族は親族とする。

　ウ　男女とも20歳にならなければ，婚姻をすることができない。

　エ　子および配偶者が相続人であるときは，配偶者の相続分は３分の２とし，子の相続分は３分の１とする。

(4)　下線部④について，国際社会にみられるグローバル化に関する説明として誤っているものを，次のア〜エから１つ選び，記号で答えよ。　　　　　　　　　　　　　　　　　　〔　　　〕

　ア　ブラジル・ロシア・インド・中国のような国々の経済発展にともなう大量消費により，世界の鉄鉱石の価格は上昇傾向にある。

　イ　世界経済が深く相互依存するようになり，一国の経済危機が世界中におよんで，世界同時株安などの現象を引きおこすことがある。

　ウ　ネットワークを通じて，国家や企業のコンピューターに不正にアクセスする者があらわれ，セキュリティーの問題が重視されるようになっている。

　エ　WTOの貿易原則は，加盟国間の国内の環境保全や国民の健康保護を最優先する規制内容となっている。

225 〈公民総合③〉

次の文章を読んで，あとの問いに答えなさい。

　日本の権力分立のしくみには，①地方分権と三権分立がある。地方分権とは，権力を国に集中させないで地方公共団体に分割するしくみであり，三権分立は国の権力を国会が担当する立法権，内閣が担当する行政権，裁判所が担当する司法権に分割し，それぞれが抑制しあうしくみである。日本国憲法のもとでは，国会も内閣も裁判所も，憲法の規定にもとづいて割り当てられた仕事をするように求められており，②国会がつくる法律も，内閣が制定する（　A　）も，憲法に違反してはならない。

(1)　文章中の（　A　）にあてはまる語句を，漢字2字で答えよ。　〔　　　　　　　〕

(2)　下線部①について，日本の地方自治の現状に関して述べたものとして誤っているものを，次のア〜エから1つ選び，記号で答えよ。　〔　　　〕

　ア　首長と地方議会議員はともに住民による選挙によって選ばれ，議会には首長の不信任決議権が，首長には議会の解散権が認められている。

　イ　住民には首長や議員の解職などを求める直接請求権が認められており，地域の重要な問題については，住民投票条例にもとづく住民投票が行われることもある。

　ウ　市町村合併が進んで地方公共団体の規模が大きくなったため，地方税による税収が増加して，財政の面で国に依存しない地方公共団体が増加した。

　エ　地方分権一括法が施行されたことにより，国の仕事の多くが地方公共団体独自の仕事となり，地方公共団体はそれまでより自由に活動できるようになった。

(3)　下線部②について，次のa〜cの法律に関する問いに答えよ。

> a．環境問題や環境破壊に対処するために制定された法律。環境保全のための国の責務を明らかにし，地球環境保全のために国際協調の推進をめざす。
>
> b．洗濯機・冷蔵庫・テレビ・エアコンの4品目の家庭用電化製品について，製造会社などに使用済み製品の回収と再利用を義務づけた法律。
>
> c．公害防止につとめるため，企業・国・地方公共団体の責任などを明らかにした法律。この法律にもとづいて環境庁が設置された。

①　a〜cの法律名を解答欄にしたがって答えよ。

　　　a〔　　　　　　　〕基本法　b家電〔　　　　　　　〕法　c〔　　　　　　　〕基本法

②　a〜cを制定された年代の古い順に並べるとどうなるか。次のア〜カから1つ選び，記号で答えよ。　〔　　　〕

　ア　a→b→c　　　イ　a→c→b　　　ウ　b→a→c　　　エ　b→c→a

　オ　c→a→b　　　カ　c→b→a

地理・歴史・公民の融合問題 ▶解答→別冊 *p.46*

226 〈地理・歴史融合①〉 （茨城・常総学院高）

次に示すのは，ある中学生が万国博覧会について調べ，まとめたものである。これらに関連したあと
の問いに答えなさい。

> **A** 1851年，世界で最初の万国博覧会として，①ロンドン万博が開催されました。当時のイギリ
> スは18世紀末から始まった産業革命によって世界の中でも圧倒的な工業力をもっており，この
> 万国博覧会を開催することによって，その工業力を世界に知らしめることになりました。

> **B** 1867年，②パリでは2回目の開催となる万国博覧会が開催されました。この万国博覧会では，
> 展示会場のほかに，売店や遊園地，レストランなどが立ち並び，その後の万国博覧会のモデル
> となりました。また，この万国博覧会は，③日本が初めて正式に参加した万国博覧会です。

> **C** 1970年，「人類の進歩と調和」をテーマとする万国博覧会が，大阪府吹田市で開催されました。
> 当時の日本は④高度経済成長の時期にあたり，戦後復興した日本の姿を世界に示す機会となり
> ました。

> **D** 2005年，愛知県で，「自然の叡智」をテーマとし，⑤人間と自然が調和する豊かさを提唱す
> る万国博覧会が開催されました。この万国博覧会は「愛・地球博」ともよばれました。

(1) 下線部①に関連して，ロンドンには，0度の経線を示す本初子午線が通っている。日本の標準時
子午線は兵庫県明石市を通る東経135度の経線である。日本が4月10日午前7時であるとき，ロン
ドンの現地時刻は何日の何時になるか。午前・午後のどちらかを○で囲み，算用数字で答えよ。な
お，サマータイム（夏時間）は考えないものとする。 〔 日 午前・午後 時〕

(2) 次の文は，下線部②について述べたものである。文中の a ～ c にあてはまる語の組み合
わせとして正しいものを，あとのア～カから1つ選び，記号で答えよ。 〔 〕

> 暖流の北大西洋海流と a の影響を受けるため，ヨーロッパは，全体的に日本よりも
> b なのにもかかわらず，気候は温暖な西岸海洋性気候である。パリは，フランスの中では
> c に位置しているため海流の影響を受けにくく，冬の時期は寒さが強まることもある。

ア a－偏西風 b－高緯度 c－沿岸部
イ a－偏西風 b－低緯度 c－内陸部
ウ a－偏西風 b－高緯度 c－内陸部
エ a－季節風 b－低緯度 c－沿岸部
オ a－季節風 b－高緯度 c－沿岸部
カ a－季節風 b－低緯度 c－内陸部

(3) 下線部③について，次のⅠ～Ⅳは1860年から1869年までに日本でおきたできごとである。それら
を年代の古い順に並べたものを，あとのア～カから１つ選び，記号で答えよ。　　　〔　　　〕

| Ⅰ　薩長同盟 | Ⅱ　大政奉還 | Ⅲ　桜田門外の変 | Ⅳ　版籍奉還 |

ア　Ⅰ→Ⅱ→Ⅲ→Ⅳ　　　　イ　Ⅰ→Ⅲ→Ⅱ→Ⅳ　　　　ウ　Ⅰ→Ⅲ→Ⅳ→Ⅱ
エ　Ⅲ→Ⅰ→Ⅳ→Ⅱ　　　　オ　Ⅲ→Ⅰ→Ⅱ→Ⅳ　　　　カ　Ⅲ→Ⅱ→Ⅳ→Ⅰ

(4) 下線部④について，約19年間続いた日本の高度経済成長は，1973年におこった第四次中東戦争に
ともなう物価の大幅な上昇によって終わりを告げた。日本の経済に大きな打撃を与えた，物価の上
昇にともなう世界的な混乱を何というか。漢字４字で答えよ。　　　　　　　　〔　　　　　　　〕

(5) 下線部⑤に関連して，自然界に存在する熱やエネルギーを用いた発電方法について述べた文とし
て適当でないものを，次のア～エから１つ選び，記号で答えよ。　　　　　　　〔　　　〕

ア　風力発電所は，年間を通して風が吹く沿岸部に建設されることが多い。

イ　地熱発電所は，マグマの熱を利用するので，火山付近に建てられている。

ウ　太陽光発電は，各家庭や，学校などの公共施設でも行うことができる。

エ　水力発電所は，効率よく水を集められるよう，海岸沿いに設置されている。

227 〈地理・公民融合〉　　　　　　　　　　　　　　　　　　　　　　（佐賀・弘学館高）

日本の経済成長について示した次の年表を見て，あとの問いに答えなさい。

1956年…「もはや戦後ではない」という言葉が『経済白書』に登場した。 　　　　　　　①　病の患者が，公害病として初めて公式に確認された。 1962年…②輸入されるエネルギー資源の割合が，国内産を上まわった。 1964年…東京オリンピック開催。これにあわせて，初の新幹線が東京～新大阪を結んだ。 　　　　　いわゆる　③　での開発と工業化が進んだ一方で，④それ以外の地域から大都市圏への 　　　　　人口移動が加速した。 1970年…急速な人口流出により過疎地域となった離島や山間部の地域に対し，国の対策が始まっ 　　　　　た。 1973年…　①　病の裁判で，工場の廃水中の有機水銀による汚染が原因であると認める判決が出 　　　　　された。 　　　　　この年，円・ドルの為替相場が変動相場制に移行した。年末には中東での戦争をきっか 　　　　　けに第一次石油危機が発生し，翌年にかけて　⑤　が進行した。 1985年…為替相場で急激な　⑥　が進行した。 　　　　　このころ，高速道路や空港の整備が進み，⑦地方への工業の進出が進んだ。 1991年…「バブル経済」といわれた好景気が終了した。

(1)　[①]に入る地名を漢字で答えよ。また，この病気を含む，いわゆる「四大公害病」の発生地として誤っているものを，右の地図中のア〜オから1つ選び，記号で答えよ。　〔　　　　　〕

〔　　　　　〕

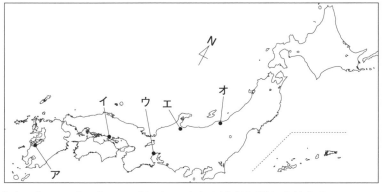

(2)　下線部②に関連して，次の文中の〔　A　〕〜〔　C　〕にあてはまる適当な語句を答えよ。

> それまで日本の発電の主力は〔　A　〕発電だったが，これ以後〔　B　〕発電が上まわった。九州北部や北海道ではこれ以後〔　C　〕が次々と閉鎖され，地域の経済の衰退が続いた。

A〔　　　　　〕　B〔　　　　　〕　C〔　　　　　〕

(3)　[③]にあてはまる適当な語句を6文字で答えよ。　〔　　　　　〕

(4)　下線部④に関連して，右のグラフは，次のア〜エのいずれかの都や県について，5年ごとの国勢調査における人口の増加率または減少率を示したものである。cにあたるものを，ア〜エから1つ選び，記号で答えよ。なお，グラフの数値が0％未満の場合は，人口が減少していることを示す。　〔　　　　　〕

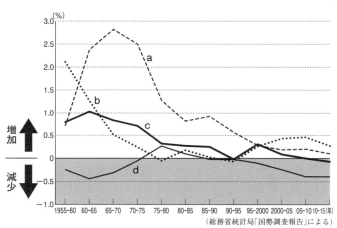

（総務省統計局「国勢調査報告」による）

ア　山形県　　イ　埼玉県　　ウ　東京都　　エ　兵庫県

(5)　[⑤]，[⑥]にあてはまる最も適当な語句の組み合わせを，次のア〜エから1つ選び，記号で答えよ。　〔　　　　　〕

ア　⑤…インフレーション　⑥…円高　　　イ　⑤…インフレーション　⑥…円安
ウ　⑤…デフレーション　　⑥…円高　　　エ　⑤…デフレーション　　⑥…円安

(6)　為替相場の変動は産業に大きな影響をおよぼす。これについて，次の問いに答えよ。

①　次の図は，為替相場の変動が，日本からの乗用車の輸出におよぼす影響について示したものである。図中の（　X　）にあてはまる適当な数値を，あとのア〜エから1つ選び，記号で答えよ。　〔　　　　　〕

1985年6月頃	日本円での価格	輸出	アメリカドルでの価格
1ドル＝約250円	200万円	→	約8,000ドル

↓

1986年6月頃	日本円での価格	輸出	アメリカドルでの価格
1ドル＝約160円	200万円	→	約（　X　）ドル

ア　5,000　　イ　7,500　　ウ　10,000　　エ　12,500

② 1985年頃におこった為替相場の変動が，当時の日本の製造業にあたえた影響を述べた文として誤っているものを，次のア～エから1つ選び，記号で答えよ。　　〔　　　〕

ア　日本に比べて賃金の低い，ASEANその他のアジア諸国などへの工場の移転が進んだ。

イ　今まで輸出していた製品を，現地で生産するため，アメリカなどへ工場の進出が進んだ。

ウ　輸入資源の価格が上昇し，原料を海外からの資源の輸入に頼っている業種の衰退が進んだ。

エ　輸出を中心とした大企業や，その関連工場である中小企業で，業績の悪化や閉鎖が進んだ。

難(7) 下線部⑦に関連して，地方へ進出した工業の種類には地域によって違いがある。次の表は，あとのア～エのいずれかの品目について，山形県，埼玉県，東京都，兵庫県の製造品出荷額(億円)の変化を示したものである。表中のcにあてはまる品目を，あとのア～エから1つ選び，記号で答えよ。

〔　　　〕

品目	山形県		埼玉県		東京都		兵庫県	
	1980年	1990年	1980年	1990年	1980年	1990年	1980年	1990年
a	595	464	4,475	4,774	6,727	5,000	20,752	17,084
b	268	474	2,775	7,473	34,046	55,605	1,272	2,249
c	2,691	9,185	11,566	31,386	30,117	50,318	9,749	22,340
d	380	827	14,787	27,999	14,020	21,945	5,688	9,049

(単位は億円。経済産業省「工業統計調査」による)

ア　印刷・出版　　イ　製鉄　　ウ　輸送用機械(自動車・船舶など)　　エ　電気機械

(8) 高度経済成長期を通じて，日本人の生活は大きく変化した。右のグラフのa～eは，次のア～オの製品のいずれかについて，日本の世帯への普及率を示したものである。cにあてはまるものを，ア～オから1つ選び，記号で答えよ。　　〔　　　〕

ア　カラーテレビ　　イ　乗用車
ウ　電気洗濯機　　エ　パソコン
オ　ビデオカメラ

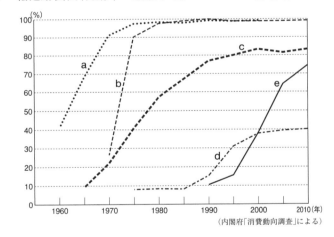

(内閣府「消費動向調査」による)

228 〈歴史・公民融合①〉

(愛媛・愛光高)

次の文章を読んで，あとの問いに答えなさい。

①大日本帝国憲法では，「大日本帝国ハ万世一系ノ天皇之ヲ統治ス」(第1条)，「天皇ハ神聖ニシテ侵スヘカラス」(第3条)と定め，天皇は国を治める統治権を持ち，神聖でその地位を侵すことはできないとされた。たとえば，帝国議会は天皇の持つ立法権を「協賛」するものであるとされ，内閣も天皇の政治を「輔弼(ほひつ)」し，天皇に対して責任を負うものとされた。

これに対し，②第二次世界大戦後に制定された日本国憲法は，前文において(　1　)が国民にあると宣言し，天皇については「天皇は日本国の(　2　)であり日本国民統合の(　2　)であって，この地位は，(　1　)の存する日本国民の総意に基づく」(第1条)，「天皇は③この憲法の定める国事に関する行為のみを行い，国政に関する権能を有しない」(第4条)と定められた。そして国会は，国

民による④選挙によって選ばれた代表者で構成され，国権の最高機関であり，国の唯一の立法機関であるとされた。さらに⑤内閣は，国会の指名する内閣総理大臣によって組織され，国会に対して責任を負うという⑥議院内閣制のしくみが整えられた。

(1) 文中の（ 1 ），（ 2 ）にあてはまる語句を答えよ。

1〔　　　　　　　〕 2〔　　　　　　　〕

(2) 下線部①について述べた文のうち，**誤っているもの**を，次のア〜ウから１つ選び，記号で答えよ。

〔　　　　〕

ア　ヨーロッパに派遣された伊藤博文が，ドイツの憲法を参考にこの憲法の草案を作った。

イ　この憲法では，国民の権利は法律の範囲内で保障されるとされた。

ウ　この憲法は，1890年に開かれた第１回帝国議会で承認されて公布された。

(3) 下線部②に関連して，第二次世界大戦末期の1945年７月に連合国側が日本に降伏を求めた宣言は何か。答えよ。　〔　　　　　　　　　〕

(4) 下線部③について，日本国憲法に定められた天皇の行う**国事行為ではないもの**を，次のア〜エから１つ選び，記号で答えよ。　〔　　　　〕

ア　国会を召集すること　　　　イ　栄典を授与すること

ウ　法律を公布すること　　　　エ　国務大臣を指名すること

(5) 下線部④に関連して，日本の国政選挙の原則について述べた文のうち，**誤っているもの**を，次のア〜ウから１つ選び，記号で答えよ。　〔　　　　〕

ア　所得に関係なく，１人１票の選挙権を有する。

イ　有権者は出口調査などでだれに投票したかを明らかにする必要がある。

ウ　有権者が候補者や政党に対して直接投票する。

(6) 下線部⑤について，日本国憲法に定められた**内閣の職務ではないもの**を，次のア〜エから１つ選び，記号で答えよ。　〔　　　　〕

ア　政令を制定すること　　　　イ　条約を締結すること

ウ　弾劾裁判所を設置すること　　エ　予算を作成し国会に提出すること

(7) 下線部⑥に関連して，次の問いに答えよ。

① 議院内閣制をとるわが国では，衆議院は内閣不信任の決議を行うことができる。これについて述べた次の文の空欄〈 X 〉，〈 Y 〉にあてはまる数字・語句を答えよ。

　　内閣不信任案が可決された場合，内閣は〈 X 〉日以内に衆議院を解散するか，〈 Y 〉をしなければならない。

X〔　　　　　　　〕 Y〔　　　　　　　〕

② 衆議院には参議院に比べ，さまざまな面で強い権限があたえられている。これについて述べた文のうち，**正しいもの**を，次のア〜ウから１つ選び，記号で答えよ。　〔　　　　〕

ア　衆議院が可決した法律案を参議院が30日以内に可決しない場合，衆議院の議決が国会の議決となる。

イ　衆議院が可決した予算を参議院が否決した場合，衆議院で出席議員の３分の２以上の多数で再可決されれば国会の議決となる。

ウ　内閣総理大臣の指名において，両院が異なった人を指名し，両院協議会でも意見が一致しない場合は，衆議院の議決が国会の議決となる。

229 〈地理・歴史融合②〉

（大阪・清風南海高）

次の図Ⅰで示した日本の島や諸島に関するA〜Dの文章を読み，あとの問いに答えなさい。ただし，諸島であっても問題の都合上，すべて島と表記している。また，縮尺はすべて異なっている。

図Ⅰ

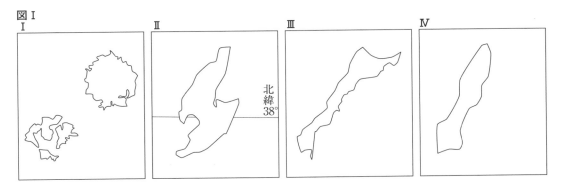

A　島の北と南に丘陵があり，その間に平野が広がっている。北の丘陵に_a_鉱山があったために，江戸時代は幕府の直轄地になっていた。_b_暖流が流れているため，冬の気温は県庁所在地よりも温暖で，雪も少ない。特別天然記念物の（　①　）が保護され，野生にもどす試みが行われている。

B　1543年に中国人や（　②　）人の乗った船が漂着し，日本に鉄砲が伝来した。この島では海岸で良質の_c_砂鉄がとれたことで，島で鉄砲が製造された。現在，宇宙航空研究開発機構のロケット発射場があり，衛星の打ち上げが行われている。

C　かつては流人の島で，政争に敗れた人たちが流されてきた。その中には鎌倉幕府を倒そうとした二人の上皇や天皇も含まれている。海岸線には断崖があり，冬，北西の（　③　）が強く吹き荒れた時は，大きな波が打ちつけられる。島の産業は水産業，観光業のほか，畜産業もあり，_d_牛が放牧されている。

D　1945年以降，現在の（　④　）が占拠した状態が続いている日本で6番目の広さの島である。視界のよい日は根室海峡を隔てて島を遠くに見ることができる。_e_近海はカニ漁やタラ漁などがさかんである。現在，（　④　）との返還交渉が断続的に続けられているが，解決にはいたっていない。

(1)　（　①　）〜（　④　）に入る最も適当な語句を答えよ。　　　　　　　　　①〔　　　　　　　〕

②〔　　　　　　　〕　③〔　　　　　　　〕　④〔　　　　　　　〕

(2)　下線部aについて，
図Ⅱはかつて下線部a
の鉱山で産出された資
源の2017年の生産量で
ある。この鉱産資源を
答えよ。

〔　　　　　　　〕

図Ⅱ　2017年　生産量

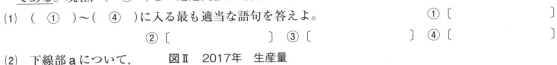

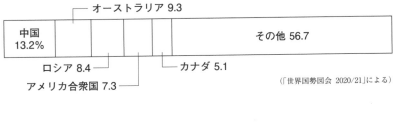

（「世界国勢図会 2020/21」による）

(3)　下線部bに関する次の問いに答えよ。

①　下線部bの海流を漢字で答えよ。　　　　　　　　　　　　　　　　〔　　　　　　　〕

②　次のア〜エの海流の中から暖流にあてはまるものを1つ選び，記号で答えよ。　〔　　　〕

ア　リマン海流　　　イ　ペルー海流　　　ウ　北大西洋海流　　　エ　千島海流

難(4)　下線部cについて，次ページの表Ⅰは鉄鉱石の生産量が10位以内に入るアメリカ合衆国，ブラジル，中国，南アフリカ共和国についてまとめたものである。南アフリカ共和国にあてはまるものを，

表I中のア〜エから1つ選び，記号で答えよ。　　　　　　　　　　　　　　〔　　　　〕

表I

	鉄鉱石生産量 （千トン）	粗鋼生産量 （千トン）	産業別人口割合（%）	
			1次産業	2次産業
ア	223,000	996,342	28.3	29.3
イ	269,000	32,236	10.2	20.9
ウ	30,300	87,927	1.6	18.4
エ	51,600	5,666	5.6	23.8

統計年次　鉄鉱石　2017年　粗鋼　2019年　産業別人口割合　アメリカ・ブラジル…2016年，中国・南アフリカ…2015年

（「世界国勢図会 2020/21　地理統計要覧 2020年版」による）

(5)　下線部dについて，この島では牛を春から秋にかけて自然放牧を行い，冬は畜舎で飼育している。アルプス山脈でも冬は畜舎で飼育し，夏は高地の放牧地に家畜とともに移動し，放牧する飼育形態が見られる。このような飼育形態を何というか。漢字で答えよ。　　　　　　〔　　　　〕

(6)　下線部eについて，図IIIは日本，アメリカ合衆国，中国，ペルーの漁獲量の推移を示している。日本にあてはまるものを図III中のア〜エから1つ選び，記号で答えよ。　　　　　〔　　　　〕

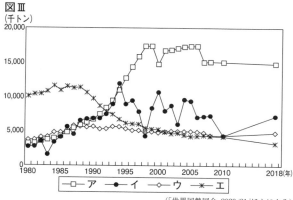

図III

（「世界国勢図会 2020/21」ほかによる）

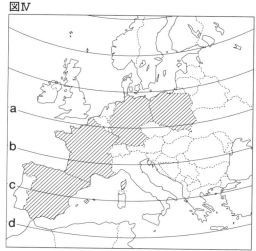

図IV

(7)　図I中のIIの島について，次の問いに答えよ。

①　図I中の緯線は北緯38度である。図IV中の緯線の中で，この緯線より南に位置する緯線はどれか。次のア〜エから1つ選び，記号で答えよ。ただし，図IVの緯線は10度ごとに引かれている。

〔　　　　〕

ア　a・b・c・d　　イ　b・c・d　　ウ　c・d　　エ　d

②　表IIは図IV中の斜線の国についてまとめたものである。表II中のRの国名を答えよ。

〔　　　　〕

表II

	自動車生産台数 （千台）	小麦生産量 （千トン）	観光到着数 （万人）
P	2,202	35,798	8,932
Q	4,661	20,264	3,888
R	2,822	7,990	8,277
S	650	9,820	1,962

統計年次　2018年　小麦生産量・観光到着数
　　　　　2019年　自動車生産台数

（「世界国勢図会 2020/21」ほかによる）

(8)　図Ⅰ中のⅢの島の名前を漢字で答えよ。また，その島を説明した文章を，Ａ〜Ｄから１つ選び，記号で答えよ。　　　　　　　　　　　　　　　島名〔　　　　　〕　説明文〔　　　〕

(9)　次の文章は一般的な離島の社会情勢や経済的状況を示したものである。空欄に入る最も適当な語句を漢字で答えよ。　　　　　　　　　　　　　　　　　　　　　　　〔　　　　　　　〕

> 「離島の多くは人口が少なく，本土との交通手段が限られていることなどが背景となり，社会情勢・経済的状況は極めて厳しい状況である。さらに少子高齢化，若年層の島外への流出などにより，地域に住む人々の生活に問題が生じる（　　　　）が進行している。特に近年は，行財政改革の影響もあり地域活力の低下が懸念されているところである。」

230　〈歴史・公民融合②〉　　　　　　　　　　　　　　　　　　　　　　　　（奈良・帝塚山高）

次の文章を読んで，あとの問いに答えなさい。

　「人権」の思想は，イギリスにおいて最も早く登場したといわれている。1215年の（　1　），1628年の権利請願，①1689年の権利章典は，「人権」の歴史について考えるとき，とても大きな意義を有するものである。

　現代の人権思想に大きな影響をあたえている近代的な人権宣言は，18世紀末に欧米でおこった近代市民革命とともに誕生した。②アメリカでは，③独立戦争中から1780年代にかけて，諸州の憲法や人権宣言などにおいて，多くの人権保障の規定が設けられた。そこでは，人権を生まれながらの権利として保障するものが見られる。また，④フランスでは，1789年の（　2　）牢獄襲撃に始まったフランス革命において，⑤社会契約説の影響を強く受けた⑥フランス人権宣言が制定された。この人権宣言では，「人は，自由かつ権利において平等なものとして出生し，かつ生存する」と定め，自由と平等という人権の根本的な理念を宣言している。これ以降，ヨーロッパ諸国では，近代的な憲法や人権宣言が次々と制定されていった。

　20世紀に入ると，国民生活における⑦実質的な平等の保障が求められるようになり，憲法で，国民の⑧福祉の向上に努める義務を国家に対して課すようになった。1919年に制定された（　3　）憲法は，「経済生活の秩序は，すべての者に⑨人間に値する生活を保障することを目的とする正義の原則に適合しなければならない」として，⑩社会的・経済的弱者の保護と，そのための国家の積極的活動の義務が定められた。さらに，人権思想の進展にともなって，「人権」を国内という限られた範囲においてのみ保障されるものととらえるのではなく，国際的にも保障しようとする考えが主張されるようになった。その最初の代表的な試みとしては，1948年12月10日に⑪国際連合総会で採択された（　4　）がある。そして，1966年には，国際連合総会でより強い法的な拘束力をもった（　5　）が採択された。

　第二次世界大戦後に制定された⑫日本国憲法は，これらの人類の多年にわたる自由獲得の努力の成果を具体化しており，私たちの日々の暮らしの基盤となっている。

(1)　文中の（　1　）にあてはまる語句をカタカナで答えよ。　　　　　　　　　〔　　　　　　　〕

(2)　下線部①は，前年に始まったできごとを受けて，イギリス議会が新国王に認めさせたものである。前年に始まったできごととして正しいものを，次のア〜エから１つ選び，記号で答えよ。〔　　　〕
　　ア　ピューリタン革命　　イ　三十年戦争　　ウ　名誉革命　　エ　東インド会社の設立

(3)　下線部②において，南北戦争中の1863年に第16代大統領リンカーンが「人民の人民による人民のための政治」と述べた演説が行われた場所を，次のア〜エから１つ選び，記号で答えよ。〔　　　〕
　　ア　ボストン　　イ　ゲティスバーグ　　ウ　フィラデルフィア　　エ　ヨークタウン

(4)　下線部③について，アメリカ独立戦争の指揮官として活躍し，合衆国初代大統領となったのはだれか。答えよ。　　　　　　　　　　　　　　　　　　　　　　　　　　　〔　　　　　〕

(5)　文中の（　2　）にあてはまる語句を答えよ。　　　　　　　　　　　　　　　〔　　　　　〕

(6)　下線部④において，現在でも公式に国の標語として採用されている，フランス革命のころに叫ばれ始めたスローガンは「自由，平等」ともう1つは何か。最も適当なものを，次のア～エから1つ選び，記号で答えよ。　　　　　　　　　　　　　　　　　　　　　　　　　　　　〔　　　　　〕

　　ア　正義　　　イ　善　　　ウ　博愛　　　エ　幸福

(7)　下線部⑤について述べた文として誤っているものを，次のア～エから1つ選び，記号で答えよ。
　　　　　　　　　　　　　　　　　　　　　　　　　　　　　　　　　　　　　　　〔　　　　　〕

　　ア　ルソーは，『社会契約論』において，国家の主権は人民にあるとした。

　　イ　ロックは，『統治二論』において，国民の意思に基づかない専制政治を批判した。

　　ウ　ルソーの著書は，内村鑑三により日本語に訳して出版され，自由民権運動に大きな影響をあたえた。

　　エ　ロックは，国民の権利を守るためには，国民の意思で政府をかえることができると説いた。

(8)　下線部⑥には，権力分立についての規定が存在する。この権力分立（三権分立）の考えは，モンテスキューの何という書物において主張されたものか。答えよ。　　　　　　　　〔　　　　　〕

(9)　下線部⑦について，現在のわが国の裁判例などを基準としたとき，許されない差別であると考えられるものを，次のア～エから1つ選び，記号で答えよ。　　　　　　　　　　　　〔　　　　　〕

　　ア　所得が多い人に対してのみ，多額の納税を求める法律を制定する。

　　イ　女子のみが受験し，入学することができる公立学校を設立する。

　　ウ　女性に対して，定年退職の年齢を男性よりも若く設定する。

　　エ　障がい者に対して，公共交通機関の利用料金を安く設定する。

(10)　下線部⑧について，わが国の社会保障制度に関して述べた次の文のうち最も適当なものを，次のア～エから1つ選び，記号で答えよ。　　　　　　　　　　　　　　　　　　　　〔　　　　　〕

　　ア　公衆衛生とは，老人，障がい者，母子（父子）家庭などに対して，自立や生活の安定をはかるためのものである。

　　イ　公的扶助とは，病気の予防や健康の管理，生活環境の整備などを行うものである。

　　ウ　社会保険とは，病気，失業，老齢などの際に生活を保護するために給付が行われるものである。

　　エ　社会福祉とは，生活保護法により貧しい人々に生活費などの給付が行われるものである。

(11)　文中の（　3　）にあてはまる語句を答えよ。　　　　　　　　　　　　　　　〔　　　　　〕

(12)　下線部⑨と同様の考えから，日本国憲法においては第25条で「健康で文化的な最低限度の生活を営む権利」を保障している。この日本国憲法第25条で保障される権利を何というか。答えよ。

　　　　　　　　　　　　　　　　　　　　　　　　　　　　　　　　　　　　　　　〔　　　　　〕

(13)　下線部⑩について，労働者を保護するために，わが国において制定されている労働三法として誤っているものを，次のア～エから1つ選び，記号で答えよ。　　　　　　　　〔　　　　　〕

　　ア　労働組合法　　　イ　労働基準法　　　ウ　最低賃金法　　　エ　労働関係調整法

(14)　下線部⑪について述べた文として誤っているものを，次のア～エから1つ選び，記号で答えよ。
　　　　　　　　　　　　　　　　　　　　　　　　　　　　　　　　　　　　　　　〔　　　　　〕

　　ア　アメリカ大統領ウィルソンの提唱により設立され，本部はアメリカのニューヨークにある。

イ　第二次世界大戦を止められなかった国際連盟への反省から，国際連合には武力行動が認められている。

ウ　安全保障理事会の常任理事国の五大国には拒否権があたえられており，議決に強い権限が認められている。

エ　国際法上の問題についての紛争を解決するための機関として，国際司法裁判所がオランダのハーグに置かれている。

(15)　文中の（　4　）にあてはまる語句を漢字で答えよ。　　　　　　　　　〔　　　　　　〕

(16)　文中の（　5　）にあてはまる語句を漢字で答えよ。　　　　　　　　　〔　　　　　　〕

(17)　下線部⑫について，日本国憲法が施行されたのはいつか。正しいものを，次のア〜エから1つ選び，記号で答えよ。　　　　　　　　　　　　　　　　　　　　　　　　〔　　　　〕

　　ア　1945年11月3日　　　イ　1946年5月3日　　　ウ　1946年11月3日　　　エ　1947年5月3日

---

231 〈3分野融合①〉　　　　　　　　　　　　　　　　　　　　　　　（國學院大栃木高）

次のAからDの文章を読み，あとの問いに答えなさい。

> A　イギリスに限らず，南蛮・西洋諸国はわが国が禁じているキリスト教の国であるから，どこの港でも，外国船が入港するのを見たら，有無を言わさず，直ちに打ち払い，逃げたときは追わなくても良いが，もし上陸してきたなら捕らえるか，打ち殺してもかまわない。（部分要約）

> B　19世紀後半，太平洋の沿岸まで国土をひろげたアメリカでは，貿易や奴隷制をめぐる対立である　a　をへて，国土開発がすすめられた。一方，小国に分かれていたドイツでは，プロイセン王国が　b　のもとで軍事力と経済力を高め，ドイツ統一を実現した。

> C　民主主義において欠かすことのできない原則の一つに，c「法の支配」がある。この原則は，市民革命以降のヨーロッパを中心に展開した。これは，国王の統治に無条件で従わなければならないとする「人の支配」に代わる考え方である。

> D　アメリカでは，経済の中心が情報技術にもとづいたサービス産業へと変化するにつれて，工業の中心地も移動した。北緯　d　度付近から南に位置する温暖な地域一帯は　e　と呼ばれ，情報通信産業や航空宇宙産業が発達している。

(1)　**文章Aの史料は江戸時代に定められた法令の一部である。この史料に関する次の①と②の短文の正誤を判定し，正しいものをあとのア〜エから1つ選び，記号で答えよ。**　　　〔　　　　〕

　①　この法令にもとづいて，幕府は平戸にあったオランダ商館を長崎の出島に移した。

　②　この法令は，アヘン戦争における清の敗北をうけて改められた。

　　ア　①のみ正しい　　　イ　②のみ正しい　　　ウ　①と②が正しい　　　エ　①と②は誤り

(2)　**文章Bの　a　・　b　にあてはまる語句の組み合わせとして正しいものを，次のア〜エから1つ選び，記号で答えよ。**　　　　　　　　　　　　　　　　　　　　　〔　　　　〕

　　ア　a－独立戦争　b－ヒトラー　　　イ　a－独立戦争　b－ビスマルク

　　ウ　a－南北戦争　b－ヒトラー　　　エ　a－南北戦争　b－ビスマルク

(3) 下線部 c に関連して, 憲法によって政治権力を制限し, 人権を守るという考え方を, 次のア〜エから 1 つ選び, 記号で答えよ。 〔　　　〕

ア　法治主義　　　　　イ　自由主義　　　　　ウ　資本主義　　　　　エ　立憲主義

(4) 文章 D について, d ・ e にあてはまる語句の組み合わせとして正しいものを, 次のア〜エから 1 つ選び, 記号で答えよ。 〔　　　〕

ア　d-37　e-サンベルト　　　　イ　d-37　e-シリコンバレー

ウ　d-20　e-サンベルト　　　　エ　d-20　e-シリコンバレー

---

232 〈3分野融合②〉 （宮城・東北学院榴ケ岡高改）

次の文章を読んで, あとの問いに答えなさい。

主要国首脳会議とは, 日本, アメリカ, イギリス, ドイツ, フランス, イタリア, カナダ, ロシアの 8 か国を中心に, 国際的な政治・経済問題について毎年話し合われる会議のことである。Group の頭文字をとって「G 8」といわれたり, 各国の首脳を山頂にたとえて「サミット」と呼ばれたりすることも多い。この会議は, ①第一次石油危機をきっかけに西側の資本主義諸国が中心となって行われていたが, ②ソ連が崩壊した1990年代以降は, ロシアを含む世界の主要国が参加するようになった。近年では, 2014年にロシアの参加資格が停止されたり, ③新興国のリーダーも会合に参加したりするようになった。

サミットはほぼ毎年開かれており, 日本でも東京をはじめ, 今までに数回開催されている。2000年には米軍基地問題でも課題をかかえている④沖縄県で開かれ, 国際的にも平和問題が注目された。また, 2008年, （　⑤　）の洞爺湖で開かれたサミットでは, 世界経済に関する問題のほか, 北朝鮮やイランの核開発問題やアフリカ諸国の動向などについて, 政治的問題も話し合われた。

サミットで取り扱われない問題でも, 解決すべき問題は多岐にわたっている。第二次世界大戦以降, 日本にも周辺諸国との間に解決しなければならない問題が山積しており, ⑥領土問題などはその一例である。宗教・民族的対立が原因の紛争は世界各地でおこっており, 紛争を解決するためには一層の外交努力が必要である。また経済問題では, 現在不況が世界各地で深刻になっている。特にアメリカでは2000年代に, 1929年にニューヨーク株式市場の株価暴落から始まった経済の大混乱に匹敵する不況が発生し, ⑦金融問題の解決が図られた。その他, 近年話題になることが多いエネルギー資源も含めた⑧環境問題, ⑨世界の人口増加など, これから考えていくべき重要な国際的課題は多い。

(1) 下線部①について, 中東の石油価格が上昇したことで第一次石油危機がおこった年を, 次のア〜エから 1 つ選び, 記号で答えよ。 〔　　　〕

ア　1955年　　　イ　1965年　　　ウ　1973年　　　エ　1989年

(2) 下線部②について, 世界初の社会主義国家であるソ連を成立させた指導者はだれか。答えよ。 〔　　　　　　　　〕

(3) 下線部③について, 新興国の 1 つである中国は, この30年間に沿岸部を中心に急速な経済成長を遂げた。こうした経済成長のきっかけとなった, 深圳などの沿岸部の開放都市を何というか。答えよ。 〔　　　　　　　　〕

(4) 下線部④について, 沖縄県の説明として誤っているものを, 次のア〜エから 1 つ選び, 記号で答えよ。 〔　　　〕

ア　さとうきび栽培などとともに, 稲作もさかんである。

　　イ　亜熱帯の植物が茂り，周囲の海にはサンゴ礁が広がっている。

　　ウ　こんぶやゴーヤなどを使った郷土料理が作られている。

　　エ　台風が多いため，家屋をコンクリート造りにするなど工夫が見られる。

(5)　（　⑤　）にあてはまる都道府県名を答えよ。〔　　　　　　　　〕

(6)　下線部⑥について，日本とロシアとの間に北方領土問題がある。北方領土として正しいものを，次のア～エから1つ選び，記号で答えよ。〔　　　　　〕

　　ア　沖ノ鳥島　　　イ　竹島　　　ウ　国後島　　　エ　樺太

(7)　下線部⑦について，金融に関して述べた文として誤っているものを，次のア～エから1つ選び，記号で答えよ。〔　　　　　〕

　　ア　日本銀行は，景気対策の一環として，金融政策を行っている。

　　イ　金融庁は，財務省の下に属しており，財務大臣が管轄している。

　　ウ　1990年代から実施された大規模な金融制度改革を，「金融ビッグバン」と呼ぶ。

　　エ　金融機関には，銀行や農協のほかに，保険会社や証券会社も含まれる。

(8)　下線部⑧について，環境問題に関して述べた文として誤っているものを，次のア～エから1つ選び，記号で答えよ。〔　　　　　〕

　　ア　世界最大の砂漠であるサハラ砂漠の南縁はサヘル地方と呼ばれ，砂漠化が進んでいる。

　　イ　世界最大の流域面積を持つ大河の周辺では，森林の伐採が進み，貴重な生物資源が失われつつある。

　　ウ　ヨーロッパでは酸性雨の被害が深刻化しており，酸性雨の原因となる物質は，季節風によってヨーロッパ各地へ広がっている。

　　エ　地球の平均気温はこの100年の間に1℃近く上昇しており，その結果，太平洋諸国の中には水没する可能性のある国もある。

(9)　下線部⑨について，世界の人口問題に関して述べた文として誤っているものを，次のア～エから1つ選び，記号で答えよ。〔　　　　　〕

　　ア　世界の人口は20世紀半ばから急増しており，人口爆発と呼ばれている。

　　イ　地域別に見ると，アフリカの人口割合が最も多くなっている。

　　ウ　アメリカは世界第3位の人口大国であるが，大都市の多くは東海岸と西海岸の一部の地域に集中している。

　　エ　日本の人口ピラミッドは，この50年間につり鐘型からつぼ型に変化した。

233　〈3分野融合③〉　　　　　　　　　　　　　　　　　　　　（栃木・作新学院高）

次の資料は，福島県男女共生センター「女と男の未来館」のホームページより抜粋，またその記載を参考に作成したものである。これを見て，あとの問いに答えなさい。

A　（「センター概要」より抜粋）

①福島県男女共生センター「女と男の未来館」は，性別の違いにより行動や生き方を狭められたり，特定の仕事や役割がどちらか一方の性に偏ったりすることなく，女性も男性も個人として尊重され，互いに支え合い，共に責任を担う社会②「男女共同参画社会」の実現をめざして設立されました。自己啓発や積極的な社会参加を通して，一人ひとりが主体的に男女共同参画についての問題に取り組み，豊かな人生を送るための実践的活動拠点として利用していただく施設です。

B　(「活躍した福島県の女性たち」を参考に作成)

新島　八重(にいじま　やえ)

1845年に生まれる。③戊辰戦争において官軍の激しい攻撃を受けた会津藩は，悲惨な状況に追い込まれた。そのような中，八重は男装して先陣に立って戦った。しかし，その年の9月，会津藩は降伏する。

1876年に新島襄と結婚。1878年に同志社女学校が正式開校となり，教師を務めた。夫の死後，④日清戦争や日露戦争で看護婦(当時の表記)として傷病兵の看護にあたった。1932年に死去。

山川　捨松(やまかわ　すてまつ)

1860年に生まれる。8歳のときに戊辰戦争を経験する。

1871年に岩倉使節団の女子留学生として渡米。11月に⑤サンフランシスコに到着した。その後，アメリカの大学で看護学や女子教育などを研究した。帰国後，⑥薩摩藩出身の軍人大山巌と結婚。陸軍大臣夫人として，⑦鹿鳴館での西洋式礼法を日本の上流婦人たちに教えた。また，愛国婦人会や日本赤十字社篤志看護婦人会などで活躍した。1919年に死去。

(1)　下線部①について，右の表は，この県の特産品である「もも」の県別収穫量を示したものである。A〜Cに入る県の組み合わせとして正しいものを，次のア〜オから1つ選び，記号で答えよ。

順位	県	収穫量(トン)	全国シェア(%)
1	A	39,400	34.8
2	福　島	24,200	21.4
3	B	13,200	11.7
4	C	8,070	7.1
5	和歌山	7,420	6.6

(「日本国勢図会 2020/21」による)

ア　A－山梨　B－長野　C－山形

イ　A－群馬　B－熊本　C－栃木　　ウ　A－千葉　B－静岡　C－秋田

エ　A－愛媛　B－熊本　C－山形　　オ　A－山梨　B－福岡　C－埼玉　　〔　　　〕

(2)　下線部②に関する説明として誤っているものを，次のア〜エから1つ選び，記号で答えよ。

〔　　　〕

ア　一般に女性は家事や育児・介護を引き受けることが多いため，男性よりも社会に出ることが難しい。

イ　一部の職場における性的な嫌がらせ(セクシュアル・ハラスメント)が問題になっている。

ウ　男女の身体的な違いを考え，女性を管理職に就けることは避けるべきである。

エ　育児休業の取得や保健所の整備など，女性が働きやすい環境を整えていく必要がある。

(3)　下線部③について，この戦争が終結した後のできごととして正しいものを，次のア〜オから1つ選び，記号で答えよ。　　〔　　　〕

ア　薩摩藩の西郷隆盛や公家の岩倉具視らは，朝廷を動かして王政復古の大号令を発した。

イ　大老井伊直弼が，江戸城桜田門外で水戸藩などの浪士に殺された。

ウ　「ええじゃないか」といって人々が熱狂する騒ぎが各地で流行した。

エ　えた・ひにんなどの呼び名を廃止し，身分・職業とも平民と同じとする布告が出された。

オ　坂本龍馬の仲立ちで，薩摩藩と長州藩は同盟を結んだ。

(4)　下線部④について，この2つの戦争の間に起きたこととして正しいものを，次のア〜オから1つ選び，記号で答えよ。　　〔　　　〕

ア　シベリア出兵　　イ　米騒動　　ウ　韓国併合　　エ　大逆事件　　オ　日英同盟

(5) 下線部⑤について，右下の地図の⑧（東京）と⑥（サンフランシスコ）間の最短コースを示している
　　ものはどれか。次のア～エから1つ選び，記号で答えよ。　　　　　　　　　　　　　〔　　　〕

　　ア　A　　　イ　B　　　ウ　C　　　エ　どれもみな同じ距離である。

(6) 下線部⑥について，薩摩藩は現在の鹿児島県に相当するが，
　　この県に関する説明文X・Yの正誤の組み合わせとして正し
　　いものを，あとのア～エから1つ選び，記号で答えよ。

　　X　ピーマンの生産量は，全国第一位である。

　　Y　桜島は，現在では活動していない火山である。

　　ア　X－正　Y－正　　　イ　X－正　Y－誤

　　ウ　X－誤　Y－正　　　エ　X－誤　Y－誤　〔　　　〕

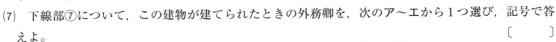

(7) 下線部⑦について，この建物が建てられたときの外務卿を，次のア～エから1つ選び，記号で答
　　えよ。　　　　　　　　　　　　　　　　　　　　　　　　　　　　　　　　　　　　〔　　　〕

　　ア　岩倉具視(ともみ)　　イ　伊藤博文　　ウ　井上馨(かおる)　　エ　新渡戸稲造(にとべいなぞう)

---

234 〈3分野融合④〉　　　　　　　　　　　　　　　　　　　　　　　　　（奈良・東大寺学園高⑳）

次の文章を読んで，文中の(1)～(13)について，あとの問いに答えなさい。

　(1)9月1日は防災の日であるが，2012年には，その数日前の内閣府による南海トラフ巨大地震の被
害想定発表もあり，これまでにない大規模な訓練が行われた。(2)駿河(するが)湾から九州沖までのびる海溝の
ことを南海トラフといい，90～150年間隔で巨大地震を繰り返してきた。ある新聞によると，この巨
大地震が発生した場合，最悪，死者は32万人に及び，津波による浸水域は(3)東日本大震災の1.8倍にも
なり，8県35市町で災害対策の拠点となるべき庁舎が浸水被害を受けると予想されている。その発生
に備えて，当時の(4)防災担当相は(5)特別措置法の制定を明言し，国会に(6)法案を提出する意向を示した。

　人類は，地震や津波，台風，(7)火山の噴火，大雨，洪水，疫病など，自然の脅威にさらされてきた。
これらは避けることができないものなので，(8)天災ともいわれてきた。しかし，災害は自然現象によ
るものだけではなく，人為的なものもある。その例としてすぐに思いつくのは，(9)戦争や内乱，暴動
ではないだろうか。ほかにも(10)社会的弱者に対する弾圧や差別，(11)自由・平等への抑圧や重課税をは
じめとする悪政。身近なところでは，(12)いじめや(13)虐待も災害といえる。これらは，発生をくいとめ
る努力はできるし，万一発生した場合でも，被害をなるべく小さくできるように努めたいものである。

難(1) これについて述べた次の文中の（　a　）・（　b　）にあてはまる数字または語をそれぞれ答えよ。

　　　　　　　　　　　　　　　　　　　　a〔　　　　　〕　b〔　　　　　〕

> 　（　a　）年に，関東大震災が起こった9月1日を防災の日とした。この年，日米安保条約改
> 定に反対する大規模なデモが国会前で繰り返された。条約は成立したが，内閣は交替し，新内
> 閣のもとで国民（　b　）倍増政策が進められた。

(2) この地域について述べた文として正しいものを，次のア～エから1つ選び，記号で答えよ。

　　ア　保元の乱に敗れた源頼朝が流された。　　イ　上洛(じょうらく)をめざした今川義元の領国があった。

　　ウ　徳川家康が武田信玄を撃退した。　　　　エ　日米修好通商条約によって開港地が設けられた。

　　　〔　　　〕

難(3) これと同規模の地震が869年(貞観(じょうがん)11年)に陸奥地方を襲ったことが知られている。この地方の様
　　子について述べた次の文a・bの正誤の組み合わせとして正しいものを，あとのア～エから1つ選

び，記号で答えよ。　　　　　　　　　　　　　　　　　　　　　　〔　　　〕

　a　遠野市（とおの）のあたりは，柳田國男（やなぎたくにお）の『遠野物語』にも記され，民話の古里といわれている。

　b　六ヶ所村（ろっかしょ）には，原子力発電所から発生する使用済み核燃料の再処理工場が建設されている。

ア　a－正　b－正　　　イ　a－正　b－誤　　　ウ　a－誤　b－正　　　エ　a－誤　b－誤

(難) (4)　これについて述べた次の文中の（　a　）・（　b　）にあてはまる語の組み合わせとして正しいものを，あとのア～カから1つ選び，記号で答えよ。　　　　　　　　　　　　〔　　　〕

> 　このような大臣を特命担当大臣といい，これらは（　a　）に属して省庁間の調整や政策の立案にあたり，沖縄・北方対策，（　b　），消費者問題の各担当は必ず置かれることになっている。

ア　a－内閣官房　b－国税　　　イ　a－内閣官房　b－金融　　　ウ　a－内閣官房　b－特許

エ　a－内閣府　b－国税　　　オ　a－内閣府　b－金融　　　カ　a－内閣府　b－特許

(難) (5)　この中には，部落差別の解消をめざして1969年から1982年にわたって施行されていたものがある。それは1965年に政府に対して提出された答申を受けて制定された。その答申の名称を解答欄にあてはまるように漢字7字で答えよ。　　　　　　　　　　　　　　　　〔　　　　　　〕答申

(6)　これから法律が成立するまでの過程について述べた文として正しいものを，次のア～エから1つ選び，記号で答えよ。　　　　　　　　　　　　　　　　　　　　〔　　　〕

　ア　法案は，まず両院協議会に提出されることになっている。

　イ　公聴会を開かないと，委員会の審議には入れない。

　ウ　委員会で可決された法案は，本会議で否決されることはない。

　エ　参議院が法案を否決しても，法律が成立する場合がある。

(難) (7)　この中で歴史上有名なものの一つに，1世紀に起こったイタリアのヴェスヴィオ火山の噴火がある。その頃の世界のできごとについて述べた文としてあてはまるものを，次のア～エから1つ選び，記号で答えよ。　　　　　　　　　　　　　　　　　　　　　　〔　　　〕

　ア　ローマ帝国ではキリスト教が広まり，国教とされた。

　イ　アテネでは18歳以上の男性市民による民主政治が行われていた。

　ウ　中国では漢王朝が復興し，その皇帝は奴国の王に金印を授けた。

　エ　朝鮮では北部に高句麗（こうくり），南部に百済（くだら）・新羅（しらぎ）が分立していた。

(難) (8)　これに見舞われるのではないかという不安がパニックを生み出すこともある。1910年のハレー彗星（すい）の大接近の際には，地球が滅亡するのではないかと世情は騒然となった。この年より後の10年間に起こったできごとを，次のア～エから2つ選び，年代順にその記号を答えよ。　〔　→　〕

　ア　中国や日本で共産党が結成された。　　　イ　南京を都に中華民国が建国された。

　ウ　伊藤博文が初代韓国統監になった。　　　エ　ロシアでニコライ2世が退位した。

(難) (9)　これについて，次の問いに答えよ。

　①　戦争について述べた次の文a～cを年代順に並べ，記号で答えよ。　〔　→　→　〕

　　a　朝鮮民主主義人民共和国軍が大韓民国領内に侵攻して4年にわたる戦争が始まった。

　　b　国民党との内戦に勝利した共産党を中心に中華人民共和国が成立した。

　　c　イスラエルが建国されたので，エジプトなどのアラブ諸国がこれに攻め入った。

　②　国際平和を実現して戦争をくいとめようとする動きについて述べた文として正しいものを，次のア～エから1つ選び，記号で答えよ。　　　　　　　　　　　　　〔　　　〕

　　ア　1945年にジュネーブに本部を置いて，国際連合が発足した。

　　イ　1955年に平和共存を訴える第1回アジア・アフリカ会議が開かれた。

　　ウ　1985年にパリでベトナム和平協定が調印され，南北ベトナムが統一された。

　　エ　1996年にアメリカや中国が提案する包括的核実験禁止条約が国連総会で採択された。

(10) これについて述べた文として正しいものを，次のア〜エから1つ選び，記号で答えよ。

　　ア　戦争中，ハンセン病患者は隔離されていたが，GHQの指導によって解放された。

　　イ　先住民であるアイヌ民族の文化や伝統を尊重するべく，政府は特別の措置を講じている。

　　ウ　男女雇用機会均等法の施行によって，女性管理職が男性と同じくらいまで急増した。

　　エ　高齢者が買い物などの日常生活に支障をきたしている場合には，政府が特別手当てを支給している。　　　　　　　　　　　　　　　　　　　　　　　　　　　　　〔　　　〕

(11) これについて述べた次の文中の（　a　）・（　b　）にあてはまる語の組み合わせとして正しいものを，あとのア〜カから1つ選び，記号で答えよ。　　　　　　〔　　　〕

> 　人々は時としてこれらに対して激しく抵抗した。例えば，18世紀後半のフランスでは，人民主権を唱えた（　a　）の思想の影響を受けて革命が起こった。その頃から，日本でも年貢の減免などを求めて（　b　）が頻発した。

　ア　a－ルソー　b－百姓一揆　　　　イ　a－ロック　b－百姓一揆

　ウ　a－ルソー　b－土一揆　　　　　エ　a－ロック　b－土一揆

　オ　a－ルソー　b－打ちこわし　　　カ　a－ロック　b－打ちこわし

(12) これを防止するために，市や学校に対して対策を講じることを責務とし，市民にも発見した際の通報を努力義務とすることなどを定めた条例を制定した市がある。この市が属する県について説明した次の文a〜cを参考にして，その県名を漢字で答えよ。　　　　〔　　　〕

　a　木曽川の流域を含んでいる。

　b　県の南東部は全国有数の陶磁器の生産地である。

　c　石田三成が率いる西軍が敗れた戦いの古戦場がある。

(13) これを防止するための取り組みについて述べた次の文中の（　a　）・（　b　）にあてはまる語の組み合わせとして正しいものを，あとのア〜カから1つ選び，記号で答えよ。　　〔　　　〕

> 　これに関する法律としては，2000年の（　a　）虐待防止法に次いで，2006年には高齢者虐待防止法が施行されている。2012年には（　b　）虐待防止法が施行され，家庭や施設，職場で虐待が生じているか，またはそのおそれがあると思われる場合には，発見者は市区町村の虐待防止センターに通報する義務が規定されている。

　ア　a－女性　b－児童　　　　イ　a－女性　b－障害者　　　ウ　a－児童　b－女性

　エ　a－児童　b－障害者　　　オ　a－障害者　b－女性　　　カ　a－障害者　b－児童

模擬テスト

✓ 実際の入試問題のつもりで，1回1回時間を守って，模擬テストに取り組もう。

✓ テストを終えたら，それぞれの点数を出し，下の基準に照らして実力診断をしよう。

80 ～ 100点	国立・私立難関高校入試の合格圏に入る最高水準の実力がついている。自信をもって，仕上げにかかろう。
60 ～ 79点	国立・私立難関高校へまずまず合格圏。まちがえた問題の内容について復習をし，弱点を補強しておこう。
～ 59点	国立・私立難関高校へは，まだ力不足。難問が多いので悲観は無用だが，わからなかったところは復習しておこう。

時間50分 得点 ／100

1 次の【A】〜【E】の各文章は，それぞれ世界の「ある国」についての説明をしている。それぞれを読んで，あとの問いに答えなさい。 ((1)・(3)・(5)・(7)・(9)各2点，他各1点，計16点)

【A】 この国は，風車を使って排水してつくる（ a ）と呼ばれる干拓地で有名です。国土の約4分の1が海面下の標高にあり，国民の半数以上がこれらの低地に住んでいます。そのため，①海面上昇への国民の関心が高まっています。ロッテルダム郊外の新マース川河口につくられた（ b ）は，「EUの玄関」と呼ばれている貿易港です。

【B】 この国は，農業に適した広大な土地にめぐまれています。綿花の輸出量は世界一で，さらに，五大湖南部を中心に生産される，とうもろこしの生産量も世界一です。この国の農場は，一戸当たり平均で日本の100倍ほどの耕地面積を持っており，農業の工業化が著しく進んでいます。こうした大規模な農業を支える大企業は穀物メジャーと呼ばれ，生産から流通，消費にいたるまで，農産物市場に大きな影響力を持っています。これらの大企業は世界各地に進出して（ c ）と呼ばれ，進出先の国の経済や社会にも大きな影響をおよぼしています。

【C】 この国の北東部に広がるコーラル海には，世界最大のサンゴ礁地帯が広がっています。この国の大部分は乾燥した気候に属しており，国土の3分の2は砂漠や草原です。しかし，この国は石炭や鉄鉱石など多くの②鉱産資源にめぐまれています。また，日本が石炭を輸入している最大の相手国でもあります。鉱産資源の多くは，地表から直接けずり取りながら，地下に掘り進む（ d ）の方法で採掘されています。

【D】 この国には世界最大の流域面積をもつ河川が流れています。③この河川の流域には熱帯雨林が広がっています。この国の公用語は（ e ）語ですが，民族構成はヨーロッパ系やアフリカ系，またはその混血など多岐にわたっています。国内のカラジャス鉄山では鉄鉱石の産出量が多く，豊富な資源を背景に工業化が進められています。

【E】 この国は，アフリカ最古の独立国です。コーヒー豆は，この国が原産といわれ，重要な輸出品になっています。国土の大部分が高原を中心とする高地で，首都のアディスアベバは標高2400mに位置しています。アフリカ諸国は，共通に抱える問題の解決策を協力して考え，地域統合を図るため，2002年に（ f ）を結成しており，その本部もアディスアベバに置かれています。

(1) 【A】の文中の空欄（ a ）・（ b ）にあてはまる語句をそれぞれ答えよ。

(2) 【A】の文中の下線部①について，海面上昇の原因のひとつに，地球温暖化がある。地球温暖化の対策として誤っているものを，次のア〜エから1つ選び，記号で答えよ。

ア 国内での自動車排出ガスを減らすため，パークアンドライド方式を採用している。

イ 再生可能エネルギーを利用した発電方法の研究を進めている。

ウ ガソリンや石油などの消費量が多いほど，税金を安くする税制を取り入れている。

エ リサイクルをすすめることで，温室効果ガスの排出削減の努力をしている。

(3) 【B】の文中の空欄（ c ）にあてはまる語句を答えよ。

(4) 【B】が説明している「ある国」の国名を答えよ。

(5) 【C】の文中の空欄（ d ）にあてはまる語句を答えよ。

(6) 【C】の文中の下線部②について，次の表は原油と石炭の生産量上位国をあらわしている。表中の空欄（ 1 ）・（ 2 ）にあてはまる国名の組合せを，あとのア〜カから1つ選び，記号で答えよ。

原油

(2019年)

国名	万kL	%
（　1　）	70,959	15.3
ロシア連邦	65,231	14.0
サウジアラビア	56,898	12.2
イラク	27,271	5.9

（「世界国勢図会 2020/21」による）

石炭

(2017年)

国名	万t	%
（　2　）	352,356	54.7
インド	67,540	10.5
インドネシア	46,100	7.2
オーストラリア	41,572	6.4

（「世界国勢図会 2020/21」による）

ア　1－アメリカ合衆国　　2－ロシア連邦　　　イ　1－アメリカ合衆国　　2－中国

ウ　1－イラン　　　　　　2－中国　　　　　　エ　1－イラン　　　　　　2－カナダ

オ　1－中国　　　　　　　2－カナダ　　　　　カ　1－中国　　　　　　　2－ロシア連邦

(7)　【D】の文中の空欄（　e　）にあてはまる語句を答えよ。

(8)　【D】の文中の下線部③について，この熱帯雨林は何と呼ばれているか，次のア～エから1つ選び，記号で答えよ。

ア　セルバ　　　イ　パンパ　　　ウ　タイガ　　　エ　プレーリー

(9)　【E】の文中の空欄（　f　）にあてはまる組織の略称を何というか，アルファベットで答えよ。

(1)	a		b		(2)	
(3)		(4)				
(5)		(6)		(7)		
(8)		(9)				

2　次の文章を読んで，あとの問いに答えなさい。　　((2)・(3)各1点，(5)4点，他各2点，計16点)

　日本の国土は，a本州・北海道・九州・四国の4つの大きな島と，その他の数多くの島々からなる。地形のようすを見ると，b山地・丘陵地が国土全体のおよそ4分の3を占め，土地利用では，c森林の割合が高くなっている。地域によって気候の特色には違いが見られ，地形や気候に応じたd農業が各地で行われている。また，まわりをe海に囲まれ，良い漁場が近海に多いことから，古くからf水産業もさかんである。工業は，原料を輸入して製品を輸出する加工貿易によって発展してきたが，近年は，g日本企業による海外への工場移転が進んだことなどから，製品の輸入も増えており，h貿易のあり方には変化が見られる。

(1)　下線部aについて，本州には，1都2府を除くといくつの県があるか。数字で答えよ。

(2)　下線部bについて，世界自然遺産として登録されている，青森県と秋田県の県境に位置する山地の名称を答えよ。

(3)　下線部cについて，森林のもつ働きとは関係がないものを，次のア～エから1つ選び，記号で答えよ。

ア　降った雨をたくわえ，少しずつ流し出すことによって洪水を防ぐ。

イ　木の根で土を支えることにより，土砂災害を防ぐ。

ウ　フロンガスを分解することにより，オゾン層の破壊を防ぐ。

エ　森林の養分を川が海へ運ぶことにより，良い漁場をつくる。

(4) 下線部dについて，日本の農業の現状に関して述べた文として正しいものを，次のア〜エから1つ選び，記号で答えよ。

ア 米の自給率は100％を維持しており，外国からの輸入は行われていない。

イ 近年，農業生産額全体に占める果実の割合が大幅に増え，畜産物の割合が低下している。

ウ 農薬の使用を増やす有機農法が消費者の支持を受け，有機農産物の出荷量が増えている。

エ 日本の農業はアメリカ合衆国などと比べて経営規模が小さく，コスト面で国際競争力が弱い。

(5) 下線部eについて，日本の領海の範囲を，「海里」，「海岸線」の2つの語を用いて説明せよ。

(6) 下線部fについて，右のグラフは，日本の漁業種類別の漁獲量の推移を表しており，グラフ中のア〜エには，遠洋漁業，沖合漁業，沿岸漁業，海面養殖業のいずれかがあてはまる。遠洋漁業があてはまるものを，ア〜エから1つ選び，記号で答えよ。

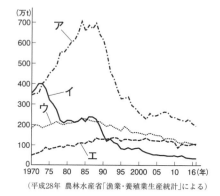

（平成28年 農林水産省「漁業・養殖業生産統計」による）

(7) 下線部gについて，このような工場の海外移転によって，日本国内の生産や雇用が縮小することが懸念（けねん）されている。このことを何というか。答えよ。

(8) 下線部hについて，次の表は，2019年における東京港，千葉港，名古屋港，関西国際空港の輸出入金額が多い上位5品目をまとめたものである。東京港にあてはまるものを，次のア〜エから1つ選び，記号で答えよ。

	ア		イ	
	輸出	輸入	輸出	輸入
1位	自動車	液化ガス	石油製品	石油
2位	自動車部品	石油	有機化合物	液化ガス
3位	内燃機関	衣類	鉄鋼	自動車
4位	金属加工機械	絶縁電線・ケーブル	自動車	鉄鋼
5位	電気計測機器	アルミニウム	プラスチック	有機化合物

	ウ		エ	
	輸出	輸入	輸出	輸入
1位	半導体等製造装置	衣類	集積回路	医薬品
2位	自動車部品	コンピュータ	電気回路用品	通信機
3位	コンピュータ部品	肉類	科学光学機器	集積回路
4位	内燃機関	魚介類	個別半導体	科学光学機器
5位	プラスチック	音響・映像機器	半導体等製造装置	衣類

（「日本国勢図会 2020/21」による）

(1)		(2)	山地	(3)		(4)	
(5)							
(6)		(7)			(8)		

3 次の各文章は，古代から近世にかけて活躍した 5 人の女性について述べたものである。これらを読んで，あとの問いに答えなさい。

(各 2 点，計18点)

A：30余りの国々を従えていたとされる a 邪馬台国の女王である。3 世紀に中国の魏に使いを送り，称号などを授けられた。

B：6 世紀に即位した最初の女帝である。b 聖徳太子はこの人物の甥（おい）にあたり，この人物の即位期間中に摂政として政治を行った。

C：c 平安時代の宮廷に出仕していた人物である。藤原道長の娘で天皇のきさきとなった中宮彰子（ちゅうぐうしょうし）に仕え，「源氏物語」を著した。

D：d 鎌倉幕府を開いた源頼朝の妻である。頼朝の死後におこった承久の乱の際に，幕府に仕える御家人に対して結束を呼びかける演説を行ったことなどで知られる。

E：出雲の阿国と呼ばれるこの人物は，17世紀初めにかぶき踊りを始めて人気を得た。かぶき踊りは，のちに演劇の歌舞伎へと発展し，e 元禄文化が栄えたころに特にさかんになった。

(1)　A～Dの文章で述べている人物はだれか。それぞれ答えよ。

(2)　下線部 a について，邪馬台国が栄えたのと同じ時代の集落跡が発掘されたことで知られる佐賀県にある遺跡を，次のア～エから 1 つ選び，記号で答えよ。

　　ア　岩宿遺跡　　　　イ　吉野ヶ里遺跡　　　　ウ　登呂遺跡　　　　エ　三内丸山遺跡

(3)　下線部 b について，聖徳太子に関して述べた文として正しいものを，次のア～エから 1 つ選び，記号で答えよ。

　　ア　大臣であった蘇我蝦夷とともに政治を行った。

　　イ　冠位十二階の制を定め，伝統のある豪族に高い地位を与えた。

　　ウ　十七条の憲法を定め，その中で，日本古来の神々を敬うべきであるとした。

　　エ　小野妹子を隋に派遣し，対等な立場で隋と国交を開こうとした。

(4)　下線部 c について，平安時代に起こった争乱について述べた次の各文を，年代の古い順に並べ，記号で答えよ。

　　ア　京都で，保元の乱と平治の乱が起こった。

　　イ　関東地方で平将門の乱，瀬戸内で藤原純友の乱が起こった。

　　ウ　東北地方で前九年合戦と後三年合戦が起こった。

(5)　下線部 d の組織に関して，鎌倉に置かれ，御家人の統率・軍事の仕事にあたった機関を何というか。答えよ。

(6)　下線部 e について，これと年代が最も近いできごとを，次のア～エから 1 つ選び，記号で答えよ。

　　ア　オランダの商館が出島に移された。　　　　イ　生類憐みの令が出された。

　　ウ　参勤交代が制度化された。　　　　　　　　エ　外国船（異国船）打払令が出された。

(1)	A		B		C		
	D		(2)		(3)		
(4)		→　　　　　→		(5)		(6)	

4 右の年表は，19世紀以降の日本と諸外国との主な関係をまとめたものである。これを見て，次の問いに答えなさい。

（(4) 4点, (7)・(8)各1点, 他各2点, 計16点）

年代	できごと
1858年	ₐアメリカとの間に日米修好通商条約を結ぶ
1894年	イギリスとの間に♭日英通商航海条約を結ぶ
1902年	イギリスと꜀日英同盟を結ぶ
1905年	ロシアとの間にₔポーツマス条約を結ぶ
1918年	ₑロシア革命に干渉するため，シベリア出兵を行う
1940年	ꜰドイツ・イタリアと日独伊三国同盟を結ぶ
1951年	₉アメリカとの間に日米安全保障条約を結ぶ
1972年	ₕアメリカから沖縄が日本に返還される

(1) 下線部 a について，これ以後，幕末の日本において諸外国との貿易が始まったが，アメリカは日本を開国させた国であるにも関わらず，主要な貿易相手国とはならなかった。その原因となったアメリカ国内のできごとを答えよ。

(2) 下線部 b について，この条約によって実現した不平等条約の改正内容を答えよ。

(3) 下線部 c について，この同盟は，第一次世界大戦後の1921年に始まった国際会議において廃止された。この会議を何というか。答えよ。

(4) 下線部 d について，この条約が結ばれると，日本では日比谷焼き打ち事件が起こった。この事件の主な原因を簡潔に説明せよ。

(5) 下線部 e について，ロシア革命に関して述べた文として誤っているものを，次のア〜エから1つ選び，記号で答えよ。

　　ア　革命家レーニンは，「すべての権力をソビエトへ」と呼びかけた。

　　イ　革命が成功すると，ロシアはイギリスと講和し，第一次世界大戦の戦線から離脱した。

　　ウ　革命政府は，資本家から工場や銀行を没収して国有化の政策を進めた。

　　エ　革命は日本の社会主義運動に影響を与え，日本共産党が結成された。

(6) 下線部 f について，これと同年，日本では，ほとんどの政党が解散し，ある組織にまとめられた。この組織を何というか。答えよ。

(7) 下線部 g について，この条約が結ばれたときに起こっていた戦争を，次のア〜エから1つ選び，記号で答えよ。

　　ア　ベトナム戦争　　　イ　湾岸戦争　　　ウ　朝鮮戦争　　　エ　第四次中東戦争

(8) 下線部 h について，沖縄の返還が実現した当時の日本の首相はだれか。次のア〜エから1つ選び，記号で答えよ。

　　ア　岸信介（のぶすけ）　　イ　池田勇人（はやと）　　ウ　吉田茂　　エ　佐藤栄作

(1)		(2)		(3)	
(4)					
(5)		(6)		(7)	(8)

5　次の文を読んで，あとの問いに答えなさい。　((1)・(4)各3点，(2)4点，(3)7点，計17点)

　日本国憲法は，国民主権，平和主義，基本的人権の尊重の三つを基本原理としている。

　国民主権の採用により，国会の地位は，天皇の立法権に同意する協賛機関であったかつての帝国議会とは根本的に異なり，国会が①国権の最高機関となった。また，天皇の地位も，統治権の総攬者から日本国と日本国民統合の象徴にかわった。

　過去の歴史に対する深い反省にもとづき，日本国憲法は②平和主義について，恒久の平和を念願するだけではなく，憲法第９条で戦争の放棄，戦力の不保持，交戦権の否認を規定している。この徹底した平和主義の採用によって，日本国憲法は，諸外国にその比をみない特色ある憲法になっている。

　また，日本国憲法は，諸外国の憲法や人権宣言において確立された③基本的人権をひろく取り入れ，平等権，自由権，参政権，社会権や④請求権など多様な国民の権利を保障している。

　日本国憲法は，施行以来，70有余年を迎えた。この間，政治・社会状況の変化に伴い，憲法を改正すべきであるとする主張が出され，政治上の重要な争点になっている。

(1)　文中の下線部①に関して，国会は衆議院と参議院とから成る。衆議院・参議院について述べた文として誤っているものを，次のア〜エから１つ選び，記号で答えよ。

　ア　予算の審議は衆議院から先に始めなければならない。

　イ　条約の承認については，衆議院に優越権が与えられている。

　ウ　国政調査権は，衆議院，参議院にそれぞれ認められている。

　エ　内閣不信任決議権は，衆議院，参議院にそれぞれ認められている。

(2)　文中の下線部②に関して，日本では，内閣総理大臣が自衛隊の最高指揮監督権をもち，現職の自衛官は防衛大臣になることができない。このような原則を何というか，漢字４字で答えよ。

(3)　文中の下線部③に関して，日本国憲法における基本的人権と大日本帝国憲法における権利との違いについて述べた次の文中の　　Ｘ　　にあてはまる内容を，「法律」という語句を用いて答えよ。

> 　日本国憲法は，基本的人権を永久不可侵の権利として保障しているが，大日本帝国憲法は，
> 　　Ｘ　　。

(4)　文中の下線部④に関して，請求権には裁判を受ける権利が含まれる。日本における裁判について述べた次のＡ，Ｂの文の正誤の正しい組み合わせを，あとのア〜エから１つ選び，記号で答えよ。

　Ａ　日本国憲法は，刑事事件の被告人に対して弁護人を依頼する権利を保障している。

　Ｂ　現在，人口一人当たりの弁護士の数は，日本の方がアメリカより多い。

解答の記号	ア	イ	ウ	エ
Ａ	正	正	誤	誤
Ｂ	正	誤	正	誤

(1)		(2)			
(3)					
(4)					

6 次の文章を読んで，あとの問いに答えなさい。

((1)4点，(7)1点，他各2点，計17点)

　グローバル化が進展している現代においては，a通貨やb株式が世界各地で瞬時に取り引きされている。一国のc経済の状況が世界中に影響を与える場合もあり，各国のd金融政策やe財政政策が重要なものとなっている。また，グローバル化の進展にともない，f環境問題の地球規模での拡大が一層懸念（けねん）されるほか，g先進国と発展途上国の間の経済格差がますます拡大していることも指摘されている。このようなh国際社会が抱える課題の解決のため，各国の理解と協力がこれまで以上に求められているといえる。

(1) 下線部aについて，1バレルが20ドルの原油を日本に輸入するとき，為替相場が1ドル＝100円から1ドル＝80円に変動したとすると，原油1バレルの輸入価格はどのように変化するか。具体的な金額をあげて簡潔に説明せよ。ただし，為替相場の変動以外の要素は考慮しないものとする。

(2) 下線部bについて，株式会社に関して述べた文として誤っているものを，次のア～エから1つ選び，記号で答えよ。

　ア　株式の発行により，多くの人から資金を集めることができる。

　イ　社長・専務・常務などの会社の役員は，取締役会で選出される。

　ウ　株主は会社の生み出した利潤の一部を配当として受け取る。

　エ　一部の企業の株式は証券取引所で売買されている。

(3) 下線部cについて，物価が下落し，企業収益が悪化して勤労者の所得も減少し，消費が低迷してさらに物価が下落する，というふうに，経済が悪循環におちいって不況が深刻化することを何というか。答えよ。

(4) 下線部dについて，右の図は，金融の関係を表したものであり，図中のX・Yは利子を示している。金融機関の利益にあたるものを，次のア～エから1つ選び，記号で答えよ。

　ア　X＋Y　　　　　　　　イ　X－Y

　ウ　（X＋Y）÷2　　　エ　（X－Y）÷2

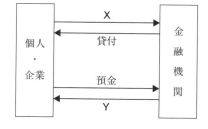

(5) 下線部eについて，不況時に一般に行われる財政政策として適当なものを，次のア～エから2つ選び，記号で答えよ。

　ア　増税　　　イ　減税　　　ウ　公共事業の拡大　　　エ　公共事業の縮小

(6) 下線部fについて，地球全体を考えて，開発に際しては，「環境や資源を保全し，現在と将来の世代の必要をともに満たすような開発」が提唱されている。このことを何というか。答えよ。

(7) 下線部gについて，この問題の解決をはかるために設けられている国際連合の機関の略称を，次のア～エから1つ選び，記号で答えよ。

　ア　UNCTAD　　　イ　UNHCR　　　ウ　IAEA　　　エ　ILO

(8) 下線部hについて，世界各地で，同じ問題を抱えている国家がまとまりをつくり，そこで協調や協力を強めようとする動きが盛んになっている。このような動きを何というか。答えよ。

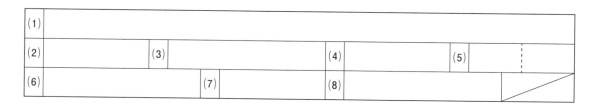

1 次の各文章を読んで，あとの問いに答えなさい。 （(1) 4 点，(5)・(12)各 1 点，他各 2 点，計28点）

Ⅰ：日本は，ₐ緯度でいうと，およそ北緯20度から北緯46度の間に位置している。日本のᵦ東北地方を通る北緯40度の緯線が，アメリカ合衆国の꜀フィラデルフィアや₀中国のペキンなどを通っている。一方，経度でいうと，日本の範囲はおよそ東経123度から₀東経154度の間であり，ᵢオーストラリアは日本と同経度の国である。

Ⅱ：日本列島は，北アメリカ大陸のロッキー山脈や，南アメリカ大陸の₉アンデス山脈などと同じく環太平洋造山帯に含まれており，各地にₕ火山が見られる。日本の国土は山がちであり，大陸を流れる長大な河川に比べると，ᵢ日本の河川は長さが短く，流れが急なものが多い。

Ⅲ：日本は，まわりを海に囲まれた₁島国（海洋国）である。資源に乏しい日本は，ₖ多くの原材料を船で輸入していることから，日本では主に臨海部に₁工業地帯やₘ工業地域が形成されてきた。近年では，ₙ高速道路の整備などを背景に，内陸部にも工場が進出するようになっている。

(1) 下線部 a について，世界の気候は，気温の違いにより，赤道から両極に向かって，大きく，熱帯，温帯，冷帯（亜寒帯），寒帯に分けられる。このように，緯度によって気温に差ができる理由を簡潔に説明せよ。

(2) 下線部 b について，次の表は，東北地方の 6 県に関する統計である。山形県があてはまるものを，表中のア〜カから 1 つ選び，記号で答えよ。

	人口（千人）（2019年）	農畜産物生産量（t）			
		米	りんご	ぶどう	牛乳
ア	1,078	404,400	41,300	16,100	63,356
イ	966	526,800	23,000	1,940	23,719
ウ	1,227	279,800	47,300	3,250	211,951
エ	1,846	368,500	25,700	2,640	67,861
オ	2,306	376,900	2,730	…	110,199
カ	1,246	282,200	445,500	4,490	71,555

統計年次　りんご・ぶどうは2018年。他は2019年。　　　　　（「日本国勢図会 2020/21」による）

(3) 下線部 c について，この都市が位置するアメリカ合衆国の大西洋岸には，大都市が帯状に連なり，メガロポリスと呼ばれている。この地域に含まれる都市を，次のア〜カから 1 つ選び，記号で答えよ。

ア　デトロイト　　　　　イ　シカゴ　　　　　ウ　ピッツバーグ
エ　ヒューストン　　　　オ　シアトル　　　　カ　ボストン

(4) 下線部 d について，右の図は，中国における農牧業の区分を模式的に表したものである。図中のX〜Zと農牧業の種類の組み合わせとして正しいものを，次のア〜カから 1 つ選び，記号で答えよ。

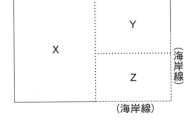

ア　X：畑作　Y：稲作　Z：牧畜　　　　イ　X：畑作　Y：牧畜　Z：稲作
ウ　X：稲作　Y：畑作　Z：牧畜　　　　エ　X：稲作　Y：牧畜　Z：畑作
オ　X：牧畜　Y：畑作　Z：稲作　　　　カ　X：牧畜　Y：稲作　Z：畑作

(5) 下線部 e について，この経度に位置する日本最東端の島の名称を答えよ。

(6) 下線部 f について，オーストラリアでは，20世紀はじめから1970年代にかけて，ヨーロッパ系以外の移民を制限する政策がとられていた。この政策を何というか。答えよ。

(7) 下線部 g について，右の写真は，この山脈の山麓(さんろく)にあるインカ帝国の遺跡である。この遺跡がある国の名称を答えよ。

(8) 下線部 h について，火山は噴火(ふんか)によって周辺地域に被害をおよぼすことがあり，日本ではこのほかにもさまざまな自然災害が発生する。これらの自然災害について述べた文として誤っているものを，次のア～エから1つ選び，記号で答えよ。

　ア　海で起こった地震によって，沿岸部では高潮が引き起こされる。

　イ　地震の振動によって，特に埋立地では液状化現象が発生しやすい。

　ウ　梅雨や台風の際の集中豪雨により，洪水や崖崩れ，土石流が引き起こされる。

　エ　空梅雨の年や台風が少ない年は，日本の南西部で干害が発生しやすい。

(9) 下線部 i について，急流として知られる，熊本県の人吉(ひとよし)盆地などを流れる河川を，次のア～エから1つ選び，記号で答えよ。

　ア　大淀川(おおよど)　　　イ　江の川(ごう)　　　ウ　四万十川(しまんと)　　　エ　球磨川(くま)

(10) 下線部 j について，島国である世界の4か国について述べた文として正しいものを，次のア～エから1つ選び，記号で答えよ。

　ア　アジア州に属するフィリピンでは，国民の多くがイスラム教を信仰している。

　イ　アフリカ州に属するマダガスカルは，国土を南回帰線が通っている。

　ウ　ヨーロッパ州に属するアイスランドは，EUに加盟し，ユーロを導入している。

　エ　オセアニア州に属するニュージーランドの先住民は，アボリジニである。

(11) 下線部 k について，日本は，ペルシャ湾沿岸の国々からタンカーで多くの原油を輸入している。この湾の出入り口となっている海峡を，次のア～エから1つ選び，記号で答えよ。

　ア　マラッカ海峡　　　イ　ジブラルタル海峡　　　ウ　ホルムズ海峡　　　エ　ボスポラス海峡

(12) 下線部 l について，かつて阪神工業地帯で深刻化した，地下水のくみ上げすぎによって起こる公害は何か。答えよ。

(13) 下線部 m について，瀬戸内工業地域の工業都市のうち，水島地区に大規模な石油化学コンビナートがあることで知られる都市の名称を答えよ。

(14) 下線部 n について，高速道路のインターチェンジ付近などにつくられている，工場を計画的に集めた地域を何というか。漢字4字で答えよ。

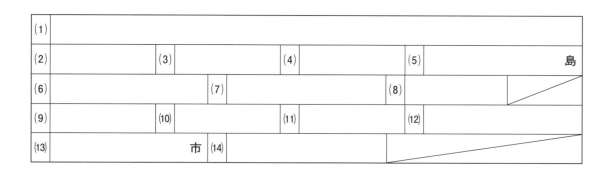

(1)							
(2)		(3)		(4)		(5)	島
(6)		(7)		(8)			
(9)		(10)		(11)		(12)	
(13)	市	(14)					

2 次の各文は，古代から現代までの争乱や戦争について述べたものである。A～Dは年代順には並んでおらず，E～Lは年代順に並んでいる。これを読んで，あとの問いに答えなさい。

((1)・(7)各1点，(8)4点，他各2点，計22点)

A 保元の乱ののち，平治の乱が起こり， ① をやぶった ② が政治の実権をにぎった。

B 後鳥羽上皇の挙兵によって承久の乱が起こり，敗れた上皇は，乱後，隠岐(おき)に流された。

C 天智天皇の死後，壬申の乱が起こり，勝利した大海人皇子が即位して天武天皇となった。

D 幕府の将軍足利義政のあとつぎ問題や，守護大名どうしの対立などから，応仁の乱が起こった。

E 大政奉還ののち，旧幕府軍と新政府軍の間で戊辰戦争が始まった。

F 日清戦争が起こって日本が清をやぶり，下関条約が結ばれた。

G オーストリア皇太子夫妻が暗殺された事件をきっかけに，第一次世界大戦が始まった。

H 第二次世界大戦が始まり，開戦の翌年，日本はドイツ，イタリアと日独伊三国同盟を結んだ。

I 朝鮮民主主義人民共和国が大韓民国に侵攻し，朝鮮戦争が始まった。

J 第四次中東戦争が始まり，アラブ産油諸国による石油戦略によって石油危機が起こった。

K イラクがクウェートに侵攻して湾岸戦争が始まり，アメリカなどの多国籍軍が派遣された。

L イラク戦争が起こり，アメリカやイギリスがイラクを攻撃してフセイン政権を崩壊させた。

(1) Aの文中の ① ， ② にあてはまる人物の組み合わせとして正しいものを，次のア～エから1つ選び，記号で答えよ。

ア ①：源義朝 ②：平将門　　イ ①：源義家 ②：平将門

ウ ①：源義朝 ②：平清盛　　エ ①：源義家 ②：平清盛

(2) Bの文中の後鳥羽上皇の時代の文化について述べた文として正しいものを，次のア～エから1つ選び，記号で答えよ。

ア 藤原定家らによって，「新古今和歌集」が編さんされた。

イ 観阿弥と世阿弥の親子によって，能(能楽)が大成された。

ウ 浄土信仰が盛んになり，藤原頼通によって平等院鳳凰堂が建てられた。

エ 雪舟が，墨一色で自然などを描く水墨画を大成した。

(3) Cの文中の天智天皇は，即位前の663年，百済(くだら)を助けるために兵を送り，唐と新羅(しらぎ)の連合軍に敗れて，朝鮮半島から兵を引いた。このときの戦いを何というか。解答欄に合うように答えよ。

(4) 右の図は，Dの文中の幕府があった時代に活動していた運送業者を表している。年貢などの物資を運んだこのような運送業者を何というか。答えよ。

(5) A～Dの各文を，年代の古い順に並べ，記号で答えよ。

(6) 次の資料は，A～Dのいずれかの争乱の際によまれた歌と，その口語訳である。最も関係の深い文を，A～Dから1つ選び，記号で答えよ。

> 「汝(なれ)ヤシル都ハ野辺(のべ)ノ夕雲雀(ゆうひばり)　アガルヲ見テモ落ツル涙ハ」
> (口語訳)焼け野原になった夕方の都からひばりが飛び立つのを見るにつけても，以前栄えた姿をおもい，涙が落ちることだ。

(7) Eの文中の戊辰戦争が終結したのはどこか。現在の都市名で答えよ。

(8) Fの文中の下関条約の内容に対して行われた三国干渉によって，日本が要求され，受け入れたことは何か。簡潔に答えよ。

(9) Gの文中の第一次世界大戦に関して，この大戦後の1919年，朝鮮では，日本からの独立を求める運動が起こった。この運動を何というか。答えよ。

(10) Hの文中のドイツ，イタリアに関して，第二次世界大戦のころのこの2か国で見られたような，自由主義や民主主義を否定する全体主義的な体制を何というか。カタカナで答えよ。

(11) 次の文は，年代順に並んでいるE〜Lのうち，H以降のいずれかの文の間に加えるのが適当である。どの文とどの文の間に入れるのが適当か。解答欄に合うように記号で答えよ。

◎ アメリカが北ベトナムへの爆撃(北爆)を開始して介入を深め，ベトナム戦争が激化した。

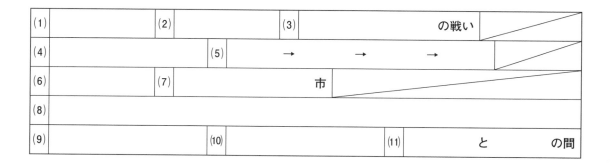

---

3 次の文章を読んで，あとの問いに答えなさい。 ((1)①4点，(6)①・(7)各1点，他各2点，計22点)

　1945年の第二次世界大戦の終結後，日本は連合国に占領され，この占領下で，戦前の軍国主義を改めて a民主主義的な国家を建設するためのさまざまな改革が実施された。新しい憲法として日本国憲法が公布されるとともに，b地方自治法や c独占禁止法，d労働組合法といった e法律がこの時期に次々に制定されていった。1951年にはサンフランシスコ平和条約が結ばれて日本は独立を回復し，1956年には f国際連合に加盟して，国際社会への復帰を果たした。現在では日本は，発展途上国に対する g政府開発援助を行ったり，h紛争地域での平和維持活動に参加するために自衛隊を派遣したりするなど，国際社会においてさまざまな役割を果たすようになっている。

(1) 下線部 a について，次の問いに答えよ。

① 民主主義のしくみのもとでは，ものごとの決定に際しては多数決の方法がとられることが多い。多数決による決定を行う場合にはどのようなことに注意すべきか。簡潔に答えよ。

② 次の文章中の(　　)に共通してあてはまる語を答えよ。

「民主主義的な社会においては，対立が生じた場合には話し合いなどによって合意の形成がはかられる。このとき合意するための主な判断基準として，『公正』と『(　　)』という考え方がある。このうち，『(　　)』とは，関係するそれぞれの者が最大の利益を得られるように最もよい方法を選び，ものや時間をできるだけ無駄なく使わなければならないという考え方である。」

(2) 下線部 b について，地方自治に関する次の問いに答えよ。

① 市町村に納められる直接税にあたるものを，次のア〜エから1つ選び，記号で答えよ。

　　ア 法人税　　イ 事業税　　ウ 固定資産税　　エ 入湯税

② 　市町村長と都道府県知事について述べた文として正しいものを，次のア～エから1つ選び，記号で答えよ。

ア　市町村長の任期は4年，都道府県知事の任期は6年である。

イ　市町村長と都道府県知事の被選挙権は，いずれも30歳以上の人に与えられる。

ウ　市町村長と都道府県知事は，いずれも，地方議会を解散することはできない。

エ　市町村長と都道府県知事は，いずれも，地方議会に再議請求をすることができる。

(3)　下線部 c について，この法律を運用している機関を何というか。答えよ。

(4)　下線部 d について，次の文章中の（　　　）にあてはまる語を，漢字6字で答えよ。

「労働組合法では，使用者が，労働者による労働組合の結成などを妨害したり，労働組合の活動に干渉したり，組合員に対して不利な扱いをしたりすることなどは，（　　　）と呼ばれ，禁止されている。」

(5)　下線部 e について，法律に関して述べた文として**誤っている**ものを，次のア～エから1つ選び，記号で答えよ。

ア　法律案は，内閣または国会議員が作成して国会に提出する。

イ　法律案は，衆議院と参議院のうち，必ず衆議院に先に提出される。

ウ　法律を実施していくために，法律の範囲内で内閣が制定する命令・規則を，政令という。

エ　すべての裁判所は，法律が憲法に違反していないかどうかを審査する権限をもっている。

(6)　下線部 f について，次の問いに答えよ。

① 　国際連合の安全保障理事会の常任理事国には**含まれない**ものを，次のア～カから1つ選び，記号で答えよ。

ア　アメリカ合衆国　　　イ　ロシア連邦　　　ウ　中華人民共和国　　　エ　フランス

オ　ドイツ　　　　　　　カ　イギリス

② 　国際連合の機関の1つであるWTOについて述べた文として正しいものを，次のア～エから1つ選び，記号で答えよ。

ア　教育・科学・文化の分野から国際平和をめざした活動を行っている。

イ　感染症対策など，世界の人々の健康の増進をはかる活動を行っている。

ウ　世界の子どもたちの命と健康を守ることを目的とした機関である。

エ　関税などの貿易障壁をなくし，自由貿易の促進をはかるための機関である。

(7)　下線部 g の略称を，次のア～エから1つ選び，記号で答えよ。

ア　ODA　　　イ　NGO　　　ウ　GDP　　　エ　FTA

(8)　下線部 h について，内戦などによって自分の国から逃れ，他国での生活を余儀なくされている人々を何というか。答えよ。

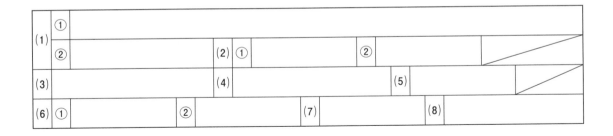

4 次の文章を読んで，あとの問いに答えなさい。 ((5)4点，(8)・(10)各1点，他各2点，計28点)

　古代においては，a大和政権の成立以来，b近畿地方が日本の政治の中心となっていた。8世紀末には京都にc平安京がつくられ，d以後長く京都が日本の都となった。e江戸時代には，政治の中心地は幕府が置かれた江戸となったが，大阪は「天下の台所」と呼ばれたf商業の中心地として栄え，また，天皇が住む京都は日本の都であり続けた。

　g明治時代になると，江戸は東京と改称され，天皇が京都から移って東京が日本の首都となった。以後，東京は，h大正時代の関東大震災とi太平洋戦争中の東京大空襲によって，2度にわたって大きな被害をこうむったが，そのたびに復興をとげた。j現在では，東京は，k国会やl各省庁などが置かれる日本の政治の中心であるばかりでなく，m外国為替取り引きにおいてロンドン，nニューヨークと並ぶ世界の中心の1つとなっているなど，国際都市としても大きく発展している。

(1) 下線部**a**について，次の文中の①，②にあてはまる王朝の組み合わせとして正しいものを，あとのア～エから1つ選び，記号で答えよ。

　「大和政権は，朝鮮半島の　①　や伽耶(任那)地域の国々と結んで，　②　や新羅と戦った。」

　ア　①：高句麗　②：百済　　　イ　①：高麗　②：百済

　ウ　①：百済　　②：高句麗　　エ　①：百済　②：高麗

(2) 下線部**b**について，近畿地方には，海に面していない内陸の県が2つあり，そのうちの1つは，県名と県庁所在地名が異なっている。その県庁所在地名を答えよ。

(3) 下線部**c**について，平安京に都を移した天皇に関して述べた文として**誤っているもの**を，次のア～エから1つ選び，記号で答えよ。

　ア　東北地方の平定のために坂上田村麻呂らを派遣した。

　イ　日本で最初の全国的な戸籍をつくった。

　ウ　役所を整理するとともに，国司に対する監督を強化した。

　エ　東北地方と九州地方以外の一般の人々の兵役を廃止した。

(4) 下線部**d**について，こうした歴史を背景にもつ京都市は，歴史的な景観や町並みをそこなわないようにするための条例を定めている。これに関して，条例の制定・改廃の直接請求の手続きとして正しいものを，次のア～エから1つ選び，記号で答えよ。

　ア　その地方公共団体に住む有権者の50分の1以上の署名を集め，首長に請求する。

　イ　その地方公共団体に住む有権者の50分の1以上の署名を集め，地方議会に請求する。

　ウ　その地方公共団体に住む有権者の3分の1以上の署名を集め，首長に請求する。

　エ　その地方公共団体に住む有権者の3分の1以上の署名を集め，地方議会に請求する。

(5) 下線部**e**について，江戸時代につくられていた五人組では，どのようなことについて連帯責任をとらされたのか。簡潔に答えよ。

(6) 下線部**f**について，商業や運輸業などが関わっている，商品が生産者から消費者に届くまでの過程を何というか。答えよ。

(7) 下線部**g**について，明治時代に起こった政府に対する批判や反乱などに関して述べた文として**誤っているもの**を，次のア～エから1つ選び，記号で答えよ。

　ア　20歳以上の男子に兵役の義務を課すと，徴兵反対の一揆が起こった。

　イ　板垣退助らは自由民権運動を起こし，言論による政府批判を行った。

　ウ　最初の衆議院議員選挙では野党(民党)が敗北し，国政が安定した。

エ　困窮した農民の中には自由党員と結んで秩父などで蜂起する者もいた。

(8)　下線部hについて，大正時代を中心に活躍し，「羅生門」「鼻」などの短編小説で人々に清新な印象を与えた小説家の名を，次のア〜エから1つ選び，記号で答えよ。

ア　芥川龍之介　　　イ　西田幾多郎　　　ウ　志賀直哉　　　エ　小林多喜二

(9)　下線部iについて，次のア〜エは，太平洋戦争の末期に起こったできごとである。これらを起こった順に並べ，記号で答えよ。

ア　広島への原子爆弾の投下　　　　　イ　長崎への原子爆弾の投下

ウ　沖縄本島へのアメリカ軍の上陸　　　エ　ソ連の対日参戦

(10)　下線部jについて，2020年現在，東京都の人口は，日本の総人口の約10分の1以上を占めている。現在の東京都のおよその人口として最も適当なものを，次のア〜エから1つ選び，記号で答えよ。

ア　約1,000万人　　　イ　約1,200万人　　　ウ　約1,400万人　　　エ　約1,600万人

(11)　下線部kについて，国会に参議院が置かれている理由に関して述べた文として正しいものを，次のア〜エから1つ選び，記号で答えよ。

ア　提出された法案を迅速に審議し，その法案が可決されやすくするための衆議院との調整役として置かれている。

イ　議案について，利害のある人々やその分野を専門とする学識経験者を招き，広く意見を聞くために置かれている。

ウ　国民の人権や利益が行政によって侵されることのないように，行政を監督・指導するために置かれている。

エ　国民の意見をより広く国会に反映させ，また，慎重な審議によって衆議院の行き過ぎをおさえるために置かれている。

(12)　下線部lについて，各省と，そこに所属する庁の組み合わせとして誤っているものを，次のア〜カから1つ選び，記号で答えよ。

ア　国土交通省－気象庁　　　　イ　総務省－消防庁　　　　ウ　財務省－国税庁

エ　経済産業省－中小企業庁　　オ　文部科学省－文化庁　　カ　環境省－資源エネルギー庁

(13)　下線部mについて，現在の外国為替市場では，各国の経済状況などによって通貨価値が上下するしくみがとられている。このしくみを何というか。解答欄に合うように答えよ。

(14)　下線部nについて，ニューヨークの時刻は，西経75度の経線を基準としている。日本の現地時間が1月1日午前8時であるときの，ニューヨークの日付と時刻を答えよ。時刻には「午前」または「午後」をつけて書くこと。

(1)		(2)	市	(3)		(4)	
(5)							
(6)		(7)		(8)			
(9)	→　　　→　　　→		(10)		(11)		
(12)		(13)	制	(14)			

②

□ 編集協力　㈲藤井社会科デザイン事務所　岡田亜由美　菊地 聡

□ 本文デザイン　CONNECT

□ DTP　㈱ユニックス

□ 図版作成　㈲藤井社会科デザイン事務所　㈲デザインスタジオエキス．　㈱ユニックス

□ 写真提供　ColBase（https://colbase.nich.go.jp/）　stock.foto（ostill　Tanawat Pontchour）
　　　　　　PIXTA（anytka　atsu　CLICK　kamchatka　Lubolvanko　s_fukumura　saiko3p　shinya　uron）
　　　　　　アフロ（AFP　akg-images　Alamy　HEMIS　imagebroker　Jon Arnold Images　Jose Fuste Raga　KONO KIYOSHI　mauritius
　　　　　　images　Michael Evan Sewell　SIME　Ullstein bild　久我通世　高田芳裕　東阪航空サービス　富井義夫　野村哲也）　鹿児島県
　　　　　　宮内庁三の丸尚蔵館　国立国会図書館デジタルコレクション　清浄光寺　真正極楽寺　真如堂

□ イラスト　林 拓海

＊編集上の都合により，一部の問題で図版や写真，統計を差し替えていますが，問題の内容やねらいを変更するものではありません。

SDGsアイコン：https://www.un.org/sustainabledevelopment/
The content of this publication has not been approved by the United Nations and does not reflect the views of the United Nations or its officials or Member States.

シグマベスト
**最高水準問題集 高校入試
社会**

本書の内容を無断で複写（コピー）・複製・転載することを禁じます。また，私的使用であっても，第三者に依頼して電子的に複製すること（スキャンやデジタル化等）は，著作権法上，認められていません。

編　者　文英堂編集部
発行者　益井英郎
印刷所　中村印刷株式会社
発行所　株式会社文英堂
　　　　〒601-8121　京都市南区上鳥羽大物町28
　　　　〒162-0832　東京都新宿区岩戸町17
　　　　（代表）03-3269-4231

ⒸBUN-EIDO　2021　　　Printed in Japan

●落丁・乱丁はおとりかえします。

最高水準
問題集

高校
入試

社会
解答と解説

文英堂

地理的分野

1 世界のすがた

001 (1) A
(2) オ
(3) ウ

解説 (1) 問題の図はメルカトル図法なので，高緯度になるほど実際よりも面積が大きく表される。図の上では同じ長さであるA～Cの実際の距離は，緯度が高いほど短いことになる。
(2) この図では，経線は30度おきに引かれている。また，赤道の全周と，東経・西経を合わせた子午線(北極点と南極点を結んだ線。経線)の全周はいずれも約4万kmである。Cは赤道上で経度30度分，Dは子午線上で緯度30度分の同じ距離である。なお，360÷30＝12より，CとDはいずれも約4万kmの12分の1となる。
(3) Xは，イギリスのロンドンを通る本初子午線(0度の経線)から数えて東へ3本目の経線である。

002 (1) 3
(2) 南極

解説 (1) 地球の表面積に占める海洋と陸地の比は，7：3で海洋のほうが広い。
(2) 南極大陸は，どこの国にも属していない。

003 A…アジア州　　B…南アメリカ州
C…アジア州　　D…オセアニア州

解説 Aはサウジアラビア，Bはブラジル，Cはマレーシア，Dはオーストラリアである。

004 例植民地時代に緯線や経線に沿って分割された境界線が国境となったから。

解説 アフリカ州の国の多くは，かつてヨーロッパ州の国々の植民地支配を受けた。その際，緯線や経線などを基準に直線の境界線が人為的に引かれ，それが民族分布などを無視する形で，現在の国境線として残っている。

005 (1) ①ア　　②ウ　　③2　　④大西洋
(2) イ

解説 (1) ①図Aの中ほど左側に，南アメリカ大陸の東端部分が描かれている。
②図Bにヨーロッパの一部が描かれていることに着目し，日本の秋田県・岩手県を通る北緯40度の緯線が，ヨーロッパでは地中海を通ることから考えるとよい。
③12月よりも6月のほうが昼が長いので，北半球の都市であることがわかる。また，6月の昼が2時ごろから21時ごろまでと長くなっているので，緯度が高い都市があてはまると判断できる。1と2の都市が考えられるが，1は北緯70度付近と北極に近い高緯度の地域(北極圏)に位置し，夏至のころに太陽がしずまない白夜となる。したがって，北緯60度付近の2が正解となる。
④三大洋のうち，インド洋の一部は図Cに描かれ，太平洋はどの図にも描かれていない。
(2) 分布の広がりや密度を，視覚的に正確に示す必要があるので，分布図には面積が正しい図法の地図が適している。

006 (1) D
(2) ブエノスアイレス
(3) イ

解説 (1) 東南アジアのインドネシアを赤道が通っていることなどから考えると判断しやすい。
(2) 中心の東京から見て，上が北，下が南，左が西，右が東である。
(3) 円形である地図の直径が地球の全周である約4万kmにあたるので，半径は約2万kmであり，東京を中心とする同心円は5,000kmごとに引かれているとわかる。ロンドンは，2本目の同心円上にある。

入試メモ 正距方位図法の地図を用いた出題が多く見られる。中心からの距離と方位が正しく表され，中心からの最短コースが直線になるという，この図法の特色をおさえておくこと。

007 (1) D
(2) ウ

解説 (1) 日本を通る東経135度の経線が図の中央に引かれていることをもとに考えるとよい。この経線上を通って北極点を通過すると，ブラジルを

通る西経45度の線上に出ることになる。このことから，この線が図の中央に引かれているDが正解となると判断することができる。

(2) 経度180度の経線は，ニュージーランドのやや東を通過する。

008 (1) A…グレートブリテン島
　　　　B…セイロン島
　　(2) C…ニュージーランド
　　　　D…キューバ
　　(3) イ

解説 (1)　Aはイギリス，Bはスリランカに属する島である。

(2)　Cはニュージーランドの北島である。

(3)　アはニュージーランド，ウはキューバ，エはイギリスの首都である。

009 イ

解説 カナダとアメリカの国境のうち，直線の部分は経緯線が基準となっている。また，五大湖やセントローレンス川の一部が国境となっている。

2 日本のすがた

010 (1) エ
　　(2) 国後島（くなしり）
　　(3) イ

解説 (1)　秋田県の八郎潟（はちろうがた）干拓地で，北緯40度線と東経140度線が交わることを覚えておくと，X・Yの緯度・経度を判断することができる。

(2)　北方領土のうち，最も面積が大きいのが択捉島（えとろふ），次いで面積が大きいのが国後島である。

(3)　面積が大きいイとウがアメリカ合衆国，中国のいずれかである。このうち，アメリカ合衆国は太平洋と大西洋の両方に面し，また，アラスカやハワイなどの領土があることから，排他的経済水域が広いウがアメリカ合衆国，もう一方のイが中国であると判断できる。アがインドネシア，エが日本である。島国である日本は，国土が細長く，離島も広範囲に多く分布することから，面積が小さい割に排他的経済水域がたいへん広くなっている。

011 (1) A…与那国島（よなぐに）　B…沖ノ鳥島（おきのとり）

(2) 囫沿岸から200海里までの排他的経済水域が縮小しないようにするため。

解説 (1)　島名に「南」の文字が含まれる南鳥島（みなみとり）は，最南端ではなく最東端の島なので，注意したい。

(2)　沖ノ鳥島は，満潮時に大小2つほどの大きな岩がわずかに海面上に出るだけであり，水没の危機にあったため，政府によって護岸工事が行われた。

⑦ パワーアップ

▶日本の端の島

東	南鳥島	東京都	東経153度59分
西	与那国島	沖縄県	東経122度56分
南	沖ノ鳥島	東京都	北緯20度25分
北	択捉島	北海道	北緯45度33分

012 (1) 6
　　(2) ア

解説 (1)　図では，円が6分割されているので，360÷6＝60より，経度60度ごとに分かれていることになる。本初子午線の右手が東経なので，6の区域が東経120度から経度180度までの部分にあたる。したがって，日本の標準時子午線（しごせん）（兵庫県明石市（あかし）などを通る東経135度の経線）は6の区域を通ると判断することができる。

(2)　東京都には沖ノ鳥島や南鳥島のほかにも，小笠（おがさ）原諸島（わら）などの多くの離島が属している。

013 2月1日午後2時20分

解説 経度15度ごとに1時間の時差が生じるので，(135－15)÷15＝8より，ナポリとの時差は8時間である。出発時刻のナポリの現地時間は，日本時間の8時間前の2月1日午前1時30分と求められるから，到着したときのナポリの現地時間は，その12時間50分後の2月1日午後2時20分ということになる。季節は冬なので，サマータイムは考慮しなくてよい。

014 (1) ウ
　　(2) ア

解説 (1)　長野県は，群馬県，埼玉県，山梨県，静岡県，愛知県，岐阜県，富山県，新潟県の8県と隣接しており，その数は全国最多である。

(2)　香川県は，全国で最も面積が小さい都道府県なので，表中で面積が最小のウが香川県であると分

かる。人口が多いイが神奈川県，人口増加率が高いエが沖縄県，残るアが山梨県にあてはまる。

015 (1) ウ
(2) ア

解説 (1)　Aは愛知県，Bは神奈川県，Cは千葉県，Dは静岡県，Eは鹿児島県，Fは石川県である。
(2)　富士山は，静岡県と山梨県の県境に位置している。桜島は鹿児島湾(錦江湾)にあり，活火山が位置することで知られている。

016 エ，ク

解説 名称に「川」の文字を含むのは，神奈川県，石川県，香川県，「島」の文字を含むのは，福島県，広島県，島根県，徳島県，鹿児島県で，合わせて8県である。これらの県は，いずれも海に面している。また，世界遺産がある県は，原爆ドームと厳島神社がある広島県，石見銀山遺跡がある島根県，屋久島などがある鹿児島県の3県である。

017 (1) 公海
(2) ア

解説 (1)　公海では，どの国の船や漁船でも自由に航行や操業ができる。この原則を公海自由の原則という。
(2)　イの南沙諸島は南シナ海にあり，中国やフィリピンなどの間で領有権問題がある。

018 (1) ウ
(2) エ

解説 (1)　ウの文は，「20海里」ではなく「12海里」が正しい。
(2)　エの文は，「国後島と択捉島」ではなく「歯舞群島と色丹島」が正しい。

3 世界各地の人々の生活と環境

019 イ，キ

解説 ①はD，②はB，③はF，④はE，⑤はC，⑥はA，⑦はGの地域の民族衣装である。

020 イ

解説 アはトンガ，ウはスペイン，エはロシアの特徴的な料理について述べている。

021 ウ

解説 東南アジアでは，湿気を防いで風通しを良くするため，ウのような高床の住居がみられる。アは乾燥帯(砂漠気候)の地域でみられる住居。イは寒帯・亜寒帯の地域でみられる住居。エは温帯(地中海性気候)の地域でみられる住居。

022 イ

解説 写真は，モンゴルなどの乾燥帯の草原で見られる移動式住居(モンゴルではゲルと呼ぶ)で，遊牧(草や水を求めて家畜と共に移動する牧畜)を行う人々によってつくられてきた。

023 (1) ①X…エ　　Y…ア
②A…じゃがいも　　B…酪農
③ア
(2) ①地中海式農業　　②イ
③例高温で乾燥している。
④ア

解説 (1)　①Xはエのアンデス山脈，Yはアのアルプス山脈にあてはまる。イはヒマラヤ山脈，ウはロッキー山脈である。
②A…アンデス山脈の山中では，標高3,000m以上の高地でじゃがいもが栽培されている。
③リャマは，山の登りおりの際の荷物の運搬に古くから利用されてきた。
(2)　地中海式農業は，イタリア，スペイン，ギリシャなどの地中海性気候の地域で行われている。この農業では，乾燥する夏に，ぶどう，オリーブ，コルクがし，オレンジといった乾燥に強い作物を栽培し，比較的雨が多い冬に小麦を栽培する。

024 (1) ①コーラン　　②牛　　③モスク
④断食
(2) A…イ　　C…エ

解説 (1)　①コーランはクルアーンとも表記される。イスラム教徒にとって，生活を送る指針となっている。
(2)　ヒンドゥー教のほとんどを占めていることから，Bがインドが位置するアジアである。イスラム教がアジアに次いで多いAがアフリカ，キリスト教

正教会が多いDがヨーロッパと判断できるので，残るCは北アメリカである。

入試メモ　おもな宗教のうち，イスラム教にはさまざまな戒律(かいりつ)があり，出題されることが多い。ほかの宗教との混同に注意しながら，おもな特徴を整理しておきたい。豚をけがれた動物とみなすのがイスラム教，牛を神聖視するのがヒンドゥー教である。

---

025 (1) イ

(2) ①H・アマゾン川

②E・ナイル川

解説 (1)　各グループに属する国は，それぞれ，Aがイラク，サウジアラビア，エジプト，Bがパキスタン，インド，タイ，Cがカナダ，オーストラリア，ニュージーランド，Dがメキシコ，アルゼンチン，チリである。Bのグループのうち，インドはヒンドゥー教の信者が多いが，パキスタンはイスラム教徒，タイは仏教徒が多い。また，インドとパキスタンはイギリスの植民地支配を受けたが，タイは独立を保っていた。

(2)　Fは長江，Gはミシシッピ川である。

---

026 (1) イ

(2) 例 地下に水路をつくっている。

解説 (1)　イの斜線部には温帯が分布している。

(2)　中国西部から西アジアのあたりにかけての乾燥地域では，蒸発を防ぐために地下に水路をつくり，灌漑(かんがい)に利用している。イランでは，このような水路をカナートという。

---

027 ウ

解説 アは砂漠の中のオアシス，イは砂漠の中の油田，エはカーバ神殿(イスラム教の聖地メッカにある神殿)の写真なので，西アジア・北アフリカで見られる風景として適当である。ウはアルゼンチンに位置するパンパ(温帯の草原)で見られる放牧のようすである。

---

4 世界の諸地域

028 (1) 1 …14　　2 …ホワイ

3 …経済特区［経済特別区］

(2) 華人

(3) サンシヤ［三峡］ダム

(4) エ

(5) C

解説 (1)　3の経済特区では，外国企業の進出を促すため，外国の企業に対して税を優遇するなどの措置がとられている。

(2)　海外に住む中国人は，かつては華僑(かきょう)と呼ばれていたが，居住する現地の国籍をとって定着するようになり，華人と呼ばれるようになった。

(3)　サンシヤ(三峡)ダムは，長江の流れをせきとめる大規模なもので，環境破壊や生態系への影響を心配する意見もある。

(4)　シェンチェンはホンコンに隣接している。

(5)　Aは北京(ペキン)料理，Bは上海(シャンハイ)料理，Cは四川(スーチョワン)料理，Dは広東(カントン)料理の分布地域を示している。

---

029 (1) ア

(2) イギリス

解説 (1)　イはチベット族について述べている。ウのハングル，儒教，キムチなどは朝鮮民族の特色にあてはまる。エはモンゴル族について述べている。

(2)　ホンコンは19世紀に起こったアヘン戦争の結果，イギリスに割譲されたが，1997年に中国に返還された。

---

030 (1) 郷鎮(ごうちん)企業

(2) ウ

解説 (1)　中国では，かつては社会主義経済のしくみのもとで政府の計画にもとづいて生産が行われており，農村では，人民公社と呼ばれる組織のもとで農業が行われていたが，改革によって農民や企業が自主的に活動できるようになり，各地の農村で郷鎮企業が成長した。

(2)　華中(かちゅう)では，稲作がさかんに行われている。オアシス農業や放牧は，中国西部の乾燥地域でさかんである。

031 (1) イ

(2) パイプライン

(3) エ

解説 (1) イラン高原は西アジアのイラン北部にある。アルプス山脈はヨーロッパ州にある。南シナ海は中国や台湾，東南アジアの国々に囲まれた海域である。

(2) ロシア連邦が石油や天然ガスなどをEU諸国に送る際にも，パイプラインが使われている。

(3) ウは第1次産業の割合がほぼ0であることから，国土が狭く食料生産に不向きなシンガポール。アはウに次いで第3次産業の割合が高いことから日本。エは第2次産業の割合が4国中最も高いことから中国。残ったイがインド。

032 A…③　B…④　C…⑧　D…①

解説 C インドでは，英語を話せる人が多く，アメリカなどの企業とやりとりしながらソフトウェアの開発などを行うICT（情報通信技術）産業がベンガルールなどでさかんになっている。

033 ア

解説 イのブロック経済は，植民地との間に経済圏を形成し，その中だけで経済を成り立たせようとすること。世界恐慌時のイギリスやフランスが行った。ASEANは，ウやエにあるような「統合」をめざすものではない。

034 エ

解説 フィリピンは，もとはスペインによる支配を受けていたが，その後，アメリカ合衆国の植民地となった。

035 (1) ユーロ

(2) 例EU加盟国の間での経済格差が大きい。

解説 (1) EU加盟国の中には，ユーロを導入しないで自国の通貨を使っている国もある。

(2) 表を見ると，EU加盟国の中でも東ヨーロッパの国で一人あたりのGNIが低いことがわかる。この課題を解消するため，所得が低い加盟国に補助金を出すなどの対応をしている。

036 (1) ウ

(2) 酸性雨

解説 (1) EU加盟国間では，パスポートを提示することなく，自由に国境をこえた行き来をすることができる。また，輸入品にかかる関税は，域内では撤廃されている。

(2) 酸性雨の影響で，森林の樹木が広範囲にわたって枯死しているほか，湖の水が酸性化して魚が住めなくなるといった被害が出ている。

037 (1) イ

(2) エ

解説 (1) アは地中海性気候の地域であり，夏が乾季，冬が雨季なので誤りである。ウは，家畜の飼育と穀物の栽培を組み合わせて行う混合農業が行われているので，誤りである。エの焼畑農業は，アフリカや南アメリカでさかんに行われている。

(2) EU加盟国の間では，国民総所得が西ヨーロッパ諸国で高く，東ヨーロッパ諸国で低い傾向がある。経済的に豊かな西ヨーロッパ諸国には，多くの外国人労働者が流入している。

038 (1) イ

(2) ア

(3) ウ

解説 (1) EU加盟国の中にはユーロを導入せず，自国通貨を使用している国もあるので，アは誤り。現在でもEU加盟国間での所得格差は残っているため，ウは誤り。ヨーロッパ最大の工業国はイギリスではなくドイツなので，エは誤り。

(2) 氷河により形成された入江とはフィヨルドのこと。イはアマゾン川，ウは三角州の写真。

(3) 農産物Aはオリーブである。地中海性気候の国では，乾燥に強いぶどうやオリーブを夏に栽培している。特にスペインは世界有数のオリーブの生産国である。

入試メモ 世界の諸地域に関する出題では，中国，アメリカ合衆国と並んで，ヨーロッパに関する出題が多い。自然や産業，国ごとの特色とともに，EUについての出題も頻出である。人やモノの移動が自由で経済圏が大きくなるという統合のプラス面と，域内の経済格差が広がっているという課題についておさえておくこと。

039 例輸出品の中心が資源であり，国内総生産が低い。

解説　アはナイジェリア，イはザンビア，ウはイギリス，エはイタリアを指す。資料Ⅰから，ナイジェリアとザンビアの輸出が，原油や銅にかたよっていることがわかる。このように，単一の資源や農産物に輸出をたよっている状態を，モノカルチャー経済という。

040 (1) ウ

(2) 南スーダン共和国

解説　(1) ウは，南アフリカ共和国で行われていたアパルトヘイト（人種隔離政策）について正しく述べている文である。アはオーストラリア，イはブラジルにあてはまる。エのメスチソは，南アメリカ州の国々に多い，先住民と白人の混血である。

(2) スーダンの南部が，南スーダン共和国として分離独立した。

041 (1) 赤道…④　　南回帰線…⑥

(2) 1…ザンビア・P

2…ナイジェリア・J

3…アルジェリア・B

4…ケニア・M

解説　(1) 赤道はケニアなど，南回帰線はマダガスカルなどを通る。

(2) 地図中のAはモロッコ，Cはリビア，Dはエジプト，Eはシリア，Fはイラク，Gはイラン，Hはサウジアラビア，Iはガーナ，Kはスーダン，Lはエチオピア，Nはタンザニア，Oはコンゴ民主共和国，Qはアンゴラ，Rはマダガスカル，Sは南アフリカ共和国。E〜Hは西アジアの国々である。

042 (1) イ

(2) エ

解説　(1) アメリカ合衆国の面積は，ロシア連邦，カナダに次いで世界第3位。約38万k㎡である日本の国土面積のおよそ26倍である。

(2) エは，「自給的な農業」ではなく「企業的な農業」が正しい。

043 (1) ヒスパニック

(2) X…C　　Y…B　　Z…A

解説　(1) アメリカ合衆国では，メキシコなどからの移民やその子孫であるスペイン語系のヒスパニックが増加し，人口に占める割合が高くなってきている。

(2) Bの説明にある「大農園」とは，アメリカ合衆国南部の綿花の大農園を指す。これらの農園では，かつて黒人奴隷が労働力として利用されていたが，19世紀の奴隷解放ののち，多くの黒人が仕事を求めて南部から北部に移動した。Cの説明にある「北緯37度以南の地域」はサンベルトのことである。

044 (1) ウ

(2) ヒスパニック

解説　(1) a…直前に「インターチェンジを利用して」とあることに着目する。b…郊外は都市部より地価が安いため，広大な大型ショッピングセンターを建設することができる。

(2) アメリカ合衆国では労働力が不足しているため，ヒスパニックの労働力は重宝されている。

045 (1) 1…マンハッタン

2…地中海性　　3…アパラチア

(2) D…ウ　　E…コ　　F…サ

(3) G…14　　H…4　　I…1

解説　(1) Aはニューヨーク，Bはロサンゼルス，Cはアトランタについて述べている。1のマンハッタン島には，摩天楼と称される高層ビル群が見られる。3のアパラチア山脈周辺は，石炭の産地として知られる。

(2) Dのワシントン(D.C.)はアメリカ合衆国の首都。ホワイトハウスは大統領公邸である。

(3) Gはサンフランシスコ，Hはデトロイト，Iはボストンについて述べている。

046 (1) 綿花

(2) ①オ　　②ア

(3) 例雨が多く，土地の養分が流されてしまうから。

(4) エ

解説　(1) Ⅰの文の「この河川」はミシシッピ川。コットンベルトの「コットン」とは，英語で「綿」のことである。

(2)　②の焼畑農業は，切り倒した木を燃やしてその灰を肥料として利用する農業である。

(3)　Ⅱの文の「この河川」はアマゾン川。この河川の流域は，年間を通じて高温多雨の熱帯雨林気候である。

(4)　南アメリカ州の国々は，ブラジルがポルトガル，その他のほとんどの国がスペインの植民地となっていた。

---

047 (1) ヒスパニック

(2) ウ

解説 (1)　ヒスパニックは，自分たちの伝統的な生活や文化を守り，独自の社会を形成している。

(2)　バイオエタノール(バイオ燃料)はさとうきびの他，とうもろこしからも作られる。

---

048 (1) ロッキー山脈

(2) エ

解説 (1)　ロッキー山脈は，北アメリカ大陸西部に位置し，カナダからアメリカ合衆国にかけて連なっている。カナダ国内の部分を特にカナディアンロッキーと呼ぶこともある。

(2)　チリでは，チュキカマタ銅山などで多くの銅が産出され，2017年の産出量は世界最大である。

---

049 (1) 南回帰線

(2) 東経135度

(3) ア

(4) ①カ　　②エ　　③イ

(5) ○…エ　　×…ウ

(6) ●…オ　　△…ア

(7) ①太平洋　　②インド洋　　③キ

④ア　　⑤ケ　　⑥カ

(8) グレートバリアリーフ[大堡礁]

解説 (1)　南回帰線は，およそ南緯23度26分の緯線でオーストラリア中央部を通る。

(2)　オーストラリアは日本とほぼ同経度に位置しており，日本との時差は小さい。

(3)　オーストラリア大陸は，大部分が乾燥帯に属し，乾燥大陸と呼ばれることもある。特に内陸部は降水量が少なくなっている。

(4)　ア〜カのうち，小麦ととうもろこしの日本の最大の輸入先はアメリカなので，①〜③のいずれに

もあてはまらない。①はアメリカが上位に入っていることから牛肉，②はインドネシアが上位に入っていることから石炭，③はブラジルが上位に入っていることから鉄鉱石と判断する。牛肉の輸入先上位に入っているニュージーランドは，オーストラリアとともに羊毛の生産国として知られるが，日本の羊毛輸入先では4位にとどまる。

(5)　オーストラリアでは，西部で鉄鉱石，東部で石炭，北部でアルミニウムの原料となるボーキサイトが多く産出される。

(6)　●が広がっているオーストラリア南東部と南西部では大鑽井(グレートアーテジアン)盆地が位置している。この地域では，掘り抜き井戸で用水を得て，羊の飼育をさかんに行っている。また，赤道に近いオーストラリア北部には，熱帯が一部に分布しており，熱帯の作物であるさとうきびなどが栽培されている。

(7)　オーストラリア南東の沿岸部には，温帯の西岸海洋性気候などの地域が分布しており，最大の都市であるシドニーや首都のキャンベラなど主要都市がこの地域に集中している。また，パースなどの都市が位置するオーストラリア南西部などには地中海性気候が分布する。なお，オーストラリアの隣国であるニュージーランドは，国土の全域が西岸海洋性気候である。

(8)　グレートバリアリーフは2,000km以上続く世界最大のさんご礁である。

5　身近な地域の調査

050 (1) ①イ　　②エ

(2) 1,500m

(3) イ

(4) ア

解説 (1)　①最初に歩き始めた地点の水準点の高さは7.1m，中川町の神社付近の水準点の高さは10.9mであるから，その差は3.8mである。

②「4番目に渡った川の下流の河原」とは，「桑原橋」の下流の河原のことである。この地域には，水田の地図記号が見られる。

(2)　等高線が10mごとに引かれていることから，この地形図の縮尺は2万5千分の1であるとわかる。6×25,000＝150,000より，この地形図上で6cmの

長さの実際の距離は150,000㎝＝1,500mと求められる。

(3)　A点の付近に18.4mの水準点があり，B点の付近に10.4mの水準点がある。

(4)　等高線のようすから，D点に近い側の斜面がふたこぶ状になっており，2つの頂上の高さはほぼ同じであることが読み取れるので，これにあてはまる断面図としてアが適当であると判断できる。

⊘パワーアップ

▶等高線の種類と間隔

	2万5千分の1 地形図	5万分の1 地形図
主曲線 （細い線）	10mごと	20mごと
計曲線 （太い線）	50mごと	100mごと

051　(1)　エ
　　　　(2)　エ

解説　(1)　ほかの地図記号は以下の通り。
ア…⊗　イ…⊗　ウ…卍
(2)　ア…北東ではなく北西。イ…広葉樹林（Ｑ）は残っていない。ウ…南西ではなく北東。

052　(1)　イ
　　　　(2)　例川の下をくぐるトンネルの道路がある。（18字）

解説　(1)　ア…防風林があったとしても，海沿いであるとは限らない。この地形図の地域は，湖（琵琶湖）の沿岸である。ウ…「おうみなかしょう」駅の周辺には水田が多く見られ，市街地としての開発が進んでいるとはいえない。エ…果樹園の地図記号は見られるが，茶畑の地図記号は見られない。
(2)　百瀬川大橋のやや西に，川の下を道路がトンネルでくぐっているところが見られる。

6　日本の特色

053　(1)　A…①　　　B…②
　　　　(2)　②
　　　　(3)　①

解説　(1)　A…アフリカ大陸の大地溝帯（グレート・リフト・バレー）の一部を指している。ここは正断層なので①を選ぶ。B…環太平洋造山帯の一部を指している。こういう場所では大陸プレートの下に海洋プレートが沈み込んでおり，これが地震の原因である。
(2)　地点②には，地層のしゅう曲によってできたヒマラヤ山脈がはしっている。
(3)　ウはオーストラリアの温帯地域（西岸海洋性気候）なので，年間を通して降水量の変化が少ない。また，ウは南半球なので，日本など北半球とは季節が逆になる。それらを合わせると①となる。
ア（c）…ヤクーツク（亜寒帯），イ（b）…ケープタウン（温帯・地中海性気候・南半球），ウ（a）…メルボルン（温帯・西岸海洋性気候），エ（d）…シアトル（温帯・地中海性気候・北半球）。

054　ア

解説　線Ａの部分には関東平野があるため，選択肢の中で唯一平地があるアを選ぶ。

055　①黒潮→親潮　　　②○
　　　　③小さい→大きい　　　④○

解説　①の釧路など北海道東部は，沖合を流れる寒流の親潮（千島海流）の影響で夏でも冷涼である。黒潮（日本海流）は，日本列島の太平洋側を北上する暖流である。また，③の長野など内陸は，他地域と比べて夏と冬，昼と夜の較差（気温差）が大きい。

056　A…イ　　　B…ウ　　　C…ア

解説　現在アジアに次いで人口が多くなっているＣがアフリカ，1950年の時点でアジアに次いで人口が多かったＢがヨーロッパ，残るＡが南北アメリカである。

057　(1)　①ア　　　②イ
　　　　(2)　ウ

解説　(1)　イは，過疎地域が多い東北地方や中国・四国地方に上位の都道府県が多いことから，高齢者の割合であると判断できる。アとウは，大都市圏の中心となる東京都，愛知県，大阪府がともに上位に入っているが，アは北海道が入っておらず，ウは北海道が入っている。この点に着目すれば，アが人口密度，ウが人口であるとわかる。

(2)　日本では，高度経済成長期に三大都市圏をはじめとする都市部への人口の集中が進み，この傾向は1970年代以降も続いたので，ウは誤りである。

058 (1)　●…石油　　▲…石炭
　　　　■…鉄鉱石
　　(2)　A…北海　　B…イラン
　　　　C…南アフリカ共和国
　　　　D…オーストラリア

解説 (1)・(2)　Aの北海では，イギリスなどが北海油田から石油の採掘を行っている。また，Bのイランなどが位置するペルシャ(ペルシア)湾沿岸は世界有数の石油の産地である。これらのことなどから，●が石油であるとわかる。▲は，産地に大きなかたよりがなく，世界の広い範囲で産出されていることから石炭であると判断できる。■の鉄鉱石は，Cの南アフリカ共和国のほか，ブラジルやオーストラリア西部などで多く産出される。

059 (1)　カ
　　(2)　エ

解説 (1)　アのマンガンはレアメタル(希少金属)の一種で，南アフリカ共和国などで産出される。イの石炭，ウの天然ガス，エの石油はいずれも化石燃料で，火力発電などに利用される。オのボーキサイトはアルミニウムの原料で，オーストラリア北部などで産出される。
(2)　大分県では，活火山であるくじゅう連山の付近に，日本最大規模の八丁原地熱発電所がある。

060 (1)　エ
　　(2)　イ
　　(3)　①B　　②イ

解説 (1)　⒜には釧路湿原，⒝には尾瀬，⒞には谷津干潟がある。
(2)　イの文は，長崎県諫早市が面している諫早湾にあてはまる内容なので，適切でない。なお，地図中のう)は香川県の豊島を示している。
(3)　①白神山地は，青森県と秋田県の県境にある。②ウは鹿児島県の屋久島，エは北海道の知床にあてはまる。日本では，白神山地，屋久島，知床，小笠原諸島(東京都)，「奄美大島，徳之島，沖縄島北部及び西表島」が世界自然遺産に登録されている。

061 (1)　エルニーニョ
　　(2)　イ

解説 (1)　エルニーニョが起こる同じ海域で，逆に海水温が平年よりも低い状態が続く現象をラニーニャという。エルニーニョやラニーニャは，世界の広い範囲に異常気象をもたらすと考えられている。
(2)　ネパールはヒマラヤ山脈が位置する標高が高い国であり，海に面してもいないので，海水面上昇の直接的な影響はない。

062 (1)　オ
　　(2)　エ
　　(3)　GPS

解説 (1)　アの林業人口は減少している。イの稲作は，北海道では石狩平野や上川盆地などで盛んに行われているが，根釧台地は酪農が中心であり，稲作は行われていない。ウの筑紫平野では，米と麦などの二毛作が行われている。米を1年のうち2回生産する二期作は，日本ではかつて高知平野などで行われていた。エは「とる漁業から育てる漁業へ」が正しい。
(2)　主要品目に石油が入っていることからXが輸入，もう一方のYが輸出であると判断できる。輸出で高い割合を占めているので，Aは機械類である。機械類は輸入でも割合が以前よりも高くなっている。輸入で一定の割合を占め，輸出では上位に入っていないBは食料品である。Cの繊維品は，1960年代は最大の輸出品であった。
(3)　GPSは，アメリカが運用している衛星測位システムのことである。カーナビゲーションシステムでは，GPSからの電波によって得た情報が地図画面に反映され，走行中の車の運転者が，現在位置や目的地までの最短コースなどを知ることができる。

063 (1)　イ
　　(2)　エ

解説 (1)　高度経済成長期は1950年代後半から1970年代初めごろまでで，日本ではこの時期に重化学工業化が進んだが，この時期にはまだ自動車を多く輸出するまでにはなっていない。自動車による日米貿易摩擦が大きな問題となったのは1980年代

のことである。

(2) イとウの文で正しく述べているように，貿易摩擦の解消や安い労働力の確保が，工場の海外移転の主な理由なので，エの文は誤りである。

入試メモ 資源に乏しい日本は，工業原料となる資源を輸入し，それを製品に加工して輸出する加工貿易によって発展してきたが，近年は産業の空洞化が進むとともに製品の輸入が増え，日本の貿易のあり方も様変わりしている。入試では，このような近年のことがらについて出題されることが多いので，変化の内容をつかんでおくことが必要である。

---

064 (1) エ
(2) カ
(3) ア

解説 (1) 資料Ⅰから，Xの県は他の産地の入荷量が少なくなった時期に多く出荷していることがわかる。そこから，暖かい気候を活かした野菜の促成栽培が行われている宮崎県を選ぶ。
(2) 北九州工業地域は，かつては八幡製鉄所を中心とした鉄鋼業がさかんであった。しかし，エネルギー革命などにより鉄鋼業が衰え，現在は機械工業が中心となっている。
(3) 石狩平野は北海道西部にあり，稲の品種改良のほか客土や排水施設の建設などをすすめ，米の一大産地となっている。

065 ウ

解説 海上輸送は自動車や鉄鋼などの重いもの，航空輸送は電子部品などの軽いものを運ぶのに適している。

⑦ パワーアップ

▶海上輸送と航空輸送
・海上輸送…重い貨物を一度に大量に輸送できる。輸送費が安いが，輸送に時間がかかる。
・航空輸送…遠距離でも時間をかけずに輸送することができる。軽量なものでないと輸送できず，輸送費が高い。

066 ハブ空港

解説 ハブ空港は国際線の乗り換え拠点となるため，

人が多く集まり，経済活動が活発になる。

7 日本の諸地域

067 (1) C
(2) D
(3) イ
(4) ウ
(5) シラス台地

解説 (1)・(2) 筑後川が流れるCは筑紫平野で，九州地方有数の稲作地帯である。Dは宮崎平野で，温暖な気候を背景にピーマンなどの野菜の促成栽培がさかんである。
(3) シリコンアイランドという呼び方は，電子工業が発達してきた九州地方を，アメリカのカリフォルニア州にあるシリコンバレーになぞらえたものである。ウとエはアメリカの先端産業がさかんな地域で，シリコンプレーンはテキサス州，シリコンデザートはアリゾナ州にある。
(4) 長崎市について述べている。問題文中の「原子爆弾が投下された中国地方の中心都市」は広島市である。
(5) シラス台地は水もちが悪く，稲作などには適さないことから，この地域では畜産がさかんに行われている。

068 ウ

解説 唐津くんちは，佐賀県唐津市の伝統行事である。福岡市の祭りとしては，博多どんたくなどが有名である。

069 (1) ウ
(2) ア

解説 (1) 大船渡港は岩手県にある。
(2) 雲仙普賢岳の噴火では，火砕流が発生するなどして，周辺地域に大きな被害をもたらした。

070 キ

解説 Aは佐賀県，Bは大分県，Cは熊本県を指している。高速道路が県内を通っており，空港が近くにある熊本県では，IC（集積回路）をはじめとする電子部品の生産がさかんである。このことか

ら，③のグラフが熊本県である。

X…この世界有数の巨大カルデラがあるのは，熊本県の阿蘇山である。Y…佐賀県の鳥栖ジャンクションを起点に，九州地方の東西南北に移動が可能になっている。Z…国内最大の地熱発電所とは，大分県の八丁原地熱発電所である。

---

071 a…イ　c…ウ

解説 アはdの水俣市，イはaの北九州市，ウは諫早湾で干拓が行われたcの諫早市，エはbの福岡市について述べた文である。

---

072 (1) 中国山地

(2) ウ

解説 (1) 中国山地より北を山陰，南を山陽という。
(2) Aは島根県，Bは鳥取県，Cは広島県，Dは岡山県，Eは愛媛県，Fは高知県を指す。日本海側の気候のBは冬の降水量が多く，瀬戸内の気候のDは年間を通して降水量が少なく，太平洋側の気候のFは夏の降水量が多くなる。

---

073 (1) C

(2) エ

(3) ウ

(4) イ

(5) ア

解説 (1) 鳥取県について述べている。この県は，全国で最も人口が少ない県である。また，この県に位置する鳥取砂丘は日本最大級の砂丘として有名である。
(2) 中国地方を通る緯線Xは，北緯35度の緯線である。日本では，東北地方の秋田県・岩手県を北緯40度の緯線が通っており，イのマドリード（スペイン）やウのローマ（イタリア）など地中海周辺地域が東北地方とほぼ同緯度である。アのオタワ（カナダ）はさらに高緯度で，日本の最北端のあたりとほぼ同緯度である。
(3) 三次人形や宮島細工は，広島県の伝統工芸品である。
(4) 降水量が少ないイが，瀬戸内に位置する広島市の雨温図である。アは，冬の降水量（降雪量）が多いことから日本海側の秋田市のものと判断できる。きわだって降水量が多いエは，日本で最も雨が多い地域として知られる紀伊半島の尾鷲市，残るウ

が鹿児島市の雨温図である。

(5) 2020年現在の政令指定都市は，札幌，仙台，さいたま，千葉，横浜，川崎，相模原，新潟，静岡，浜松，名古屋，京都，大阪，堺，神戸，岡山，広島，北九州，福岡，熊本の20市である。

---

074 (1) ウ

(2) ①b　②a

(3) 記号…ア
理由…景観を保全するための規制が設けられ，広告物が減っているため。

解説 (1) 近畿地方の北部には丹波高地，中央部には京都盆地や奈良盆地，南部には紀伊山地がある。その地形に合うのはウである。
(2) aは神戸市，bは大阪市，cは奈良市，dは和歌山市を指している。
①「江戸時代には〜商業の中心地」より大阪市。
②「外国との貿易の玄関口として発展」より神戸市。

---

075 ア

解説 アは，大阪府，京都府，奈良県にまたがる関西文化学術研究都市について述べている。

---

076 (1) F

(2) ア

(3) 信濃川

(4) ウ

(5) ア

(6) ①イ　②抑制

解説 (1) 冬の降水量が多いことから，日本海側の都道府県であると判断できる。
(2) ⑥の地域には飛騨山脈がある。赤石山脈は，長野・山梨・静岡の県境にある。飛騨山脈と木曽山脈，赤石山脈は，まとめて日本アルプスと呼ばれる。濃尾平野は，⑥の地域にある。牧ノ原台地は静岡県にあり，茶の産地として知られる。
(3) 長野県内を流れる千曲川が，新潟県に入ると信濃川と名を変え，越後平野を流れて日本海に注ぐ。
(4) 中部地方では，太平洋側（東海地方）の愛知県，静岡県の人口が多く，人口密度もこの2県が高くなっている。
(5) H県の愛知県には，中部地方の中心都市である

名古屋市があり，周辺の県からの通勤・通学者が多い。このことから，昼夜間人口比率が高いアが愛知県であると判断できる。イは静岡県，ウは岐阜県，エは石川県である。

(6)　抑制栽培では，高原の涼しい気候を利用して，レタスのほか，キャベツやはくさいなど，冬野菜を夏に栽培する。一方，促成栽培では，温暖な気候を利用して，なす，ピーマン，きゅうりなど，夏野菜を冬に栽培する。

入試メモ　抑制栽培や促成栽培は，気候の特色を生かして収穫の時期をずらす栽培方法である。これにより，ほかの産地からの出荷量（すなわち供給量）が少なく，市場での価格が高い時期に出荷して高い利益を見こむことができる。この供給量と価格の関係に関して，地理と公民（経済）の分野融合問題の形で出題されるケースも多い。

077　ウ，オ，キ

解説　①は愛知県の豊田市，②は岐阜県の多治見市，③は福井県の鯖江市について述べている。

078　(1)　A…利根川　　B…関東山地
　　　　　　C…房総半島
　　　(2)　ウ
　　　(3)　①a…ニュータウン
　　　　　　　b…ドーナツ化
　　　　　　②エ
　　　(4)　神奈川県
　　　(5)　ウ

解説　(1)　房総半島の名には，この地域の昔の国名である安房，上総から一字ずつがとられている。

(2)　埼玉県では，隣接する東京都への通勤・通学者が多いので，昼夜間人口比率が最も低いウが埼玉県であると判断できる。人口が最も多いアが東京都，次いで人口が多いイが神奈川県，人口が最も少なく，第1次産業就業者割合が最も高いエが群馬県である。

(3)　①b都市の中心部の人口が減少し，郊外の人口が増加する現象を，中央部に穴があいているドーナツの形に見立てて，ドーナツ化現象という。
②図書館は全国各地にあり，東京に集中している

とはいえない。

(4)　イは，京葉工業地域で石油化学工業や鉄鋼業がさかんな千葉県，ウは，印刷業が全国で最もさかんな東京都のグラフと分かる。アとエが，埼玉県か神奈川県のいずれかである。このうち，エは，石油・石炭製品が入っていることから，臨海部に位置していて石油や石炭を船で輸入できる神奈川県，もう一方のアが埼玉県と判断できる。

(5)　神奈川県鎌倉市について述べている。

079　(1)　ウ
　　　(2)　Ⅰ…りんご
　　　　　　Ⅱ…さくらんぼ（おうとう）
　　　(3)　ウ

解説　(1)　アは福島県，イは宮城県，ウは青森県，エは岩手県。青森県では，全国有数の水産都市である八戸市があるのは太平洋沿岸なので，ウが誤りである。なお，福島県には福島第一，福島第二の各原子力発電所が建設されたが，このうちの福島第一原子力発電所が，2011年の東日本大震災の際に深刻な事故を引き起こした。

(2)　青森県では津軽平野，山形県では山形盆地などで果樹栽培がさかんに行われている。

(3)　人口が減少して通常の地域社会を維持することが困難な地域を過疎地域といい，東北地方や中国地方の山間部などに多く見られる。秋田県も過疎地域が多い県なので，ウがあてはまると判断できる。アは大阪府，イは埼玉県，エは愛知県である。

080　(1)　オ
　　　(2)　例 高速道路が延伸され，工業製品の輸送が便利になった。

解説　(1)　リアス海岸の三陸海岸は太平洋側である。また，男鹿半島は日本海側の秋田県にあり，太平洋側の宮城県には牡鹿半島がある。

(2)　東北地方では，高速道路のインターチェンジ付近に工業団地が建設されるなどして工場が進出し，機械工業などが盛んになってきている。

081　ア　例 りんごの流通にかかる費用を減らすことができるため。
　　　イ　例 りんごを加工して価値を高めることができるため。

解説　近年，農業は高齢化や後継者不足が問題と

なっており，生産量を維持することが難しくなっている。そのため，生産量を増やすこと以外に所得を得るための取り組みに力を入れている。

---

082 (1) A…日高山脈　　B…石狩平野
　　C…根釧台地
(2) ①北西　　②対馬海流　　③南東
　　④親潮(千島海流)　　⑤イ
(3) エ
(4) ア
(5) ウ

解説 (2) ⑤札幌は日本海側に位置しているので，太平洋側の釧路より夏の気温が高くなる。また，直前の「高緯度になるほど，気温は低くなる」とあることに着目すると，高緯度の稚内より気温が高いことがわかる。それらを合わせると，3つの都市の中で最も気温が高いイが札幌。
(4) Cは根釧台地を指している。根釧台地は火山灰におおわれており，耕作に適さない。
(5) ア…アイヌ(民族)の人々は農業ではなく漁業や狩猟を盛んに行っていた。イ…ラクスマンの根室来航は江戸時代(1792年)，開拓使を置いたのは明治時代(1869年)であり，直接関係はない。エ…樺太と千島列島が逆である。

---

083 イ

解説 酪農がさかんな根釧台地のあたりが多くなっていることから，イが乳用牛であると判断する。十勝平野のあたりが多くなっているウは畑作，石狩平野から上川盆地にかけてのあたりが多くなっているエは稲作，残るアが果樹である。

---

8 地理の総合問題

084 (1) 1…パンパ　　2…チリ　　3…羊
　　4…エアーズロック(ウルル)
　　5…フランス　　6…イヌイット
　　7…焼畑
(2) ②
(3) 偏西風
(4) エ

---

(5) イ
(6) 例 安価な労働力が存在したから。
(7) オ
(8) エ
(9) 最初…B　　最後…C

解説 (1) Aはアルゼンチン，Bはオーストラリア，Cはカナダ，Dはインドネシア，Eはイタリアについて述べた文章である。4のエアーズロック(ウルル)は巨大な一枚岩で，これを聖地とするオーストラリアの先住民はアボリジニである。
(2) ①と③は環太平洋造山帯，④と⑤はアルプス＝ヒマラヤ造山帯に属している。これらの造山帯は比較的新しい時代に形成されたもので，現在も造山運動が活発であり，地震も多く発生する。一方，②(オーストラリアのグレートディバイディング山脈)は，古い時代に形成されたもので，この山脈が位置するオーストラリア大陸は地盤が安定し，地震はほとんど発生しない。
(3) 北半球，南半球とも，中緯度地域では年間を通して西よりの風である偏西風が吹いている。
(4) 南半球に位置するアルゼンチンは，北半球に位置するほかの4か国とは季節が逆になる。このことから，北半球では冬にあたる12月から2月にかけての時期が収穫期となっているエがあてはまると判断できる。
(5) オーストラリアの西部では鉄鉱石，北部ではボーキサイトが多く産出される。
(6) インドネシアなど東南アジア諸国は人件費が安く，日本など外国企業の進出先となっている。
(7) イタリア南部には夏に乾燥する地中海性気候が分布する。この地域では，乾燥に強い作物として，オリーブのほか，ぶどうやコルクがしなどが栽培されている。
(8) イタリア南部など地中海地域を通る北緯40度線が，日本では秋田県・岩手県を通っていることから判断する。
(9) 180度の経線にほぼ沿って引かれている日付変更線のすぐ西側が最も時刻が早い。順に並べると，B→D→E→A→Cとなる。

---

085 (1) ⅰ…信濃　　ⅱ…かき　　ⅲ…利根
(2) ウ
(3) ウ
(4) イ

(5) 屋久島

(6) オ

(7) 液状化現象

(8) ア

(9) イ

解説 Ⅰは新潟県，Ⅱは広島県，Ⅲは鹿児島県，Ⅳは青森県，Ⅴは長野県，Ⅵは千葉県について述べた文章である。

(1) ⅱのかきの養殖は広島湾で盛んに行われている。

(2) Bは大隅半島，Dは下北半島，Fは赤石山脈である。

(3) 対馬海流は，日本海流(黒潮)から分かれて日本海を北上する暖流である。

(4) アには北海道，ウには宮崎県，エには岩手県があてはまる。

(5) 屋久島は，縄文すぎと呼ばれる樹齢数千年のすぎなどで有名である。

(6) ももとぶどうは山梨県，みかんは和歌山県や愛媛県の生産量が多いので，Ａ・Ｂのいずれにもあてはまらない。Ⅳの青森県の生産量が多いことからＢがりんごとわかり，残った洋なしがＡとなる。

(7) 千葉県の東京湾岸に多い埋立地の中には，2011年の東日本大震災の際に，液状化現象によって大きな被害を受けた地域がある。

(8) 化学工業の割合が高いことからアが京葉工業地域であると判断する。総額が最も多く，機械工業の割合が高いエが中京工業地帯である。イとウのうち，化学工業の割合が高い方のイが瀬戸内工業地域，残るウが阪神工業地帯である。

(9) 降水量が少なく冬の気温が比較的低いことからＢが長野市，冬の降水量が多いことからＣが青森市，降水量が多く冬の気温が比較的高いことからＤが鹿児島市と判断でき，残るＡが広島市にあてはまるとわかる。

---

086 (1) ①ウォーターフロント　　②エ
③例商店街の利用者用の駐車場を設ける。

(2) ①15　　②中国　　③インド

(3) ①ウ
②Ⅰ…太陽光発電(ソーラー発電)
Ⅱ…地熱発電

解説 (1) ①古いドックや倉庫群が再開発された

ウォーターフロントの例として，神奈川県横浜市のみなとみらい21地区などがあげられる。

②集団農法が導入されている事例はあまりなく，耕作放棄地は増加している。

③古い商店街の活性化の方策としては，地域をあげてのイベントの開催などさまざまなものが考えられるが，ここでは，モータリゼーション(車社会化)への対応という問題文の条件にあった内容が正解となる。

(2) ③のインドとアメリカ合衆国との時差を活用すれば，インターネットを利用してデータのやりとりをすることなどによって，昼夜を問わず作業をリレー式に続けていくことができる。英語を使うことができる人が多いことも，インドでソフトウェア産業が発達した背景としてあげられる。

(3) ①カナダは水資源が豊富なことから，発電は水力が中心となっており，火力の割合は低い。

②環境への負荷という観点から見ると，火力発電は地球温暖化の原因となる二酸化炭素を排出すること，水力発電はダムの建設が環境の破壊につながること，原子力発電は放射性廃棄物の処理の問題や事故による放射能汚染の危険性があることで環境負荷が大きく，これらに比べると太陽光や地熱を利用した発電は環境負荷が小さいということができる。

---

087 (1) a…福岡　　b…有明

(2) B

(3) ウ

(4) イ

(5) B…兵庫県　　　D…岩手県

(6) エ

(7) イ

解説 (1) 佐賀県の有明海沿岸では，のりの養殖がさかんに行われている。

(2) ぶどうとオリーブは，地中海周辺地域で行われている地中海式農業でさかんに生産される作物なので，その生産量上位に入っているＢとＣは，地中海に面しているフランスかイタリアのいずれかである。このうち，Ｃは，原子力発電の割合が高いことからフランス，もう一方のＢがイタリアであると判断できる。残るＡがドイツである。

(3) 熊本県の阿蘇に見られるのは，カルデラ(火山の噴火によってできたくぼ地)なので，ウは誤り

である。

(4)　1人あたりGNI（国民総所得）が高いウとエは，日本かアメリカ合衆国のいずれかであり，このうち，人口密度が高いウが日本，人口密度が低いエがアメリカ合衆国である。残るアとイのうち，人口密度が比較的高いアが中国，もう一方のイがブラジルである。

(5)　Aは栃木県，Cは鹿児島県である。Bの文で述べている兵庫県の銘柄和牛とは「神戸牛」などの呼び名で知られる牛肉のことである。

(6)　アは山形県，イは青森県，ウは石川県，オは福井県の伝統工芸品である。

(7)　牛の飼育頭数が多く，1人1日あたり肉類供給量が少ないイがインドである。牛を神聖な動物とするヒンドゥー教の信者が多いインドでは，牛が多く飼われて大切にされており，信者には肉類を食べないベジタリアンが多い。一方，イスラム教ではコーランで豚を食べることが禁止されているので，豚の飼育頭数の数値がないウが，イスラム教の信者が多いイランであると判断できる。1人1日あたり肉類供給量が最も多いアがオーストラリア，残るエが中国である。

歴 史 的 分野

9　原始・古代の日本と世界

088　カ

解説　Xはギリシャ文明，Yはエジプト文明，Zはメソポタミア文明がうまれた地域である。

a・e（パルテノン神殿）はギリシャ文明，c・d（ピラミッドとスフィンクス）はエジプト文明に関連があるものである。

089　(1)　カースト制度

(2)　ウ

(3)　エ

(4)　百済（ペクチェ）

解説　(1)　カースト制度のもとでは，人々はバラモン（僧侶など），クシャトリア（王族・武人），バイシャ（平民），シュードラ（奴隷）の身分に分けられ，

互いの関係を厳しく制限された。

(2)　ガンダーラ美術の影響は，仏教の広まりとともに，中央アジアや中国，日本にもおよんだ。

(3)　アショーカ王は，仏教を保護したことで知られる紀元前3世紀のインドの王である。アのハンムラビ王は，メソポタミア文明が栄えた地域でハンムラビ法典を定めたことで知られる王，イのムハンマドはイスラム教を開いた人物，ウのマルコ＝ポーロは元の時代の中国を訪れたイタリア人である。

(4)　6世紀に百済の王から仏像や経典が送られ，日本に公式に仏教が伝えられた。

090　(1)　エ

(2)　ウ

(3)　エ

(4)　ウ

(5)　ア

(6)　イ

解説　(1)　ア…旧石器時代について述べている。イ…埴輪ではなく土偶である。埴輪は古墳時代につくられ，古墳の上やまわりに置かれた。ウ…高床倉庫は，弥生時代に収穫した稲を保存するために用いられるようになった。また，縄文時代には人々は竪穴住居に住んだ。

(2)　三内丸山遺跡は青森県にある。アの吉野ヶ里（佐賀県）とイの登呂（静岡県）は弥生時代，エの岩宿（群馬県）は旧石器時代の遺跡として知られる。

(3)　ア…石包丁は稲の穂をつみとるのに用いられた。イ…九州地方に伝わった稲作は，弥生時代には東北地方まで広まったが，北海道や沖縄では稲作はまだ行われなかった。ウ…弥生時代の農具はおもに木製のものであった。

(4)　福岡県志賀島で発見されたのは，奴国の王が漢の皇帝から授けられた「漢委奴国王」の金印である。

(5)　江田船山古墳は熊本県にあり，埼玉県にあるイの稲荷山古墳とともに，「ワカタケル大王」の文字が刻まれた鉄刀や鉄剣が出土したことで知られる。ウの大山（大仙）古墳は大阪府堺市にある最大級の前方後円墳である。エの王塚古墳は福岡県にあるので九州北部である。

(6)　5世紀，讃・珍・済・興・武という大和政権の五人の王が相次いで中国に使者を送った。この五人の王を「倭の五王」といい，資料はこのうちの

倭王「武」が送った手紙の部分要約である。この倭王「武」が「ワカタケル大王」と同一人物であると考えられている。

---

091 (1) 蘇我馬子(そがのうまこ)

(2) 和

(3) ア

(4) ウ

(5) エ

(6) (東大寺)正倉院

(7) (弓削(ゆげの))道鏡

(8) 末法(まっぽう)(思想)

(9) ウ

解説 (1) 蘇我馬子は，推古天皇の時代に，聖徳太子(厩戸王(うまやと))とともに政治を行った。のちに大化の改新において中大兄皇子や中臣鎌足らにたおされる蘇我蝦夷(えみし)は馬子の子，蘇我入鹿(いるか)はその蝦夷の子にあたる。

(2) 十七条の憲法は，朝廷に仕える役人の心がまえを示す目的で，聖徳太子が定めたものである。資料の条文の「忤(さか)ふること無きを宗(むね)とせよ」は，「争いをやめることを第一とせよ」といった意味である。

(3) 阿倍仲麻呂(あべのなかまろ)は「天の原 ふりさけみれば 春日なる 三笠の山に いでし月かも」の歌をよんだことでも知られる。イの小野妹子は聖徳太子が遣隋使として派遣した人物，ウの山上憶良(やまのうえのおくら)は『貧窮問答歌(ひんきゅうもんどうか)』の作者として知られる人物。エの吉備真備(きびのまきび)は遣唐使として唐に渡ったのち，帰国して朝廷で重く用いられた。

(4) 稲で納める税は，調ではなく租である。調は，各地の特産物などを納める税である。

(5) 聖武天皇は，国ごとに国分寺や国分尼寺をつくらせ，都の奈良には総国分寺として東大寺を建てて大仏を造営した。この大仏の造営には，民間で布教活動を行っていた行基(ぎょうき)が協力した。

(6) シルクロードなどを通じて西アジアやインドなどから唐にもたらされた文化が，遣唐使によって日本に持ち帰られ，こうしたことから，聖武天皇が即位していたころに国際色豊かな天平文化が栄えた。東大寺の正倉院に収蔵されている聖武天皇の遺品の中には，西アジアやインドなどの文化の影響が色濃く認められる品々がある。

(7) 道鏡は，称徳(しょうとく)天皇のもとで権力を握り，ついに

は天皇の位につこうとまでしたが，これを阻まれて地位を追われた。

(8) 末法思想は，釈迦(しゃか)の死後2000年目から末法の世に入って世の中が乱れるという考えで，この思想の広まりを背景に，念仏を唱えて阿弥陀仏(あみだぶつ)にすがり，死後に極楽浄土に生まれ変わることを願う浄土信仰が流行した。

(9) 藤原道長は平等院鳳凰堂(ほうおう)を建てた頼通(よりみち)の父。藤原純友(すみとも)は10世紀に瀬戸内で反乱を起こした人物。藤原清衡(きよひら)は中尊寺金色堂(こんじき)を建てた人物で，平泉(岩手県)を本拠地として東北地方で栄えた清衡の一族を奥州藤原氏という。

⑦ パワーアップ

律令制度のもとでのおもな税や労役・兵役について，内容を整理しておこう。

税	租	収穫の約３％の稲を納める
	庸(よう)	労役の代わりに布を納める
	調	各地の特産物などを納める
労役	雑徭(ぞうよう)	年60日まで地方で労働する
兵役	衛士(えじ)	１年間，都の警備につく
	防人	３年間，九州の警備につく

---

092 (1) イ

(2) ア

解説 (1) 正しい文はⅠとⅣ。Ⅱは縄文時代，Ⅲは古墳時代の文である。

(2) 蝦夷とは，東北地方に住む朝廷に従わない人々のことである。イにも蝦夷との戦いに備えて城が築かれたが，坂上田村麻呂より前の飛鳥時代のものである。

---

10 中世の日本と世界

---

093 (1) 地頭

(2) イ→ウ→ア

解説 (1) 荘園や公領ごとに置かれた地頭は，年貢の取り立てや警察の役割を負っていた。

(2) イ(1297年)→ウ(1333年)→ア(1338年)

---

094 (1) 北条義時

(2) 承久の乱

(3) エ

(4) ウ

解説 (1) 文章中の「私」とは，源頼朝の妻である北条政子である。鎌倉幕府では将軍の下に執権が置かれ，政子の一族である北条氏が代々執権についた。初代執権は政子の父である北条時政，2代執権が政子の弟にあたる北条義時である。

(2) 下線部の「上皇」は後鳥羽上皇である。源氏の将軍が3代で絶えたのを見て，後鳥羽上皇は北条義時を討てという命令を発して兵を挙げ，承久の乱が始まった。

(3) アの評定衆は，鎌倉幕府に置かれていた機関で，執権らと政治上の問題などについて話し合いを行った。イの京都守護に代わって京都に置かれたのが六波羅探題である。ウの京都所司代は江戸幕府の機関である。

(4) アは江戸幕府が定めた武家諸法度，イは聖徳太子が定めた十七条の憲法，エは江戸幕府が定めた禁中並公家諸法度の説明である。

095 (1) エ

(2) ウ

(3) 1 … 源実朝   2 … 西行

解説 (1) ア…一遍が開いた時宗は，踊念仏や念仏の札を配ることで布教した。イ…念仏ではなく題目であれば正しい。ウ…法然が開いた浄土宗は，念仏を唱えればだれでも救われると説き，おもに武士や民衆に支持された。

(2) ア…日宋貿易は平安時代末期，町衆による自治は室町時代の社会の様子である。イ…室町時代の社会の様子である。エ…城下町がつくられ始めたのは戦国時代である。

(3) それぞれの著作を覚えておこう。

096 (1) a … 文永   b … (永仁の)徳政令

(2) 石塁[防塁]

(3) 例 元寇は防衛のための戦争だったので，新たな領地を手に入れることができなかったため。(40字)

解説 (1) a …二度にわたる元との戦いのうち，最初のものが文永の役，二度目が弘安の役である。b …(永仁の)徳政令は生活に苦しむ御家人の救済を目的に出されたもので，御家人が手放した土地

をただで取り戻させることなどを定めていた。

(2) 文永の役では，元の軍は博多湾岸に上陸したが，弘安の役では，石塁の効果などがあって元の軍は上陸することができなかった。

(3) 問題文に「この戦争の特徴に触れながら」とあるので，防衛戦であったということを説明する。

097 (1) 後醍醐天皇

(2) イ

解説 (1) 鎌倉幕府を倒そうとした後醍醐天皇は，一度は失敗して隠岐(島根県)に流されたが，楠木正成や足利尊氏らの協力を得て，1333年に幕府を滅ぼし，建武の新政を始めた。

(2) 建武の新政は，それまでの武家の政治を否定し，公家を重視する政治であったために，社会の混乱を招くとともに武士の不満が高まり，2年ほどでくずれた。史料は，この建武の新政を批判したものとして有名な「二条河原落書」の一部である。史料中の「にせ綸旨」は，にせの天皇の命令。「安堵」は，ここでは領地の保障のことで，安心するという意味ではない。

098 (1) ウ

(2) ①管領   ②鎌倉府

(3) 李成桂(イソンゲ)

(4) 尚氏

(5) エ

(6) X … ア   Y … ウ   Z … イ

解説 (1) 足利尊氏は後醍醐天皇に協力していたが，建武の新政に反発して後醍醐天皇と対立し，京都に新しい天皇をたてた。後醍醐天皇は吉野(奈良県)に逃れて南朝を開き，尊氏は京都の北朝の天皇から征夷大将軍に任じられた。

(2) 管領には有力な守護が任命された。鎌倉府の長官は鎌倉公方と呼ばれ，足利氏の一族がその役職についた。

(3) 李成桂がたてた朝鮮では，ハングルという文字がつくられるなど独自の文化が発展した。

(4) 琉球には北山，中山，南山の3つの勢力があったが，中山王の尚氏が北山，南山の勢力を滅ぼして沖縄本島を統一し，琉球王国を建てた。

(5) 室町時代には，幕府の3代将軍足利義満の頃に北山文化が栄え，8代将軍足利義政の頃に東山文化が栄えた。エは北山文化の頃のことで，観阿

弥・世阿弥は足利義満の保護を受けていた。

(6) 1428年の正長の土一揆は，最初の土一揆で，このできごとについて記された史料には，「日本が始まって以来，土民が蜂起したのはこれが初めてだ」と書かれている。

入試メモ　室町時代については，政治の動きや社会のようすなどに関する問題と並んで，文化に関する問題が多く出題されている。北山文化と東山文化について整理しておこう。足利義満が京都の北山に金閣を建てた頃の文化が北山文化，足利義政が京都の東山に銀閣を建てた頃の文化が東山文化である。銀閣については，現代の和風建築の原型となった書院造がとり入れられていることも頻出である。

---

099 カ

解説 後醍醐天皇がのがれた吉野は京都より南だったため，南の朝廷として「南朝」と呼ばれた。南北朝の動乱は，室町幕府3代将軍・足利義満が1392年に南北朝を合一させたことで終わった。

---

100 (1) ウ

(2) ア

(3) 〔例〕倭寇と区別するため（9字）

(4) エ

(5) 生糸

解説 (1)　隋は唐の前，清は明のあとに中国を支配した王朝である。

(2)　b…陶磁器をつくる技術は，豊臣秀吉による朝鮮侵略の際に朝鮮から連れて来られるなどした陶工によって伝えられた。d…「農村を中心に」以下の部分が誤り。一向一揆は，親鸞が開いた浄土真宗（一向宗）の信者が起こしたものである。

(3)　室町時代には，倭寇と呼ばれる海賊が中国や朝鮮半島の沿岸などで略奪などを行っていた。勘合貿易は，明から倭寇の取り締まりを求められた足利義満が始めたものである。

(4)　a…老中ではなく管領が正しい。老中は江戸幕府で将軍の下に置かれた。c…北陸地方を支配して武田氏と川中島で戦ったのは上杉氏である。

(5)　勘合貿易では，生糸のほか，銅銭や書画などが日本に輸入された。日本からは銅，硫黄，刀剣などが輸出された。

---

⑦ パワーアップ

鎌倉新仏教について，開祖である僧の名と宗派名とを整理しておこう。

開祖	宗派
法然	浄土宗
親鸞	浄土真宗
一遍	時宗
日蓮	日蓮宗（法華宗）
栄西	臨済宗
道元	曹洞宗

---

101 (1) イ

(2) ウ，エ

解説 (1)　アの出会貿易とは，貿易を行う双方が，ある地点に出向いて行う貿易のことである。ウの朱印船貿易は，江戸時代初期の頃に東南アジアの地域との間で行われた。エの南蛮貿易は，16世紀にスペイン人やポルトガル人との間で行われた。

(2)　15～16世紀にかけて，スペインとポルトガルが新航路の開拓に乗り出し，南アメリカ大陸やアジアなどに進出した。

---

102 (1) 金剛力士像

(2) ①エ　　②下剋上

解説 (1)　資料Aは，東大寺南大門である。門の左右の柱の中に，金剛力士像が安置されている。

(2)　①資料Bは，足利義政が京都の東山に建てた銀閣である。アは奈良時代の天平文化，イは鎌倉時代の文化，ウは平安時代の国風文化の特色である。②下剋上の風潮が広まる中で，家臣が主君である戦国大名をたおし，自らがその地位にとって代わるといった例が多く見られた。

---

103 (1) 平家物語

(2) ウ

(3) 足軽

(4) エ

解説 (1)　平家物語には，平氏一門の繁栄や，源氏と平氏の争乱のようすなどが描かれている。

(2)　問題文の「この武家政権をつくった人物」は源頼朝である。アは足利尊氏，イは織田信長，エは徳川家康にあてはまる。

(3)　足軽は，やとい兵で，応仁の乱の頃から足軽に

よる集団戦法が広まった。足軽の中には，放火や盗みといった悪事をはたらく者もあった。

(4) アの浮世絵は江戸時代に流行した。イの唐獅子図屏風は，安土桃山時代に狩野永徳が描いた作品である。ウの人形浄瑠璃は，江戸時代に栄えた元禄文化の頃，近松門左衛門が脚本を書くなどして盛んになった。

11 近世の日本と世界

104 (1) 例自分の到達したところがインドの一部である（20字）
(2) ウ，オ

解説 (1) コロンブスは，ヨーロッパから西回りでアジアに到達することをめざして航海に出発した。これは，当時のヨーロッパではアメリカ大陸の存在が知られていなかったため，地球が球体であるならば，大西洋を西に向かえば直接アジアに到達できるはずだとコロンブスが考えたためである。1492年，コロンブスはアメリカ大陸付近の島に到達し，その後もその周辺の探検をくり返したが，あくまでもこれらの地をインドの一部と信じていたという。

(2) ウ…鉱山では主に銀が採掘された。オ…農園では主にさとうきびが栽培され，砂糖がつくられた。

105 (1) エ
(2) イ
(3) ウ
(4) イ

解説 (1) イエズス会は，宗教改革で批判を受けたカトリック教会でつくられた組織で，海外布教に力を入れていた。日本にキリスト教を伝えたフランシスコ＝ザビエルもイエズス会の宣教師の１人である。アのルターとイのカルヴァン（カルバン）は宗教改革を進めた人物で，カトリック教会を批判したルターらの教えを信じた人々がプロテスタントである。ウのマルコ＝ポーロは元の時代の中国を訪れたことで知られるイタリア人である。

(2) 大友宗麟，有馬晴信，大村純忠の３人のキリシタン大名が４人の少年使節をヨーロッパに送った。派遣された当時の年号から，この使節を天正遣欧

少年使節と呼んでいる。

(3) ゴアは，当時アジアに進出していたポルトガルの根拠地であった。

(4) 少年使節が帰国した1590年は，豊臣秀吉が全国統一を果たした年である。

106 (1) 毛利元就
(2) イ
(3) 火薬
(4) 堺
(5) エ
(6) 足利義昭
(7) イ
(8) ウ
(9) A…イ　　B…ア　　C…ウ

解説 (1) 「三本の矢の教訓」とは，毛利元就が自分の三人の子に対し，一本ではもろい矢でも三本たばねれば折れないということを示して，兄弟が助け合うことの大切さを説いたとされるエピソードで，一般に広く知られている。

(2) 空欄には，分国法があてはまる。分国法は，戦国大名が領国を治めるために独自に定めた法令をいう。塵芥集は伊達氏の分国法である。

(3) ルネサンスの頃，ヨーロッパではさまざまなイスラム文化が受け入れられた。一般に三大発明といわれるうちの火薬と羅針盤は，中国からイスラム商人を経てヨーロッパに伝わり，改良されたものである。活版印刷術はドイツのグーテンベルクによって発明された。

(4) 鉄砲は，種子島に漂着したポルトガル人によって日本に伝えられ，まもなく国内でも生産されるようになった。堺のほか，国友（滋賀県）が当時の鉄砲の産地として知られている。

(5) 太政大臣になったのは，織田信長ではなく豊臣秀吉である。また，大名に無断で城の修理をすることを禁じたのは，江戸幕府が定めた武家諸法度の内容である。

(6) 第15代将軍である足利義昭の追放により，室町幕府は滅亡した。

(7) 一乗谷は現在の福井県にあった朝倉氏の城下町である。アの小田原は北条氏，ウの山口は大内氏，エの府内（大分市）は大友氏の城下町として栄えた。

(8) 空欄には，浄土真宗（一向宗）があてはまる。織田信長は，抵抗勢力となっていた各地の一向一揆

と戦い，これらを屈伏させた。

(9) 織田信長は，尾張(愛知県)の小大名であったが，駿河(静岡県)の有力大名であった今川義元を桶狭間の戦いで破り，勢力を拡大した。

---

107 (1) 例一揆の防止，兵農分離

(2) ア

(3) イ

解説 (1) 豊臣秀吉は，農民から武器を取り上げる刀狩を行って，一揆による武力抵抗を防ぐとともに，農民を耕作に専念させて武士と農民の身分の区別を明確にする兵農分離をすすめた。

(2) アは江戸時代のようすである。

(3) アの李成桂は14世紀に朝鮮を建国した人物，ウの李鴻章とエの李経芳は清の時代の役人である。

---

108 (1) ア

(2) 幕領[天領]

(3) エ

解説 (1) アのバテレン追放令は豊臣秀吉が出したものなので，これが関ヶ原の戦い以前のできごととしてあてはまる。イの豊臣氏滅亡は1615年。ウは島原・天草一揆で，1637年のできごとである。

(2) 幕領から得られる年貢が，幕府の財政収入の基盤となった。

(3) ア…江戸幕府は大名を，徳川氏の親類である親藩，古くからの徳川氏の家臣である譜代大名，幕府成立の頃から徳川氏に従うようになった外様大名に分けた。江戸の周辺や重要な地域には親藩や譜代大名が置かれ，外様大名は江戸から遠く離れた地域に配置された。イ…江戸幕府は大名統制のために武家諸法度を定め，大名が新しく城を築くことや，大名家どうしで幕府の許可なしに婚姻関係を結ぶことなどを禁じた。ウ…禁中 並 公家諸法度は，朝廷や公家を統制するための法令である。

---

109 (1) Ⅰ…京都所司代　　Ⅱ…勘定奉行

(2) エ

(3) イ

(4) ア

(5) イ

(6) ウ→ア→イ

解説 (1) 勘定奉行の下には郡代や代官が置かれ，

幕府の直轄地を治めた。

(2) アは1639年，イは1641年，ウは1637年のできごとである。

(3) 江戸時代には，徳川綱吉が将軍であった17世紀後半頃に上方(大阪・京都)を中心に元禄文化が栄え，19世紀初め頃に江戸を中心に化政文化が栄えた。イが元禄文化，ア，ウ，エはいずれも化政文化にあてはまる。

(4) 蘭学は，オランダ語の書物などを通じて西洋の文化について研究する学問である。bの本居宣長は，日本の古典などを研究する国学の大成者。dの安藤昌益は，自然真営道で独自の思想を唱えた人物である。

(5) イは，「蝦夷地の開拓を計画し」の部分は正しいが，それ以降が誤りである。田沼意次は，銅や海産物を輸出する長崎貿易を奨励した。長崎貿易を制限し，金・銀の流出を防ごうとしたのは，新井白石である。

(6) アは1837年，イは1839年，ウは1825年のできごとである。イの渡辺崋山や高野長英らが処罰された事件を，蛮社の獄という。

入試メモ 江戸時代には，将軍や老中などになった人物がさまざまな政策を実施した。入試では，これらの政策がどの人物によるものであるかを判別させる問題が頻出である。徳川吉宗，田沼意次，松平定信，水野忠邦の4人は特に重要。それぞれの人物の政策について，内容をくわしく整理しておきたい。

↗ パワーアップ

三大改革期の主な政策について整理しておこう。

・徳川吉宗(享保の改革)
…目安箱の設置。公事方御定書の制定。新田開発。年貢の率の引き上げ。参勤交代をゆるめる代わりに大名に米を献上させる(上げ米の制)。人材の登用(足高の制)。キリスト教関係以外の漢訳洋書の輸入緩和。

・田沼意次
…株仲間の奨励(特権を与える代わりに税をとる)。長崎貿易の奨励(銅や海産物の輸出)。印旛沼や手賀沼の開発。蝦夷地の開拓を計画。

・松平定信(寛政の改革)
…凶作やききんに備えて米を蓄えさせる(囲い米の制)。江戸にいる農民を村に帰らせる。旗本や御家人の借金帳消し(棄捐令)。幕府の

学校での朱子学以外の講義を禁止(寛政異学
の禁)。

・水野忠邦(天保の改革)

…江戸への農民の出かせぎ禁止(人返しの法)。
株仲間の解散。江戸や大阪周辺を幕府領にし
ようとする(上知令)。

	人物	ジャンルと主な作品
元禄文化	井原西鶴	浮世草子 『日本永代蔵』 『好色一代男』
	近松門左衛門	人形浄瑠璃の台本 『曾根崎心中』
	松尾芭蕉	俳諧 『奥の細道』
化政文化	十返舎一九	こっけい本 『東海道中膝栗毛』
	滝沢馬琴	読本 『南総里見八犬伝』

---

110 (1) 鎖国

(2) 2…オランダ　　3…出島

(3) (朝鮮)通信使

(4) 4…アイヌ　　5…シャクシャイン

(5) A…ウ　　B…ア　　C…オ

解説 (1)　江戸幕府は,貿易の利益と海外情報を独
占することと,キリスト教を禁止することを目的
に鎖国政策を実施した。

(2)　鎖国の完成以前,ヨーロッパの国では,スペイ
ン,ポルトガル,オランダ,イギリスが日本に来
航していた。このうち,イギリスは貿易が不調で
あったことから自ら商館を閉じて日本を去った。
キリスト教の布教に熱心であったスペイン,ポル
トガルは幕府によって来航が禁止され,残るオラ
ンダのみが長崎の出島に限って来航を許可される
こととなった。

(3)　通信使の一行の中には学者や芸術家もおり,各
地で日本の文化人との交流が行われた。

(4)　松前藩は,シャクシャインに和睦を申し入れて,
だましうちにした。

(5)　イの長州藩(山口県)は,薩摩藩とともに幕末に
倒幕の中心勢力となった藩である。エの土佐藩
(高知県)は,薩長同盟の仲立ちをした坂本龍馬の
出身藩である。

---

111 元禄,ア

解説 松尾芭蕉は俳諧,十返舎一九はこっけい本で
活躍した人物である。なお,十返舎一九は化政文
化の人である。

江戸時代の文化には大きく分けて「元禄文化」と
「化政文化」がある。それぞれの時期,にない手
を覚えておこう。化政文化は19世紀はじめにお
こった文化で,江戸の庶民がにない手となった。

⑦ パワーアップ

江戸時代の文化に関連して,主な文学者につい
て整理しておこう。

---

112 例農村に貨幣経済が広がり,生活水準が
高まる中で,寺子屋で読み・書き・そろ
ばんを学ぶようになった。

解説 江戸時代後半になると教育が広がり,諸藩で
は藩校がつくられて武士の子が学問や武道を学ん
だ。町や農村には寺子屋が開かれ,庶民の子が読
み・書き・そろばんなど実用的な知識や技能を学
んだ。

---

113 (1) 田沼意次

(2) エ

(3) ウ

解説 (1)　田沼意次は,商人の力を利用して幕府の
財政を立て直そうとする政策を実施したが,わい
ろの横行を招いたという批判を浴び,老中の地位
を追われた。その直後,松平定信が老中となり,
寛政の改革を始めた。

(2)　アは水野忠邦による天保の改革にあてはまる。
江戸周辺を幕府領にしようとしたこの政策は,幕
府内外の反発を招いて失敗に終わった。イは鎖国
体制を続けようとした幕府が出した外国船(異国
船)打払令の内容である。ウは徳川吉宗による享
保の改革にあてはまる。吉宗は,参勤交代をゆる
める代わりに大名に米の献上を命じた。これを上
げ米の制という。

(3)　ラクスマンはロシア使節で,1792年に根室に来
航した。レザノフもロシア使節で,1804年に長崎
に来航した。フェートン号事件は,イギリスの軍
艦フェートン号がオランダ船をとらえるために長
崎港に入港した事件で,1808年に起こった。モリ

ソン号事件は，アメリカの商船モリソン号が日本の漂流民を送り届けて通商を要求し，撃退された事件で，1837年に起こった。このモリソン号事件における幕府の対応を批判したことから渡辺崋山（かざん）や高野長英が処罰された事件が蛮社の獄（ばんしゃのごく）である。

12 近代の日本と世界

> **114** (1) A…イ　　B…ア　　C…ウ
>
> (2) A…イ　　B…ア　　C…ウ
>
> (3) ボストン茶会事件
>
> (4) イ
>
> (5) ア…聖職者　　イ…貴族

解説 (1)　Aの文中の「本国」とはイギリスのことである。アメリカ東部にあったイギリスの13の植民地が独立して，アメリカ合衆国となった。

(2)　最も早く市民革命の動きが起こったのはイギリスで，17世紀のことである。18世紀後半にはアメリカで独立戦争が始まり，この動きがその後に起こったフランス革命に影響を与えた。

(3)　独立前の13植民地の人々は，本国イギリスの議会に代表を送る権利がないのに，一方的に課税されることから，「代表なくして課税なし」として抗議の動きを起こした。こうした中で，1773年に本国議会がイギリス東インド会社に限って茶の税を免除する法を定めたことから，植民地の人々の中の急進派がボストンで東インド会社の船を襲い，積み荷の茶を海に投げ捨てる事件を起こした。これをボストン茶会事件という。

(4)　「一つ目の革命」はピューリタン（清教徒）革命，「二つ目の革命」は名誉革命のことである。名誉革命では，オランダから新しい国王が迎えられた。

(5)　革命前のフランスでは，貴族や聖職者には納税の免除などの特権が認められていた。風刺画では，石が税を表しており，平民だけがその下じきになって重さに苦しんでいるようすが描かれている。

> **115** (1) ア
>
> (2) イ
>
> (3) 太平天国

解説 (1)　産業革命期に機械の動力として利用されるようになったのは，蒸気機関である。

(2)　アはマカオではなく香港（ホンコン）が正しい。マカオを植民地としていたのはポルトガルである。ウの北京での軍隊駐留は義和団事件の際に認められた。

(3)　太平天国は，土地を平等に分けるなどして理想的な国をつくると唱え，農民らの支持を集めたが，イギリスなど外国の援助を得た清の政府によって倒された。

> **116** 例オランダと中国のほか，琉球・蝦夷地・朝鮮以外とのつながりを持つことが，固く禁じられてきたのである。

解説 史料の中には「オランダと中国以外の異国とのつながりを持つことが，固く禁じられてきた」とあるが，文章①〜③を見るとそれが誤りであることがわかる。鎖国体制下でも，長崎・対馬藩・薩摩藩・松前藩という4つの窓口が開かれていた。

> **117** (1) 人物…ペリー　　港…下田
>
> (2) 例諸大名から領地と人民を天皇に返すこと。
>
> (3) 20（歳以上）
>
> (4) 江華島事件（こうかとう）（カンファド）
>
> (5) ①台湾　②1879　③開拓使
>
> 　　④蝦夷地　⑤屯田兵（とんでんへい）
>
> (6) ①イ　②ウ

解説 (1)　前年に引き続き来航したペリーとの間で，1854年，日米和親条約が結ばれ，函館と下田の2港が開港された。

(2)　「版」は領地，「籍」は人民の意味である。

(3)　富国強兵をかかげた明治政府は，近代的な軍隊をつくるために，国民皆兵を原則とする徴兵令を定めた。

(4)　江華島事件は，1875年，朝鮮沿岸に軍艦を派遣した日本が，無断で測量をして圧力をかけ，朝鮮から砲撃を受けた事件である。これをきっかけに日本は日朝修好条規を結んで朝鮮を開国させた。

(5)　1879年の沖縄県の設置を，琉球処分と呼んでいる。これは，軍隊の力を背景に，琉球の人々の反対をおさえつける形で行われた。

(6)　①のBの文は，「男子」だけではなく「男女」が正しい。②のAの文は，解放令発布後もさまざまな差別は残ったので，誤りである。

118 (1) ウ

(2) ウ

(3) ウ→イ→エ→ア

(4) a…臣民　　b…法律

解説 (1) ア…日米和親条約の内容である。イ…外国人は，開港地に設けた居留地で生活した。エ…ドイツではなくフランスが正しい。（安政の五か国条約）

(2) ウ…五箇条の御誓文には，キリスト教の信仰を認めることは書かれていない。一方，同時期に出された五榜の掲示では，これまで同様にキリスト教の信仰を禁止しているため誤り。

(3) ウ（1869年）→イ（1871年）→エ（1873年）→ア（1879年）

▲ パワーアップ

不平等条約について，改正交渉に成功した時期と，最初の交渉成功相手国などをまとめておこう。

・領事裁判権（治外法権）の撤廃
…日清戦争直前の1894年，陸奥宗光外相の時にイギリスとの交渉で成功。

・関税自主権の回復
…日露戦争後の1911年，小村寿太郎外相の時にアメリカとの交渉で成功。

119 (1) エ

(2) 枢密院

(3) エ

解説 (1) 君主権の強いドイツ（プロイセン）の憲法が参考にされ，天皇が主権を持つ大日本帝国憲法が制定された。

(2) 枢密院は，重要なことがらについて天皇の相談に応じるために，有力な政治家を集めて設置された機関である。

(3) エは「農民のほとんどが投票することが出来た」という部分が誤り。最初の総選挙では，選挙権を与えられたのは，直接国税15円以上を納める25歳以上の男子のみで，有権者は全人口の約1％にすぎなかった。

120 (1) ①ウ　②遼東半島（リアオトン）

(2) ①ポーツマス条約　②ウ

解説 (1) 日清戦争後，ロシアが中心となって三国干渉が行われ，日本は清から獲得することになった遼東半島を返還せざるをえなくなった。こうしたことから，日本ではロシアへの対抗心が高まり，政府は大規模な軍備の拡張を進めた。

(2) ①日本とロシアの仲介をしたアメリカのポーツマスで講和会議が開かれ，講和条約としてポーツマス条約が結ばれた。

②ウは，日清戦争の講和条約である下関条約の内容である。

入試メモ 下関条約とポーツマス条約に関連した出題も多く，賠償金の獲得についてもポイントの1つとなる。下関条約では，日本は清から多額の賠償金を獲得してその多くを軍備拡張費にあて，八幡製鉄所の建設費用としても使用した。ポーツマス条約では，日本はロシアから賠償金を獲得することができず，このことに対する国民の不満が日比谷焼き打ち事件の原因となった。

121 (1) サラエボ

(2) ①イ　　②ウ

(3) 五・四運動

解説 (1) サラエボは，紛争が絶えなかったことから「ヨーロッパの火薬庫」と呼ばれていたバルカン半島に位置する都市である。この都市で，オーストリア皇太子夫妻がセルビア人に暗殺され，これをきっかけに第一次世界大戦が始まった。

(2) ①アの寺内正毅は，米騒動の責任をとって内閣が総辞職したときの首相。ウの原敬は，寺内内閣のあとを受けて首相となり，日本初の本格的政党内閣を組織した。エの加藤高明は大正時代末の首相で，加藤内閣の時の1925年，25歳以上のすべての男子に選挙権を認める普通選挙法と，共産主義運動などを取り締まる治安維持法が成立した。

②三民主義は，民族の独立（民族），政治的な民主化（民権），民衆の生活の安定（民生）の3つからなる革命の指導理論である。民本主義は，大正時代に吉野作造が主張した考えで，普通選挙によって国民の意思を政治に反映させることなどが唱えられた。

(3) 五・四運動が起こったのと同年の1919年，朝鮮では日本からの独立を求める三・一独立運動が起こった。

122 (1) ①ウィルソン　②ベルサイユ

(2) ウ

解説 (1)　①14か条の平和原則は，アメリカのウィルソン大統領が第一次世界大戦中に発表したもので，民族自決の原則や軍備縮小，国際平和機関の設立などからなる。1920年には，これに基づいて国際連盟が発足した。

②ベルサイユ条約では，敗戦国のドイツに対し，植民地の没収や多額の賠償金の支払いなど，厳しい処分が課せられた。のちにドイツで政権についたヒトラーは，ベルサイユ条約の破棄を宣言し，再軍備や周辺諸国への侵略を進めた。

(2)　国際連盟の設立当時には，敗戦国のドイツとともに，社会主義国のソ連も除外された。

123 (1) ①桂太郎　②全国水平社

(2) 護憲運動〔憲政擁護運動〕

(3) 原敬

(4) 小作争議

解説 (1)　①問題文にある，藩閥・官僚・陸軍によって倒されたという「政党中心の内閣」とは，立憲政友会総裁の西園寺公望を首相とする内閣のこと。当時は，桂太郎と西園寺公望が交互に内閣を組織していた。

②全国水平社の設立のさいには，「人の世に熱あれ，人間に光あれ。」などの一節で知られる水平社宣言が発表された。

(2)　護憲運動のうち，桂内閣を退陣に追い込んだときの大正時代初期の動きを特に第一次護憲運動という。大正時代末には第二次護憲運動が起こり，護憲派の政党が連立して加藤高明内閣が発足した。

(3)　原敬内閣は，当時衆議院の第一党であった立憲政友会総裁の原敬を首相とし，陸軍・海軍・外務の3大臣以外のすべての閣僚が立憲政友会の党員からなる本格的政党内閣であった。

(4)　小作争議は，地主に対して小作料の引き下げなどを要求するもの。工場などの労働者が賃上げや労働時間の短縮などを求める労働争議も頻発した。

124 (1) ア

(2) エ

(3) イ

解説 (1)　与謝野晶子は，日露戦争時に戦場にいる

弟の身を案じた詩『君死にたまふことなかれ』を発表したことでも知られる。イの島崎藤村は，詩集『若菜集』や小説『破戒』などの作品がある文学者。ウの石川啄木は歌集『一握の砂』などで知られる。エの樋口一葉は『たけくらべ』などの作品を残した女流小説家である。

(2)　アは昭和時代の日中戦争中のようすで，国家総動員法の制定は1938年のこと。イは明治時代のようすで，八幡製鉄所の操業開始は1901年。ウは昭和時代の1930年代頃のようすである。

(3)　イは明治時代にあてはまる。

125 (1) ウ

(2) エ

(3) 例 ロシアは，義和団事件の後も満州に大軍をとどめていた。

解説 (1)　ア…国際連盟事務局次長を務めた人物。イ…「民本主義」を唱え，大正デモクラシーの中心となった人物。エ…大正時代から昭和時代にかけて，民藝運動の中心となった人物。

(2)　エ…初代の朝鮮総督は寺内正毅である。伊藤博文が初代を務めたのは韓国統監。

(3)　写真は，1900年に清で起こった外国排斥運動「義和団事件」を鎮圧するため，日本を含む8国の連合軍が出兵する際の様子を写したものである。義和団事件の鎮圧後もロシアは満州に軍をとどめていたため，韓国を勢力下に置きたい日本や，清での利権を確保したいイギリスの脅威となっていた。利害の一致した両国は1902年に日英同盟を結んでロシアとの対立を深め，1904年に日露戦争が始まった。

126 (1) 例 海軍の青年将校らが犬養毅首相を暗殺した事件で，この事件によって政党内閣（政党政治）は終わりを告げた。

(2) ①イ　②ア　③エ

解説 (1)　1932年5月15日に起こった五・一五事件で，満州国の承認に反対していた犬養毅首相が暗殺され，これによって，大正時代末から続いていた政党内閣の時代が終わることとなった。

(2)　①のBの文は，ポルトガルではなくポーランドが正しい。③のAの文は，ハワイの真珠湾にあったのはアメリカ軍基地なので，誤り。また，ポツダムでの会談はアメリカ・イギリス・ソ連の首脳

によって行われたが，ポツダム宣言はアメリカ・イギリス・中国の名で発表されたので，Bの文も誤りである。

13 現代の日本と世界

127 (1) マッカーサー
(2) 例 地主が貧しい小作人を支配する農村のあり方が戦争の背景の１つであったと考えられたから。

解説 (1)　マッカーサーは日本政府に対し，婦人参政権の付与，労働組合結成の奨励，教育の自由化，秘密警察などの廃止，経済の民主化という五大改革指令を出した。
(2)　地主が小作人を支配する封建的な農村の体制が日本の軍国主義を支えていたと考えられたことから，農地改革が実施され，強制的に買い上げられた地主の土地が小作人に安く売り渡された。これによって自作農が大幅に増加し，地主の経済力は衰えることとなった。

128 (1) オ
(2) ウ
(3) エ

解説 (1)　日本の国際連合加盟は，独立回復後の1956年のことであり，GHQの指令によるものではない。
(2)　ア…朝鮮戦争の際に発足したのは警察予備隊であり，これがのちに保安隊を経て現在の自衛隊へと改編された。また，警察予備隊は国外へは派遣されていない。イ…朝鮮戦争が始まるとアメリカは大量の軍需物資を日本に発注した。これによって日本に特需がもたらされ，戦後日本の経済復興を早めることとなった。エ…軍事境界線は北緯38度線の付近である。オ…大韓民国（韓国）と朝鮮民主主義人民共和国（北朝鮮）が成立したのは1948年のことである。朝鮮戦争は，1950年に北朝鮮が韓国に侵攻したことから始まった。
(3)　アは1965年，イは1941年，ウは1951年，エは1978年，オは1876年に結ばれた条約である。

129 (1) ア

(2) ウ
(3) イ

解説 (1)　イ…20歳以上のすべての男女に選挙権を与える普通選挙が実現した。ウ…治安維持法は共産主義などの取り締まりのために1925年に制定され，その後，自由主義的な思想に対する弾圧のため利用されたが，戦後の民主化が行われる中で廃止された。エ…日本国憲法はGHQが作成した草案をもとに制定された。
(2)　ウの文は，ソ連については正しいが，中国は講和会議に招かれなかったので，誤りである。
(3)　電気洗濯機，電気冷蔵庫，テレビ（白黒）が「三種の神器」と呼ばれた。その後，高度経済成長期には，自動車（カー），クーラー，カラーテレビが，その頭文字から「3C」と呼ばれ，国民に普及していった。

130 (1) ①吉田茂　②沖縄県
(2) 極東国際軍事裁判[東京裁判]
(3) ①ソ連[ソビエト連邦]
②国際連合
(4) B→A→C

解説 (1)　①吉田茂内閣は，サンフランシスコ平和条約に調印すると同時に，アメリカとの間で日米安全保障条約を結んだ。
②1968年には，小笠原諸島がアメリカから返還された。
(2)　太平洋戦争開戦の際に首相であった東条英機（とうじょうひでき）らがA級戦犯として死刑判決を受けた。
(3)　日本とソ連の国交回復を受けて，それまで反対していたソ連が賛成に回ったことから日本の国際連合加盟が実現した。
(4)　Aは1951年のサンフランシスコ平和条約，Bは1945年のポツダム宣言，Cは1956年の日ソ共同宣言。

131 (1) エ
(2) 公害対策基本

解説 (1)　アの水俣病（みなまた）は熊本県・鹿児島県の水俣湾沿岸，イの第二（新潟）水俣病は新潟県の阿賀野川（あがの）流域で発生したもので，いずれも原因は有機水銀による水質汚濁である。ウの四日市（よっかいち）ぜんそくは，三重県の四日市市などで亜硫酸（ありゅうさん）ガスを原因として発生した大気汚染を原因として発生した。

(2)　1971年には，公害問題などを担当する省庁として環境庁(現在の環境省)が設けられた。

132 (1) エ
　　　(2) イ

解説 (1)　石油危機(オイルショック)は，1979年にも起こったので，1973年の最初のものを第一次石油危機，二度目のものを第二次石油危機と呼ぶこともある。

(2)　イは第二次石油危機にあてはまる。最初の石油危機は，1973年の第四次中東戦争の際，アラブ産油諸国がイスラエル支援国に対して石油の輸出を停止するという石油戦略をとったことから起こった。

133 (1) NATO
　　　(2) 毛沢東
　　　　　マオツォトン
　　　(3) 1960
　　　(4) ベトナム

解説 (1)　NATOは北大西洋条約機構の略称である。東側陣営では，1955年に軍事同盟のワルシャワ条約機構を結成した。

(2)　第二次世界大戦後，中国では共産党と国民党の内戦が始まり，共産党が勝利し，毛沢東を主席とする中華人民共和国が成立した。蔣介石が率いる国民党は台湾に逃れた。
　　　　　　　　　　　　　　チャンチェシー

(3)　アフリカでは，1960年の「アフリカの年」以後も国々の独立が続き，1970年代には旧植民地はほとんどなくなった。

(4)　アメリカ軍の撤退後，アメリカが支援していた南ベトナムを北ベトナムが破ってベトナム戦争は終結し，翌年，南北ベトナムは統一された。

134 (1) ① 51　　② ニューヨーク
　　　(2) ウ

解説 (2)　ア…ODA(政府開発援助)について述べた文である。イ…NGO(非政府組織)について述べた文である。

135 ウ

解説 メモにある「高度経済成長(1955〜1973年)」「東京オリンピック・パラリンピック(1964年)」「第四次中東戦争(1973年)」と，当時の日本の経済の推移を覚えておこう。

高度経済成長・東京オリンピックで好調だった経済が，第四次中東戦争を発端とした石油危機などの影響を受けて，成長率が急落したことが読み取れるウを選ぶ。

136 (1) エ
　　　(2) 55年体制
　　　(3) 竹島
　　　(4) 田中角栄
　　　　　かくえい
　　　(5) 日中平和友好
　　　(6) イ
　　　(7) イ

解説 (1)　エは「レーガン大統領」ではなく「ブッシュ大統領」が正しい。

(2)　55年体制のもとで，与党の自由民主党(自民党)と最大野党の日本社会党(社会党)は，1960年には日米安全保障条約の改定をめぐって激しく対立した。このとき，安保闘争と呼ばれる反政府運動が
　　　　　　　　　あんぽとうそう
国民の間で高まる中で，自民党の岸信介内閣は条
　　　　　　　　　　　　　　　のぶすけ
約に調印し，衆議院は条約の批准を強行採決した。

(3)　竹島は島根県に属する島で，現在，韓国が不法占拠している。東シナ海に位置する尖閣諸島については，中国がその領有を主張している。
　　　　　　　　せんかく

(4)・(5)　田中角栄内閣のときの1972年，日中共同声明が出されて日中の国交が正常化した。このとき日本は中華人民共和国が中国における唯一の合法政府であると認め，台湾の中華民国との国交を断絶した。1978年には日中平和友好条約が結ばれ，経済や文化の面での日中の交流が深まった。

(6)　日本で消費税が最初に導入されたのは，竹下登
　　　　　　　　　　　　　　　　　たけしたのぼる
内閣のときの1989年のことで，このときの税率は3％であった。アの国鉄民営化は中曽根康弘内閣
　　　　　　　　　　　　　　なかそねやすひろ
のときの1987年のことで，これによって国鉄(日本国有鉄道)がJRとなった。ウの郵政民営化に関する法律が成立したのは小泉純一郎内閣のときの2005年のことである。エのPKO協力法の成立は宮澤喜一内閣のときの1992年のことで，この年，
みやざわきいち
日本の自衛隊が国連のPKO(平和維持活動)に参加するためにカンボジアに派遣された。

(7)　1993年，自民党と共産党を除く政党が，日本新党の党首であった細川護熙を首相とする連立内閣
　　　　　　　　　　　　　もりひろ
を成立させ，これによって自民党が長期にわたって政権をとり続けてきた55年体制が終了した。

⑦ パワーアップ

第二次世界大戦後の日本の主な首相について整理しておこう。

・吉田茂…1951年，サンフランシスコ平和条約と日米安全保障条約を結ぶ。

・鳩山一郎…1956年，日ソ共同宣言により，ソ連との国交を回復。

・岸信介…1960年，日米新安全保障条約を結ぶ。

・池田勇人…1960年，国民所得倍増計画を発表。

・佐藤栄作…1965年，日韓基本条約を結ぶ。1972年には沖縄の日本復帰を実現させる。

・田中角栄…1972年，日中共同声明により，中国との国交を正常化。

14 政治・外交，社会・経済，文化の問題

137 (1) 1 …摂政　　 2 …問注所

3 …管領　　 4 …分国法

5 …大目付　 6 …武家諸法度

7 …伊藤博文　8 …犬養毅

(2) ア

(3) イ

(4) 兵農分離

(5) エ

(6) ア

(7) イ

(8) 原敬

(9) イ

(10) ウ

解説 (1)　1の摂政は，天皇が女性である場合や天皇が幼少のときに置かれる役職。聖徳太子は，おばにあたる推古天皇の摂政となって政治を行った。

(2)　5世紀に大和政権の大王が朝鮮半島での軍事的な優越権を得るために中国の南朝に使いを送った。この当時の南朝の王朝は宋である。

(3)　ア，ウ，エはいずれも7世紀のできごとである。

(4)　豊臣秀吉がすすめた兵農分離は，江戸時代にさらに強化されていくこととなった。

(5)　アは「新井白石」ではなく「徳川吉宗」，イは「諸大名の意見」ではなく「庶民の意見」，ウは「陽

明学」ではなく「朱子学」が正しい。

(6)　富岡製糸場が建てられたのは栃木県ではなく群馬県。また，この工場では，フランスの新しい技術が取り入れられた。

(7)　大日本帝国憲法は，君主権の強いドイツ（プロイセン）の憲法を手本としていた。

(8)　原敬内閣は，衆議院第一党であった立憲政友会総裁の原敬が首相となり，ほとんどの閣僚を立憲政友会の党員が占める本格的な政党内閣であった。

(9)　アは「北京」ではなく「奉天」，ウは「海軍」ではなく「陸軍」，エは「奉天」ではなく「北京」が正しい。

(10)　戦争放棄が明記されているのは，日本国憲法の第9条である。

138 (1) A…魏　　　B…唐　　　C…明

D…清

(2) 邪馬台国

(3) 真言宗

(4) 例 高麗や宋など元に征服された人々から構成されていたので，戦意が低かった。

(5) 関係…例 幕府の将軍が臣下に，中国の皇帝が主君になった。

理由…例 臣下となって貿易をすれば，中国から莫大な利益を与えられたから。

(6) ①カ　　②ウ　　③キ　　④ア

⑤エ

解説 (1)　Aの卑弥呼が使者を送ったときの中国は，魏，呉，蜀の三国が争う三国時代であった。

(2)　魏の歴史書である『魏志』倭人伝に，邪馬台国に関する記述が見られる。

(3)　最澄は，天台宗を伝え，比叡山延暦寺を中心に教えを広めた。

(4)　元寇の頃，元は，朝鮮半島の高麗を服属させ，中国の宋（南宋）を滅ぼしていた。日本に襲来した元の軍には，元に降伏した高麗や宋の人々が多く含まれており，その士気は高くなかった。

(5)　勘合貿易を始めるにあたって，明は朝貢（臣下として貢ぎ物を贈る）という形式をとることを要求し，室町幕府側はこれを受け入れた。そのため，貿易にかかる費用は主人である明側の負担となり，

室町幕府の利益は莫大なものとなった。

(6)　①は安土桃山時代の16世紀末，②は奈良時代の8世紀，③は江戸時代の19世紀，④は弥生時代の1世紀，⑤は平安時代末の12世紀のことである。

⊕ パワーアップ

主な中国の王朝と，日本との関係を整理しておこう。

・漢…1世紀に奴国の王が使者を派遣。
・魏…3世紀に邪馬台国の卑弥呼が使者を派遣。
・隋…7世紀に聖徳太子が遣隋使を派遣。
・唐…7〜9世紀に遣唐使を派遣。
・宋…12世紀に平清盛が貿易。
・元…13世紀に二度にわたって襲来（元寇）。
・明…15世紀に室町幕府が勘合貿易。
・清…江戸時代に貿易。明治時代に日清戦争。

139 (1) 樺太・千島交換条約

(2) ②，日朝修好条規

(3) 琉球王国

(4) ア…⑥，二十一か条の要求

　　イ…⑤，韓国併合

　　ウ…④，日露戦争

解説 (1)　樺太（サハリン）をロシア領，千島列島を日本領と定めた。

(2)　③には日清修好条規があてはまる。日清修好条規は日本と清が対等な条約であったが，日朝修好条規は朝鮮にとって不利な不平等条約であった。

(3)　明治政府は，琉球藩を設けたのち，さらにこれを廃止して沖縄県を置き，琉球王国を日本に組み入れていった。

(4)　ア…第一次世界大戦中の1915年，日本は中国に二十一か条の要求を突きつけ，山東省におけるドイツ権益の引き継ぎなど，要求の大部分を中国に受け入れさせた。

イ・ウ…日露戦争の講和条約であるポーツマス条約で，ロシアは韓国における優越権を日本に認めた。こののち日本は韓国への支配を深めていき，1910年に韓国を植民地とした。

140 (1) 富本銭

(2) イ

(3) ア

(4) 楽市・楽座

(5) エ

(6) イ

(7) 例 ニューヨークの株式市場で株価が暴落した。（20字）

解説 (1)　下線部でいわれている「12種類の貨幣」の最初のものが和同開珎である。富本銭は，これより前につくられた日本最初の銅銭である。

(2)　庸は労役の代わりに布を納める税である。アの租は収穫の約3％の稲を納める税，ウの防人は兵役につき九州の警備にあたった兵士である。エの年貢は中世から近世にかけて農民が負担したもので，主に米で納められた。

(3)　中世には，問（問丸）のほか，馬を用いて荷物を運ぶ輸送業者である馬借も出現した。イの飛脚は江戸時代に手紙などを運んだ業者。ウの問注所は鎌倉幕府では訴訟を，室町幕府では裁判の記録など文書保管をあつかった機関。エの酒屋は，室町時代の頃に土倉などとともに高利貸しを営んだ。

(4)　織田信長が安土城の城下で行った楽市・楽座が特に知られている。

(5)　三井は，江戸の有力な両替商で，図は，三井が経営した越後屋呉服店のようすをえがいたものである。ウの鴻池は，江戸時代に大阪で有力であった両替商である。

(6)　下線部の「賠償金」は，日清戦争の講和条約である下関条約で日本が清から獲得したものを指す。

(7)　ニューヨークのウォール街にある株式市場で株価が大暴落し，これをきっかけに世界恐慌が始まった。この大暴落が起こった1929年10月24日は「暗黒の木曜日」と呼ばれる。

141 (1) 1…コ　　2…カ　　3…サ
　　4…セ　　5…ツ　　6…ソ
　　7…ク　　8…ウ　　9…ア
　　10…ニ　　11…ト　　12…ノ

(2) ウ

(3) ①日蓮　　②禅宗

(4) ①横浜　　②文明開化

解説 (1)　10の菱川師宣は，元禄文化が栄えた時期に「見返り美人図」などをえがき，浮世絵の祖となった。11の鈴木春信は，化政文化が栄えた時期に錦絵を始めた。この化政文化の時期に，喜多川歌麿や葛飾北斎，歌川（安藤）広重らの浮世絵

師が活躍した。

(2) アは飛鳥文化，イは鎌倉時代の文化，エは桃山文化にあてはまる。

(3) ①「南無妙法蓮華経」という法華経の題目を唱えることをすすめた。

②禅宗のうち，栄西は臨済宗，道元は曹洞宗を伝えた。

(4) ①東京の新橋と横浜の間を結んだものが日本最初の鉄道である。数年後には，神戸・大阪・京都間の鉄道も開通した。

②ちょんまげを切ってザンギリ頭にし，帽子をかぶるようになるなど，生活の様式が変化し，「ザンギリ頭をたたいてみれば文明開化の音がする」とうたわれた。

⊘ パワーアップ

古代・中世の著名な古典文学の作品について，時代や作者，ジャンルを整理しておこう。

・源氏物語…平安時代に紫式部が著した長編小説。
・枕草子……平安時代に清少納言が著した随筆。
・平家物語…鎌倉時代に成立した軍記物。
・方丈記……鎌倉時代に鴨長明が著した随筆。
・徒然草……鎌倉時代に兼好法師が著した随筆。

15 資料(年表・地図・図・史料)の問題

142 (1) エ
(2) ア
(3) ウ
(4) ア
(5) ウ
(6) ①明　②第一次世界大戦
　　③湾岸
(7) F

解説 (1) 福原京への遷都は，平安時代末に平清盛によって行われたことなので，A以前のできごとではない。清盛が強行した福原京の造営は，内外の批判を受けて中断され，都はわずか半年ほどで平安京にもどされた。

(2) アの遣唐使の廃止は894年。イの墾田永年私財法の成立は743年。ウの保元の乱は1156年，平治

の乱は1159年。エの壇ノ浦の戦いは1185年。

(3) アの承久の乱は1221年。イの元寇は1274年と1281年。ウの院政の開始は1086年。エの南北朝の合一は1392年。

(4) イは明，ウは隋，エは唐にあてはまる。

(5) フィラデルフィアは，本国イギリスに対して独立戦争を起こした植民地の代表が集まって大陸会議を開いたところである。

(6) ①明は14世紀から17世紀にかけて中国を支配した王朝である。

②第一次世界大戦は，1914年，サラエボで起こったオーストリア皇太子夫妻の暗殺事件をきっかけに，ヨーロッパで始まった。

③湾岸戦争は，1991年，イラクによるクウェートへの侵攻をきっかけに始まった。

(7) 大塩平八郎の乱は1837年に起こった。

入試メモ 年表を用いた問題では，あるできごとが起こった時期が，年表中に示されたある期間にあてはまるかどうか，といった判断が求められるケースも多い。この種の問題では，各時代のようすや，歴史のおおまかな流れなどを考えることから解ける場合も多いものの，年号を覚えておけば，より確実に，素早く解答することができる。年号そのものを問われることは少ないが，主なできごとについては年号を覚えておくことも有効であるといえる。

143 ア

解説 a…万葉集に収められた大伴旅人の歌。元号「令和」のもとになった歌でもある。b…菅原道真がよんだ歌。大伴旅人も菅原道真も，ともに大宰府の役人として赴任していた。
Y・い…京都　Z・う…平泉

144 (1) エ
(2) エ
(3) (例)江戸に鉄砲が入ってくることと，大名の妻子が江戸を出ることを取りしまるため。
(4) オランダ

解説 (1) 中山道は五街道の一つ。江戸(日本橋)を起点として下諏訪などを経由し，草津で東海道と合流して京都に至る。

(2)・(3)　箱根などの関所では，防衛上の意味から江戸に鉄砲が持ち込まれることが警戒された。また，江戸に住むことが義務づけられていた大名の妻子が江戸を出て国もとに戻ることがないように，関所を通る女性は特に厳重に調べられた。こうしたことから，「入り鉄砲に出女」ということばが生まれ，広く知られるところとなった。

(4)　鎖国中は，ヨーロッパの国ではオランダのみが幕府によって貿易を許可され，その商館は長崎につくられた出島に置かれた。商館長は，定期的に江戸を訪問し，また，海外情報をまとめた風説書の提出を義務づけられていた。

145	(1) イ
	(2) エ
	(3) ア
	(4) ウ
	(5) ウ
	(6) エ
	(7) ウ
	(8) イ
	(9) ア

解説 (1)　図Aは，鎌倉時代の頃の武士の館を描いた「一遍聖絵」である。アは江戸時代，ウは平安時代，エは奈良時代のようすについて述べている。

(2)　図Bは，桃山文化が栄えた時代に狩野永徳が描いた「唐獅子図屏風」である。

(3)　図Cの建物は法隆寺で，奈良県にある。天平文化が栄えたのは奈良の平城京なので，アが奈良県のできごととしてあてはまる。イは壇ノ浦(山口県)，ウは堺(大阪府)，エは京都である。

(4)　図Dの建物は金閣で，室町幕府3代将軍の足利義満によって京都の北山に建てられた。建武は，鎌倉幕府を滅ぼした後醍醐天皇の時代の年号であるから，ウが誤りである。

(5)　図Eは，秦の始皇帝によって建造が開始された万里の長城である。

(6)　図Fは，藤原頼通によって建てられた平等院鳳凰堂である。エの国分寺は，奈良時代に聖武天皇の命で建てられたものである。

(7)　図Gは，銀閣である。アは曹洞宗ではなく臨済宗，イは足利尊氏ではなく足利義政が正しい。エの千利休がわび茶を完成させたのは安土桃山時代である。

(8)　図Hは，厳島神社である。

(9)　図Iは，「蒙古襲来絵詞」の部分で，13世紀後半の元寇のようすを描いたものとして有名である。アは1488年，イは1221年。ウは1232年の御成敗式目の制定について述べている。エの2つの争乱はいずれも10世紀前半のできごとである。

入試メモ　写真などを用いた歴史分野の問題は頻出である。何が写っているものであるかを写真だけで判断することが必要となる場合も多いので，寺院をはじめとする建造物の写真など，教科書にのっているような著名なものについては，似通ったものでも区別がつくように見慣れておくようにしたい。

146	(1) 班田収授法
	(2) 大化の改新
	(3) 公地公民
	(4) ア
	(5) 御成敗式目〔貞永式目〕
	(6) ①御家人　　②封建制度
	(7) 承久の乱

解説 (1)〜(3)　史料Aは，大化の改新のときに出された改新の詔の部分要約である。このとき示された公地公民の原則のもとで，6歳以上の男女に口分田を支給する班田収授法が行われた。

(4)　イ…調は成年男子に課せられた。ウ…「国司の役所に納める」のではなく，「都まで運んで納める」が正しい。エ…防人は都ではなく九州の警備にあたった。

(5)　鎌倉幕府の執権北条泰時によって定められた。

(6)　将軍は御家人に御恩を与え，御家人は将軍のために奉公をした。

(7)　承久の乱で鎌倉幕府側が上皇側を破ったことにより，幕府の勢力範囲が西国に広がることとなった。

147	(1) ノルマントン号
	(2) エ
	(3) エ
	(4) イ
	(5) 下関条約〔日清講和条約〕
	(6) イ

解説 (1)　ノルマントン号事件とは，1886年にイギリス船が和歌山県沖で沈没した際，日本人乗客全員が水死した事件である。当時の日本はイギリスに領事裁判権を認めていたため，イギリス人船長を日本の法律で裁くことができず，結果として軽い罪に問われただけで終わった。

(2)　ア…1792年　イ…1853年　ウ…1837年　エ…1867年

(3)　1858年にアメリカと結んだ修好通商条約は，オランダ・ロシア・イギリス・フランスともほぼ同じ内容で結ばれた。（安政の五か国条約）

(4)　1894年に領事裁判権の撤廃に成功した陸奥宗光と，1911年に関税自主権を完全に回復させた小村寿太郎は，区別して覚えておこう。

(5)　下関条約により，「清が朝鮮の独立を認める」「遼東半島・台湾・澎湖諸島を日本へ譲り渡す」「賠償金２億両を日本に支払う」などの内容が決められた。

(6)　ア…イギリスではなくフランスが正しい。ウ…樺太がロシア領，千島列島が日本領となった。エ…日露戦争中も社会主義政権をめざす革命運動は起こっていたが，実際に政権樹立に結びつくのは，ロシア革命でレーニンが主導権をにぎった1917年である。

入試メモ　歴史分野では，文書史料を用いた問題が多く見られる。中には，教科書にはあまりのっていないような史料が使われている場合もある。史料そのものは初めて目にするものであっても，その内容をよく読めば解答できる場合がほとんどなので，史料中のキーワードに注意してしっかり読み解くことが重要である。

16 歴史の総合問題

148 (1) ウ
(2) イ
(3) ア…五・四　イ…ブロック　ウ…柳条湖
(4) ①エ　②マルクス
(5) ア
(6) A…ア　B…ウ　C…エ

(7) ア
(8) ①ウ　②ウ
(9) 関税自主権
(10) イ
(11) イ
(12) ア

解説 (1)　ア…古代エジプトの都市　イ…メソポタミア地方の古代都市　エ…イスラエルにある都市

(2)　ア…1887年に，自由民権運動を弾圧するために出された法令　ウ…国家総動員法にもとづいて，1939年に出された法令　エ…労働条件の最低基準を定めるため，1947年に出された法令

(3)　ア…同年に朝鮮半島で起こった三・一独立運動と区別して覚えよう。ウ…日中戦争のきっかけとなった，1937年の盧溝橋事件と区別して覚えよう。

(4)　①エ…社会主義経済でみられる特徴である。

(5)　工業形態は，「農村家内工業→問屋制家内工業→工場制手工業（マニュファクチュア）→工場制機械工業」という順に発展していった。

(6)　1865年頃は，貿易商人に買い占められたことで値段が高騰した生糸の生産・輸出が盛んだったが，しだいに輸入されてくる綿糸を使って綿織物を生産する業者も現れた。

(7)　ア…渋沢栄一は，2021年の大河ドラマの主人公にもなった。

(8)　②ア…1923年に起きた皇太子（のちの昭和天皇）の暗殺未遂事件　イ…1891年に滋賀県大津で起きた，ロシア皇太子の暗殺未遂事件　エ…1928年に起きた日本共産党の活動員らを大量拘束・検挙した事件

(9)　関税自主権とは，輸入品にかける関税を自国で自由に決められる権利のことである。

(11)　イ…津波ではなく火災が正しい。

(12)　ア…世界恐慌は，1929年にニューヨークの株式市場で株価が大暴落したことがきっかけで起こった。当時のアメリカでは，株式への投資がさかんに行われていた。イ〜エは世界恐慌よりあとのできごと。

149 (1) ア
(2) ①ウ　②兵馬俑
(3) ①イ　②エ　③ア
(4) ア

解説　(1)　浄土信仰が流行するのは平安時代のことであるから，アは誤りである。

(2)　①ウの秦が滅んだのちに中国を治めたのは漢である。隋は6世紀に中国を統一した。

②兵馬俑の数は，約7000体にものぼり，これらは世界遺産に登録されている。

(3)　①五街道は，東海道，中山道，甲州道中，奥州道中，日光道中の5つである。山陽道は古代の地方区分の1つで，中国地方の瀬戸内海側にあたり，現在もこの地を指すのに山陽の語が用いられている。

②ア…にしん漁が盛んだったのは蝦夷地である。紀伊や土佐では，捕鯨のほか，かつお漁が盛んに行われていた。イ…「蝦夷地の開発をこころみたりした」の部分は田沼意次にあてはまる内容である。ウ…明治時代初期に洋装や肉食などが広まり，文明開化と呼ばれたが，こうした変化が見られたのは都市部に限られ，農村部では江戸時代と変わらない生活が続けられていた。

③アの文で述べている「農民に織機や前金を貸して布を織らせ，出来高に応じて賃金を支払う」というしくみは，問屋制家内工業のことで，これはすでに江戸時代におこっていたものである。

(4)　アは，計帳ではなく，戸籍が正しい。計帳は，調や庸を取り立てるための台帳で，毎年つくりかえられていた。

150　(1)　ア→エ→イ

(2)　ア

(3)　例荘園からの年貢収入

(4)　埴輪，須恵器

(5)　672年

(6)　日本国王

(7)　例主権者であり，統治権を一手に掌握する。（19字）

(8)　総督府〔朝鮮総督府〕

(9)　ア

解説　(1)　アは推古天皇。イは孝謙天皇で，のちに再び即位して称徳天皇となった。ウは持統天皇で，造営を命じたのは平城京ではなく藤原京であるから，誤りを含む文はウである。エは皇極天皇で，のちに再び即位して斉明天皇となった。

(2)　イ…「さらに，この将軍は」以下の内容は，享保の改革を行った徳川吉宗ではなく田沼意次にあ

てはまる。ウ…「水野忠邦が株仲間を奨励し」という部分が誤りである。水野忠邦は物価の引き下げを図って株仲間の解散を命じた。エ…文芸作品と作者の組み合わせが逆である。十返舎一九が『東海道中膝栗毛』を，滝沢馬琴が『南総里見八犬伝』を著した。

(3)　院政が行われていた平安時代の終わり頃，上皇が税の免除などの権利を荘園に与えたことから，多くの荘園が上皇のもとに集まった。これらの荘園から得られる利益が，室町時代ごろまで天皇やその一族のおもな財源となっていた。

(4)　図は，左から，縄文土器，埴輪，銅鐸，富本銭，土偶，須恵器である。縄文土器と土偶が縄文時代，銅鐸が弥生時代，富本銭は飛鳥時代のものである。

(5)　天智天皇の死後の672年，天皇の子の大友皇子と天皇の弟の大海人皇子の間で皇位をめぐって壬申の乱が起こり，勝利した大海人皇子が即位して天武天皇となった。

(6)　イの「初代将軍を務めた人物」は徳川家康，ウの「時の将軍」は足利義満，エの「時の上皇」は後鳥羽上皇である。アの空欄には平将門，イの空欄には武家諸法度，エの空欄には六波羅探題があてはまる。各文を年代の古い順に並べると，ア→エ→ウ→イとなる。

(7)　大日本帝国憲法では，天皇が国の元首として国を治めることとされ，帝国議会の召集や解散，軍隊の指揮，条約の締結，戦争を始めることの決定などが，天皇の権限として定められていた。

(8)　アは「中学生」ではなく「大学生」，イは「25歳」ではなく「20歳」，ウは「五・一五事件」ではなく「二・二六事件」が正しい。各文を年代の古い順に並べると，イ→エ→ウ→アとなる。

(9)　イは，1951年のできごとについて述べているので，内容に誤りはないが時期があてはまらない。ウは1960～1970年代のことなので時期はあてはまるが，「中華民国」は「中華人民共和国」の誤りである。エも1960年代のことなので時期はあてはまるが，「所得倍増」を掲げたのは岸信介内閣ではなく池田勇人内閣である。

公民的分野

17 現代社会と生活

151 ウ

解説 ア…「30〜39歳」「40〜49歳」「50〜59歳」「60〜69歳」「70〜79歳」「80歳以上」の6つである。イ…「13〜19歳」「20〜29歳」「30〜39歳」「40〜49歳」「50〜59歳」の5つである。エ…最も上昇したのは「60〜69歳」である（22.2％アップ）。

152 (1) ア
　　 (2) ウ

解説 (1) アは，「特定の受け手に向けて」としている部分が誤りである。マスメディアは，不特定多数の受け手に大量の情報を送る手段であり，マスメディアによるそうした情報伝達がマスコミュニケーションである。

(2) 大家族は減少し，核家族世帯や単独世帯が増加している。

153 (1) あ…個人　　い…両性
　　 (2) 例夫婦だけ，または夫婦とその未婚の子どもからなる家族。
　　 (3) ウ
　　 (4) う…6　　え…3　　お…配偶者
　　 (5) d…男女雇用機会均等
　　　　 e…男女共同参画社会
　　 (6) 介護休暇(制度)

解説 (1) 明治時代に制定された旧民法では，個人よりも「家」が重んじられていた。家長の権限が強く，財産の相続では男子，特に長男が優先されるなど，男女平等とはいえなかった。

(2)・(3) 父（または母）のみと未婚の子どもからなる家族も核家族に含まれる。核家族世帯は全世帯の約6割を占め，核家族世帯の中では，夫婦とその未婚の子どもからなる家族の割合が最も高い。

(4) 血族とは，親や子，きょうだいなど，血のつながりのある者をいう。配偶者とは結婚相手のことであり，姻族とは，配偶者の血族および血族の配偶者のことをいう。

(5) 男女雇用機会均等法は1985年に制定された法律で，その後改正が行われた。この法律では，職場内の配置，昇進，採用などの面での男女間の差別を禁止している。

(6) 1995年に育児・介護休業法が成立し，子育てや介護のための休暇制度が整えられつつある。

154 A例子どもをあずけられる場所を用意すること
　　 B例子育てに必要な資金を援助すること

解説 少子化を解消していくためには，さまざまな方面からの対策が必要となる。

155 イ

解説 一般に，65歳以上の人を高齢者といい，高齢者が総人口に占める割合が7％以上になると高齢化社会，14％以上になると高齢社会という。日本の社会は，すでに高齢者の割合が21％をこえる超高齢社会となっている。

156 (1) メディア[情報]リテラシー
　　 (2) ウ
　　 (3) ①ア　　②ウ→イ→ア

解説 (1) 情報社会となった現代では，社会に情報が氾濫しており，その中には不正確な情報も含まれる。これらの膨大な情報の中から自分に必要なものを選択すること，うのみにするのではなく批判的に受け取って検証すること，自分の目的のために活用することなどが求められる。そうしたことができる能力がメディアリテラシーである。

(2) デジタル・デバイドは，情報格差と訳される語。教育や収入などの水準のちがいから，必要な情報が得られない層（情報弱者）が生まれ，情報が得られる層との間に格差が生じることをいう。

(3) ①アの太陽が，下線部で述べているうちの天体にあたる。
②アの七五三は11月，イのお盆は地域差があるが7月または8月，ウの端午の節句は5月の年中行事である。

157 エ

解説 エ…「生徒間で話し合いをおこない」が手続きの公正さ，「昨年希望の通らなかったクラスを

優先する」が機会や結果の公正さを示している。

---

158 (1) エ
　　　 (2) ウ

解説 (1) 多数決では，関係者全員が採決に参加することができ，一人が一票ずつを投じるといった形で全員が平等であることができる。この意味で，「誰もが一人として同等に扱われるべき」という考え方にかなっているといえる。

(2) 太郎と花子の間で約束がかわされた(すなわち契約が成立した)時点で，太郎にはノートを借りる権利と，翌日これを返却する義務が生じ，花子には，ノートを貸す義務と，翌日これを返してもらう権利が生じているので，ア，イ，エはいずれも正しい。この場合のような，物の貸し借りや，食料品を買うといった日常的な売買なども契約であり，契約書を交わす義務は生じないのでウは誤りである。

18 人間の尊重と日本国憲法

159 (1) 絶対王政
　　　 (2) Ⅰ…ウ　　Ⅱ…イ　　Ⅲ…ア
　　　 (3) 市民革命
　　　 (4) イ
　　　 (5) 福祉国家
　　　 (6) ア

解説 (1) 絶対王政は16世紀から18世紀のヨーロッパで見られた。絶対王政を行った代表的な国王としてフランスのルイ14世などがあげられる。

(2) Ⅰはモンテスキューが唱えた三権分立について，Ⅱはルソーが唱えた人民主権について，Ⅲはロックが唱えた基本的人権と抵抗権(人民が不当な政府に抵抗し，これを倒す権利)について述べている。

(3) 市民革命によって，それまでの国王と支配身分だけが政治を行う仕組みが改められ，身分制が廃止されて，自由で平等な「市民」が主権者となる「市民社会」へと変わっていった。

(4) ア…現行犯の場合は令状なしでも逮捕される。
ウ…他人の名誉を傷つけるような表現などは，公共の福祉に反するものなので制約を受ける。

---

(5) 問題文で述べられているように，資本主義経済の発展にともなって貧富の差が拡大し，これは，個人の力では解決しきれない問題とみなされるようになった。その解決を国家がはかるべきであるということから福祉国家の考えが生まれ，これに基づいて社会保障制度が設けられるようになった。

(6) 世界人権宣言は国際連合が1948年に採択したものであるが，加盟国に対する拘束(こうそく)力はない。この世界人権宣言の内容を条約化し，締結国に対する法的拘束力を持たせたものが1966年に採択された国際人権規約である。

---

160 (1) ウ
　　　 (2) 1…オ　　2…ア　　3…エ
　　　 (3) 権利…抵抗権[革命権]
　　　　　 できごと…名誉革命

解説 (1) アメリカ独立宣言が出されたのは1776年のことである。アとイは，アメリカ独立などの市民革命の動きに影響を与えた啓蒙(けいもう)思想に関するできごとで，いずれも18世紀のことである。エの『諸国民の富』は産業革命以後の経済について論じたもので，18世紀の著作である。マルクスは，資本主義を批判して社会主義を主張した19世紀の人物なので，ウのみが世紀が異なっている。

(2)(3) 名誉革命は，1688年にイギリスで起こった。この頃のイギリスの思想家ロックは，基本的人権と抵抗権(革命権)を唱え，名誉革命を理論的に正当化した。その後，このロックの思想はアメリカ独立宣言にとり入れられた。

---

161 ウ

解説 日本国憲法の前文は，国民主権について述べたのち，「日本国民は，恒久(こうきゅう)の平和を念願し……」として，平和主義について触れている。問題となっている前文の部分は，この平和主義に関する一節である。

---

162 (1) a…戦争　　b…戦力
　　　　　 c…交戦権
　　　 (2) イ

解説 (1) 日本国憲法第9条は，第1項で戦争の放棄，第2項で戦力の不保持などについて定めている。

(2) 国家予算では，社会保障関係費などの割合が高

く，防衛費の占める割合は高くない。

163 (1) ウ
(2) エ

解説 (1) 日本国憲法で定められている国民の義務は，納税の義務，勤労の義務，保護する子女に普通教育を受けさせる義務の3つである。ア…有償ではなく無償である。イ…公共職業安定所（ハローワーク）が各地に設置されている。エ…選挙で投票することは国民の権利であるが義務ではなく，罰則の規定はない。

(2) ア…天皇は，日本国および日本国民統合の象徴と定められているので，「主権者」とあるのが誤り。国会の召集は天皇の国事行為の1つなので，これについての部分は誤りではない。イ…国会ではなく，内閣が正しい。ウ…日本国憲法では，天皇は「国政に関する権能を有しない」（第4条）と定められており，天皇が国会の議長を務めることはない。

164 (1) ⅰ…3分の2以上　　ⅱ…過半数
ⅲ…国民
(2) 最高法規

解説 (1) 国会における審議では，通常の議案の場合には，出席議員の過半数の賛成が得られれば，可決したとみなされるが，憲法改正の発議では条件が厳しくなっている。「出席議員」ではなく「総議員」，「過半数」ではなく「3分の2以上」である。
(2) 最高法規とは，法の中で最も高い地位にあるもの，という意味である。憲法を国の基本法とし，その憲法を頂点とする法によってすべての決定が行われる国家を，法治国家という。

165 (1) エ
(2) ①社会権　　②イ
(3) 例 参政権がなかった。〔政治活動の自由，選挙権がなかった。〕

解説 (1) 環境権は，高層ビルの建築によって日照や眺望がさえぎられるといった事態が起こるようになったことから主張されるようになった新しい人権の1つである。日本国憲法では明文化されていないが，裁判などで認められるケースが増えてきている。
(2) ①平等権と自由権は，アメリカ独立宣言やフランス人権宣言で人間の平等や自由がうたわれた18

世紀に確立した。これに対し，人間らしく生きる権利である社会権は，20世紀に確立された人権である。1919年にドイツで制定されたワイマール憲法は，社会権を初めて明確に規定した憲法として知られる。
②アとウは社会権，エは平等権に含まれる。イは参政権の1つで，基本的人権を守るための権利に含まれる。
(3) 日本では，第二次世界大戦後最初の選挙のときに，初めて女性の参政権が実現した。

166 (1) イ
(2) イ
(3) ア

解説 (1) ア…日本国籍は，アイヌ文化振興法制定以前から認められていた。ウ…選挙権はすべて20歳からである。被選挙権は，衆議院議員が25歳から，参議院議員が30歳から認められる。エ…裁判員は抽選で選ばれ，男女同数とは定められていない。
(2) ア…死刑については廃止を求める意見もあるが，無期懲役刑については論議されているとはいえない。ウ…言論の自由が保障されており，国家を批判する意見を発表することは認められる。エ…医師などは，公共の福祉のために，国家資格は必要であり，国家資格を要する職業の廃止が進められているという事実はない。
(3) アは社会権に含まれる生存権である。

167 a…ア　　b…納税

解説 a　社会権とは，人間らしい生活を保障する権利のこと。ドイツのワイマール憲法は，社会権を取り入れた最初の憲法として知られている。

168 (1) A…ウ　　B…イ　　C…ア
(2) プライバシーの権利

解説 (1) Aは，思想を理由に不当な解雇が行われており，思想・良心の自由が侵害されている。Bは，労働条件に関して女性に対する差別が行われており，法の下の平等に違反している。Cは，小説の出版が個人のプライバシーを暴くことになっており，表現の自由が公共の福祉のために制限されるべき事例である。
(2) プライバシーの権利も，環境権などと同様に，日本国憲法では明文化されていない新しい人権の

１つであるが，広く社会的に認められるようになってきており，国は，プライバシーの保護などのために，個人情報保護法を制定している。

入試メモ　日本国憲法の条文を用いた問題はとても多く見られ，人権の保障に関する条文も頻出である。条文の空欄にあてはまる語句を答えさせる出題も多いが，それだけではなく，人権に関する具体的な事例と関係のある条文を選ばせるといった出題も多いので，単に条文を丸暗記するのではなく，その意味をしっかりつかんでおくことが重要である。

169　1…自己決定権　　2…知る権利

解説　1…自己決定権と関わる動きとして，臓器提供の意思表示などもあげられる。自分が脳死と判断された場合を想定し，移植のために自分の臓器を提供する意思があるかどうかを，あらかじめカードなどに記入する人が増えてきている。2…一般的には，知る権利は，国や地方公共団体が持つ情報の開示を求める権利を指す場合が多い。この意味の知る権利を保障するために，国や多くの地方公共団体が情報公開制度を設けている。

170　(1)　エ
　　　　(2)　ユニバーサルデザイン

解説　(1)　アは人種差別撤廃条約，イは拷問等禁止条約，ウは子どもの権利に関する条約，エは死刑廃止条約の条文である。日本では，死刑制度の是非について国内でも意見が分かれる中で，現在のところ死刑制度は存続しており，政府は死刑廃止条約の批准はしていない。
(2)　障がいの有無などに関わらず，すべての人が区別されることなく普通の生活を送れるようにすることを，ノーマライゼーションといい，その実現が求められている。こうした中で，障がいを持つ人が不便を感じることなく日常生活を送れるようにしていくためのバリアフリーが進められるとともに，障がいの有無などに関わらず，だれもが使いやすいように配慮されたユニバーサルデザインの製品が増えてきている。

19 政治のしくみ

171　(1)　A…主権　　　B…立法　　　C…行政
　　　　(2)　ウ
　　　　(3)　イ

解説　(2)　ア…特定の事案について，専門家などの意見を聞くための場　イ…政策案件の調査・研究などを行う，自民党の内部機関。　エ…特定の事案・事柄について調査や審査をするために設けられる委員会。
(3)　イ…「任命」ではなく「指名」なら正しい。最高裁判所長官の任命は天皇の国事行為。

172　(1)　X…小選挙区
　　　　　　Y…小選挙区比例代表並立
　　　　　　Z…都道府県
　　　　(2)　ウ
　　　　(3)　連立政権

解説　(1)　１つの選挙区から１人の代表者を選ぶものを小選挙区制，２人以上の代表者を選ぶものを大選挙区制といい，大選挙区制の中でも特に３〜５名程度を選ぶものを中選挙区制という。衆議院議員の選挙は，現在の小選挙区比例代表並立制が導入される以前は中選挙区制によって行われていた。
(2)　一般に，少数政党に不利とされているのは，得票数１位の候補者のみが当選する小選挙区制なので，この点で，アとイはともに誤りである。また，比例代表制では，政党ごとに政見が発表されるなどするため，候補者一人ひとりを理解しやすいとはいえず，この点でもアは誤りである。ウは，死票（落選した候補者に投じられた票）が多くなる小選挙区制に比べて，比例代表制は死票が少なく，多くの政党が議席を獲得しやすいとされるので，正しい文である。エは，政権が安定しやすいとされるのは，大政党に有利な小選挙区制なので，誤りである。比例代表制では，小党分立の状態を招いて政権が不安定になりやすいとされる。
(3)　1955年から1990年代初めまで続いた55年体制のもとでは，自由民主党（自民党）による単独政権が続いたが，近年では連立政権が組まれることが多くなっている。

173 (1) 2

(2) え，き，く

解説 (1) 比例代表制では，各政党の得票数を整数で割って得られた商が大きい順に議席が配分される。この場合では，各政党の得票数÷1で，A党25,000，B党15,000，C党7,000，÷2で，A党12,500，B党7,500，C党3,500となる。定数は3名で，商が大きい順に3つ並べると，A党25,000→B党15,000→A党12,500となるから，A党が2議席，B党が1議席を獲得する。

(2) 2議席獲得のA党では，候補者くと候補者えが当選する。A党の名簿1位である候補者くは，選挙区で得票数3位となって落選しているが，比例代表選挙で当選ということになる。A党の名簿2位である候補者えと候補者かも，それぞれの選挙区で得票数2位となって落選している。名簿順位が同じ場合には，いわゆる惜敗率(選挙区選挙で当選者が獲得した票数に占める，落選した候補者の得票数の割合)が高い順に当選するので，候補者えと候補者かのうち，惜敗率が高い候補者えが当選となる。次に，1議席獲得のB党では，名簿1位の候補者いは，選挙区選挙で得票数1位となって当選しているので，比例代表選挙では，名簿2位の候補者きが当選となる。

174 (1) ア

(2) イ

解説 (1) 国会議員には不逮捕特権が認められているが，これは国会の会期中のことであるから，アの文は，「任期中」としている部分が誤りである。

(2) 衆議院の優越事項の1つとして，衆議院で可決し，参議院で否決した法律案について，衆議院が出席議員の3分の2以上の多数で再可決すれば法律として成立すると定められている。したがってイの文は誤りである。

175 (1) イ

(2) ウ

解説 (1) イの国政調査権は，証人喚問を行ったり，資料の提出を求めたりして，政治に関する調査を行うことができる権利で，国会に認められているものである。

(2) 内閣に加わり，政権を担当する政党が与党，それ以外の政党が野党であるから，与党が内閣に加わっていないアと，野党も内閣に加わっているエは誤りである。次に，内閣を構成する総理大臣は国会議員から選ばれ，また国務大臣の過半数は国会議員でなければならない。この条件をイは満たしておらず，ウは満たしているので，ウが正解となる。

176 (1) 内閣府

(2) ウ

(3) ウ

解説 (1) 中央省庁は，かつては，総理府と22の省庁からなる1府22省庁であったが，2001年に中央省庁再編が行われ，内閣府と12の省庁からなる1府12省庁となった。

(2) 会計検査院は，税金の無駄づかいがないかどうかなど国の収入支出の決算を検査する機関である。各省庁も検査の対象であるため，どの省庁からも独立した立場をとっている。

(3) 予算は，財務省が作成した原案を内閣がまとめて国会に提出する。これを審議し，議決することで国家予算を決定するのは国会の権限である。

177 ウ

解説 労働基本権は，労働三権とも呼ばれ，団結権(労働組合をつくる権利)，団体交渉権(使用者と労働組合が労働条件について交渉する権利)，争議権(団体行動権。労働条件に関する要求の実現のためにストライキなどをする権利)の3つからなる。公務員の労働基本権には，職務の公共性などから制約があり，公務員の争議権は認められていない。

178 (1) ①法律　②弾劾裁判所

③国民審査　④公開

(2) エ

(3) ウ

(4) イ

解説 (1) 問題文で述べられている，裁判所が国会や内閣の権力に左右されたり干渉を受けたりしない原則を，司法権の独立という。この原則のもとで，裁判官の身分は保障されている。

(2) 最高裁判所の判決が確定したあとでも，再審(やり直しの裁判)が行われた例はあるので，エの文は誤りである。

(3) 現行犯の場合を除き，逮捕には裁判官の令状が必要である。また，法律によらなければ処罰されることはなく，証拠が自白だけである場合には有罪とはならない。これらはすべて日本国憲法に定められている内容である。

(4) 最高裁判所は，合憲か違憲かを判断する終審裁判所であることから「憲法の番人」と呼ばれるが，違憲審査は個別の事案を通じて下級裁判所でも行うことができるので，アの文は誤りである。また，政令や条例も国の最高法規である憲法に違反してはならず，これらも違憲審査の対象なので，ウとエの文はいずれも誤りである。

---

179 (1) A…日本司法支援センター［法テラス］
　　　　B…選挙権
　　(2) 検察審査会
　　(3) エ
　　(4) 評議
　　(5) 再審請求

解説 (1) 日本司法支援センター（法テラス）は，費用の負担が困難な人のための無料法律相談や，犯罪の被害者やその家族に対する情報提供などを行っている。

(2) 検察審査会は，検察官が事件を起訴しなかったことの是非を判断する機関である。検察審査員は，裁判員同様，選挙権をもつ国民の中からくじで選ばれる。

(3) 裁判員裁判は，地方裁判所が扱う重大な刑事事件の第一審で行われる。アの最高裁判所での上告審や，イの高等裁判所での控訴審では裁判員裁判は行われない。また，ウの特別裁判所の設置は憲法で禁じられている。

(4) 法廷での審理ののち，裁判官と裁判員が別室に移って行う話し合いを評議といい，評議の結果，罪の有無や，有罪の場合の刑について決定することを評決という。

(5) 裁判の誤りをなくし，人権を保障するために，1つの事件について3回まで裁判を受けられる三審制が設けられているが，それでも，自白の強要といった行き過ぎた捜査などが原因で，冤罪（無実の罪で有罪になること）が発生することがあり，再審請求がしばしば行われている。

入試メモ 公民分野では，近年実施された改革や，

新たに制定・導入された法令や制度について出題されることが多い。司法制度改革もその1つであり，裁判員制度に関する問題は頻出となっている。

---

180 (1) ウ
　　(2) ① 1　　② 4分の1
　　　　③緊急集会

解説 (1) 均衡と抑制の関係が働くようにすることによって，権力が1つに集中することを防いでいる。そうすることで，権力の集中による人権侵害などを防ぐことが三権分立の意義である。

(2) 通常国会（常会）は毎年1月に召集され，予算審議などが行われる。会期は150日であるが，延長されることも多い。

---

181 (1) ウ
　　(2) エ
　　(3) イ

解説 (1) オンブズマンは，オンブズパーソンなどとも呼ばれる。オンブズマンに任命された人は，住民からの苦情を受け付けて，原因を調査したり，行政を監視したりする仕事を行っている。

(2) 直接請求が認められているのは，条例の制定・改廃請求，監査請求，議会の解散請求，首長・議員などの解職請求（リコール）の4つである。アは，請求の内容自体が認められていることではない。イは，請求先は議会ではなく，首長が正しい。ウは，請求先は首長ではなく選挙管理委員会が正しい。

(3) 国会は衆議院と参議院の二院制であるが，地方議会は一院制である。

---

182 (1) 1…条例　　2…直接請求
　　(2) イ

解説 (1) 1…条例は，法律の範囲内であれば，地方公共団体で自由に制定できる。

(2) ア…都道府県知事も市町村長も，ともに任期は4年である。ウ…都道府県知事に立候補できる（被選挙権）年齢は30歳以上である。エ…都道府県議会議員と市町村議会議員の任期は，ともに4年である。

20 市場経済と消費・生産

183 (1) 1…資本　　2…利潤[利益]

(2) ①均衡価格　　②イ　　③ウ

解説 (1) 問題文中の「生産のために必要な工場や設備などを所有している人」が，資本家である。

(2) ①需要と供給の関係によって変化する価格を市場価格といい，需要と供給が一致しているときの価格を特に均衡価格という。一般に，需要量が供給量を上回っている場合(商品が不足している場合)には価格は上がり，逆に，供給量が需要量を上回っている場合(商品が余っている場合)には価格は下がる。

②価格がP_2であるということは，均衡価格であるP_1よりも価格が低いということである。一般に価格が下がると消費者はより多く買おうとするので需要量が増えるが，生産者は作るのをおさえるので供給量は減る。その結果，需要量が供給量を上回り，商品は不足することになる。

③従来よりも製品を大量に生産できるようになったのだから，この場合は供給量が増えたことになる。したがって，価格と供給量の関係を表す線Bが，量が多いことを示す右に移動することになる。

184 (1) ア

(2) ウ

(3) 中央

(4) イ

解説 (1) お金などを貸していて，それを返済してもらう権利を持つ者が債権者，お金などを借りていて，それを返す義務を持つ者が債務者である。

(2) アのような税金や社会保険料の支払いは，非消費支出に当たる。イのような預金などは貯蓄である。ウとエはいずれも消費支出であり，このうち，ウが，形のないサービスの消費，エが，形のあるモノの消費に当たる。

(3) それぞれの国には中央銀行があり，一般の銀行とは異なる役割を果たしている。日本の中央銀行である日本銀行は，紙幣(日本銀行券)を発行する「発券銀行」，国の資金を管理する「政府の銀行」，一般の市中銀行と取り引きを行う「銀行の銀行」という役割を持っている。

(4) 貨幣の価値が上がり，物価が下落する現象がデフレーションであり，不景気の時におこりやすい。逆に，貨幣の価値が下がり，物価が上昇する現象がインフレーションであり，好景気の時におこることが多い。デフレーションのもとでは，物価が下がっているために売り上げが少なくなり，企業の利潤は減少することになる。労働者の賃金も下がる傾向にあり，倒産する企業や失業者が増えることになる。

185 (1) ①X…イ　　Y…ア　　Z…ウ

②ア…例現金の持ち合わせがなくてもほしい商品を購入できる。

イ…例収入を考えて支払い能力を上回る買い物をしないようにする。

(2) ①イ　　②ア　　③ウ

解説 (1) クレジットカードのしくみは，カード会員の信用にもとづくもので，カード会社は販売店に対して商品の代金のたてかえ払いを行い，その代金が，後日，カード会員の銀行口座から引き落とされるなどの形でカード会社に支払われる。消費者が現金を持たずに買い物をすることができるという点で便利である半面，自分の支払い能力を超えた買い物をしてしまう場合もあるので注意が必要である。

(2) ①〜③は，いずれも公共料金とされているもので，価格の変動が国民の生活に与える影響が大きいことから，国会や政府，地方公共団体が決定や認可に関わるように定められている。

186 (1) クーリング・オフ制度

(2) ウ

解説 (1) クーリング・オフ制度は，訪問販売や電話勧誘など突発的な状況で，購入に対して冷静な判断ができない場合に適用される。そのため，自分で店舗に出向いて購入した場合や通信販売など，自分で判断する余地がある場合には適用されない。

(2) ウ…A社とのスマートフォンの契約は違法ではないため，消費者契約法による契約取り消しはできない。

187 (1) 製造物責任法[PL法]

(2) 例生活に必要な品目の税率を据え置くことで，消費者の負担を軽くする

ため。

(3) ウ

(4) 茶・かぼちゃ・黒牛など

解説 (2) 問題文にあるように消費税率を 8 ％のまま据え置くことを，軽減税率という。

(3) 「コンビニは24時間営業が当たり前」と考えられていることに加えて，店舗数が増えてきているため，営業を維持するための人材不足が深刻になっている。

(4) 農畜産物をブランド化することで，商品の単価を上げることが期待できる。

188 (1) 証券取引所

(2) A…取締役会　　B…株主総会

(3) メセナ

解説 (1) 証券取引所は，東京，名古屋，福岡，札幌の 4 か所にある。

(2) 株主総会は，株式会社の最高意思決定機関である。取締役会は，株主総会で選出された取締役で構成され，株主総会で決められた方針のもとに，実際の会社の経営を行う。

(3) 現代の企業には，利潤を追求するだけでなく，さまざまな社会的責任を果たすことが求められている。社会的責任とは，積極的な情報の開示，誠実な顧客への対応，社員の労働環境への配慮，地球環境への配慮，社会貢献活動への参加など，企業がもつべき責任のことをいう。メセナは，そうした社会貢献活動の 1 つである。

189 (1) 銀行

(2) 管理通貨制度

解説 (2) 日本銀行のように特別な働きをする銀行を，中央銀行という。日本銀行は，景気の安定化を図るために金融政策を行う。

⊙ パワーアップ

公開市場操作について整理しておこう。

・景気が悪いとき…日本銀行が国債を買う→金融市場の資金量が増える→企業などへの貸し出しが増える。

・景気が行き過ぎのとき…日本銀行が国債を売る→金融市場の資金量が減る→企業などへの貸し出しが減る。

190 (1) 卸売

(2) 例 会社の運営に必要な資金を小口に分割したもの。

(3) 原材料

(4) 一株一票制

解説 (1) 流通には，商業（卸売業や小売業）のほかにも，運送業や倉庫業など，さまざまな業者が関わっている。

(2) 株式は，必要な資金を小口に分けたものなので，多数の出資者から少額ずつ資金を集めて，大きな額を用意することができる。

(3) 原材料費，生産設備費，生産者が労働者に支払う賃金を合わせたものが，生産費（コスト）である。これに，生産者の利潤を加えたものが生産者価格となる。

(4) 一株一票制の原則のもとで，例えば，ある企業が別の企業が発行している株式の大半を保有することによって，その企業を支配するといった場合も多く見られる。

191 エ

解説 スーパーマーケットなどの大規模小売店では，大量に仕入れることによって流通の合理化をはかっているので，少量の品ぞろえをめざすとしているエは誤りである。

192 エ

解説 アは，「円安」ではなく「円高」である。 1 ドル＝100円が 1 ドル＝90円になったということは， 1 ドルの価値が100円から90円に下がったということ（すなわち「ドル安」になったということ）であり，その分，円の価値は上がった（すなわち「円高」になった）ということである。イは，10万円という同じ金額の円でより多くの買い物ができるのは，円の価値が高い円高のときなので，誤りである。ウも，「円安」ではなく「円高」が正しい。円高になると輸入品が安くなることから，輸入業者に有利とされる。逆に，円安の場合は輸出業者が有利となる。日本円で同じ200万円の車のドルでの価格は， 1 ドル＝100円のときは 2 万ドル， 1 ドル＝200円のときは 1 万ドルとなり，円安のときのほうが安くなるので，よく売れることになるといえる。したがって，エは正しい文である。

193 ア

解説 商品の価格を基準に比較した場合，ハンバーガーとコーヒーのセットという同じ商品の価格が，アメリカでは4ドル，日本では400円であるから，1ドル＝100円という為替レートが実情にかなっているといえる。したがって，1ドル＝85円は実情よりも円高・ドル安であるとするXは正しい文である。また，1ドル＝85円という為替レートを基準に比較すると，4ドルは日本円で340円であるから，日本の価格はアメリカよりも割高であるとするYも正しい文である。

21 国民生活と福祉

194 (1) 1…公共サービス　　2…再分配
　　　　3…調整［安定化］
　　(2) ①一般会計　　②国債［公債］
　　　　③財政投融資

解説 (1) 財政を行う政府は，家計・企業とともに経済の三主体と呼ばれる。家計・企業から納められる税金を主な財源として，公共サービスの提供など財政が持つ役割を果たしている。
(2) ①一般会計予算とは別につくられる，特定の目的にあてる予算は，特別会計予算という。
②国債は，国の借金であり，返済の義務が生じる。その返済費用も税金でまかなわれることになり，将来の国民の負担となるため，国債の発行は慎重に行われなければならない。
③財政投融資の財源には，かつては郵便貯金などがあてられていたが，現在では財投債という債券を発行するなどして財源を調達している。

⑦ パワーアップ
財政政策について整理しておこう。
・景気が悪いとき…景気を刺激し，経済活動を活発にしようとする→減税や公共事業の拡大など。
・景気が行き過ぎのとき…景気を抑制し，過熱した経済活動を沈静化しようとする→増税や公共事業の縮小など。

195 イ

解説 他にも，「家計が税金を支払う代わりに，社会保障などの公共サービスを受ける」などの形で循環がなされている。

196 (1) 累進課税制度
　　(2) 例税率が一定のため，高額所得者に比べて低額所得者の負担率が高くなること。

解説 (1) 累進課税には所得の再分配機能がある。一方で，所得税の累進度があまり高すぎると，働く人の意欲がそこなわれる可能性もある。
(2) 所得税などのように，納税者と税の負担者が同一である税が直接税，消費税などのように，納税者と税の負担者が異なる税が間接税である。消費税は，同じ税率ですべての人にかけられるため，所得全体に占める税の負担が低所得の人ほど重くなる。このことを税の逆進性という。

197 例社会保障関係費の増加により，歳出が税収を大幅に上回って赤字が増大しているため。

解説 少子高齢化が進むことで，日本は税金を支払う現役世代が減少し，社会保障を必要とする高齢者が増加するという状況になった。それにより，税収を上回る歳出となってしまったため，不足分を補おうと消費税率を引き上げる，という流れになった。

198 ア

解説 正しい文はⅠのみ。Ⅱ…介護保険の加入は40歳以上である。Ⅲ…生活保護は公的扶助に含まれる。Ⅳ…感染症の予防や予防接種は，公衆衛生に含まれる。

199 エ

解説 介護保険の保険料は，加入者である40歳以上の人が支払うもので，消費税の中から支払われるのではないので，アは誤りである。イは，「働いている人が全額」の部分が誤り。雇用保険の保険料は，働いている人と事業主の両方が支払う。ウは，「民間の保険会社に」ではなく「国に」が正しい。

民間の保険会社は，入院した場合などに保険金を給付するといった保険を商品として販売しているが，これは公的な健康保険とは別のものである。

---

200 (1) ウ

(2) 関係調整

解説 (1) ウは，毎週少なくとも1回が正しい。
(2) 労働関係調整法は，労使間(労働者と使用者の間)の紛争の防止や，その解決の方法などについて定めている法律である。

---

201 (1) 年功序列

(2) 30(日以下)

(3) イ

解説 (1) 従来の年功序列型の賃金にかえて，能力主義，成果主義の賃金を導入する企業が増えている。
(2) 派遣労働者とは，雇用契約を結んだ派遣元の指示で派遣先の企業へ行き，派遣先の指揮命令に従って働く労働者をいう。派遣先の企業の業績の悪化などで，俗にいう「派遣切り」にあって仕事を失うなど，雇用状態が不安定になりやすいので，その保護のための法整備が求められている。
(3) ニートの増加は社会全体にとっての損失となるといえるので，就労支援などの政策の実施が必要とされる。

---

202 (1) ワークシェアリング

(2) イ

解説 (1) ワークシェアリングには，失業率が低下すること，仕事以外の自由時間が増えることといった利点がある。一方で，働く時間が短くなる分，賃金が減ることなどから，否定的な意見もある。
(2) 多くの企業が，人件費を節約するために正社員の雇用をおさえ，非正規労働者を増やしていることから，その割合が高くなってきている。

---

203 例 夫の育児時間が増えること。

解説 資料Ⅱから，妻と比べて夫の1日当たりの育児時間が少ないことがわかる。その原因の1つが残業などの長時間労働である。それを少しでも解消するため，イクボス宣言などの取り組みが行われている。

---

204 エ

解説 ワーク・ライフ・バランスは，「仕事と生活の調和」と訳される語。日本では，賃金が支払われないサービス残業を日常的に続けている人も多く，長時間労働のために過労死するといったケースもある。こうした中で，ワーク・ライフ・バランスを実現できるような仕組みづくりが課題となっている。

入試メモ 近年，日本では労働をめぐる状況にさまざまな変化が見られ，これらが入試で取り上げられることが多くなっている。状況の変化とともに登場した新しい用語も多いが，単に言葉を覚えるだけではなく，意味をしっかりとらえることが重要である。

---

205 (1) 配当(金)

(2) 非正規労働者

(3) 労働基準法，労働関係調整法

解説 (1) 株式を購入した出資者は株主といい，配当を受け取るだけでなく，株主総会に出席して経営方針などについて議決することができる。
(2) 非正規労働者は，正規労働者と同じ内容の労働をしても賃金が低く，リストラの対象になりやすいため，安定して働くことが難しいのが現状である。
(3) 労働三法の中でも，労働時間や休日などの労働条件について最低限の基準を定めている「労働基準法」が特に重要である。

---

206 (1) エ

(2) イ

解説 (1) 日本の企業の大部分は中小企業であり，大企業との賃金格差などの問題が以前から指摘されてきている。また，中小企業の中には，資金的な余裕がないなど厳しい経営環境に置かれているものも多い。一方で，すぐれた技術を持ち，世界的な評価を受けているような中小企業も見られる。
(2) グローバル化が進む中で，多くの外国人労働者が日本で働くようになっている。インドネシアと日本の協定では，日本で研修を受け，看護師や介護福祉士の国家資格試験に合格したインドネシア人は日本で働くことができると取り決められた。

22 国際社会と世界平和

207 エ

解説 領空は，領土と領海の上空であるが，１万ｍまでではなく，大気圏内とされているので，アは誤りである。イは，200海里ではなく12海里が正しい。ウは，外国の船舶が許可なく入ることができないのは領海なので，誤りである。（排他的）経済水域では，水産資源や海底の鉱産資源に関する権利が沿岸国に認められるが，外国の船舶でも航行することは自由である。

208 (1) ア
(2) ILO

解説 (1) 安全保障理事会における拒否権は，常任理事国のみがもつものであり，すべての理事国に認められているのではないので，イは誤りである。ウは，経済社会理事会ではなく，安全保障理事会の説明である。
(2) ILOは国際労働機関の略称である。

209 イ

解説 イは，５常任理事国のすべてを含む９か国が正しい。

210 ウ

解説 経済社会理事会は，54か国の理事国で構成されている。理事国はすべて３年の任期制で，安全保障理事会とは異なり常任理事国はない。

211 1…エ　2…ウ　3…ア　4…イ

解説 1は尖閣諸島，2はカシミール地方について述べている。3のイスラエルと周辺アラブ諸国の間では，中東戦争が繰り返しおこった。

212 (1) INF
(2) 包括的核実験

解説 (1) INFは，中距離核戦力の略称である。
(2) 包括的核実験禁止条約（CTBT）は，地下核実験を含むすべての核実験を禁止するものである。

パワーアップ
軍縮に関する条約などについて整理しておこう。
・1963年…部分的核実験停止条約調印
・1968年…核拡散防止条約（NPT）調印
・1987年…米ソが中距離核戦力（INF）全廃条約に調印
・1991年…米ソが戦略兵器削減条約（START）に調印
・1996年…包括的核実験禁止条約（CTBT）採択

213 (1) パグウォッシュ会議
(2) 核抑止
(3) エ

解説 (1) 1955年，イギリスの哲学者ラッセルと，アメリカの物理学者アインシュタインが，核戦争による人類の破滅を警告する「ラッセル・アインシュタイン宣言」を発表し，これにもとづいてパグウォッシュ会議が開かれることとなった。パグウォッシュは第１回の会議が開かれたカナダの地名である。
(2) 冷戦時代には，核抑止の考え方が受け入れられていたが，近年では，アメリカのオバマ大統領が核兵器の廃絶をめざすことを宣言するなどの動きが見られるようになっている。
(3) ア〜クの国のうち，ドイツ以外はすべて核兵器の保有国である。ほかに，イスラエルや北朝鮮（朝鮮民主主義人民共和国）などが核兵器を保有している。

214 (1) ①ス　②キ　③セ　④ソ　⑤オ　⑥ア　⑦ク　⑧サ
(2) エ

解説 (1) ③のWTOは世界貿易機関の略称，⑤のNAFTAは現在USMCAに移行している。
(2) 2020年現在，スウェーデンはユーロを導入せず，古くからの自国通貨であるスウェーデン・クローナを使用している。

215 (1) ウ
(2) ウ

解説 (1) ウは，1985年のいわゆる「プラザ合意」について述べた文なので，近年の世界同時不況とは関係がない。「プラザ合意」ののち，日本は1980年

代後半から1990年代の初めにかけてバブル経済と呼ばれる好景気の時期をむかえた。

(2)　FRBは，アメリカ合衆国の中央銀行にあたる連邦準備制度理事会の略称である。BOJは日本銀行，ECBは欧州中央銀行の英語の略称である。

---

216 (1) エ

(2) UNEP

解説 (1) アは，酸性雨は国境をこえた環境問題なので，誤りである。ヨーロッパでは，偏西風の影響で，酸性雨の原因物質を排出している国の風下に位置する国で酸性雨の被害が広がるといった現象が見られる。イの砂漠化の防止の取り組みは行われているが，進行がくい止められているとはいえない。ウのオゾン層の破壊のおもな原因はフロンなどであり，排出が規制されている。窒素酸化物（ちっそ）や硫黄酸化物（いおう）は酸性雨の原因となる。

(2)　UNEP（ユネップ）は国連機関の1つである国連環境計画の略称である。この機関は，1972年にスウェーデンのストックホルムで開かれた国連人間環境会議での宣言にもとづいて設立された。

---

217 ウ

解説 京都議定書は，温室効果ガスについて，先進国に対して排出削減を義務付けているものであり，発展途上国は対象としていなかった。

---

218 (1) エ

(2) ア

(3) 男女共同参画社会基本法

(4) イ

(5) ウ

解説 (1) エ…2018年の日本の二国間ODAの地域別実績をみると，割合が最大なのはアジアである。

(2)　ア…国連教育科学文化機関　イ…世界保健機関　ウ…国連児童基金　エ…国際労働機関

(3)　男女共同参画社会基本法と合わせて，1985年に制定された男女雇用機会均等法も覚えておこう。

(4)　イ…ペシャワール会は，中村哲医師の活動を支援するために設立されたNGOである。医療支援とともに用水路の建設にも尽力していた中村医師は，2019年12月に何者かの襲撃を受けて亡くなった。

(5)　①ワーク・ライフ・バランスを直訳すると「仕事と生活の調和」で，仕事と家庭生活や地域生活を両立することを意味する。

---

219 (1) A…植民地　　B…南北問題

(2) 南南問題

(3) 例発展途上国の主権を尊重しつつ，環境保全に配慮して技術支援を実施する。

解説 (1) 先進国は北半球に多く，発展途上国は南半球に多いことから南北問題という。

(2)　南北問題という語をもとに，「南側」の発展途上国の間の問題という意味で，南南問題という。

(3)　ODAを行うということと引き換えに相手国の内政に干渉するといったことがあってはならない。また，例えばODAによって巨大なダムを建設することが環境破壊につながるといったことは望ましいことではない。

---

220 ア例食料を配布することで，人々を飢餓状態から救う。

イ例食料の生産に必要な知識や技術を習得させることで，人々が自立して食料不足に対応できるようにする。

解説 アの方は即効性のある対応で，イの方は持続性のある対応である。

---

23 公民の総合問題

221 (1) 社会資本

(2) ウ

(3) 例利潤を得ること。（8字）

(4) ウ

(5) ①エ　　②ア

解説 (1) 社会資本には，道路・橋・港湾設備といった産業活動の基盤になるもののほか，上下水道，公園，図書館，病院など，衛生，環境，教育・文化，社会福祉などの生活基盤となる施設もある。

(2)　アの普通教育を受けさせる義務とエの勤労の義務は日本国憲法のみ，イの兵役の義務は大日本帝国憲法のみが定めている。

(3)　問題文で述べられているように，国民生活を豊かにすることが財政の目的であり，この目的のために利潤を追求せずに活動するのが公企業である。これに対し，利潤を得ることを目的とする民間の企業を私企業という。

(4)　資料Ⅰは1919年にドイツで制定されたワイマール憲法で，生存権の保障に関する部分である。資料Ⅱは1789年に出されたフランス人権宣言で，国民主権についてうたった部分である。資料Ⅲは1948年に国際連合で採択された世界人権宣言である。資料Ⅳは1776年に出されたアメリカ独立宣言で，平等権・自由権の保障についてうたった部分である。

(5)　①参議院議員の比例代表選挙では，非拘束名簿方式がとられており，有権者は，投票用紙に政党名を書くことも候補者名を書くこともできる。候補者名が書かれている票は，その候補者が属する政党の得票となる。衆議院議員の比例代表選挙では，各政党の候補者名簿の順位はあらかじめ決まっているが，非拘束名簿方式では，個人での得票が多かった候補者から順に当選するしくみとなっている。
②公職選挙法は，選挙区や議員定数など選挙制度について定めているほか，選挙活動などについても規定している。有権者に対する買収などの行為を禁止しているのもこの法律である。

---

222 (1) BRICS

(2) エ

(3) 難民

(4) フェアトレード

解説　(1)　新興国の総称として，BRICSの他にNIES（新興工業経済地域）やVISTAも覚えておこう。

(3)　難民に関する支援を行う国連の組織として，UNHCR（国連難民高等弁務官事務所）がある。各国に難民の受け入れを求めたり，難民の生活を改善したりする支援をおこなっている。

(4)　途上国の人々が自立できるようにするための取り組みとして，フェアトレード（公正貿易）の他，貧しい人々が新しい事業を始めるための少額のお金を貸し出すマイクロクレジット（少額融資）も行われている。

---

223 (1) ア

(2) ①エ　　②ウ

---

(3) ウ

(4) イ

(5) 政権公約［マニフェスト］

(6) エ

(7) 製造物責任法

(8) ア

(9) ア

(10) ①PKO　　　②ウ

(11) 東

解説　(1)　行政の規模が拡大し，仕組みが複雑になっていることが指摘されており，公務員の仕事が単純化したり国民になじみやすくなったりしたとはいえない。

(2)　①株主には，会社の利潤の一部を配当として受け取る権利がある。
②カルテルは企業による独占の形態の1つ。不当なカルテルは，独占禁止法によって禁止されており，公正取引委員会が取り締まりを行う。独占の形態にはカルテルのほか，アの文で述べているコンツェルンや，エの文で述べているトラストがある。

(3)　国民には，社会権の1つとして勤労の権利が保障されている。また，失業者の増大は，個人の能力が生かされないことになり，社会全体の損失となる。こうしたことから，国がハローワーク（公共職業安定所）や公共職業訓練施設を設けて，就職先の紹介や職業訓練を行っている。

(4)　ア…解雇を行う場合には，30日前までに予告をする必要がある。ウ…労働条件を決める際，労働者と使用者は対等である。エ…「1週48時間以内」ではなく「1週40時間以内」が正しい。

(5)　政党が掲げる公約には，抽象的なスローガンだけでなく，財源や達成期限，数値目標を具体的に示したものもある。

(6)　ア…公聴会ではなく委員会が正しい。公聴会は，委員会での審議の際，専門家や利害関係者の意見をきくために必要に応じて開かれるものである。イ…通常国会（常会）は毎年1月から召集されるが，臨時国会（臨時会）と特別国会（特別会）は毎年必ず開かれるわけではない。ウ…衆議院の優越は，参議院に比べて議員の任期が短く，また解散があることから，国民の意思をより反映していると考えられることによる。

(7)　略称でPL法とも呼ばれるが，ここでは問題文の漢字6字という指定に従って解答する。

(8)　一般に，価格が上がるのは商品が不足している場合であるから，アの文は誤りである。

(9)　アのUSMCAはアメリカ・メキシコ・カナダ協定，イのOPEC（オペック）は石油輸出国機構，ウのASEAN（アセアン）は東南アジア諸国連合，エのNATO（ナトー）は北大西洋条約機構の略称である。USMCAのいずれの国もAPEC（エイペック）（アジア太平洋経済協力会議）に参加している。

(10)　①PKOは，国際連合の平和維持活動の略称である。日本では1992年に国連平和維持活動協力法（PKO協力法）が制定され，これ以降，自衛隊を海外に派遣するなど，PKOに参加するようになった。
②宗教の違いも，地域紛争の大きな要因の1つである。そうした要因による紛争の例として，イスラム教徒とユダヤ教徒の間で対立が続いているパレスチナをめぐる問題などがあげられる。

(11)　冷戦の終結後，かつては旧ソ連の影響下にあった東ヨーロッパの国々の多くがEU（ヨーロッパ連合）に新たに加盟した。

224　(1) ウ
(2) イ
(3) ア
(4) エ

解説　(1)　プライバシーの権利は現代になって登場した新しい人権の1つであり，18世紀に出されたフランス人権宣言で触れられているものではない。

(2)　国務大臣は，過半数が国会議員でなければならないと定められている。

(3)　イは，血族と姻族の親等の範囲が逆である。親族は，「6親等内の血族，配偶者，および3親等内の姻族」が正しい。ウは，男子は18歳，女子は16歳になれば婚姻をすることができる（未成年者の婚姻には親の同意が必要である。）ので，誤りである。なお，2022年4月以降は，男女ともに18歳にならなければ婚姻をすることができない。エは，配偶者の相続分は2分の1，子の相続分は2分の1なので，誤りである。

(4)　WTO（世界貿易機関）の目的は自由貿易を推進することであり，環境保全や健康保護は最優先事項ではない。

225　(1) 政令
(2) ウ
(3) ①a…環境　　b…リサイクル
　　c…公害対策
②オ

解説　(1)　法の中で最も高い地位にあるのは，最高法規の憲法である。憲法の下に，国会が制定する法律が位置し，法律の下に命令が位置づけられる。政令は，命令の一種で，法律を実施するために内閣が定めるものである。命令には，政令のほか，法律や政令を実施するために大臣が定める省令などがある。

(2)　近年，市町村合併は進められたが，各地方公共団体の財政状況が，国に依存しないですむまでに改善されたとはいえないので，ウは誤りである。

(3)　公害対策基本法は，公害問題が深刻化していた高度経済成長期の1967年に制定された。環境基本法は，公害対策基本法にかわる法律として1993年に制定された。家電リサイクル法は，1998年に制定されたもので，ほかにも，容器包装リサイクル法，食品リサイクル法などの各種のリサイクル法が制定されている。

地理・歴史・公民の融合問題

226　(1) 9日午後10時
(2) ウ
(3) オ
(4) 石油危機
(5) エ

解説　(1)　日本とロンドンの経度差は135度で，経度差15度で1時間の時差が生じるため，二国間には135÷15＝9（時間）の時差がある。ロンドンより日本の方が時間が早く進むので，ロンドンの現地時刻は日本の9時間前となる。

(2)　通常，高緯度になるほど気温は低くなるが，ヨーロッパの場合は，北大西洋海流と偏西風の影響で比較的暖かい。

(3)　Ⅲ（1860年）→Ⅰ（1866年）→Ⅱ（1867年）→Ⅳ（1869年）

(5)　エ…水力発電所は，河川の近くやダムなどの施

設をつくれる山間部に設置されている。

227
(1) 水俣, イ

(2) A…水力　　B…火力　　C…炭鉱

(3) 太平洋ベルト

(4) エ

(5) ア

(6) ①エ　　②ウ

(7) エ

(8) イ

解説 (1) いわゆる「四大公害病」の発生地は, 水俣病のア(熊本県水俣市など), 四日市ぜんそくのウ(三重県四日市市), イタイイタイ病のエ(富山県神通川流域), 新潟水俣病のオ(新潟県阿賀野川流域)の4地域である。

(2) 主要なエネルギーが石炭から石油へと移行したエネルギー革命により, 各地の炭鉱は閉山し, 日本の石炭産業は衰退した。

(3) 太平洋ベルトには日本の主要な工業地帯・地域が連なっており, 高度経済成長期にこの地域を中心に重化学工業化が進んだ。

(4) 高度経済成長期以降, 東京都とその周辺では, 都心の人口が減少して郊外の人口が増加するドーナツ化現象が顕著になった。このことから, 高度経済成長期の人口増加率が極めて高いaが東京都に隣接し人口が増加していた埼玉県, 同じ時期に反比例するように人口増加率が下がっているbが東京都であると判断できる。一方, 減少傾向が続いているdは過疎地域が多い東北地方の山形県なので, 残るcは兵庫県であるとわかる。

(5) 1973年の第一次石油危機をきっかけに急激に物価が上昇し, インフレーションが進行した。また, 1985年には主要国の間でドル高是正が容認され(いわゆるプラザ合意), 以後, 急速な円高が進行した。

(6) ①200万円をドルに換算すると, 1ドル＝250円であるときは, 200万÷250＝8,000より, 8,000ドルとなり, 1ドル＝160円であるときは, 200万÷160＝12,500より, 12,500ドルとなる。この場合では, 円高の進行によって, 日本円では同じ200万円の乗用車のアメリカでの価格が, 8,000ドルから12,500ドルに上がることになり, アメリカでの売れ行きが悪くなると考えられる。また, 8,000ドルの売り上げが200万円になったものが, 12,500ドル

を売り上げなければ200万円にならないことにもなる。こうしたことから, 円高は輸出産業に不利となる。

②1985年頃におこった為替相場の変動は, (5)で見たように円高である。円高が進行すると, (6)①で見たように輸出産業は不利になるが, 逆に輸入産業は輸入品の価格が下がるので有利とされる。したがって, 輸入資源の価格が上昇したとしているウは誤りである。

(7) cは, 1980年から1990年にかけて山形県の出荷額が大きく伸びている。このことから, 高速道路の整備を背景に, 東北地方の各地に工場が進出した業種であると考えられるので, 電気機械があてはまると判断できる。兵庫県の出荷額が多いaは製鉄, 東京都の出荷額が多いbは印刷・出版, 残るdは輸送用機械である。

(8) 最も早く普及が始まり普及率が100％近くに達しているaが電気洗濯機, 次いで普及が始まり, やはり普及率が100％近くに達しているbがカラーテレビ, 同じ頃に普及が始まっているcが乗用車, 最も新しく普及が始まり, 急速に普及率が上がっているeがパソコン, 残るdがビデオカメラである。

228
(1) 1…主権　　2…象徴

(2) ウ

(3) ポツダム宣言

(4) エ

(5) イ

(6) ウ

(7) ①X…10　　Y…総辞職　　②ウ

解説 (1) 国民主権は, 平和主義, 基本的人権の尊重とともに, 日本国憲法の基本原則である。

(2) 1889年に大日本帝国憲法が発布され, 翌年, 第1回の帝国議会が開かれたので, ウは誤りである。

(3) ポツダムは, ドイツの降伏後, 連合国の首脳が会談したベルリン郊外の地名である。

(4) エの国務大臣は内閣総理大臣が任命し, 天皇はこれを認証する。

(5) 現在の日本の選挙は, 秘密選挙を原則の1つとしている。投票は無記名で行われ, 有権者にはだれに投票したかを明らかにする義務はない。

(6) ウの弾劾裁判所は, 不正のあった裁判官をやめさせるかどうかを裁くもので, 国会が設置する。

(7)　①内閣不信任を受けて衆議院を解散した場合には，解散後40日以内に総選挙が行われ，総選挙から30日以内に特別会(特別国会)が召集されて，新しい内閣総理大臣が指名される。
②アは「法律案」ではなく，「予算」「条約の承認」であれば正しい。イで述べている出席議員の3分の2以上の多数による再可決が必要なのは，衆議院で可決し，参議院で否決した法律案を成立させる場合である。

---

229 (1) ①トキ　　②ポルトガル
　　　　③季節風[モンスーン]
　　　　④ロシア連邦
　　(2) 金
　　(3) ①対馬海流　　②ウ
　　(4) エ
　　(5) 移牧
　　(6) エ
　　(7) ①エ　　②スペイン
　　(8) 島名…国後島　　説明文…D
　　(9) 過疎(化)

解説 (1)　ポルトガル人が漂着して鉄砲が伝えられたBの説明文の島は，図ⅠのⅣの種子島(鹿児島県)である。

(2)　Aの説明文の島は，図ⅠのⅡの佐渡島(新潟県)である。江戸時代には，この島の佐渡金山で金の採掘が盛んに行われていた。

(3)　②北大西洋海流はイギリスなど西ヨーロッパの近海を流れる暖流である。ア，イ，エはいずれも寒流で，リマン海流は日本列島の日本海側を，千島海流(親潮)は日本列島の太平洋側を流れる。ペルー海流はフンボルト海流とも呼ばれ，南アメリカ大陸の太平洋側を流れている。

(4)　鉄鉱石生産量が多いことから，アとイが，中国かブラジルのいずれかであるとわかる。このうち，粗鋼生産量が多く，また，1次産業人口割合が高いアが中国，もう一方のイがブラジルである。粗鋼生産量が多く，また，1次産業人口割合が低いウがアメリカ合衆国，残るエが南アフリカ共和国である。

(5)　移牧がさかんであると説明されているCの文の島は，図ⅠのⅠの隠岐諸島(島根県)である。Cの説明文中の「鎌倉幕府を倒そうとした二人の上皇

や天皇」とは，後鳥羽上皇，後醍醐天皇のことである。

(6)　1980年代には世界最大の漁獲量があったが，その後減少傾向が続いているエが日本である。アは中国，イはペルー，ウはアメリカ合衆国である。

(7)　①地中海とその周辺を通っている図Ⅳ中のcが，日本では秋田県・岩手県を通る北緯40度の緯線であるから，北緯38度よりも南に位置するのはdのみである。
②小麦生産量が最も多いPは，EU最大の農業国であるフランスである。フランスには，世界的な観光都市である首都パリなどに多くの旅行者が訪れているので，観光到着数も最も多くなっている。自動車生産台数が最も多いQがドイツ，これに次いで自動車生産台数が多いRがスペイン，残るSがポーランドである。

(8)　北方領土に含まれる択捉島は，本州，北海道，九州，四国に次いで日本で5番目に広い島であり，国後島はそれに次いで6番目に広い。

(9)　過疎地域は，離島や山間部など日本の各地に多くあり，中には，65歳以上の高齢者が人口の過半数を占める限界集落も見られる。

---

230 (1) マグナ・カルタ
　　(2) ウ
　　(3) イ
　　(4) ワシントン
　　(5) バスティーユ
　　(6) ウ
　　(7) ウ
　　(8) 法の精神
　　(9) ウ
　　(10) ウ
　　(11) ワイマール
　　(12) 生存権
　　(13) ウ
　　(14) ア
　　(15) 世界人権宣言
　　(16) 国際人権規約
　　(17) エ

解説 (1)　マグナ・カルタは，13世紀にイギリスのジョン王が貴族らに対して認めたもので，国王の

専制的な権限を制限したものとして人権の歴史上重要視されている。大憲章とも呼ばれる。

(2) 名誉革命では，国王が追放されてオランダから新国王がむかえられた。無血で成功したことから名誉革命と呼ばれる。

(3) ゲティスバーグは，南北戦争の戦地の1つで，ここで北軍が南軍をやぶったことにより，北軍の優勢が決定的なものとなった。

(4) アメリカ独立戦争は1775年に始まり，翌年の1776年に独立宣言が出された。本国イギリスとの戦いに勝利した13州の植民地がアメリカ合衆国となり，初代大統領にワシントンが就任した。

(5) バスティーユ牢獄は，圧政の象徴とみなされて市民らの襲撃を受け，これをきっかけにフランス革命が始まった。

(6) 「自由・平等・友愛」とも訳されるが，日本では古くから「自由・平等・博愛」という表現で知られている。

(7) ウは内村鑑三ではなく中江兆民が正しい。

(8) モンテスキューが『法の精神』で主張した三権分立のしくみは，アメリカ合衆国憲法にいち早くとり入れられた。

(9) 男女雇用機会均等法が制定され，採用や昇進，退職などに関しての男女差別を禁じているので，ウが許されない差別であると考えられる。

(10) アの説明は社会福祉，イの説明は公衆衛生，エの説明は公的扶助にあてはまる。

(11)・(12) ワイマール憲法は，第一次世界大戦後のドイツで制定された民主的な憲法で，「人間に値する生存」（生存権）を初めて明確に規定した憲法として有名である。

(13) 労働基準法，労働組合法，労働関係調整法の3つを労働三法という。労働基準法は，賃金や労働時間など労働条件の最低基準を定めた法律，労働組合法は労働三権（団結権・団体交渉権・団体行動権）を具体的に保障した法律，労働関係調整法は，労使間の紛争の予防とその解決方法などについて定めた法律である。

(14) ウィルソンの提唱によって設立されたのは国際連盟なので，アは誤りである。

(15)・(16) 世界人権宣言は，国際的な人権保障の規範とされているものであるが，法的な拘束力はない。これに対して国際人権規約は，締約国に対して拘束力をもっている。

(17) 日本国憲法は，1946年11月3日に公布され，半年後の1947年5月3日に施行された。

231 (1) イ
(2) エ
(3) エ
(4) ア

解説 (1) ①文章Aの史料は，1825年に出された「異国船打払令」である。オランダ商館を長崎の出島に移したのは1641年なので，直接の関係はない。

(2) 独立戦争とは，1775〜1783年に起きた，イギリス本国とアメリカ東部沿岸の13植民地の間の戦争である。ヒトラーとは，20世紀前半にナチス党を率いてドイツを支配し，独裁政権を樹立してファシズムを推し進めた人物である。

(4) サンベルトの中でも，サンフランシスコ郊外のシリコンバレーには，多くの情報通信技術(ICT)関連の会社が集まっている。

232 (1) ウ
(2) レーニン
(3) 経済特区［経済特別区］
(4) ア
(5) 北海道
(6) ウ
(7) イ
(8) ウ
(9) イ

解説 (1) 1973年に第四次中東戦争がおこると，アラブ産油諸国が親イスラエルの立場をとる国に対して石油の輸出を停止したり，価格を引き上げたりする石油戦略をとり，これを原因として第一次石油危機がおこった。

(2) レーニンは1917年のロシア革命を指導して社会主義の政府を成立させた。レーニンの死後にはスターリンがソ連の指導者となった。

(3) 経済特区では，外国企業の進出を促すために，進出企業に対して税金などの面での優遇措置がとられている。

(4) 日本ではほぼ全国で稲作が行われているが，沖縄県ではあまりさかんであるとはいえない。

(5) 洞爺湖は北海道の南西部にあり，付近には活火山である有珠山がある。

(6) 北方領土は択捉島，国後島，色丹島，歯舞群島からなる。イの竹島は島根県に属する島で，韓国

が不法に占拠している。

(7) 金融庁は内閣府の外局なので，財務省の下に属するとしているイは誤りである。

(8) ウは，季節風ではなく偏西風が正しい。

(9) イは，アフリカではなくアジアが正しい。

---

233 (1) ア

(2) ウ

(3) エ

(4) オ

(5) ア

(6) エ

(7) ウ

解説 (1) 山梨県は果樹栽培がさかんであり，ももとぶどうの生産量はともに全国最大となっている。

(2) 男女共同参画社会とは，男女の違いに関わらず，だれでもが自分の能力を生かすことができる社会のことであるから，身体的な違いを理由とするウのような差別は，ふさわしいものではない。

(3) 戊辰戦争は1868年の鳥羽・伏見の戦いに始まり，翌年の函館五稜郭の戦いまで続いた旧幕府軍と新政府軍の戦いである。エの布告はいわゆる解放令のことで，1871年に出された。

(4) 日清戦争後，アジアへの進出をはかるロシアの動きを警戒して1902年に日英同盟が結ばれ，その2年後の1904年に日露戦争が始まった。アとイはともに大正時代のできごと。ウとエはともに明治時代であるが，いずれも日露戦争後の1910年のことである。

(5) 問題の地図のような緯線と経線が直角に交わる図法の地図では，最短コースは直線にはならない。東京を中心とする正距方位図法の地図を見れば，中心から直線で表される最短コースを確かめることができる。

(6) ピーマンの生産量は茨城県や宮崎県などで多い。鹿児島県では，さつまいもの生産量が全国第一位である。また，桜島は活火山であり，しばしば噴火による被害を周辺地域にもたらしている。

(7) 不平等条約の改正をめざしていた明治政府は，井上馨外務卿のときに欧化政策をとり，鹿鳴館で舞踏会を催すなどしたが，国民の反発を招いて失敗に終わった。

---

234 (1) a…1960　　b…所得

(2) イ

(3) ア

(4) オ

(5) 同和対策審議会

(6) エ

(7) ウ

(8) イ→エ

(9) ① c→b→a　　②イ

(10) イ

(11) ア

(12) 岐阜県

(13) エ

解説 (1) 1960年，日米安保条約改定をめぐる大規模な反政府運動がおこった。これを安保闘争と呼んでいる。条約成立後，岸信介内閣は退陣し，かわって，国民所得倍増をスローガンにかかげる池田勇人内閣が成立した。

(2) 駿河は静岡県の一部の旧国名である。この地域を領国としていた今川義元は，上洛（京へ上ること）をめざしていたが，桶狭間の戦いで織田信長にうたれた。

(3) 遠野市は岩手県，六ヶ所村は青森県にある。

(4) これまで，少子化対策担当や，男女共同参画担当など，さまざまな特命担当大臣が置かれてきた。

(5) 江戸時代に「えた・ひにん」身分とされ，差別を受けてきた人々は，明治時代に平民と同じであるとされたが，その後も根強い差別が残った。この問題を同和問題といい，この問題を審議するための諮問機関が出した答申が同和対策審議会答申である。

(6) 衆議院における出席議員の3分の2以上の多数による再可決で法律が成立する場合があるので，エは正しい。アの両院協議会は衆参両院の議決が異なった場合に開かれる。イの公聴会は，委員会での審議において，専門家や利害関係者の意見をきくために必要に応じて開かれる。委員会での可決後，本会議で否決されることはあるので，ウは誤りである。

(7) 同じ1世紀のできごとであるウがあてはまる。キリスト教は，ローマ帝国では迫害を受けた時期もあり，公認されたのち，国教とされたのは4世紀末のことなので，アはあてはまらない。古代ギリシャのアテネで，ポリスと呼ばれる都市国家が

栄え，民主政治が行われたのは，紀元前5世紀ごろのことなので，イもあてはまらない。朝鮮で百済や新羅がおこったのは4世紀ごろのことなので，エもあてはまらない。

(8) アの共産党の結成は，中国共産党が1921年，日本共産党が1922年である。イは1912年，ウは1905年，エは1917年のできごとである。

(9) ①aは1950年，bは1949年，cは1948年のできごとである。
②アはジュネーブではなくニューヨークが正しい。ウのベトナム和平協定の成立は1973年，南北ベトナムの統一は1976年のことである。エは，アメリカや中国は包括的核実験禁止条約(CTBT)の提案国ではなく，条約の批准もしていないので，誤りである。

(10) アのハンセン病患者の隔離は，第二次世界大戦後も長く続けられていた。ウの女性管理職は，男性と同程度までには増えていない。エのような特別手当ての支給は行われていない。

(11) ロックは17世紀のイギリスの思想家である。土一揆は室町時代におこり，徳政(借金の帳消し)などを要求した。打ちこわしは，江戸時代に都市の人々が米商人などを襲った暴動である。

(12) 岐阜県南東部の多治見市がbの陶磁器の生産地として知られている。cの戦いは，関ヶ原の戦いのことである。

(13) 親による子どもに対する虐待など，弱い立場の者への虐待が問題となっており，法律の整備などが進められつつある。

入試メモ　分野融合問題を入試で出題する傾向が強い学校もある。この場合，入試実施時期から過去1年程度を振り返って，国内外の政治の動きや，大きな話題となったニュースなどを題材とするものも多い。オリンピックやサッカーのワールドカップといった世界的なスポーツイベントなども好んで取り上げられる。国際情勢など時事的なことがらについて問うこともあるので，新聞などでさまざまな社会の動きに注意を払っておくことも必要である。

第1回 模擬テスト

1 (1) a…ポルダー　　b…ユーロポート

(2) ウ

(3) 多国籍企業

(4) アメリカ合衆国

(5) 露天掘り

(6) イ

(7) ポルトガル

(8) ア

(9) AU

解説【A】オランダ 【B】アメリカ合衆国 【C】オーストラリア 【D】ブラジル 【E】エチオピア

(2) ウ…ガソリンや石油を燃焼させた時に発生する二酸化炭素などの温室効果ガスが，地球温暖化の原因となっている。その消費量が多いほど税金を安くしては，より消費量が増えて温室効果ガスが増えてしまうので誤り。

(3) 多国籍企業とは，世界各地に支社や子会社，現地工場，販売店などをつくり，国境をこえて活動している企業のこと。

(5) オーストラリアの東部では石炭が，北西部では鉄鉱石が多く産出される。それ以外にも，金や銅，ボーキサイト，ウランなどもとれる。

(6) 1…原油といえば中東のイメージが強いが，近年ではアメリカ合衆国での生産量が増えている。

(7) ブラジル以外の南アメリカ大陸の国では，スペイン語を公用語としている。南アメリカ大陸の国々は，かつてスペインやポルトガルの植民地であった。そのため，現在でも言語や宗教などにヨーロッパの特色が残っている。

(8) イ…アルゼンチン中部のラプラタ川流域に広がる草原地域　ウ…シベリア地域などに広がる針葉樹林　エ…北アメリカ大陸中央部から南部にかけて広がる大平原

(9) AUはアフリカ連合の略称である。

2 (1) 31

(2) 白神(山地)

(3) ウ

(4) エ

(5) 例海岸線から12海里までの海域。

(6) イ

(7) 産業の空洞化

(8) ウ

解説 (1) 日本には1都1道2府43県がある。九州地方に8県，四国地方に4県があり，本州には31県がある。

(2) 白神山地には，貴重なぶなの原生林が広がっている。

(3) 森林には，地球温暖化の原因となる二酸化炭素を吸収する働きがあるが，フロンガスを分解することはない。

(4) アの米は，ほぼ自給が可能であるが，外国からの輸入は，貿易の自由化にともなって行われるようになっている。イの農業生産額は，米の割合が低下する一方で畜産物の割合は増えており，果実の割合には大きな変化は見られない。ウは，「農薬の使用を減らす」が正しい。

(5) 日本の領海は，低潮時の海岸線から12海里までの海域である。領海の外側の，海岸線から200海里までの海域が(排他的)経済水域，その外側がどの国にも属さない公海である。

(6) 日本の遠洋漁業は，1970年代に各国が(排他的)経済水域を設定したことなどから漁獲量が大幅に減少して衰退した。このことから，イが遠洋漁業にあてはまると判断できる。アは沖合漁業，ウは沿岸漁業，エは海面養殖業である。

(7) 日本企業が，生産コストをおさえるために，人件費が安いアジア諸国に工場を移転したことなどから，産業の空洞化が進行した。

(8) 衣類や食品など生活必需品の輸入が多いことから，ウが大消費地に位置する東京港であると判断できる。自動車の輸出が多いアは，付近の豊田などで自動車の生産がさかんな名古屋港，資源の輸入と重化学工業製品の輸出が多いイは，石油化学工業や鉄鋼業がさかんな京葉工業地域にある千葉港，集積回路など軽量な品目の輸出入が多いエは，関西国際空港である。

---

3 (1) A…卑弥呼　　B…推古天皇

　　　C…紫式部　　D…北条政子

(2) イ

(3) エ

(4) イ→ウ→ア

(5) 侍所

(6) イ

解説 (1) Cの紫式部と同時期に宮廷に出仕し，中宮定子に仕えた清少納言は，随筆「枕草子」を著した。

(2) アの岩宿遺跡は群馬県にある旧石器時代の遺跡，エの三内丸山遺跡は青森県にある縄文時代の遺跡である。ウの登呂遺跡は，弥生時代の遺跡であるが，所在地は静岡県である。

(3) アは蘇我蝦夷ではなく，蘇我馬子が正しい。蘇我蝦夷は，大化の改新において子の入鹿とともに中大兄皇子らに倒された人物である。イは，冠位十二階は家柄に関わらず有能な人材を登用するためのものなので，誤りである。ウの十七条の憲法では，仏教をあつく信仰するべきことが定められていた。

(4) アは12世紀半ば，イは10世紀前半，ウは11世紀半ばから後半のできごとである。

(5) 鎌倉幕府では，政所が幕府の財政など，問注所が裁判の仕事にあたった。

(6) 元禄文化は，17世紀後半の元禄年間を中心に栄えた。生類憐みの令は，このころ江戸幕府の将軍であった徳川綱吉が出した極端な動物愛護令である。なお，アは1641年，ウは1635年，エは1825年のできごとである。

---

4 (1) 南北戦争

(2) 領事裁判権[治外法権]の撤廃

(3) ワシントン会議

(4) 例ロシアから賠償金を獲得することができなかったから。

(5) イ

(6) 大政翼賛会

(7) ウ

(8) エ

解説 (1) アメリカでは，貿易のあり方や奴隷制の存続などをめぐって北部と南部の対立が深まり，1861年に南北戦争が始まった。この影響でアメリカのアジア進出は停滞し，このため，幕末の貿易においては，アメリカではなくイギリスが日本の最大の貿易相手国となった。

(2) 陸奥宗光が外務大臣であったときに領事裁判権(治外法権)が撤廃された。小村寿太郎が外務大臣であった1911年には日本の関税自主権が完全に回復し，これによって，江戸時代末に結ばれた不平等条約の完全な改正が達成された。

(3) ワシントン会議では，日英同盟の廃止のほか，主要国の海軍軍縮，太平洋地域の現状維持，中国

の主権尊重・領土保全などが取り決められた。

(4) 日清戦争では日本は清から多額の賠償金を獲得したが，日露戦争では，国民が多くの負担や犠牲を強いられたにも関わらず，日本はロシアから賠償金を獲得することができなかった。このため，これを不服とする一部の国民が暴徒化し，交番などを襲う日比谷焼き打ち事件を起こした。

(5) イはイギリスではなく，ドイツが正しい。

(6) 大政翼賛会がつくられたころ，労働組合も解散させられ，経営者と労働者が戦争遂行のために協力し合う組織として大日本産業報国会がつくられた。

(7) 朝鮮戦争は，第二次世界大戦後に表面化した冷戦を背景に1950年に始まり，1953年に停戦となった。朝鮮戦争が始まると，アメリカは日本を西側の資本主義陣営に組み入れようとして講和を急ぎ，1951年，サンフランシスコ平和条約と同時に日米安全保障条約を結んだ。

(8) アの岸信介は1960年の安保闘争の中で新日米安全保障条約が成立したときの首相，イの池田勇人は岸内閣のあとを受けて内閣を組織し，国民所得倍増をスローガンにかかげた首相，ウの吉田茂はサンフランシスコ講和会議に全権大使として出席した当時の首相である。

5 (1) エ
(2) 文民統制
(3) 例法律の範囲内で権利が認められていた
(4) イ

解説 (1) エ…内閣不信任決議がみとめられているのは，衆議院のみである。

(2) 文民統制は，シビリアンコントロールとも呼ばれる。戦前，軍が権力を持ったことで，日中戦争や太平洋戦争を引き起こしたことへの反省からくる原則である。

(3) 大日本帝国憲法下では国民は天皇の「臣民」であったため，日本国憲法下ほどの自由は認められていなかった。

(4) B…日本では，弁護士をはじめとする法曹人口が少ないことを覚えておこう。2019年の日本の弁護士の数は約4万人，2017年のアメリカの弁護士の数は約130万人である。

6 (1) 例2,000円から1,600円に値下がりする。
(2) イ
(3) デフレスパイラル
(4) イ
(5) イ，ウ
(6) 持続可能な開発
(7) ア
(8) 地域主義［リージョナリズム］

解説 (1) 為替相場が1ドル＝100円から1ドル＝80円になったとすると，20円の円高になったことになる。この場合，1ドル＝100円のときの20ドルは100×20＝2,000円，1ドル＝80円のときの20ドルは80×20＝1,600円であり，20ドルの原油の輸入価格が400円下がったことになる。このように，円高が進むと一般に輸入価格は下がることになるので，円高は輸入業者に有利であるとされる。

(2) イは，取締役会ではなく，株主総会が正しい。取締役会は，株主総会で選出された役員で構成され，実際の会社の経営にあたる。

(3) 物価が継続して下落する現象がデフレーションであり，不況のときに発生しやすい。スパイラルとは，らせん（渦巻き線）を意味する英語で，らせんを降りていくように続いていくことから，デフレーションにともなう不況の悪循環をデフレスパイラルと呼んでいる。

(4) 銀行などの金融機関は，預金者に対して支払う利子の率よりも，貸し付け先から受け取る利子の率を高く設定する。受け取る利子から支払う利子を差し引いた差額が金融機関の利益となる。

(5) 好況が行き過ぎていると判断された場合には，政府は増税をしたり，公共事業を縮小したりすることによって景気の過熱をおさえようとする。

(6) 1992年にブラジルのリオデジャネイロで開かれた国連環境開発会議（地球サミット）では，「持続可能な開発」がテーマとしてかかげられ，その実現のための行動計画である「アジェンダ21」が採択された。

(7) 先進国と発展途上国の間の経済格差と，それにともなって起こるさまざまな問題を南北問題といい，この問題の解決のためにUNCTAD（国連貿易開発会議）が設けられている。イ〜エもいずれも国連の機関で，イのUNHCRは国連難民高等弁務官事務所，ウのIAEAは国際原子力機関，エのILOは国際労働機関の略称である。

(8)　代表的な地域主義(リージョナリズム)の動きとして，ヨーロッパ連合(EU)や東南アジア諸国連合(ASEAN)の結成などがある。

第2回 模擬テスト

1 (1) 囫緯度が高くなるにつれて，太陽に対する角度が小さくなり，太陽から受け取る熱の量が少なくなるから。

(2) ア

(3) カ

(4) オ

(5) 南鳥(島)

(6) 白豪主義

(7) ペルー

(8) ア

(9) エ

(10) イ

(11) ウ

(12) 地盤沈下

(13) 倉敷(市)

(14) 工業団地

解説 (1)　太陽に対する角度は，赤道に近い低緯度地域ほど大きく，北極や南極に近い高緯度地域ほど小さくなる。このため，緯度が低くなるほど熱の量が多くなるので気温は高くなり，緯度が高くなるほど熱の量が少なくなるので気温は低くなる。

(2)　ぶどうの生産量が多いことからアが山形県，米の生産量が多いイは秋田県，牛乳の生産量が多いウは岩手県，人口が多いオは宮城県，りんごの生産量が多いカは青森県，残るエは福島県である。

(3)　メガロポリスには，フィラデルフィアやボストンのほか，アメリカ合衆国最大の都市であるニューヨークや首都ワシントン(D.C.)が位置する。アのデトロイト，イのシカゴ，ウのピッツバーグは五大湖周辺，エのヒューストンはメキシコ湾岸，オのシアトルは太平洋岸に位置する都市である。

(4)　中国では，乾燥地域である西部では牧畜が広く行われており，南部(華中・華南)では稲作，北部(華北・東北)では小麦やだいず，こうりゃんなど

を栽培する畑作が農業の中心となっている。

(5)　島名には「南」という文字が入っているが，南鳥島は日本の最南端ではなく，最東端の島である。最南端の島は沖ノ鳥島で，南鳥島と沖ノ鳥島はともに東京都に含まれる。

(6)　1970年代以降，オーストラリアは白豪主義の政策を改めて非ヨーロッパ系の移民などを積極的に受け入れるようになり，現在ではアジア系などの移民が多くなっている。

(7)　写真は，インカ帝国の遺跡であるマチュピチュ遺跡である。

(8)　アは，高潮ではなく津波が正しい。高潮は，台風などの影響で海面が上昇する現象である。

(9)　一般に，球磨川(熊本県)と，富士川(静岡県など)，最上川(山形県)の3つが日本三大急流とされる。アの大淀川は宮崎県，イの江の川は島根県など，ウの四万十川は高知県を流れる河川である。

(10)　アは，イスラム教ではなくキリスト教が正しい。ウのアイスランドはEU加盟国ではない。エはアボリジニではなくマオリが正しい。アボリジニはオーストラリアの先住民である。

(11)　アのマラッカ海峡は東南アジアのマレー半島とスマトラ島の間の海峡，イのジブラルタル海峡はヨーロッパのイベリア半島とアフリカ大陸の間の海峡，エのボスポラス海峡は黒海の出入り口となっている海峡である。

(12)　現在では阪神工業地帯の工業用水にはリサイクル水などが活用され，地盤沈下の原因となる地下水のくみ上げはおさえられている。

(13)　倉敷市は岡山県にある。瀬戸内工業地域では，倉敷のほか，山口県の周南市でも石油化学工業がさかんである。

(14)　工業団地は，国や県などの誘致により，同じ業種の中小工場が集められてつくられることが多い。

2 (1) ウ

(2) ア

(3) 白村江(の戦い)

(4) 馬借

(5) C→A→B→D

(6) D

(7) 函館(市)

(8) 囫遼東半島を清に返還すること。

(9) 三・一独立運動

⑽ ファシズム

⑾ Ｉ（と）Ｊ（の間）

解説 ⑴ 1156年，崇徳上皇と後白河天皇の間の政権争いから保元の乱が起こり，後白河天皇側が勝利した。平治の乱は，このあとに始まった後白河上皇による院政の下で1159年に起こった勢力争いである。この乱で平清盛は源義朝をやぶって勢力を拡大し，1167年には武士として初めて太政大臣となった。平将門は10世紀に関東で乱を起こした人物，源義家は11世紀に東北地方で起こった前九年・後三年合戦をしずめて東日本で源氏の勢力を拡大させた人物である。

⑵ 「新古今和歌集」は，後鳥羽上皇の命によって編さんされた勅撰和歌集である。イとエは室町時代，ウは平安時代である。

⑶ 白村江の戦いののち，朝鮮半島は新羅によって統一された。一方，朝鮮半島から兵を引いた中大兄皇子は，西日本の各地に山城を築くなどして防備を固めた。

⑷ 馬借は，室町時代のころに馬を利用して陸上輸送を行った。このころ水運では，各地の港で問（問丸）が倉庫業を兼ねた運送業を行った。

⑸ Ａは平安時代，Ｂは鎌倉時代，Ｃは飛鳥時代，Ｄは室町時代である。

⑹ 1467年に始まった応仁の乱は，11年にわたって続き，この乱によって京都は焼け野原となった。資料の歌は，この京都の荒廃のようすをよんだものである。

⑺ 大政奉還を行って政権の返上を申し出た徳川慶喜に対し，倒幕勢力は領地や官職の返上も要求した。これを不満とした旧幕府軍と，新政府軍との間で，1868年に鳥羽・伏見の戦いが起こり，これをきっかけとして戊辰戦争が始まった。新政府軍は旧幕府軍をやぶりながら東進を続け，江戸に入った際には新政府軍の西郷隆盛と旧幕臣の勝海舟との会談の結果，江戸城の明け渡しが行われた。その後，会津（福島県）での戦いなどを経て，函館の五稜郭での戦いで旧幕府軍が降伏し，戊辰戦争は終結した。

⑻ 下関条約によって，日本が清から遼東半島を領土として獲得することが決まったが，東アジアへの進出をはかっていたロシアは，日本の勢力拡大を警戒してドイツ，フランスとともに三国干渉を行い，遼東半島を清に返還することを日本に要求した。ロシアなどに対抗できる力がなかった日本は，これを受け入れたため，日本の国民の間にはロシアへの対抗心が高まった。

⑼ 朝鮮で三・一独立運動が起こった1919年に，中国では，日本の進出に抵抗する五・四運動が起こり，反帝国主義の運動へと発展していった。

⑽ ドイツではナチスを率いるヒトラーが，イタリアではファシスト党を率いるムッソリーニが独裁政治を行った。

⑾ Ｈの第二次世界大戦は1939年，Ｉの朝鮮戦争は1950年，Ｊの第四次中東戦争は1973年，Ｋの湾岸戦争は1991年，Ｌのイラク戦争は2003年に起こった。アメリカによる北爆が開始されたのは1965年なので，ＩとＪの間に入れるのが適当である。

---

3 ⑴ ①例少数意見を尊重すること。

②効率

⑵ ①ウ ②エ

⑶ 公正取引委員会

⑷ 不当労働行為

⑸ イ

⑹ ①オ ②エ

⑺ ア

⑻ 難民

解説 ⑴ ①採決の方法には，多数決と全員一致がある。全員一致には，全員が納得できるという長所がある反面，決定に時間がかかりすぎる場合があるという短所がある。一方，多数決は，一定期間内に決定できるという長所があるが，少数意見が反映されにくいという短所がある。このため，多数決による採決を行う場合には，じゅうぶんな話し合いを行って少数の意見もよく聞き，それをできるだけ尊重することが重要となる。
②一方，「公正」には，「手続きの公正さ」と「機会や結果の公正さ」がある。

⑵ ①アの法人税とイの事業税は，いずれも直接税で，法人税は国税，事業税は都道府県税である。エの入湯税は，市町村税で，間接税である。
②アの任期は，市町村長も都道府県知事もいずれも４年である。イの被選挙権の年齢条件は，市町村長が25歳以上，都道府県知事が30歳以上である。ウは，市町村長も都道府県知事も地方議会を解散することができるので，誤りである。

⑶ 生産の集中が進むと，少数の売り手が示し合わせて，自分たちに都合がよいように価格を引き上

げたりする場合がある。これを，価格カルテルといい，消費者は不当に高い価格を支払わされることになる。こうしたことを防ぐため独占禁止法が制定されており，公正取引委員会が独占の発生を防止したり，価格カルテルを禁止したりしている。

(4)　労働組合を結成する権利を団結権，労働組合として使用者と労働条件について交渉する権利を団体交渉権，ストライキなどを行う権利を団体行動権（争議権）といい，まとめて労働三権と呼ばれる。これらは日本国憲法で保障されているものであり，これらの権利を侵害する行為は不当労働行為として労働組合法で禁止されている。

(5)　予算の場合は，衆議院に予算の先議権があるので，必ず衆議院が先に提出するが，法律案の場合は衆議院と参議院のどちらに先に提出してもよい。

(6)　①国際連合は，第二次世界大戦の戦勝国である連合国側の国々が中心となって発足した組織であることから，安全保障理事会の常任理事国はすべて連合国側の国々で占められており，敗戦国であるドイツや日本などは除外されている。
②WTOは，世界貿易機関の略称である。アは国連教育科学文化機関（UNESCO），イは世界保健機関（WHO），ウは国連児童基金（UNICEF）について述べた文である。

(7)　イは非政府組織，ウは国内総生産，エは自由貿易協定の略称である。

(8)　国連難民高等弁務官事務所（UNHCR）などが難民を保護するための活動を行っている。

4
(1) ウ
(2) 大津（市）
(3) イ
(4) ア
(5) 例年貢の納入と犯罪の防止。
(6) 流通
(7) ウ
(8) ア
(9) ウ→ア→エ→イ
(10) ウ
(11) エ
(12) カ
(13) 変動相場（制）〔変動為替相場（制）〕
(14) 12月31日午後6時

解説 (1)　高麗は，新羅にかわって10世紀に朝鮮半島を統一した王朝である。

(2)　近畿地方の内陸県は，滋賀県と奈良県である。

(3)　イは天智天皇について述べた文である。

(4)　監査請求では，有権者の50分の1以上の署名を集めて監査委員に請求する。地方議会の解散請求と，首長・議員などの解職請求では，必要な署名数はいずれも有権者の3分の1以上で，請求先は，地方議会の解散請求と首長・議員の解職請求は選挙管理委員会，首長・議員以外の解職請求は首長である。

(5)　幕府や藩は，農家5〜6戸ごとに五人組をつくらせて，たがいに監視させるとともに，年貢の納入や犯罪の防止に関して連帯責任を負わせた。

(6)　近年は，大規模小売店による生産者からの直接仕入れなど，流通の合理化がはかられている。

(7)　1890年に行われた第1回衆議院議員選挙では，野党（民党）が多数の議席を占め，議会で政府と対立したので，ウは誤りである。

(8)　イの西田幾多郎は「善の研究」などの著作で知られる哲学者である。ウの志賀直哉は，武者小路実篤らとともに白樺派と呼ばれた作家の1人で，「暗夜行路」などの作品で知られる。エの小林多喜二は，労働者の立場から社会の現実をえがこうとするプロレタリア文学の作家で，「蟹工船」などの作品で知られる。

(9)　ウは1945年4月，ア，イ，エはいずれも1945年8月で，アが6日，エが8日，イが9日である。

(10)　2020年現在の日本の総人口は，約1億2600万人であり，東京都の人口は約1400万人である。

(11)　日本では，審議を慎重に行う目的から，国会が衆議院と参議院の2つの議院からなる二院制（両院制）がとられている。

(12)　資源エネルギー庁は，経済産業省に所属する。

(13)　かつては固定相場制がとられており，日本円とアメリカドルの交換比率は1ドル＝360円であったが，1973年に現在の変動相場制に移行した。

(14)　日本の標準時子午線の経度は東経135度であるから，西経75度との経度差は，135＋75＝210度である。経度15度ごとに1時間の時差が生じるから，210÷15＝14という計算より，時差は14時間と求められる。したがって，日本の現地時間が1月1日午前8時であるときのニューヨークの現地時間は，日本時間の14時間前の12月31日午後6時である。